Christian
GRENIER

JE SUIS UN AUTEUR JEUNESSE

Rageot Éditeur

À tous ceux et surtout à toutes celles : bibliothécaires, documentalistes, enseignants qui, depuis tant d'années, œuvrent pour faire connaître, lire et apprécier une littérature jeunesse de qualité.

ISBN 2-7002-2988-6

AVANT-PROPOS

Longtemps, j'ai été vieux, surtout quand j'étais jeune. Par vieux, j'entends : sérieux, mûr, responsable. Enfant solitaire élevé par des parents âgés, j'ai peu joué, beaucoup observé et tôt mûri. Le théâtre et les livres, conjugués à une existence que je jugeais pauvre et terne, m'ont convaincu que la vérité se nichait moins dans la réalité que dans l'imaginaire. J'ai donc meublé mon quotidien d'une vie intérieure plus conforme à mes souhaits.

Il m'a fallu des années pour devenir jeune, pour apprendre à être simple, direct, efficace – dans la vie comme dans l'écrit ; des années pour comprendre que ma façon d'être, de m'exprimer, correspondait à celle d'un « écrivain pour la jeunesse », ou du moins à l'image qu'on en a. Comme monsieur Jourdain qui « faisait de la prose sans le savoir », j'écrivais sans m'en douter pour de jeunes lecteurs. Ou pour des lecteurs restés jeunes.

À vingt-cinq ans, dès qu'on m'a persuadé que j'étais un auteur jeunesse, j'ai essayé de comprendre pourquoi et comment. Pourquoi et comment l'étais-je (devenu), et de quoi procédait ce savoir-faire attaché à des textes spécifiques. Ce qui m'a conduit à réfléchir sur l'écriture et les imaginaires. Car depuis trente ans me hantent mille questions qui pourraient se résumer par : qu'est-ce qui caractérise un texte pour la jeunesse ?

Cofondateur de la Charte des auteurs et illustrateurs pour la jeunesse, je pensais que cette interrogation fondamentale serait partagée par mes pairs. Je me trompais. Auteur jeunesse ou auteur vieillesse, un écrivain reste d'abord préoccupé par des questions d'ordre intime ou pratique : sa vie personnelle, l'élaboration de son prochain récit, sa notoriété... et ses droits d'auteur. Il laisse donc aux éditeurs, universitaires, théoriciens ou critiques, le soin de se pencher sur le processus de la création, la pertinence de son propos ou l'écho particulier que suscitent ses textes chez des lecteurs. Un oiseau n'a pas à se demander comment il vole, ni pourquoi il va ici plutôt que là.

Ces questions, cet ouvrage[1] a moins l'ambition d'y répondre que de les exprimer.

Ce texte n'est pas une biographie, même si l'on y trouvera, résumés, des événements de ma vie ; dès l'enfance, émotions, questions et décisions, phobies, convictions et émois ont, je crois, une influence sur ce que l'on écrira. J'évoquerai aussi les étapes d'une carrière où le hasard et l'improvisation jouèrent un rôle plus grand que l'ambition. Car dès qu'on est édité, on devient peu maître de soi, déjà guidé par ce lectorat qu'on devine à l'autre bout du livre et auquel désormais, quoi qu'on affirme, on se destinera.

Ce texte n'est pas non plus un essai, même si, me penchant sur ma pratique, je questionnerai les mécanismes de l'inspiration, de l'écriture et de la création dans ce « domaine jeunesse » qu'on croit différent de la littérature. Passant de la pratique à la théorie et du particulier au général, j'esquisserai un bref historique de la Charte.

Quant aux réponses de mes camarades qui achèvent ce bilan déguisé en confession, elles n'auront pour but que d'élargir le simple et naïf questionnement d'un créateur : pourquoi, comment devient-on un auteur jeunesse et qu'est-ce qui caractérise ces textes particuliers ?

1. L'auteur sollicite l'indulgence du lecteur. Il s'est efforcé d'être fidèle à ses souvenirs et à ses notes mais certains faits étant vieux de trente ans, des imprécisions, des oublis ou des erreurs ont pu se glisser dans certains de ses témoignages.

Bien qu'elles offrent une continuité, les quatre parties de cet ouvrage peuvent être abordées de façon indépendante.

I. De l'enfance de l'art à l'art de l'enfance : cinquante ans d'écriture, trente ans de publication.

II. Dans les coulisses de l'écriture : deux making of, de l'inspiration à la publication.

III. Auteur jeunesse ou « moteur jeunesse » ? Les critères propres à cette littérature.

IV. Je suis, nous sommes des auteurs jeunesse : historique de la Charte. Des auteurs s'expriment sur leur parcours et leur définition d'un récit pour la jeunesse.

I

DE L'ENFANCE DE L'ART À L'ART DE L'ENFANCE

1. LES SIMPLES ÉCRITURES

Fils de saltimbanques

J'ai sans doute ressenti ma première émotion littéraire à l'âge de neuf mois, en assistant à une représentation de *L'Avare*. Plutôt que de me confier à une voisine, ma mère avait préféré m'emmener au théâtre. Je n'ai bien sûr aucun souvenir de cet événement. Peut-être ai-je dormi pendant une heure et demie ? L'histoire serait sans importance si elle ne s'était pas renouvelée : mes parents, comédiens, m'ont nourri, gavé de théâtre... Les anecdotes qu'ils se racontaient à table chaque soir, les représentations auxquelles j'assistais, les acteurs que je côtoyais, sur scène, dans la vie courante et les coulisses, m'ont donné du monde l'image d'un spectacle dont l'envers du décor me fascinait d'autant plus qu'il m'était familier. Longtemps dissimulé derrière le rideau, je rêvais moi aussi d'entrer en scène. Mais on allait me reconnaître dans un rôle auquel je n'avais pas rêvé et que je n'avais pas appris.

Nés respectivement en 1903 et 1909, mon père et ma mère furent comédiens très tôt : à dix-huit ans mon père sortit deuxième du Conservatoire de Bordeaux. Quant à ma mère et sa sœur, engagées très jeunes au Casino de Nancy, elles s'illustrèrent dans l'opérette et ce que l'on appelait entre les deux guerres « les revues » : *Princesse Czardas, Pas sur la bouche, Là-haut...*

Mes futurs parents se rencontrèrent le 1er octobre 1926 au cours d'une représentation de *Phi-Phi* ; ils se marièrent le 22 janvier de l'année suivante. Ma mère avait dix-sept ans.

Ma sœur aînée Josette naquit en 1929 et fut aussitôt confiée à sa grand-mère maternelle : sans cesse par monts et par vaux, souvent séparés, engagés ici ou là, partant parfois pour des tournées à l'étranger, mes parents ne pouvaient se charger d'un enfant. D'ailleurs, pour décrocher un rôle, ils cachaient qu'ils étaient mariés ; sans domicile fixe, ils allaient d'hôtel en meublé. Ils vivaient de peu, même si ma mère s'est taillé de jolis succès entre les deux guerres, comme en témoignent les nombreux articles découpés dans les journaux de l'époque et collés dans un cahier que je conserve pieusement. Ma mère, qui mesurait 1,47 mètre, joua des rôles de petite fille jusqu'à l'âge de trente-cinq ans. Vive et dépourvue de trac, elle n'avait pas besoin qu'on la pousse pour entrer sur scène, si bien que ses camarades, impressionnés par son caractère volontaire, disaient d'elle :

– Eh bien… Jeanne y va !

Jeanne Yva. Elle adopta ce nom de scène. Celui de mon père était Roger Charmeuil.

À l'inverse de certains de leurs camarades qui menaient une existence débauchée, recherchaient l'aventure et dépensaient aussitôt leur cachet, mes parents formaient un couple uni, aspiraient à une situation moins précaire et économisaient sou par sou. À cette époque, les acteurs ne bénéficiaient d'aucun statut : pas de rôle, pas de salaire ; aucune sécurité d'emploi. Décrocher un contrat d'un mois était une aubaine inespérée…

Enfant du *baby boom*, je naquis en 1945. Indirectement, je dois la vie à ma grand-mère Mathilde qui, à la Libération, refusa de rendre à mes parents ma sœur alors âgée de quinze ans. Sans emploi, sans enfant, mes parents habitaient au sixième étage du 28 rue Eugène Sue, à Paris, une chambre de douze mètres carrés avec W.C. sur le palier. Ma mère décida de sacrifier sa carrière et d'abandonner le théâtre pour m'élever. Mon père, lui, devint régisseur à la Comédie-Française. Leur vie de saltimbanques s'acheva avec un seul salaire fixe et un logement décent. En 1950, ils emménagèrent dans un deux pièces sur cour mais avec salle de bains près de la Porte de Saint-Ouen. L'immeuble disposait d'un ascenseur et du chauffage collectif. De la fenêtre du couloir, on voyait le Sacré-Cœur.

À leurs yeux, ce confort inespéré frisait le luxe.

Un enfant dans les coulisses

Bien avant les livres, le théâtre nourrit mon imaginaire.

Mon père avait trouvé à ma sœur un emploi au Français où il m'emmenait souvent. Enfant, je l'accompagnais parfois jusqu'à l'entrée du personnel, située sous les arcades qui mènent aux jardins du Palais-Royal. Là, nous empruntions un vieil escalier en bois ; nous rejoignions des bureaux obscurs et encombrés où se rassemblaient les régisseurs et les souffleurs. Mon père saisissait une brochure, étrange texte où se mêlent les caractères d'imprimerie et le texte manuscrit. Car le régisseur, qui conduit le spectacle au fil des répétitions, note en marge mille et une indications : à telle réplique, lancer un signal aux électriciens, envoyer un huissier dans la loge de Julien Bertheau pour l'avertir qu'il doit entrer en scène – sans parler des levers et baissers de rideau, des moments où doivent être prévenus machinistes, tapissiers, accessoiristes pour d'éventuels changements de décor... Ces brochures, que mon père rapportait à la maison, ont peut-être contribué à mon goût pour l'écriture. Elles m'ont en tout cas convaincu qu'un livre n'est pas sacré : on peut barrer certaines répliques, raccourcir un monologue, annoter le texte en marge sans que ce soit un crime.

Puis, quittant le domaine de l'administration, nous débouchions d'un coup dans le théâtre lui-même : grands salons vivement éclairés garnis de canapés de style, de tableaux d'époque, de tapis précieux et d'épais rideaux. J'avais une tendresse particulière pour le buste, le portrait et le fauteuil de Molière – celui-là même où il était assis, sur scène, au cours de sa quatrième et dernière représentation du *Malade imaginaire*, le 17 février 1673 – ainsi que pour la statue en marbre de Voltaire assis dont l'expression narquoise et vite familière semblait toujours me défier.

Au détour d'un couloir, mon père saluait un acteur – Robert Hirsch, Jacques Charon, Louis Seigner, Paul-Émile Deiber – une actrice – Berthe Bovy, Renée Faure, Denise Gence –, plus rarement un metteur en scène – Jean Mercure, Robert Manuel, Gérard Oury – ou un auteur. Je me souviens ainsi avoir croisé Paul Claudel et Henry de Montherlant, envers lesquels mon père avait une étrange attitude déférente. En effet, la plupart du temps, acteurs et membres du personnel se tutoyaient. Parfois, nous passions en coulisses, contournions les gigantesques décors où, une heure avant le lever du rideau, s'affairaient ceux qui préparent le spectacle, petites mains que le public ignore et dont le savoir-faire assure la qualité du spectacle. Familier de chacun d'eux, mon père finissait par m'entraîner à sa place, côté cour, face au « jeu d'orgue » qui, grâce à des dizaines de boutons, lui permettait de transmettre des signaux aux moments voulus, et près duquel était posé le vénérable bâton au manche clouté et gainé de velours rouge qui permet de frapper les trois coups : le brigadier. Un terme qui m'a toujours impressionné. Comme si le rituel de la scène se devait d'obéir à des règles quasi militaires dont mon père était l'ordonnance nécessaire mais cachée.

Le théâtre, école de la vie ?

Si je m'attarde sur l'univers du théâtre, c'est qu'il m'a accompagné jusqu'à l'âge de vingt ans ; mais c'est surtout parce qu'il a été, avant ma découverte de la littérature écrite, la métaphore des livres qui allaient accompagner ma vie... Quelle différence, en effet, entre un livre et un rideau qui s'ouvrent ? C'est la même immersion dans un autre monde, où s'agitent des personnages, où bouillonnent des passions, où s'élabore une histoire : comédie, tragédie, drame... Mais voilà : Molière, Racine et Corneille, dont la production constituait l'essentiel du Français, m'ont familiarisé avec des structures particulières. Je veux moins parler de la fameuse « règle des trois unités » que d'une certaine cohérence interne : un récit ne s'improvise pas. Le décor, les costumes et les premières paroles prononcées doivent aussitôt renseigner le spectateur sur la nature de ce qui se joue. Mieux : il faut vite comprendre ce qui s'est passé avant le lever du rideau et, dès la fin du premier acte, saisir quels sont les nœuds, les enjeux de l'action future. Le théâtre, ce sont des dialogues mais aussi des silences, des non-dits, des allusions. Des gestes, des actions, des réactions. Bref, une subtile mécanique à rebondissements – entrées et sorties de personnages, disputes, aveux, révélations, le tout rythmé en plusieurs actes qui s'achèvent en apothéose. Car il faudra baisser le rideau. Et veiller à ce que le spectateur garde longtemps en lui l'écho des émotions ressenties.

Le théâtre, comme le roman, ce n'est pas la vie mais l'illusion. Ou plutôt, condensés et nourris de symboles, une leçon de vie, une parabole, un outil propre à décoder et mieux vivre le réel.

De même que Magritte affirmait : « Ceci n'est pas une pipe », théâtre et roman offrent un reflet du réel – mais après tout, ne faut-il pas s'observer dans une glace pour comprendre qui l'on est ?

De même que Chopin affirmait : « Dans un dernier effort, j'efface jusqu'à la trace de l'effort », théâtre et roman ne peuvent être efficaces que si l'on a une impression de vérité et de naturel. Mais que de travail pour y parvenir !

Or, cette machine à fabriquer de l'illusion, j'en ai très tôt observé les mécanismes.

Installé aux meilleures places, à l'orchestre, dans une loge ou au premier balcon, je goûtais avec intensité le plaisir du spectacle. Un spectacle que j'avais déjà vu dix fois et dont je ne me lassais pourtant pas : personnages, décors et dialogues avaient beau être semblables, un détail nouveau jaillissait, une pensée inédite en moi naissait.

Le terme de « répétition » m'a toujours paru ambigu : j'ai assisté à bien des répétitions, c'est-à-dire, des mois durant, à la longue mise au point d'un spectacle. Aucune n'était semblable à une autre, et pour cause : le metteur en scène suggérait ici un geste, proposait là une nouvelle intonation. Quant aux « représentations » auxquelles j'assistais, leur déroulement n'était jamais le même, il n'y avait pas répétition. Les dernières représentations de *Crime et Châtiment*, de Dostoïevski, stupéfiaient mon père : un an après sa création, la pièce durait une demi-heure supplémentaire (le rôle du régisseur est aussi de minuter le spectacle). Dans le rôle de Raskolnikoff, Robert Hirsch multipliait mimiques et jeux de scène. Il prolongeait certaines répliques, rendant le drame de plus en plus métaphysique...

Aujourd'hui, je comprends que la fréquentation du théâtre, côté salle et côté coulisses, m'a suggéré très tôt deux évidences. La première, c'est que les deux heures magiques d'un spectacle dissimulent un énorme travail : texte à écrire, à analyser, à apprendre et à mettre en bouche, décors, costumes, mise en scène, éclairages... La seconde, c'est qu'une pièce doit pouvoir être représentée une, dix, cent fois. Son public est renouvelable mais un même spectateur peut et doit y trouver son compte chaque fois. Ces évidences me reviendront en tête quand mes premiers textes seront édités.

D'horribles contes pour s'endormir

Avant l'âge de six ans, on ne me mit pas un seul ouvrage en mains. Ce n'était ni un oubli ni une faute : à cette époque, il eût paru incongru de donner un livre à qui ne savait pas lire.

En revanche, les soirs où mes parents s'absentaient et ne m'emmenaient pas au théâtre, ils me confiaient à la fille de la concierge, Jeanine, qui avait l'âge de ma sœur. Elle me lisait, dans un grand recueil qui lui avait appartenu et qu'elle m'a donné, les *Contes choisis de Perrault* qui avaient bercé sa propre enfance. Il y avait là *Le petit Poucet, Cendrillon, Peau d'âne, Le Chat botté, Les fées, Chaperon rouge, La Belle au bois dormant, Riquet à la houppe, Le loup, la chèvre et les sept biquets, Blanche Neige, Barbe Bleue* et *Les souhaits ridicules*...

Les illustrations (« dessins d'artistes français », est-il seulement précisé à la fin de cet ouvrage publié en 1935, et sans nom d'éditeur !) avaient et ont encore de quoi effrayer aujourd'hui un enfant de quatre ans : l'une d'elles représente l'ogre, toutes dents dehors, muni d'un énorme coutelas, s'approchant du lit où dorment ses enfants. Le texte précise d'ailleurs que « l'ogresse fut bien surprise lorsqu'elle aperçut ses sept filles égorgées et nageant dans leur sang ». Ce livre ne m'a jamais quitté. Fétichiste, j'ai conservé tous mes livres d'enfant et mes premiers écrits.

Jeanine lisait « pour m'endormir ». Bien entendu, je ne dormais pas et lui réclamais sans cesse une autre histoire, ou la même, que je connaissais déjà par cœur. Aussi, avant même d'entrer au CP, je brûlais de maîtriser cette technique qui me permettrait, sans l'aide d'un tiers, d'accéder à l'univers des livres. Car ces histoires entendues m'ouvraient un fabuleux théâtre intérieur : des décors plus exotiques que ceux de la Comédie-Française, des personnages plus accessibles qu'*Athalie* ou *Le Misanthrope*, des destins plus proches de mes centres d'intérêt que ceux de *Phèdre* ou d'*Andromaque*.

Ma première maîtresse

Le soir de la rentrée des classes, je déclarai à ma mère :

– Ma maîtresse, c'est la plus belle !

Elle avait vingt-cinq ans et s'appelait Mme Witall. Elle m'apprit à lire et à écrire ; son mari et elle furent témoins à mon mariage. Nous sommes toujours en contact. Avec un enseignant revêche ou grincheux, aurais-je appris si vite et si bien ? Les premiers mots que je décodai, dans la méthode *Clair Matin*, furent donc :

« René met les deux bleuets dans les cheveux fous de Simone, à côté de son beau nœud bleu. » Ou encore

« Le rossignol dans le grand pin lance ses pures roulades.

La cigale du tamarin ne fait plus vibrer ses cymbales. »

Cinquante ans plus tard, on a de quoi rester perplexe...

À l'époque, il n'existait pas de bibliothèque de classe. La seule récréation littéraire que nous avions était, un quart d'heure avant la fin des cours, la lecture d'un petit livre que Mme Witall gardait toujours dans son sac et dont elle m'a fait cadeau plus tard : *Printemps au Moulin bleu*.

Aujourd'hui, je reste confondu devant l'abîme qui sépare les vertiges inouïs que me procurait cette histoire et la simplicité du texte et des images. Cela rend bien modeste le travail de l'écrivain. Il n'est, en fait, qu'un révélateur, le tremplin donnant au lecteur l'accès à des émotions qu'il possède en lui. Mais je suppose que ce révélateur, ce tremplin, doivent être d'une grande clarté, et entre les mains d'un guide qui aime son métier.

Très vite, je réclamai des livres. On m'acheta quelques albums du père Castor : *Amo le Peau-Rouge, Mangazou le petit Pygmée*... Mais mes albums préférés étaient les Petits livres d'or des éditions Cocorico. J'en possède une vingtaine, dédicacés par les membres de ma famille qui m'en firent cadeau. À partir de 1951, je me régalai inlassablement de leurs vingt-huit pages illustrées : *Le petit Lapin turbulent, Le joyeux Chauffeur de camion, Les sept Atchoums, Le petit Homme aux galoches*... La plupart de ces ouvrages, traduits, avaient été publiés aux U.S.A. entre 1940 et 1950. Mon préféré était *Le petit Pioui, chien de cirque*. Son histoire m'a tant marqué qu'elle mérite qu'on s'y arrête...

Petit Pioui deviendra grand

Le petit Pioui est un chien minuscule ! Il tient dans la main de son maître, « l'homme du cirque », qui l'exhibe quotidiennement à un public admiratif et ravi. De la « femme cent kilos » au « clown à deux têtes », tout le monde aime le petit Pioui. Mais un jour, quelque chose de terrible arrive : le petit Pioui se met à grandir. Il grandit, grandit... jusqu'à atteindre « la même taille que tous les chiens qu'on voit partout [...]. Alors tout le cirque magnifique se mit à pleurer et tout le cirque dit Adieu cher petit Pioui. » On le chasse. C'était le moment où, inconsolable, je me mettais à pleurer. Je connaissais pourtant la suite : exilé, Pioui continue de grandir, grandir... Devenu un géant, il revient triomphalement au cirque où son maître l'accueille, ravi : désormais, il peut montrer au public « le plus énorme chien de la terre entière. »

Je m'étonne d'avoir, enfant, accepté le départ si injuste du petit Pioui-devenu-un-chien-ordinaire. Certes, il ne sait « faire aucun tour pas un seul pas même une cabriole et pas même tendre la patte. » Mais est-ce une raison pour le chasser ? Ce texte me toucha-t-il parce que son action se déroulait dans l'univers du spectacle ? Me devinais-je confusément derrière ce petit cabotin surprotégé et qui, adulte et devenu comme les autres, devrait un jour affronter le monde ? Une chose est sûre : le retour du petit Pioui, magnifié, dans son monde originel, n'était possible qu'au moyen d'une métamorphose qui ferait de lui un géant.

Ce récit de Dorothy Kunhardt, dont le copyright date de 1934 et la traduction de 1949, me semble d'une audace étonnante : il est, comme on l'a remarqué plus haut, quasiment dépourvu de ponctuation. Une seule virgule marque une respiration dans la première phrase : « Il y avait une fois un homme de cirque avec un haut chapeau tout rouge sur sa tête et il avait un cirque à lui tout seul et c'est pourquoi on l'appelait l'homme du cirque, et c'était un cirque magnifique magnifique magnifique. » Quant aux dialogues, ils sont intégrés au récit : « Alors l'homme du cirque disait Ah je savais bien que tout le monde aimerait mon petit Pioui c'est dommage qu'il ne sache faire aucun tour pas un seul pas même une cabriole et pas même tendre la patte mais ça ne fait rien c'est un si joli petit que tout le monde l'aime. »

Après avoir lu des milliers de livres, une certitude s'impose à moi. Ni *Le Rouge et le Noir*, ni *À la recherche du Temps perdu* n'auront aussi profondément, aussi durablement façonné ma vie, mon écriture, mon imaginaire... Et aujourd'hui, quand un auteur vieillesse me lance, avec un sourire narquois, indulgent ou condescendant : « Ah, vous écrivez pour les enfants ? », je ne cherche ni à me justifier ni à convaincre ; mais je pense au *Petit Pioui*.

Les méchants sont toujours punis

J'étais encore au CP quand, au cours d'une visite dominicale, ma sœur aperçut une feuille de papier sur laquelle étaient griffonnées une vingtaine de lignes.

– Qu'est-ce que c'est ? m'aurait-elle demandé.

– Une histoire que j'ai écrite, lui aurais-je répondu.

– Tu veux bien me la lire ?

– Non : toi, lis-la-moi.

– C'est que... je ne comprends pas très bien ton écriture.

La vérité, c'est que mon texte était plein de fautes. Il n'avait même pas vraiment d'orthographe : tous les mots étaient accrochés – l'influence du *Petit Pioui*, peut-être ?

J'ai donc lu à ma sœur cette histoire, la première que j'ai écrite. Un conte qui s'intitulait *Les méchants sont toujours punis*. Déjà une utopie... L'histoire d'un bon roi et d'une méchante reine, si méchante que le roi décide un jour de quitter le château avec ses deux enfants. Ils partent sur l'océan, se perdent et, pour ne pas mourir de faim, pêchent un thon (j'imagine qu'on mangeait alors du thon à la maison ?). Enfin, ils abordent une île, sont attaqués par un diplodocus (d'origine inconnue : je n'ai retrouvé aucun diplodocus dans mes livres d'enfant) qu'ils combattent et tuent. Ils entrent dans la grotte du monstre et découvrent... un trésor ! Ils reprennent le bateau, reviennent au château (sans plus mourir de faim, peut-être mangent-ils le diplodocus ?) et apprennent que la reine, entre-temps, est morte. Ils font la fête et vivent longtemps et heureux grâce au trésor.

Très fière que son petit frère ait écrit une histoire, ma sœur l'emporta et, le dimanche suivant, me tendit une feuille sur laquelle elle avait tapé mon histoire à la machine. Miracle : les mots n'étaient plus accrochés, les fautes avaient disparu et la typographie était celle d'un vrai livre !

L'événement dut me marquer. Peut-être me suis-je dit : « Eh bien voilà, tu es écrivain ! Évidemment, c'est un petit livre – une page imprimée – publié à un seul exemplaire. Mais c'est un début. Et tu as une secrétaire. » Je possède encore ce texte dactylographié, le seul qu'ait jamais tapé ma sœur à la machine, mais l'original manuscrit a disparu. Le souvenir de cette anecdote m'est resté parce que mes parents me l'ont fréquemment racontée.

Les jeunes lecteurs me demandent souvent :

– Quel a été votre premier livre ?

La question est ambiguë. Ma réponse l'est aussi. Car mon premier roman édité, que j'ai écrit à l'âge de vingt-trois ans, n'est pas, et de loin, mon premier récit. J'évoque donc également *Les méchants sont toujours punis*. Les enfants, qui aiment les précisions et les chiffres, insistent :

– Et entre ces deux textes, vous en avez écrit d'autres ?

– Oui. Deux cents kilos.

La réponse étonne. Pourtant, je n'en ai pas d'autre.

Écrire... c'est partir un peu

Enfant puis adolescent, pendant des années, à intervalles plus ou moins réguliers, j'ai écrit... des contes. Des nouvelles. Des récits. Des pièces de théâtre. Des poèmes. Des romans qui parfois totalisaient quatre ou cinq cents pages – et même un opéra. J'ai ainsi accumulé cahiers d'écolier, calepins, feuilles volantes, classeurs – que j'ai commencé à dater à partir de onze ou douze ans. L'ensemble ne m'a jamais quitté et se trouve aujourd'hui dans une grande malle métallique, si lourde qu'on ne peut la déplacer. De façon assez étonnante, la plupart de ces textes sont achevés. Je les ai conservés parce que la famille a la manie de ne rien jeter. D'ailleurs, je n'ai jamais réutilisé et rarement relu ces écrits. Quand il m'arrive de m'y plonger, je suis épouvanté de leur naïve médiocrité. Mais il m'a bien fallu ouvrir cette malle et les feuilleter pour les besoins de cet ouvrage.

Aujourd'hui, quand je leur révèle avoir tant écrit et tant lu, mes jeunes lecteurs, étonnés, me demandent :

– Mais vous n'aviez pas envie de faire autre chose ?

La vérité, c'est que je n'avais pas le choix ! Dans les années cinquante – j'avais entre cinq et quinze ans – la télévision était à peine inventée et mes parents n'en ont jamais voulu. Ils n'ont jamais possédé de voiture et ma mère est morte en 1970 sans avoir eu le téléphone. En revanche, nous avons toujours eu la radio à la maison. Mais l'écouter relevait d'un rituel : seul mon père allumait le poste, branché une fois pour toutes sur Radio-Luxembourg. À midi, nous avions droit au feuilleton de Zappy Max *Ça va bouillir* ou à celui de Pierre Dac *Malheur aux barbus*. Le soir, après avoir suivi *La famille Duraton*, nous écoutions les informations et, une fois par semaine, le *Quitte ou Double*.

– Vous n'aviez donc pas de copains ? insistent mes lecteurs.

Eh non, les copains n'existaient pas, j'avais des camarades de classe avec lesquels je jouais à la récréation. Jusqu'à ce que je passe en sixième, aucun d'eux n'entra à la maison. À la sortie de l'école, il n'était pas question de flâner dans la rue avec ceux que ma mère appelait les voyous : je rentrais donc pour me plonger dans mes devoirs et mes leçons. Parfois, avec la complicité de Jeanine, je descendais dans la cour de l'immeuble pour jouer seul aux billes. Sa mère, Mme Pichon, avait tôt fait de m'en chasser, alertée par le faible bruit :

– Ça résonne ! Tu déranges tous les locataires ! La cour, c'est fait pour les poubelles, pas pour les petits garçons !

Je quittais ce terrain de jeu obscur de vingt mètres carrés pour rejoindre l'appartement, guère plus grand. À sept ans, je demandai une bicyclette pour Noël. Mon père fut très étonné :

– Mais où ferais-tu de la bicyclette ?

– Eh bien... dans la rue !

– Malheureux ! Tu veux te tuer ?

Je finis par avoir un vélo... à la campagne.

De Mickey à Tintin

Seul entre quatre murs j'avais une occupation favorite : lire. Hélas, il n'y avait pas de bibliothèque dans la classe ni dans l'école de la rue Georgette-Agutte. Quant à la bibliothèque municipale, dans les locaux de la mairie du XVIIIe, elle était trop loin pour que je m'y rende seul à pied et ma mère refusait de m'y accompagner.

À l'époque où j'achevais mon CP, en juin 1952, le premier numéro du Nouveau Mickey sortit en kiosque. On me l'acheta. Face à mon enthousiasme, mes parents m'abonnèrent. Pendant deux ans, je me nourris de ce journal de seize pages, le lisant et le relisant en attendant le numéro suivant. J'entrai dans une histoire fabuleuse, publiée en feuilleton, dont le vocabulaire et la portée me dépassaient pourtant : *La Cité sous la Montagne* de Sir Henry Rider Haggard. Plus tard, je compris qu'il s'agissait d'une partie de sa saga africaine *She*, une aventure dont Indiana Jones serait un pâle avatar. L'adaptation en BD de *La guerre du feu* de Rosny Aîné fit mes délices. Rien d'étonnant à ce que, trente-cinq ans plus tard, quand René Lécureux m'assura de son amitié, j'accepte avec joie et fierté d'adapter les aventures de son héros Rahan pour Canal Plus.

La science-fiction était déjà présente dans les BD de Mickey. Dès le numéro 3, Donald entreprenait un voyage sur la Lune et Mickey lui-même s'improvisait voyageur temporel dans *À travers les siècles*. La rubrique « Le saviez-vous » me passionnait. On y lisait par exemple : « La Terre compte à peine un peu plus de deux milliards d'habitants. Des experts ont calculé qu'elle pourrait en nourrir huit milliards supplémentaires si le moindre espace de terrain était soigneusement cultivé » (n° 69 du 20 septembre 1953).

En mai 1954, mes parents me jugèrent trop âgé pour être abonné à Mickey. Je lisais déjà Tintin depuis un an, passionné par *Objectif Lune* et *On a marché sur la Lune*. J'entrai dans l'univers de Jacques Martin avec *La grande Menace* et dans celui d'Edgar P. Jacobs avec *S.O.S. Météores*... Dans le journal Spirou, que j'achetais régulièrement, j'aimais certes *Lucky Luke, Buck Danny* et *La Patrouille des Castors* (j'étais moi-même louveteau) mais surtout *Les belles Histoires de l'oncle Paul*, riches d'informations que l'école n'apportait pas toujours.

Si mes parents cédaient à l'achat d'illustrés comme Pipo, Buck John, Bibi Fricotin, Les Pieds Nickelés ou Coq Hardi, c'est parce que ces magazines leur paraissaient inoffensifs. Les vrais livres, plus chers et parfois suspects, on me les achetait au compte-gouttes. Je n'avais à ma disposition, dans la salle à manger, que ceux qui s'alignaient peu à peu dans le rayonnage du *cosy-corner*, au-dessus du divan qui me servait de lit.

Un cadeau rare et cher

Pour mon anniversaire, à Noël ou à l'occasion d'un bon livret scolaire, mes parents, ma sœur, ma tante ou la voisine m'offraient un album, un roman, un dictionnaire. Bon élève en primaire, j'avais droit chaque année à un beau livre de prix rouge : *Lassie, chien fidèle* d'Eric Knight, *Michaël chien de cirque* de Jack London, *Romain Kalbris* et *Sans Famille* d'Hector Malot...

Les livres neufs qu'on m'offrait quand j'avais huit ou neuf ans étaient utilitaires ou choisis avec soin : un abécédaire, le *Napoléon* de Louis Bertrand (de l'Académie française), *Nico, le petit garçon changé en chien* d'André Maurois, et une édition intégrale sur papier bible de *David Copperfield* de Charles Dickens. Je découvris à huit ans la comtesse de Ségur, dont l'univers me semblait baroque et attachant et dont les dialogues me rappelaient ceux du théâtre. Pas un ne m'échappa, mes parents jugeant qu'il s'agissait là, avec les contes de Zénaïde Fleuriot, d'un auteur pour enfants recommandable.

Hiver comme été, la promenade du dimanche était le marché aux puces, situé de l'autre côté du boulevard Ney. Quelle aubaine ! Je dénichais souvent un vieux livre doré sur tranche, parfois un polychrome, que ma mère marchandait. Il ne coûtait pas cher puisqu'elle me mettait en mains ce marché :

– Que préfères-tu ? Ce livre ou un beignet ?

L'odeur des beignets proposés par des marchands ambulants était alléchante, ils sentaient bon l'huile chaude et rance. Mais le beignet serait vite avalé, je choisissais toujours le livre. Son titre et son auteur avaient de quoi rassurer mes parents : *Colas, Colasse et Colette* par Jules Simon (de l'Académie française), *Fabiola ou l'Église des catacombes* par son Éminence le cardinal Wiseman, archevêque de Westminster, ou *Légendes de Noël* (contes historiques). Ces ouvrages de la fin du XIXe siècle étaient très édifiants, comme en témoigne le premier paragraphe des *Contes d'un vieux savant* par Henry de Graffigny (Bibliothèque de la famille) : « Mes chers petits lecteurs, je vous présente les héros de ce livre. Ce sont des enfants comme vous et ils sont trois. Voici l'aîné de la famille, M. André. C'est déjà un garçon raisonnable. Il a douze ans sonnés et est un élève assidu du petit collège Stanislas. Voici ensuite sa sœur, Mlle Henriette, qui compte neuf printemps. C'est une fillette blonde, enjouée et un bon petit cœur. »

Qu'importe ! C'était là de la lecture, une histoire nouvelle, un univers et des personnages inédits qui me deviendraient vite familiers. Un jour, je tombai sur *Voyage au centre de la Terre* de Jules Verne. L'ouvrage, qui avait la même allure que *Fabiola* ou *La tâche du petit Pierre* de Jeanne Mairet (ouvrage couronné par l'Académie française), inspirait confiance. Je l'achetai avec mon premier argent de poche. Ce roman, je le lus cent fois. Il me fascinait : là, plus de leçon de morale ni de considérations religieuses mais de l'aventure, du mystère, du suspense ! Ce roman est sans doute à l'origine de mon goût pour la spéléologie. Aujourd'hui, j'en prends encore plus soin qu'hier car il s'agit, bien sûr, de l'édition originale d'Hetzel. Il a coûté le prix de trois tickets de métro.

Je réclamai d'autres romans de Jules Verne, mais il me faudrait attendre le lycée pour y avoir accès. Entretemps, je découvris les récits de Charles Vildrac qui me firent rêver : *L'Île rose, La Colonie, Amadou le Bouquillon*...

Un petit garçon modèle ?

À dix ans, j'avais écrit des dizaines d'histoires inspirées de ce que je lisais et de mes deux désirs, jamais assouvis, de vivre à la campagne et d'avoir des animaux. Enfant de la ville, j'étais attiré par la nature ; les vacances et mes lectures m'en offraient une image magnifiée.

L'été, pendant les trois longs mois de vacances, j'étais au vert. En 1953, mes parents avaient acheté dans un village une grange qu'ils aménageaient, année après année, en habitation. Là, j'eus bientôt l'usage – luxe suprême – d'une pièce et d'un vélo. Dans ma chambre, je pus ranger mes illustrés et mes manuscrits. Quant au vélo, c'était le moyen de gagner une indépendance inespérée et d'explorer avec les gamins du village la rivière, les forêts et les grottes de la Franche-Comté. Bien avant l'âge de dix ans, je m'échappais pour la matinée ou l'après-midi sans que ma mère s'inquiète, ignorante des périls que je courais sans le savoir moi-même : nous nous risquions sur la partie non navigable du Doubs, hachée de barrages et de rapides, avec une vieille barque de pêche qui prenait l'eau. Munis d'une lampe de poche et d'une bougie de secours, nous explorions les souterrains d'un fort désaffecté ou de vastes réseaux de grottes dont les adultes méconnaissaient l'existence.

Les jours de pluie, je restais à lire ou à écrire jusqu'à ce que ma mère, agacée, s'exclame :

– Tu devrais aller prendre l'air au lieu de t'abîmer les yeux !

Au village, notre vieille voisine, Mme Colney, m'avait pris en amitié. Chaque année, je lui réclamais le même vieux et gros livre dont l'histoire ne me lassait pas : *Le docteur Oméga, aventures fantastiques de trois Français dans la planète Mars*. Ne pas le posséder et ne pouvoir le lire qu'une fois par an me rendait ce roman encore plus précieux et rare.

En août, mon père nous rejoignait. Quand je ne l'accompagnais pas à la pêche (je lisais assis à côté de lui, pas question de tuer des poissons), je l'aidais à transformer notre grange en maison. Mes grands-pères avaient été artisans et mes parents m'ont appris très tôt à gâcher du plâtre, faire du ciment, monter un mur, poser du lambris, du papier peint ou des prises de courant. Les tâches pratiques ne m'ont jamais rebuté, ce qui se révélerait plus tard utile dans l'édition... et dans l'enseignement.

La fiction : une religion

Peu pratiquants, mes parents avaient laissé le soin de mon éducation religieuse à ma tante Marie, employée comme bonne chez notre voisine, Mme Rosenfeld, une noble russe qui avait fui sa patrie à la Révolution. Le soir, pendant ses heures de liberté, Marie lisait et me commentait *L'histoire de l'enfant Jésus*. Ce petit livre d'or m'apparut longtemps comme une fiction comparable à celle du *Petit Pioui* ou du *Taxi très pressé*. Marie m'avait aussi acheté *Ma petite histoire sainte* qui résumait la Genèse en vingt pages avec illustrations.

À dix ans, familier du catéchisme et des Évangiles, lecteur assidu de *Vivre en chrétien dans mon quartier* d'Yvan Daniel, ma foi était sincère et ma morale bien établie. Je savais qu'il fallait obéir aux adultes, respecter les personnes âgées, saluer les inconnus dans l'escalier et tendre la joue gauche au lieu de rendre coup pour coup. La fréquentation du patronage et des louveteaux m'offrit une déconvenue : ceux qui recevaient ou enseignaient ces règles les enfreignaient allégrement au quotidien. Enfant sage, timide et poli, je me croyais favorisé et gâté : on m'offrait des cadeaux à Noël ! Ma mère, à cette occasion, n'avait jamais eu qu'une orange qu'elle regardait, des mois durant, se dessécher sur la cheminée. Au grand dam de mes grands-parents, on m'autorisait à prendre parfois la parole à table, effronterie qui avait toujours valu le fouet à mon père.

À onze ans, j'eus les félicitations émues du père blanc qui accompagna ma première Communion, en aube ; je la fis à Saint-Roch, avec les enfants des acteurs et du personnel du Français. Les festivités et cadeaux qui la suivirent me parurent déplacés. Devenu lycéen, je fis ma « persévérance » et allai à la messe tous les dimanches jusqu'à la veille de mes quatorze ans.

Comédien ? Pas question !

L'une des questions les plus fréquentes des lecteurs est : « À quel âge avez-vous voulu être écrivain ? » Ma réponse, pourtant sincère, étonne : « Je n'ai jamais voulu devenir écrivain ! J'écrivais, cela me suffisait. » Très tôt, mon attirance pour la nature et le fait que j'aie, à cinq ans, gardé les moutons une semaine, en Ardèche, près des Vans, me firent affirmer :

– Plus tard, je serai berger.

Indulgents, mes parents souriaient, ajoutaient que ce n'était pas un vrai métier. Vers neuf ans, je changeai d'avis. Quand on m'interrogea, j'eus l'imprudence de répondre : comédien. La réaction de mes parents fut immédiate :

– Il n'est pas question que tu mènes cette vie de saltimbanque !

Je m'étonnai. C'était bien là un métier ?

– Non, m'affirma mon père. On court le cachet tout le temps.

Mes parents avaient tout connu : la figuration au long cours et la gloire éphémère, l'opérette, la revue, la comédie, le drame, le Boulevard, le comique troupier, le Grand Guignol. Ils avaient accepté au débotté mille rôles appris à la hâte dans des trains de nuit. Ils avaient joué en plein air, sur les places de village, dans des granges. Un soir, après avoir interprété le rôle du Chourineur (un « méchant », dans une adaptation des *Mystères de Paris* d'Eugène Sue), mon père, à la sortie, dut affronter la colère de la foule : elle voulait lui faire la peau pour de bon.

– Salaud ! criaient les spectateurs en lui jetant des pierres.

Au Grand Guignol, il jouait les assassins mais c'était le plus doux des hommes. Plus tard, alors qu'il était retraité, quand il nous arrivait de traverser en voiture une ville de province, il me désignait souvent le théâtre et disait, ironique, à ma mère :

– Tu te souviens, Jeannette ? Ici, en 1937, nous avons triomphé !

Un verbe qui trahissait la nostalgie autant que la dérision ; car ce soir-là, renseignements pris, il y avait vingt spectateurs dans la salle.

Un jour, je devais avoir douze ou treize ans, nous avons croisé dans un couloir du Français l'administrateur, Maurice Escande. Tandis que je lui serrais la main, il m'a caressé les cheveux et s'est exclamé :

– Mais Roger, ton fils est devenu un garçon charmant !

Négligeant le compliment, mon père m'a vite entraîné plus loin. En m'interdisant l'accès à la profession d'acteur, mes parents voulaient me préserver d'une vie aventureuse et précaire qui, à leurs yeux, menait à la débauche.

– Il te faut, m'affirmaient-ils, un bon métier, avec un salaire à la fin de chaque mois : facteur, enseignant, gendarme...

Au CM2, je décrétai que je serais « ingénieur dans la marine » ; j'avais une fascination pour la mer, héritée de deux étés passés à Langrune-sur-Mer alors que je n'avais pas six ans. Mes parents furent ravis de ce choix. À l'école primaire, j'avais toujours décroché le prix d'excellence ou le prix d'honneur. J'entrerais donc au lycée...

Pour cela, il me fallut affronter, en 1956, le redoutable concours d'entrée en sixième qui serait supprimé l'année suivante. La dictée, un extrait d'une œuvre d'André Gide, approchait deux pages. Aux enfants de dix ans et demi, on demandait entre autres d'expliquer, exemples à l'appui, le sens du mot abnégation. Le terme et son usage devaient être moins rares qu'aujourd'hui ; je réussis le concours et entrai à Chaptal, dans la section latin et allemand première langue.

Ce fut pour moi le début d'une nouvelle vie...

Je m'ennuie, donc j'écris

Pour me rendre au lycée, je devais prendre le métro. Je descendais le plus souvent à la station Place de Clichy et effectuais à pied la fin du trajet, ce qui m'évitait une correspondance. Jusqu'à la station Rome, un large terre-plein central ombragé et réservé aux piétons séparait l'avenue en deux. Le soir, à la fin des cours, au lieu de rentrer aussitôt chez moi, je pris l'habitude de m'asseoir sur l'un des bancs du terre-plein pour écrire. Quand le temps était humide ou froid, je me réfugiais dans le métro pour sortir cahier et stylo. Car aussitôt que j'arriverais à la maison, ma mère m'ordonnerait de me consacrer aux devoirs et aux leçons.

Mes parents savaient que j'écrivais. Ils lisaient parfois mes histoires. Mais durant mes trois années à Chaptal, cette activité leur parut de plus en plus frivole : premier en français, je n'avais pas besoin d'y faire de progrès. Aux yeux de mes camarades et de mes parents, le fait que je reste brillant en lettres a dû paraître longtemps suspect. À chaque rentrée scolaire, le professeur de français – M. Bèdé, Cazenave ou Oriou – m'invitait à venir à son bureau dès la fin de la première heure de cours. Invariablement, il me demandait :

– Dites-moi, Grenier, j'ai lu sur votre fiche que votre père est régisseur à la Comédie-Française. N'aurait-il pas des billets à prix réduit ?

– Mais si, bien sûr. Je lui en demanderai.

Parfois, j'apportais des entrées gratuites. Nul doute, aux yeux de mes camarades (et même, qui sait, de mes parents ?), que je bénéficiais, grâce à ces billets de faveur, de l'indulgence et de la protection du professeur.

Mes notes s'effondrèrent vite dans la plupart des autres matières. Surtout en mathématiques. Écrire (et lire !) devint donc une récompense, autorisée après de longues heures passées à apprendre les leçons. Bientôt, on appela à la rescousse la voisine du troisième, Mme Briançon, une institutrice à la retraite chez qui je descendais deux fois par semaine pour qu'elle me guide en algèbre et en géométrie. Peine perdue : j'apprenais par cœur des théorèmes que je ne savais pas appliquer.

Ma dégringolade scolaire a des causes que mes parents ont toujours ignorées et qu'il me faut bien révéler aujourd'hui…

Au lycée, la plupart des professeurs arrivaient dans la classe, déposaient leur gabardine et leur chapeau et se mettaient à débiter leur cours, écrivant parfois un mot, une phrase au tableau. La plupart ne passaient pas dans les rangs et connaissaient fort mal leurs quarante élèves. Les plus consciencieux ramassaient les cahiers une fois par trimestre, pour les noter. Beaucoup de mes camarades savaient tirer profit de cette situation : ils travaillaient dans les matières principales et, en dessin ou en musique, profitaient du chahut pour faire leurs devoirs en douce ou apprendre sous leur pupitre la leçon du cours suivant. Ma technique était différente. J'étais attentif aux cours qui m'intéressaient : le français, la musique et l'allemand, où il était souvent question de littérature. Pendant les autres heures de cours, j'écrivais. On croyait que je prenais des notes mais je rédigeais mes romans. Mon professeur de physique nota ainsi sur mon livret : « compense son manque de dispositions par un travail acharné », sans savoir que ce travail acharné consistait à venir à bout de récits comme *Les mémoires d'un chien, L'histoire de Larry, Ralph, Les aventures de Flink, Le lac de Chaon, Poisson d'avril, Le jardin de rocailles, Squares parisiens, Soirées dans les coulisses du Français*… sans parler de multiples journaux intimes commencés, interrompus et repris.

De ces textes naïfs, pompeux et bavards, rien n'est à conserver. Les moins ratés sont, à mon goût, les essais, dont l'écriture est plus enlevée, comme en témoignent les premières lignes de ces *Squares parisiens* : « Un miaulement rouillé puis un cri métallique : quelqu'un vient d'entrer dans le square ! Aussitôt, comme à l'église, chacun se retourne pour l'observer. Le connaît-on ? Le connaissez-vous ? Qui le connaît ? »

J'écrivais sans jamais me relire ni me soucier du moindre public. J'écrivais sans trop parler de moi, car le moi est haïssable, m'avait-on assuré. J'écrivais parce que j'avais beaucoup à dire et qu'on ne me laissait pas la parole. J'écrivais, seul moyen de faire jaillir et de mettre en forme les mondes et les sentiments qui se bousculaient en moi. Et je lisais, moins pour alimenter mon imaginaire que pour éprouver ces sentiments que je me savais capable de susciter désormais. Car le livre, comme le théâtre, avait ses acteurs et ses spectateurs. Quand je découvrirais la musique, je voudrais non seulement en écouter, mais en faire...

Du papier... à la musique

Un événement majeur marqua mon entrée en sixième. Le premier jour, le professeur de musique apporta en classe un Teppaz, sorte de pick-up amélioré qui ne s'appelait pas encore électrophone. Il nous parla de Beethoven et nous fit entendre sa *Cinquième symphonie*. Ce fut une révélation ; un univers fabuleux et fascinant s'ouvrait à moi. Le professeur fut sans doute intrigué par cet élève attentif et subjugué. À la fin du cours, il me fit venir à son bureau et me dit :

– Chaque année, je donne à un élève méritant une carte qui lui permet d'assister le dimanche après-midi à la répétition générale des concerts Fernand Oubradous, salle Gaveau. Cette carte vous ferait-elle plaisir ? Et pourriez-vous en profiter ?

Dès lors, je devins un fidèle des concerts Oubradous.

Je voulus un pick-up et des microsillons. Il me fallut plus d'un an pour obtenir l'appareil, une platine rudimentaire qu'on dut brancher sur le poste de radio. J'achetai mon premier disque, la *Cinquième symphonie* de Beethoven, avec mon argent de poche. En 1957, il coûtait une fortune : trois mille trois cents francs alors que mon père gagnait quarante mille francs par mois, ce qui était un bon salaire. J'ai écouté ce disque deux cents fois, je n'avais que celui-là. Quelques mois plus tard, j'achetai la partition de cette symphonie. Maintenant que je connaissais le spectacle, il me fallait la brochure. Oui, je voulais comprendre comment c'était fait.

La musique venait d'entrer dans ma vie, s'ajoutant à la littérature. Au lycée, l'un de mes camarades partageait le même intérêt pour le classique : Michel Ballageas. Il était mon voisin pendant la plupart des cours et devint un ami inséparable, plein de fantaisie et d'humour. Cinquante ans plus tard, nous

nous fréquentons toujours. Michel était le meilleur en allemand et il jouait du violon. Je lui montrai quelques-uns de mes écrits et il eut le droit de m'inviter, en trois ans, quatre ou cinq fois chez lui. Son père possédait un superbe combiné radio stéréophonique. C'était le dernier cri de la technique. Je me souviens de l'émotion intense qui m'envahit quand Michel me fit connaître Gustav Mahler et sa *Troisième symphonie*. Le poème de Nietzsche *O Mensch* m'a marqué à tout jamais. Inconditionnel de Wagner, Michel était, à douze ans, un familier de la Tétralogie.

Enfin, je voulus m'initier à un instrument. Je n'eus pas vraiment le choix : Mme Briançon possédait un piano et elle en jouait un peu. J'apprendrais donc le piano avec elle, en complément de ses petits cours de maths.

Très vite, mes parents comprirent que mon amour de la musique était sérieux. Ils m'achetèrent un piano. L'instrument, qui ne gardait pas l'accord, sonnait mal et faux : il possédait un cadre en bois fêlé et avait une méchante sonorité de piano forte. Qu'importe ! Il devint un compagnon, un confident. Je me mis à composer. Plus tard, adolescent, quand mes parents me priveraient du piano (ils supprimeraient tout ce qui risquait d'entraver mes études), je m'achèterais un chevalet, des tubes et je me mettrais à peindre. L'écriture ne me semblait alors qu'un des multiples moyens de m'exprimer, au sens propre comme au sens figuré.

Un lecteur très surveillé

Au lycée, on m'accorda le droit d'aborder les véritables livres jeunesse de cette époque : ceux de la collection Souveraine (de la Bibliothèque Rouge et Or) et de l'Idéal-Bibliothèque chez Hachette. Ceux de la Bibliothèque verte, je me les procurais moi-même, d'occasion, au marché aux Puces.

Avant tout achat, mes parents vérifiaient les indications de sexe et d'âge figurant sur le rabat de la jaquette. Ainsi, comme en témoignent les dédicaces de la première page, on m'offrit *Croc Blanc* de Jack London (garçons au-delà de dix ans) le 6 juin 1956 et *La Route des Éléphants* de René Guillot pour mes douze ans. L'indication (garçons et filles de 14 à 16 ans) de *La petite Fadette* de George Sand dut échapper à mes parents.

C'était ma première histoire d'amour et l'impression de lire un texte presque interdit ajouta à mon excitation.

Avec la Bibliothèque verte, je plongeai dans Jules Verne, Jack London, Alexandre Dumas, Alphonse Daudet, Pierre Loti – et bien sûr Victor Hugo – avant de découvrir la jolie petite édition Nelson. Ah, les six volumes du *Comte de Monte-Cristo* !

Pendant mes trois années à Chaptal, de 1956 à 1959, mon père accepta que je voie au Français le théâtre de Beaumarchais, Marivaux, Musset, Labiche, Courteline, Feydeau, Rostand. Mais j'avais hâte de découvrir les pièces qu'on me censurait, celles de Montherlant, Claudel, Bernanos, Bourdet, Audiberti...

L'espace, ouverture sur le monde

Le 4 octobre 1957, ma mère me réveilla en me disant :

– Les Russes ont accompli un exploit ! Ils viennent d'envoyer dans l'espace un objet qui n'est pas retombé.

« Qui n'est pas retombé. » Ma mère était fascinée par ce qui, à l'époque, semblait un miracle : une loi universelle, énoncée des siècles auparavant, venait d'être démontrée par l'expérience ! Elle m'expliqua :

– Il tourne autour de la Terre. En une heure et demie. Et il envoie un message radio. On peut l'entendre. Viens l'écouter !

Le bip-bip du premier Spoutnik, je l'ai encore dans l'oreille. Je compris que la conquête de l'espace avait commencé. Que la fiction allait rejoindre la réalité. Un mois plus tard, je pleurai en comprenant que Laïka ne reviendrait pas. D'un jour à l'autre, cette chienne devint une vedette mondiale, sa photo s'étalait dans tous les journaux. Je me jurai de raconter un jour son histoire et de lui rendre l'hommage qu'elle méritait.

À cette occasion parurent aux éditions Artima de nouveaux illustrés aux noms évocateurs : Spoutnik, Sidéral, Monde futur, Cosmos et surtout Météor, dont je ne ratais pas un numéro. Les aventures spatiales du docteur Spencer et de ses compagnons Spade et Texas étaient, dans ces BD en noir et blanc, les ancêtres de futures séries comme *Star Trek* ou *Cosmos 1999*.

Mon intérêt pour l'astronomie redoubla. À la fin des années cinquante, il y eut presque coup sur coup une éclipse de lune et de soleil. Je me revois, la nuit, à la fenêtre, fasciné par le disque lunaire que grignotait l'ombre de la Terre ; et sur l'esplanade du Sacré-Cœur, avec mon père, observant le soleil à l'aide d'un verre qu'il avait soigneusement fumé à la bougie. Dans l'un des nombreux magazines que je lisais était expliqué comment fabriquer une lunette astronomique. Je me procurai une lentille et un oculaire chez un opticien, de longs tubes de carton au marché Saint-Pierre, et je me fabriquai un instrument muni d'un solide trépied en bois que je possède toujours.

Mon imaginaire romanesque se nourrit bien sûr de ces nouvelles lectures et de l'actualité. Je n'écrivis pourtant pas de science-fiction pure et dure mais des romans verniens comme, en 1958, ce récit de quatre cent quarante-six pages au titre évocateur, *La grande Aventure*, que je dédiai à mon père.

Dans le même temps, je découvrais Baudelaire et Prévert. C'est l'époque où je bâclais quatre ou cinq poèmes par jour, souvent imités de ceux que j'admirais (« Le ciel lourd comme un corps suait quelques étoiles », écrivais-je en 1959 !). Je les rassemblai dans un volumineux recueil baptisé : *Premiers pas dans la poésie*.

Touché par Verlaine, je restais rétif à Rimbaud. J'exigeais de la poésie ce qui me plaisait au théâtre : de la clarté, du sens, une construction. Souvent un oiseau, un ruisseau, étaient le point de départ d'un quatrain descriptif, telle cette *Vague* au classicisme désespérant :

« Dans un remous houleux, la vague se précise,
Prend sa forme et se meut en roulant sa rondeur ;
La crête suspendue tranche l'air et s'aiguise
Et tombe avec fracas dans sa propre blancheur. »

Mais l'amoureux de la nature que j'étais fléchit pour la première fois devant *L'effort* d'Émile Verhaeren,

« Groupes de travailleurs fiévreux et haletants
Qui vous dressez et qui passez au long des temps
Avec le rêve au front des utiles victoires... »

dont la conclusion collectiviste, ouvriériste et scientiste m'ouvrait des horizons nouveaux :

« Ces bras, ces mains unis à travers les espaces
Pour imprimer quand même à l'univers dompté
La marque de l'étreinte et de la force humaines
Et recréer les monts et les mers et les plaines
D'après une autre volonté. »

Je jugeais stupide la rivalité qui, dans l'espace comme en politique, opposait Soviétiques et Américains. En 1959, une photo me bouleversa. Prise d'un engin qui allait s'écraser sur la Lune, elle représentait, pour la première fois, la Terre vue de l'espace, globe fragile suspendu dans le cosmos. À cette distance, nulle frontière. Confusément, je pris conscience que dans l'univers immense, cette oasis de vie était précieuse et rare. Il convenait de la préserver et d'en faire profiter le plus grand nombre au lieu de l'exploiter aveuglément et d'asservir ceux qui avaient froid et faim. De cette époque date, je crois, ma conviction que la survie de l'humanité dépend d'une prise de conscience planétaire. Et l'espoir d'un futur où l'altruisme et la justice primeront les prérogatives que s'arrogent les nations ou les classes possédantes : droit du sol, du sang, de l'argent, du premier arrivant ou des avantages acquis.

Nul en maths

J'ai toujours été la bête noire du prof de maths. Une scène me revient en mémoire, et suscite le même frisson qu'autrefois... Nous sommes en mars ou avril 1959, au lycée Chaptal, en classe de quatrième, cours de mathématiques.

– Grenier, au tableau !

À l'appel de mon nom, je ressens un vertige innommable, une nausée, la panique... Eh bien ça y est : cet ordre attendu et redouté a été prononcé. Je me lève, tête folle, jambes flageolantes, l'impression que tous les regards sont rivés sur moi (ils le sont), la certitude qu'une catastrophe est imminente, plus terrible que la guerre, la mort, la visite hebdomadaire chez le dentiste...

J'avance jusqu'à l'estrade, accompagné par le silence consterné et respectueux de mes pairs. Depuis trois ans, mes notes en cette matière ont suivi une courbe régulière et descendante. Moi, les maths, j'aurais bien voulu les aimer, mais ceux qui me les enseignaient n'y sont jamais parvenus. J'envie ces forts en équations qui, au premier rang, se régalent de décimales et se jouent des bissectrices... Dès le mois d'octobre, M. Hoslin m'a fait comprendre que ma nullité en cette matière était crasse, scandaleuse, irréversible. J'avoue que je me suis aisément laissé convaincre. M. Hoslin m'a relégué d'office au dernier rang où, après deux semaines d'ennui face à ses magistrales explications incompréhensibles, je me suis mis à écrire – pas le cours, bien entendu, mais les romans et les poèmes dont je nourris mon ennui. J'ai vite compris que si j'écris, on me laisse tranquille. Oui, les profs sont laxistes ou naïfs au point de croire qu'un élève qui écrit travaille...

Hélas, M. Hoslin vient de rompre le pacte : pour la première fois de l'année, il me met à l'épreuve en public. Jusqu'ici, il n'a fait que me ridiculiser, m'interpellant pour commenter un résultat : « Est-ce que Grenier est d'accord ? Et si on demandait la solution à Grenier ? » Et mes camarades de rire, hypocrites et polis.

Mais là, ils ne rient plus. Curieusement, la démonstration de ma nullité déjà connue s'annonce un rien tendue. Hoslin pressent que son spectacle va manquer d'imprévu et que s'acharner sur un condamné serait malvenu. Alors, comme je monte sur l'échafaud (je veux dire : sur l'estrade), il me gracie d'un geste magnanime :

– Oh, et puis retournez à votre place, inutile de perdre du temps...

Mes camarades respirent, l'atmosphère se détend. Je me retourne et regagne le dernier rang, le poulailler de ce théâtre qu'est la classe et dans lequel, je l'ignore encore, je troquerai un jour ma place de spectateur contre celle de metteur en scène...

En juin 1959, il fallut se rendre à l'évidence : je n'avais la moyenne qu'en français, allemand, anglais et dans des matières « sans importance » : musique, dessin, travail manuel. Aucune note n'était élevée. J'étais premier en composition française avec onze sur vingt, ce qui n'empêchait pas l'appréciation élogieuse : « de réelles qualités littéraires » ! En mathématiques, bon dernier, j'avais quatre. Avec le jeu des coefficients, j'étais loin de la moyenne.

Lors de l'imposante distribution des prix, face à deux mille parents d'élèves réunis, le proviseur me remit tous les prix de français et déclara au micro en me donnant l'accolade :

– Nous en ferons un littéraire !

Ce « nous » était imprudent et déplacé. Deux jours plus tôt, il avait signé mon renvoi.

Horticulteur, pourquoi pas ?

Je ne serais jamais ingénieur dans la marine !

Seule alternative : doubler ma quatrième dans un cours complémentaire ou entrer dans une école professionnelle qui me préparerait à la vie active. Aucune de ces perspectives ne me chagrinait. La lecture, l'écriture et la musique suffisaient à mon bonheur et je savais que personne ne pourrait jamais m'en priver, quelle que soit la solution adoptée. Un jeudi de juin, mes parents m'emmenèrent dans un centre d'orientation ; j'y passai la journée à faire une multitude de tests et à répondre à des listes de questions bizarres. Le soir, un psychologue nous reçut dans son bureau pour nous livrer les résultats et débattre de mon orientation. Je me révélais d'une intelligence ordinaire, avec certaines capacités limitées. On me conseillait une profession manuelle, de préférence au grand air. Comme j'aimais les fleurs et la nature, on prononça le mot d'horticulture. J'approuvai :

– Horticulteur ? Oui, ma foi, ça me plairait bien...

Il existait une école d'horticulture Porte d'Auteuil. Fin juin, mon père m'y accompagna. L'établissement était agréable, clair, aéré, entouré d'espaces verts entretenus. Le directeur en personne nous reçut avec cordialité.

– Nous serons ravis d'accueillir ce garçon dès la rentrée ! dit-il.

Il était bien le premier à ne pas être scandalisé par mon livret scolaire. Mais en l'examinant de près, il fronça les sourcils.

– Attendez... votre fils est né le 26 juin 1945 ?

– En effet, dit mon père. Il y a un problème ?

– Oui. Pour être admis ici, il doit avoir quinze ans avant le 1er janvier.

– Il y a des dérogations ?

– Je suis navré. Ça ne passera jamais. Revenez l'an prochain !

En quittant l'école d'horticulture, j'étais très déçu.

En octobre, j'entrai donc au cours complémentaire de la rue de Clignancourt pour y doubler ma quatrième. À mes yeux, c'était un salon d'attente.

Mais cette année se déroula tout autrement que prévu...

Une année pour rebondir

Au cours complémentaire, je trouvai des enseignants dynamiques, efficaces, ouverts, qui connaissaient les élèves dès le premier jour, les tutoyaient, surveillaient leur travail de près. Ici, du directeur aux dames de service, l'équipe était cordiale, bienveillante et soudée. Plus question d'écrire en douce pendant la classe. D'abord parce que l'attention du prof ne se relâchait pas et parce que les cours, enfin, m'intéressaient.

Notre prof de français, Fred Littman, nous enseignait aussi l'histoire et l'instruction civique, ce qui lui permettait d'aborder avec nous des problèmes qui lui tenaient à cœur : la tolérance, la justice, la lutte contre la torture et les inégalités. Enseignant irréprochable d'un profond humanisme, il nous faisait lire aussi bien Albert Camus que Cesar Pavese, évoquait Samson François et l'actualité. Il nous emmenait au Louvre et au T.N.P... La représentation de *La résistible Ascension d'Arturo Ui* de Bertolt Brecht me procura un choc. C'était un univers que je ne connaissais pas.

L'influence de Fred Littman sur ses élèves était profonde. L'un de mes camarades de quatrième, Daniel Vaillant, adhérerait plus tard au Parti Socialiste et deviendrait ministre de l'Intérieur sous le mandat de Lionel Jospin. Sans cesser de fréquenter Michel Ballageas, je me fis de nouveaux amis qui partageaient ma passion de la lecture, du théâtre et de la musique : Daniel Lafoucrière et Jacques Deitte, qui sont restés de fidèles amis. Le premier m'initia à la photographie, le second, qui jouait de la trompette, devint un complice musical irremplaçable – il enseigne aujourd'hui au conservatoire de Milly-la-Forêt. Car si je continuais d'écrire, je composais aussi. Dans la cantine aux manuscrits, j'ai retrouvé des pièces pour piano, une sonate pour deux flûtes, et plusieurs autres, pour trompette et piano que nous interprétions sans le moindre public. Quant à mon opéra *L'Aube des hommes*, il est resté inachevé, Jacques Deitte et moi avons vite renoncé à son orchestration.

Avec la complicité et l'aide de M. Littman, une partie de la classe monta *Le Cid* de Corneille, pour la fin de l'année. Mes parents m'avaient interdit de devenir comédien mais pas de faire du théâtre le soir, après l'étude. Par ailleurs, mes notes avaient gagné cinq points par rapport à celles de Chaptal ; ma moyenne remontait dans toutes les matières... sauf en maths.

À l'issue de l'unique représentation du *Cid* qui eut lieu dans le préau de l'établissement, je déclarai à mes parents que je n'entrerais pas à l'école d'horticulture ; d'ailleurs je passais haut la main en troisième, où je retrouverais amis et professeurs.

Au croisement des vocations

Pendant ma quinzième année s'imposèrent à moi deux projets. Le premier concernait ma vie professionnelle, le second ma vie affective.

Je ne serais pas écrivain mais enseignant. L'écriture, je le savais, ne débouchait pas sur une vraie profession. De mon journal intime, j'extrais ce passage explicite : « Ma vie s'orientera vers le professorat et la littérature. Ne pas devenir écrivain, peu importe, mais tendre vers ce but ; et ne pas cesser d'écrire parce qu'écrire est un désir, un besoin, un idéal. »

Je ne croyais pas si bien dire...

Cette année fut dense ; j'avais décidé de travailler. Je voulais entrer à l'École Normale d'Auteuil et devenir professeur dans l'un de ces cours complémentaires qui deviendraient les collèges d'enseignement général. L'enseignement n'était-il pas le métier le plus proche de celui de comédien ? Un prof n'assure-t-il pas un one man show permanent ? Certes le décor manque de rideaux, d'éclairages et les applaudissements sont rares. Mais le public et le salaire sont assurés, même en cas de fiasco.

Autour de moi, ceux qui soulevaient mon admiration et mon affection étaient des profs. Enseigner le français, c'était pouvoir fréquenter quotidiennement le roman, la poésie, le théâtre et transmettre à d'autres ma passion pour la lecture et l'écriture. Mais surtout j'aspirais à l'indépendance. Les Normaliens, la plupart internes, étaient entièrement nourris, logés, blanchis et même payés. Car dans ma vie était entrée une jeune fille qui lisait mes textes, m'accompagnait au théâtre, me prêtait des livres et avait fait naître en moi des sentiments qu'elle était encore loin de soupçonner.

Cette année-là, bien que j'aie lu dès sa sortie *Les Passagers de l'Espérance, un récit de l'âge atomique* de Georges Duhamel, je me lançai dans une grande robinsonnade écologiste en trois parties doublée d'une histoire d'amour : *La Vallée*.

Préoccupé par l'actualité, je bouclai mon premier essai baptisé : *Considérations sur l'Avenir politique, économique et social du monde*. Plus prétentieux s'abstenir ! Dans ce fatras confus et contradictoire, j'évoquais l'élan du communisme, l'abolition des frontières et des douanes et, face à l'hégémonie américaine, la nécessaire fondation des États-Unis d'Europe.

La lecture des *Histoires extraordinaires* d'Edgar Poe me donna l'envie d'écrire des nouvelles. En deux ans, j'en rédigeai une centaine, de quinze à cent pages chacune. Provocatrices, iconoclastes, elles témoignaient de la perte de ma foi en Dieu. Je les rassemblai en quatre gros volumes aux titres révélateurs : *Donnez-nous aujourd'hui nos fautes quotidiennes ; Et pardonnez à Dieu qui nous a offensés ; À l'heure de notre mort ; Délivrez-nous du bien*. Textes rédigés d'un trait, à la hâte, pour la plupart noirs ou morbides, au bord du fantastique.

De cette époque émerge un seul récit original et ensoleillé, *Le Voyage*, longue évocation en prose poétique d'un gigantesque périple que j'effectuai à vélo jusqu'à la côte d'Azur avec mon correspondant allemand, pendant l'été qui suivit ma classe de troisième.

Mes parents étaient ravis de ma remontée scolaire spectaculaire et de ma décision de devenir enseignant. Le concours d'entrée à l'E.N. était réputé difficile, surtout à Paris : cent places pour six cents postulants. Et les candidats qui s'y risquaient en fin de troisième échouaient neuf fois sur dix. Il existait d'ailleurs, dans certains lycées, des classes de « seconde de préparation à l'E.N. ». Un moment, je fus tenté de me présenter en province où les places étaient moins chères. Mais je ne voulais pas risquer de m'éloigner de celle que j'aimais, et qui habitait près de Paris. Il n'y eut pas de miracle : admis à l'écrit, j'échouai de peu à l'oral.

– J'insiste, dis-je à mes parents. Je le repasserai l'an prochain.

À la rentrée, j'entrai donc en seconde de préparation à l'E.N. au lycée Colbert. En juin 1962, je réussis le concours. Arrivé vingt-cinquième, je fus même admis en première.

J'allais avoir dix-sept ans.

Mon premier projet prenait corps. Normalien, j'étais à peu près assuré de décrocher le bac et de sortir enseignant deux ans plus tard. Mon second objectif, lui, promettait d'être difficile à réaliser...

Un amour impossible

La jeune fille qui occupait mes pensées aimait comme moi la littérature, le théâtre, la musique. Elle était vive, enthousiaste, optimiste ; son sourire éclatant, permanent, communicatif, illuminait en secret mon existence. Je savais qu'elle n'avait personne dans sa vie. Alors où se situait le problème ?

Il était à la fois simple et incontournable : elle avait vingt-cinq ans.

Fin 1957, mes parents avaient, par hasard, renoué des liens avec une actrice qu'ils avaient connue dans les années trente. Désormais mariée, elle et son époux hébergeaient depuis douze ans, dans leur pavillon de Senlis, une jeune fille, Annette, que ses parents leur avaient confiée et qui était devenue prof d'anglais.

Les visites mutuelles étaient rares : mes parents n'avaient pas de voiture. Mais en 1960, à quinze ans, je rapatriai mon vélo à Paris. Désormais, le dimanche, il m'arrivait de partir pour Senlis : deux bonnes heures de route et autant pour le retour. Sans être séquestrée, Annette était très surveillée par ce couple. Pour elle comme pour moi, nos rencontres étaient une bouffée d'oxygène. Elle riait à mes plaisanteries, lisait mes manuscrits, critiquait mes poèmes, se moquait de mon romantisme et me prêtait, chaque semaine, deux ou trois romans. Après la série des *Flicka* de Mary O'Hara, elle me fit connaître Malraux, Giono et surtout Colette, dont je dévorai à peu près tout, des *Claudine* au *Fanal bleu*. Quand j'étais à Senlis, nous nous promenions, écoutions des disques, corrigions ses copies et échangions sur tous les sujets : littérature, musique, politique, actualité, enseignement. Une profession que j'avais, décidément, de multiples raisons d'embrasser. Quand Annette venait à Paris, de moins en moins chaperonnée, nous allions ensemble au cinéma mais le plus souvent à la Comédie-Française.

Des liens plus étroits encore se nouèrent grâce à sa famille. Je venais de me fâcher avec mon correspondant. L'un des oncles d'Annette, allemand, habitait Dortmund. Elle demanda à son oncle s'il acceptait que je passe les vacances chez lui. C'est là désormais que j'irais, l'été et à l'occasion de mes congés. Dortmund... Que de lettres et de romans j'ai écrits chez la famille Schade qui m'adopta aussitôt ! Onkel Heinz, comme je l'appelais, était baryton-basse à l'opéra de la ville. Il m'emmenait à toutes ses répétitions. Pendant les Schubertiades qu'il organisait à mon intention, il confiait son piano à l'un de ses amis virtuoses, Egon Stiepermann.

Je pris conscience de mes véritables sentiments pour Annette au cours de ma seizième année. Jusque-là, je m'étais interdit de penser qu'ils puissent être autre chose que de l'amitié. Mon courrier, mes visites, mes dédicaces insistantes éclairent rétrospectivement une situation qui n'avait rien d'ambigu : il était impensable que se noue la moindre idylle entre nous. D'ailleurs, une (très improbable) liaison brève et forcément clandestine ne m'aurait pas satisfait. C'est bien davantage que je voulais.

Je mesurai l'importance qu'Annette avait prise dans ma vie après de longues et douloureuses réflexions solitaires. Jusque-là, rien n'avait été dit ni avoué. Pas plus entre nous qu'à mes amis ou sur le papier. Il fallait pourtant me jeter à l'eau. Comparé à ce que j'avais à avouer, le défi de Julien Sorel prenant la main de Mme de Rénal, à dix heures, dans l'obscurité du tilleul, me semblait un exploit dérisoire.

Quand je m'y résolus, à l'automne 1961, tandis que nous revenions d'une représentation d'*Oncle Vania* au Français, elle pâlit et eut la réaction que je redoutais :

– C'est ridicule ! Il faut que tu fréquentes des filles de ton âge, que tu travailles... Il faut surtout que nous nous voyions moins.

– Tu ne comprends pas. C'est avec toi que je veux faire ma vie. C'est avec toi que j'aurai des enfants.

Ma passion n'était ni folle ni éphémère mais réfléchie, mûrie, irréfutable. Annette le comprit et s'en alarma. Peut-être eut-elle peur autant d'elle-même que de moi. Quatre mois plus tard, au cours d'une visite chez mes parents, elle nous annonça qu'elle avait signé un engagement. Elle partait enseigner l'anglais pendant deux ans... en Guadeloupe.

La Guadeloupe, en 1962, c'était le bout du monde.

Une année laborieuse et solitaire

Sur mon journal intime, à la date du 9 juillet 1962, ces deux phrases laconiques : « Reçu à l'École Normale vingt-cinquième sur six cents candidats. Annette part en Guadeloupe. »

Mes parents, qui me voyaient préoccupé et taciturne, crurent deviner les causes de mon malaise. Entré à l'E.N., j'allais devoir faire passer l'écriture au deuxième plan et je m'y résolvais mal. Ils voulurent me forcer la main :

– Tu vas passer le bac dans un an. Tu dois mettre toutes tes forces dans la balance et faire des progrès en maths. Pendant un an, tu n'écriras plus. Un an. Jure-le-nous.

La scène eut lieu en présence d'Annette, que mes parents aimaient beaucoup. Peut-être comptaient-ils sur elle pour me convaincre d'accepter ? Le débat puis la dispute furent houleux. Je cédai et finis par jurer. Puis j'allai m'enfermer dans la salle de bains en menaçant de me suicider. Cela faisait beaucoup de frustrations d'un coup...

Sur mon journal intime, que je ne tiendrais plus pendant un an – car j'étais, on en rira, d'une obéissance ridicule –, j'ai noté ces derniers mots : « Mes idées peuvent changer, mes ambitions aussi. Mais on ne pourra pas m'empêcher d'écrire, même si personne ne me lit jamais. »

Je n'eus pas le droit d'accompagner Annette au Havre, d'où partait son paquebot l'*Antilles*. Il y a quarante ans, le voyage en avion était hors de prix. Il n'existait que deux vols hebdomadaires qui permettaient aussi l'acheminement du courrier. Le téléphone ? Inutile d'y penser. Après une fin d'été morose, je lui écrivis. C'est d'abord à mes parents qu'elle répondit, ils n'auraient pas compris qu'elle ne continue pas à nous donner de ses nouvelles.

Fin septembre, j'entrai enfin dans cette École Normale que j'avais si longtemps espérée... Le fait d'être admis directement en première, parmi ceux qui avaient déjà travaillé un an ici, se révéla moins un privilège qu'un piège. Je n'étais pas au niveau des Normaliens, il me faudrait mettre les bouchées doubles...

Je connaissais mes limites. Contrairement à mes camarades qui apprenaient, comprenaient et retenaient avec facilité, je me savais l'esprit laborieux et lent. Ce handicap rend humble et enseigne l'opiniâtreté. Parmi ceux qui m'entouraient, beaucoup, trop sûrs d'eux, ont fini par trébucher. Plus tard, dans l'enseignement comme dans l'écriture, je me méfierais des jugements hâtifs et définitifs. Après tout, si j'étais né trois mois plus tard, je serais entré dans une école d'horticulture.

Comme j'habitais Paris et que les locaux d'Auteuil manquaient de lits, on m'avait refusé l'internat et donné le statut de pensionnaire. J'arrivais dans la salle d'études le matin entre sept heures et sept heures et demie. Les cours commençaient à huit heures et, après une pause à midi pour le repas, reprenaient pour s'achever à dix-sept heures. Jusqu'au dîner, nous revenions en salle d'études pour les devoirs et les leçons. À vingt heures, je me remettais au travail et rentrais vers vingt-deux heures. Seul jour de liberté : le dimanche.

Je garde un souvenir ému de ces années studieuses où la chiade[1] n'excluait pas, loin de là, la rigolade et le chahut organisé. Là, les professeurs m'ont appris à travailler.

À l'E.N., l'engagement politique était presque obligatoire : les Jeunesses Communistes y étaient très actives, notamment mon camarade Raymond Ozoulias, dont le père était alors député au P.C. et que je retrouvai bien plus tard, quand il fut devenu inspecteur. En philo, j'eus la chance d'avoir comme enseignant Guy Besse qui, comme son folklorique collègue Henri Smotkine, était membre du Comité Central.

Un élève-maître en marge

Au club théâtre, on mettait en scène Eugène Ionesco, Samuel Beckett, Arthur Adamov, Jean Genet et, bien sûr, Bertolt Brecht. J'hésitais à m'inscrire au club théâtre. Mes parents auraient fini par l'apprendre. Et puis à l'E.N., on savait que mon père travaillait au Français, théâtre réactionnaire s'il en est. J'aurais été un membre très suspect ! Aussi, j'avais jeté mon dévolu sur le « club presti », qu'animait avec humour et passion l'un de nos camarades, Maurice Fayer. Déjà, il préférait qu'on l'appelle par son futur nom de scène : Gérard Majax.

La prestidigitation, mais pourquoi ? Parce qu'il s'agissait toujours de spectacle mais aussi de démystification. Pratiquer l'illusionnisme, c'était entrer dans les coulisses de la création, en comprendre les arcanes, en apprendre les techniques, en maîtriser les structures.

1. Le travail, l'étude intensive, en argot lycéen.

Travailler ne m'empêchait pas de lire. C'est l'époque où, quand un auteur me séduisait, je voulais découvrir toute son œuvre. Autant pour les besoins de la dissertation hebdomadaire que pour mon plaisir, j'ai ingurgité à peu près tout Stendhal et Musset, et, de Rousseau, le *Contrat social, Les Confessions, L'Émile, Les Rêveries d'un Promeneur solitaire* et sa *Nouvelle Héloïse*, une passion épistolaire et sans espoir ! En allemand, le professeur, Jeannette Lautrec, nous faisait traduire l'intégralité du *Faust* – et du *Second Faust* – de Goethe, dont j'avais évidemment lu plusieurs fois *Les souffrances du jeune Werther*, auxquelles je m'associais plus ou moins. Je me plongeai dans son *Wilhelm Meister*, puis dans Schiller, Rilke, Hölderlin. En philosophie, Guy Besse mettait un point d'honneur à nous initier à Sartre et Nietzsche, dont il critiquait pourtant l'œuvre et la pensée.

Au début des années soixante, il était de bon ton d'aimer le twist, le rock, Dick Rivers et Johnny Hallyday. J'étais à contre-courant. Le professeur de musique, une jeune femme, nous avait fait entendre dès sa première heure de cours une série de morceaux que j'avais tous identifiés. Elle m'avait pris en sympathie ; je lui confiai que je jouais du piano. Elle fut ravie.

– Le directeur de l'École Normale cherche un répétiteur, me dit-elle, pour sa petite fille Nina, qui a sept ans. Accepteriez-vous de lui consacrer chaque soir une demi-heure, pour la guider dans ses gammes et ses exercices ? Vous serez bien sûr rétribué.

Ce fut le seul argent que je gagnai pendant ces années car je donnais à mes parents le défraiement que me versait l'E.N. à titre de compensation, puisque je n'étais ni hébergé ni blanchi. Je devins donc le répétiteur de Nina, eus accès au luxueux appartement de M. Defond et devins suspect de fayotage aux yeux de mes camarades. Je n'étais plus à cela près : mon intérêt pour la musique classique et pour des auteurs jugés « chiants », mon père régisseur au Français, mon refus d'intégrer les J.C., ma réelle vocation pour l'enseignement, tout cela me rendait atypique aux yeux de nombreux Normaliens. La plupart venaient de province ; excellents élèves issus de milieux modestes, ils avaient souvent choisi l'E.N. non par amour de l'enseignement, mais parce qu'elle les prenait en charge dès seize ans.

Quatre ou cinq cents lettres...

J'avais juré de ne pas écrire pendant un an mais cette promesse, à mes yeux comme à ceux de mes parents, n'incluait pas la correspondance. Du coup, ma production épistolaire de cette année 1962-1963 fut énorme. Chaque matin, à la pause de dix heures, le délégué de la classe nous remettait le courrier. Pour les internes, c'était le seul contact avec leurs parents de province. Moi, c'est à Annette que j'écrivais. Mes lettres étaient dépourvues de passion et d'amertume. Celle que j'aimais était partie pour deux ans, supplications ou serments étaient inutiles. Je lui livrais les détails de ma nouvelle vie. Peine perdue, elle ne me répondait pas. Ou plutôt elle se contentait d'une petite lettre convenue, chaque semaine, à mes parents. Je m'étonnais de son silence obstiné et ridicule. Que risquait-elle à m'écrire ?

Un jour, à dix heures, il y eut une lettre pour moi. De Guadeloupe. Par avion. Dans la classe, on s'étonna. Je mentis, expliquai que c'était ma sœur. On me crut.

Entre nous, quelque chose se renouait. Je me gardai bien de changer de ton et lui répondis. Ainsi finit par s'établir une correspondance régulière. Au début, chacun attendait le courrier de l'autre pour lui répondre. Bientôt, impatients, nous avons d'un commun accord décidé d'utiliser les deux levées hebdomadaires. Puis nous nous sommes écrit chaque jour. Il fallut que nous numérotions nos lettres ; à chacune des distributions, il y en avait deux ou trois. Nous les rédigions en écrivant très petit, sur du papier avion très léger.

Un an plus tard, nous avions échangé quatre ou cinq cents lettres, soit des milliers de pages. Je gardais les miennes à l'intérieur d'un grand pupitre sur lequel j'écrivais à Annette, chaque soir, en salle d'études. Chaque élève-maître possédait son propre bureau, qu'il pouvait fermer avec un cadenas. Tandis que j'évoquais mon travail et mes lectures, Annette me parlait des gens et des paysages nouveaux qui l'entouraient : ses collègues, ses élèves, leurs parents, des amis, Basse-Terre et ses plages, la Soufrière, les Saintes, Saint-Barthélemy...

L'hiver 1962-1963 fut l'un des plus rudes du siècle. Tandis que nous accusions, fin décembre, vingt-cinq degrés sous zéro à Paris, Annette se baignait sous le soleil, aux Tropiques. Enseignante dans une institution religieuse, elle avait pour élèves beaucoup d'enfants de békés, blancs de la métropole aisés voire fortunés. Là-bas, j'en étais sûr, elle finirait par rencontrer un homme et l'épouser. Elle était d'ailleurs partie autant pour me fuir que pour commencer une nouvelle vie.

L'année coula ainsi, studieuse et morne, éclairée par ces lettres qui me faisaient battre le cœur, angoisse et espoir mêlés. Il fallait que je grandisse, que je vieillisse, que je réussisse. Mais je savais que je me nourrissais d'illusions.

Au printemps, Annette apprit que la santé de sa mère se dégradait. Elle décida de rompre son contrat : elle n'assurerait pas sa seconde année et rentrerait en métropole cet été, en cargo bananier, à ses frais. D'un coup, je respirai.

Annette est revenue !

Après avoir réussi le premier bac, je revis Annette qui passait l'été chez ses parents. À la rentrée, après avoir intégré l'enseignement public, elle décrocha un poste de professeur d'anglais dans le Nord. Moi, je passai en philo. Je venais d'avoir dix-huit ans mais je ne serais majeur qu'à vingt et un.

De retour, Annette fléchissait, ébranlée par mon entêtement. Les temps et les mœurs ont changé, mais à l'époque une telle relation était inimaginable. Que ma sœur ait épousé un homme de vingt ans plus âgé qu'elle n'avait choqué personne. Mais la moindre différence d'âge dans l'autre sens était aussitôt montrée du doigt. Cinq ans plus tard, en 1968, une certaine Gabrielle Russier, enseignante d'une trentaine d'années, serait condamnée et emprisonnée pour avoir aimé un garçon du même âge que moi. Elle finirait par se suicider.

Cette année-là, afin de limiter les risques, Annette et moi nous sommes beaucoup écrit et peu vus. J'étais d'ailleurs plus serein. En classe de philo, maths et sciences n'étaient plus des matières majeures. Mon serment tenu, je m'étais remis à écrire... Le 4 juillet 1963, je notais : « Voilà un an que je n'ai pas écrit ! Aujourd'hui, je reprends. Je me lance dans un grand roman. Qu'est-ce que cela va donner ? Je le redoute avant de commencer... » Dans ce récit, *Le fort de Planoise*, la psychologie commençait à tenir une certaine place. Quelques mois plus tard, j'entrepris *La Succession*, roman paysan inspiré de *La*

Terre de Zola, de *La Terre qui meurt* de René Bazin et de *La Brière* d'Alphonse de Chateaubriant. Le premier roman qu'Annette jugea intéressant fut le suivant, *L'Ennemi du jour*, l'histoire d'un albinos nyctalope qui vit en ermite, tombe amoureux, mais finit par renoncer à sa passion pour retourner vivre dans sa nuit.

Après avoir décroché le bac philo, je choisis une voie courte : si j'obtenais Propédeutique en juin, je serais un an plus tard titulaire d'un poste français/allemand. Eh oui, pour convaincre Annette, il me fallait entrer dans la vie active au plus vite, gagner ma vie, être indépendant.

Il y a longtemps que je t'aime...

Annette commençait à croire notre union possible. Il lui arrivait de me dire :

– Nous deux, ce serait de la folie ! Nous allons vieillir, Christian. Songe que dans quarante ans...

– J'y ai pensé. Ce qui m'effraie, c'est l'inverse : que chacun de nous vive sa vie en ruminant le regret permanent de ne jamais s'être uni à l'autre.

Devant ses réticences, j'affirmais parfois, agacé :

– Puisque nous aimer est irréaliste, marie-toi avec n'importe qui. Tu deviendras vite ma maîtresse. Tu finiras par quitter ton mari pour moi... Quel gâchis !

Autour de nous, des couples bien assortis en apparence se déchiraient, se séparaient. Au pire, nous finirions comme eux. Mais nous savions qu'il n'en serait rien. Tout nous rassemblait : sentiments, profession, centres d'intérêt... Nos parents avaient le même âge, ceux d'Annette n'avaient jamais eu de garçon et ma future belle-mère me considérait comme un fils. De leur côté, mes parents appréciaient et aimaient profondément cette jeune fille qui, depuis sept ans, était entrée dans la famille. Prudent, je décidai de ruser : je leur fis croire qu'existait dans ma vie une étrangère un peu trouble qui, pendant près d'un an, refusa obstinément, et pour cause, de venir à la maison et de les rencontrer. Ils prirent peur. Quand je leur annonçai ma rupture avec cette inconnue, leur soulagement fut immense.

Et quelques mois plus tard, lorsque je révélai que j'aimais Annette et qu'avec ou sans leur accord, je finirais par l'épouser, leur stupéfaction laissa rapidement la place au soulagement. Annette, ils la connaissaient, elle ne me séparerait jamais d'eux. Ce furent leurs amis, les cousins, tantes et grands-parents qui poussèrent les hauts cris... ma sœur en tête ! J'avais dix-neuf ans. Si mes parents s'opposaient à notre union, ils savaient qu'à ma majorité, dans deux ans, je me marierais et je partirais. Et je ne donnerais plus signe de vie. Malgré elle, Annette avait failli donner l'exemple. Au besoin, nous nous exilerions – j'avais même envisagé l'Allemagne.

– Attendez un an, nous demanda ma mère.

Un an ? C'était dérisoire, j'avais déjà attendu trois fois plus !

Ainsi, ma double quête s'achevait. Au prix d'efforts opiniâtres et d'un mûrissement accéléré, j'avais abouti. Pour devenir adulte, j'avais brûlé les étapes. À présent, je pouvais m'autoriser à souffler. Peut-être à m'accorder les récréations dont je m'étais privé. « Il faut que jeunesse se passe », affirme un dicton populaire. Ma jeunesse m'avait échappé. D'une manière ou d'une autre, il faudrait bien que j'arrive à la rattraper...

2. DE LA RATURE À LA LITTÉRATURE

Une vie engagée

Annette et moi nous sommes mariés à Paris le 1er juillet 1965, quatre jours après que j'ai fêté mes vingt ans ; mes fidèles amis Michel, Daniel, Jacky étaient présents. Et ma première institutrice, Mme Witall. Grâce à elle, nous avions trouvé à louer, miracle !, un petit appartement près de la place de Clichy. Ma femme qui, selon la loi, devait suivre son mari, obtint dans une école toute proche un poste de remplaçante dans une classe de perfectionnement. L'année précédente, à Tourcoing, elle avait déjà travaillé dans ce secteur spécialisé et enseigné à des enfants trisomiques, sourds ou appareillés. À Paris, elle impressionna son nouvel inspecteur qui la convainquit de passer le certificat d'aptitude à l'enfance inadaptée. Elle y ferait carrière et, après avoir enseigné quinze ans, orienterait des handicapés en liaison avec les psychologues, psychiatres et médecins...

Si je m'attarde sur ce point, c'est que le handicap accompagnerait toute ma vie. Ma belle-mère, grande malade, se déplaçait avec difficulté et souffrait en permanence ; mais elle était obstinément gaie, enjouée, optimiste, prête à rire au moindre bon mot. Elle mourrait à soixante-quatre ans, peu après ma mère qu'un cancer allait condamner. L'échec, le handicap, l'accident, la douleur, la mort me resteraient familiers avec, en filigrane, la conscience que la santé est précieuse, la vie fragile et le bonheur un trésor accessible, à partager, mais pour lequel il faut longtemps lutter.

Ces convictions, mon besoin de vaincre l'injustice et aussi de me démarquer d'un milieu familial que je jugeais étouffant et réactionnaire, entraînèrent mon adhésion au Parti Communiste.

Dans la France des années soixante, au sein du milieu enseignant que je rejoignais, le militantisme était courant et cet engagement allait de soi. Mon ambition était d'œuvrer pour un avenir meilleur. J'aurais eu honte d'être généreux en idées et pauvre en actions. Déjà pointait l'idée d'une possible « union de la gauche ». Le P.C. s'était opposé à la guerre d'Algérie à laquelle j'avais échappé.

Le parti que je rejoignais, c'était celui des créateurs que j'admirais comme Picasso et Aragon, celui d'intellectuels comme Jean Ellenstein, Guy Besse, Louis Althusser, Georges Cogniot, Pierre Daix et Max-Pol Fouchet. Les idées m'importaient d'ailleurs davantage que les hommes, je me reconnaissais dans la pensée, les objectifs et les généreux idéaux marxistes. Je ne doutais pas qu'un jour, la France serait socialiste ni que le monde, dans un futur éloigné, deviendrait un paradis où régneraient la paix, l'harmonie et la félicité.

Mes écrits de l'époque témoignent de cet engagement : *L'Usine à Diables* (une pièce injouable inspirée du *Nekrassov* de Jean-Paul Sartre) et un objet littéraire mal identifié, *On a volé un Ange*, sous-titré *Sottie pour un Homme seul.*

Tout en partageant mes idéaux, Annette jugeait mon engagement naïf et ces écrits laborieux. En 1965, elle me fit découvrir les romans policiers, ceux de la Série noire chez Gallimard et les volumes de la collection Le Masque.

Je venais d'entreprendre un nouveau roman paysan, *La Terre de Rance*, qu'elle jugeait lourd et terne. Du coup, je me lançai dans des récits plus légers qu'elle lut avec un plaisir non dissimulé : *L'inspecteur* et *La Joconde a disparu*. Leur héros n'était pas un flic mais un personnage qui tenait tout à la fois de Fantômas, Arsène Lupin, Rocambole et Fregoli : un redresseur de torts sympathique dont les techniques d'illusionniste le tiraient des pires situations. Il ne cessait de tourner en ridicule le policier auquel il échappait immanquablement, le commissaire Ballot.

Toujours rédigés sur des cahiers, ces romans n'ont jamais eu qu'Annette pour lectrice.

Une année pleine d'enseignements

Ma première année d'enseignement fut si exceptionnelle que je consacrai l'été suivant à la relater. *Un an à Doudeauville* était et reste à ce jour, parmi tous mes écrits, le seul qui relève strictement de l'autobiographie. Si je crois utile d'en restituer ici quelques pages, c'est parce que ces quelques mois ont marqué et orienté ma vie.

Bien que je sois Normalien, mon affectation arriva le matin de la rentrée. J'étais nommé au C.E.G. de filles de la rue Doudeauville.

– Un collège de filles ? m'étonnai-je. C'est impossible !

À l'époque, sauf à la campagne, la mixité n'existait même pas dans les classes primaires. Je filai à l'Inspection.

– En effet, m'expliqua avec embarras la secrétaire, il y a eu une erreur : vous avez été répertorié comme Christiane Grenier.

– Je vais obtenir un autre poste, dans un collège de garçons ?

– Hélas non. C'est trop tard. Vous ferez toute votre année là.

La mort dans l'âme, je me rendis au C.E.G. en question. C'était l'heure de la récréation ; j'arrivai dans une cour où grouillaient cinq ou six cents filles âgées de onze à seize ans. De ma vie, je n'en avais vu autant ! Mon irruption, inattendue, causa parmi elles un émoi égal au mien. Après un silence brutal et une immobilité stupéfaite, cris, chuchotements, ricanements et mouvements divers reprirent de plus belle. Soudain jaillit du préau une petite bonne femme munie d'un tabouret. Elle le posa au milieu de la cour, monta dessus, coinça deux doigts entre ses dents et émit un sifflement strident. Tout le monde se figea : les élèves et les vingt enseignantes qui attendaient, regroupées, en m'observant.

– En rang, les filles ! ordonna-t-elle.

Les élèves se regroupèrent par classes en rangs serrés. Chaque enseignante prit la tête de son groupe et la cour se vida en moins d'une minute. Il ne resta plus, face au préau, qu'une quarantaine d'élèves alignées et la petite femme autoritaire. Impressionné, je m'approchai d'elle pour me présenter. Elle me tendit les mains et s'exclama :

– Enfin, un homme ! Je suis ravie. Nous n'en avons encore jamais vu un seul ici. Je suis la directrice, Denise Barbeyer.

Elle me désigna la classe qui attendait et déclara :

– Ce sont vos cinquièmes 6. Vous leur enseignerez le français, l'instruction civique, l'histoire et la géographie. Vous êtes leur professeur principal, vous les gardez aujourd'hui jusqu'à midi. Vous trouverez sur le bureau de votre classe votre emploi du temps et les instructions.

– Ma classe ?

– La salle 22. Oh, ne cherchez pas, elles vont vous y emmener !

Bien sûr : toutes connaissaient l'établissement. Ici, c'était moi l'intrus. Et je n'en menais pas large.

Tous les enseignants se souviennent du moment critique où ils font face à une classe pour la première fois de leur vie. Ils peuvent imaginer mon angoisse, à vingt et un ans, à me retrouver devant quarante filles. Longtemps j'avais attendu ce moment mais ce public était inattendu. Or je savais le premier contact décisif : pour ne pas se laisser déborder, il fallait se montrer sec, autoritaire, sûr de soi et, au moindre écart, réagir avec l'étonnement blasé d'un vieux briscard.

L'occasion s'en présenta rapidement. J'ordonnai :

– Prenez une demi-feuille ! Dans le sens de la hauteur. Première ligne, inscrivez, en capitales, votre nom...

Et j'aperçus, parmi les trente-neuf élèves fébriles qui écrivaient dans un silence absolu, une fille immobile au premier rang. Non seulement elle n'avait pas de feuille de papier devant elle mais elle me fixait avec de grands yeux ahuris ! Aussitôt je rugis, cruel et sarcastique :

– Eh bien mademoiselle, vous rêvez ou vous êtes sourde ?

Trente-neuf têtes se redressèrent. La coupable, épouvantée, se leva, rougit, bredouilla des excuses. Puis elle fondit en larmes et, au milieu de deux sanglots, parvint à m'expliquer :

– Je ne suis pas... une élève, monsieur. Je viens... de l'École Normale de filles... du Bourget ! Je suis en stage... chez vous.

Dans ma classe – oui, ma classe ! – les élèves me regardaient, terrorisées ; crispées sur leur siège, le dos courbé dans l'attente d'un nouvel orage, certaines n'osaient même pas lever les yeux vers moi. Je compris que mon autorité était moins menacée que prévu...

Plus tard, ma stagiaire (ma stagiaire !) m'expliqua qu'elle avait reçu l'ordre écrit de rejoindre la classe de Mme Loka, maîtresse d'application ici. Seulement Mme Loka avait obtenu sa mutation et c'est moi qui avais été nommé à son poste. Ainsi, dès le jour de la rentrée, je me voyais confier, en plus de ces quarante filles, une stagiaire de mon âge à laquelle je devais prodiguer des conseils ! Je constatai un peu tard que cette élève n'avait pas treize ans, mais sans doute vingt.

Mes angoisses se dissipèrent vite. Plus vite que celles de mes élèves : il me fallut quinze jours pour leur faire comprendre que je n'étais pas un monstre.

La directrice me demanda si j'acceptais d'assurer les études et surtout la cantine. La cantine, m'expliqua-t-elle, était la hantise de ses collègues. Il y régnait un tel bruit qu'aucune n'acceptait de surveiller les élèves pendant l'heure du repas, elle devait donc embaucher une étudiante qui déclarait le plus souvent forfait au bout d'un mois.

– La cantine ? Mais oui, bien sûr, j'accepte.

Je lui avouai mon désir de proposer aux élèves toutes sortes d'activités : rédiger un journal de classe, monter une pièce de fin d'année... Très émue, elle me prit dans ses bras.

– Voilà des années que j'attendais cela ! C'est tellement la routine, ici. Bien sûr, on se tutoie. De quoi as-tu besoin ?

Pour surveiller la cantine, je réclamai un électrophone et des disques. Je les obtins. Désormais, pendant les repas que je prenais avec les élèves, le silence régnait. Ou plutôt, j'exigeais qu'on écoute les disques de musique classique que je passais, après avoir livré des commentaires sur l'œuvre et le compositeur. Puis, pendant la longue récréation qui suivait le repas, au lieu de surveiller les élèves en déambulant dans la cour avec un sifflet, j'organisais des parties de balle au prisonnier. Et je n'étais pas le dernier à y jouer. Certaines de mes collègues furent scandalisées et Denise Barbeyer plus ravie que jamais.

En vue de la publication du journal du collège, elle me prêta l'unique machine à écrire de l'établissement qui trôna bientôt au fond de ma classe. Je m'initiai seul à la dactylo avant de l'enseigner aux élèves pendant l'étude et après les cours. Cette année-là comme celles qui suivirent, je ne comptais pas mes heures – et les élèves non plus : elles restaient après l'étude pour rédiger le journal, recopier les articles, dupliquer les feuilles, les agrafer...

– Sais-tu que tu pratiques la pédagogie Freinet ? me dit Denise.

Elle m'y initia, me guida, me prêta des manuels. Rétrospectivement, la densité de ces journées m'impressionne. Car le soir, j'allais à l'université de Nanterre, un campus tout neuf qui sortait de terre ; je voulais, après Propédeutique, décrocher le DUEL, diplôme universitaire d'études littéraires. Et je militais, je lisais, j'écrivais, nous invitions trois fois par semaine à la maison nos amis célibataires. J'avais à corriger d'énormes piles de copies : dictées, questions, interrogations écrites, rédactions hebdomadaires. Mes préparations me prenaient beaucoup de temps : lectures expliquées, cours de grammaire et surtout les leçons d'histoire et de géographie, matières qui n'avaient jamais été ma spécialité. Mais mon poste me les avait imposées et je n'aurais pas imaginé refuser pour exiger d'enseigner l'allemand !

Un vieil auteur jeunesse

On était en novembre, mon examen pratique approchait. Je devrais, face à un jury, assurer une explication de textes et un cours d'allemand.

– En français, me dit Denise, tu seras devant ta classe ; choisis un texte que tu aimes.

En souvenir de *L'Île rose*, j'optai pour un poème en prose de Charles Vildrac, sans titre, très simple, dont l'intimisme et la nostalgie me touchaient :

« Je connais dans un ravin
Obstrué par les feuillages
Une carrière ignorée
Où nul sentier ne conduit... »

La veille de l'examen, Denise examina ma préparation.

– Ça devrait aller, jugea-t-elle. Mais tu pourrais donner des détails sur l'auteur, livrer ses dates de naissance et de mort. Attends, j'ai un manuel de littérature...

Les renseignements furent vite trouvés : Vildrac était né en 1882. La date de son décès n'était pas indiquée.

– Peut-être est-il toujours vivant ?

Comment savoir ? Il aurait eu quatre-vingt-quatre ans.

– Essaie de te renseigner avant demain, me recommanda-t-elle.

Me renseigner, mais où, comment ? Il était six heures du soir et mon examen avait lieu le lendemain matin ! En revenant place de Clichy, j'avisai, dans la station du métro, une cabine téléphonique près de laquelle était posé le bottin. (Eh oui, nous n'avions pas encore le téléphone, il fallait deux ans pour l'obtenir, et le bottin était alors à disposition dans le métro !) Je découvris un seul Vildrac, Charles, sans mention de profession, qui habitait 8, rue Dupuytren, dans le sixième arrondissement. Sans réfléchir, j'achetai un jeton et appelai. Une seconde plus tard, on décrocha.

– Oui, allô ? répondit une voix grave, rauque, éraillée.

Dépassé par ma propre initiative, je bredouillai :

– Ai-je l'honneur de parler à… à Charles Vildrac, l'écrivain ?

– Oui. C'est bien moi. Qui êtes-vous ? Que désirez-vous ?

Sa voix évoquait celle de François Mauriac. Charles Vildrac, je l'appris plus tard, avait été opéré des cordes vocales. J'étais désemparé. Difficile d'avouer : « Oh, je voulais seulement vérifier que vous étiez toujours vivant… »

Je me présentai, précisai que j'allais passer demain un examen pratique en expliquant son poème :

– Je connais dans un ravin obstrué par les feuillages…

– … une carrière oubliée où nul sentier ne conduit. Ah oui, je me souviens de ce texte ! Et des circonstances dans lesquelles je l'ai écrit. Voulez-vous que je vous en parle ?

– Je… C'est extraordinaire, monsieur Vildrac. Inespéré.

Notre conversation dura plus d'une demi-heure.

– Surtout, insista-t-il avant de raccrocher, rappelez-moi demain soir, sans faute ! Dites-moi comment votre examen s'est passé !

Je promis et je rentrai.

Bien entendu, je réussis mon examen. Et à l'issue de l'explication de textes, je ne fus pas peu fier de préciser :

– Charles Vildrac est né en 1882. Et il est toujours vivant. D'ailleurs je lui ai parlé hier soir, au téléphone.

Le soir même, je rappelai le poète. J'avais obtenu une excellente note : seize. C'était, lui affirmai-je, grâce à lui.

– Vous plaisantez ! me dit-il. Qu'importe, il faut que nous fêtions ensemble l'événement. Venez donc chez moi un soir de cette semaine. Avec votre épouse, bien entendu. Après-demain ?

Incrédule et confus, j'acceptai.

L'auteur est dans la salle

Charles Vildrac nous reçut avec une cordialité touchante. Fils d'un communard déporté en Nouvelle-Calédonie, ce poète et dramaturge engagé (auteur, en 1937, de *Russie neuve*) avait épousé en 1905 la sœur de Georges Duhamel ; veuf, il vivait avec une amie. Il était très ému qu'un jeune enseignant travaille sur son œuvre et j'étais stupéfait d'avoir face à moi un écrivain qui avait tout à la fois écrit pour les enfants et publié aux éditions de Minuit... Il nous lut quelques-uns de ses poèmes, nous offrit et nous dédicaça plusieurs de ses livres. Au fil de la conversation, je lui confiai mon désir de monter une pièce de fin d'année avec mes élèves et déplorai que son *Paquebot Tenacity* fût pour elles trop difficile à aborder. Il se récria :

– Mais j'ai aussi écrit pour le jeune public ! J'ai adapté plusieurs pièces de Scribe, attendez... Ah, les voici. Tenez, lisez donc en priorité *L'Ours et le Pacha*.

Le lendemain, j'annonçai à mes élèves :

– Hier soir, Charles Vildrac m'a confié l'une de ses pièces. Nous pourrions la monter et l'inviter à venir la voir à la fin de l'année ?

En 1966, l'initiative était moins courante qu'aujourd'hui.

C'est ainsi que j'occupai, à temps perdu (s'il m'en restait encore), le reste de l'année à monter *L'Ours et le Pacha*. Les parents d'élèves confectionnèrent les costumes et j'assurai le reste : mise en scène, répétitions, éclairage, décors, bande-son, chorégraphie. Les élèves débordaient d'enthousiasme. Moi aussi. À moins que ce ne fût l'inverse... Car dans l'enseignement comme en littérature, je devinais que c'est toujours à l'auteur de donner le ton, d'éveiller (ou de réveiller) les sentiments que les lecteurs (ou les élèves) portent en eux. Convaincu, passionné, exalté et frénétique, j'étais sans le savoir très... contagieux.

En juin eut lieu en grande pompe une représentation unique, dans le préau. Plusieurs centaines de parents d'élèves étaient présents ainsi que Louis Baillot, le député communiste de la circonscription, les inspecteurs et, bien sûr, Charles Vildrac en personne. À l'issue des rappels où on le fit monter sur scène, il nous confia, les larmes aux yeux :

– C'est le plus beau spectacle auquel j'aie jamais assisté.

Pour un auteur dont les pièces avaient été mises en scène par Jacques Copeau et jouées à la Comédie-Française, le compliment était démesuré. Ce spectacle n'était certes pas le plus beau de sa carrière, mais ce serait, il s'en doutait, le dernier.

Le poète nous invita à fêter l'événement.

– Venez donc dîner samedi, me dit-il, avec votre épouse bien sûr.

Ce soir-là, dans l'appartement du poète, Annette s'extasia devant une grande toile qui représentait un port et des navires noyés dans la brume et les fumées. Impressionnée, elle murmura :

– Quel tableau magnifique, monsieur Vildrac ! On jurerait un Marquet...

– Mais madame, c'est un Marquet ! répliqua-t-il presque vexé. Un cadeau qu'il m'a fait. Je l'ai bien connu, c'était un ami. Vous aimez la peinture ? Alors venez...

Il nous entraîna dans sa cuisine, monta sur un tabouret et dégagea du haut d'un buffet un paquet entouré de papier journal. Il dénoua la ficelle et démaillota une toile. Le portrait d'une jeune fille à la poitrine opulente et dénudée. Son auteur, il ne fallait pas être un expert pour l'identifier. Je m'écriai :

– Un Renoir !

– Oui. Ce modèle était la bonne de mes parents. Renoir la faisait poser très souvent. Ce tableau, nous le laissons là-haut, au milieu des casseroles usagées. À cause des cambrioleurs, vous comprenez ? Car nous nous absentons souvent. Nous passons l'été à Saint-Tropez, dans notre « Maison-Blanche ». Il faudra que vous y veniez.

Plus tard, Vildrac m'écrirait, réitérerait son invitation. Nous l'avons toujours déclinée. Par respect et discrétion.

Aujourd'hui, quand je repense à nos visites chez lui, je m'aperçois que jamais ne m'est venu à l'idée de lui révéler que j'écrivais. Un jeune auteur soucieux d'être publié n'aurait pas raté cette occasion. Sans doute en aurait-il même profité pour lui confier un manuscrit et solliciter un avis – je n'y ai pas songé une seconde ! Mais les moments magiques passés avec l'auteur de *L'Île rose* sont toujours présents à mon cœur, un écrivain dont l'œuvre, dit Georges Pillement, « est généreuse, cordiale, sincère (une sincérité imprégnée de réalisme social), discrète dans l'expression des bons sentiments et la communion des êtres ».

Les bons sentiments... On ne fait pas de bonne littérature avec, paraît-il. Tant pis. J'étais convaincu que dans la vie, les bons sentiments étaient plus importants que la bonne littérature.

« *Pas de femelles dans mon établissement !* »

À la rentrée 1967, j'espérais être nommé au collège de la rue Doudeauville. Une enseignante inconnue obtint le poste, grâce à un barème supérieur au mien, ce qui n'était guère difficile !

Je fus nommé dans un important collège de garçons, 69 avenue Simon-Bolivar. L'accueil fut assez distant : ici, on espérait la nomination à titre définitif d'une jeune remplaçante que les professeurs, en majorité des hommes, avaient appréciée l'année précédente et qui s'était vu, comme moi, attribuer un autre poste. Je songeai qu'à Doudeauville, mes anciennes de cinquième 6 devaient elles aussi mener la vie dure à la professeur qui était arrivée à ma place.

Bref, je n'y étais pour rien mais je n'étais pas le bienvenu.

J'en eus la confirmation quand, quelques semaines après la rentrée, je sollicitai auprès de M. Malleron, le directeur, l'autorisation de créer un club théâtre dans l'établissement. Ma demande lui parut suspecte.

– Et vous l'animeriez après l'étude ? Gratuitement ?

Méfiant, il me fit mille difficultés, exigea des listes d'élèves, des horaires, des autorisations de parents... Avec la classe dont j'étais le professeur principal, j'avais commencé à répéter *Ondine* de Giraudoux. Mais contrairement à mes élèves de l'année précédente qui s'étaient volontiers déguisées en garçons, les garçons de ma quatrième répugnaient à interpréter les rôles féminins ! Naïvement, j'allai voir la directrice du collège voisin. Elle fut ravie de mon initiative, rendre le club théâtre mixte ! Averti et vexé, le directeur fut catégorique :

– Pas de femelles (*sic*) dans mon établissement !

Je lui répliquai que des femelles, il en avait déjà. Sur cinquante professeurs, une demi-douzaine étaient des dames. Le ton monta. Il mit fin au débat en me lançant :

– Écoutez, je vous interdis d'animer le moindre club ici. Je prends bientôt ma retraite et jusque-là, je ne veux pas de vagues.

Des vagues, il en aurait : l'année suivante, en 68, il affronterait une tempête ! Et deux ans plus tard, il devrait bien se plier à la création des C.E.S., devenus mixtes.

Un collègue me confia en guise de consolation :

– Pourquoi veux-tu donc faire du zèle ? Pense à ta retraite !

Un camarade et un complice

J'avais vingt-deux ans. Douché, je me résignai à assurer mes cours. J'avais pourtant un allié : un prof de lettres qui était dans l'établissement le seul membre du P.C... Nous nous étions vite retrouvés dans la cellule d'entreprise dont il était le secrétaire. Grâce à son heureux caractère, ses vingt ans d'ancienneté et sa stature imposante qui lui conférait une autorité naturelle, Raoul Dubois était, avec ses élèves, chaleureux, indulgent, direct et détendu, toujours à leur écoute. Il fut et resta longtemps un complice avant de devenir un père spirituel.

Les C.D.I. n'avaient pas été inventés. Quant aux livres jeunesse, ils n'avaient aucune existence légale au collège. Mais Raoul possédait, dans l'armoire de sa classe, des dizaines de romans qu'il faisait circuler parmi ses élèves. J'appris qu'il était critique de littérature jeunesse (pour les revues Livre Service Jeunesse, L'École et la Nation) et qu'il recevait à ce titre des services de presse. En découvrant ces livres, je m'écriai :

– Pourquoi ne pas créer une bibliothèque de prêt dans le collège ?

– Pour un tas de raisons. D'abord, il nous faudrait mobiliser un local et la place manque. Ensuite, je ne suis pas sûr que nos collègues de lettres approuveraient une telle initiative. Enfin, il faudrait trouver des heures pour gérer les prêts, demander des autorisations... Ici mieux vaut faire sa cuisine dans son coin.

À mes élèves, j'annonçai dès le lendemain :

– Nous allons créer une bibliothèque dans la classe. Apportez tous les livres que vous pourrez. Après les avoir répertoriés, nous les ferons circuler et vous les récupérerez à la fin de l'année.

Ainsi naquit un véritable trafic que la clandestinité rendait encore plus attrayant. Le samedi, je consacrais une heure à jouer les bibliothécaires, à conseiller tel ou tel roman, à en lire le début ou un extrait. Parfois, j'encourageais l'un ou l'autre de mes élèves à venir sur l'estrade parler de ce qu'il avait lu. Comme beaucoup d'enseignants de lettres, je n'ai pas attendu Daniel Pennac pour appliquer d'instinct les dix commandements du lecteur. J'avais montré à Raoul les livres qu'ils avaient apportés. Il avait effectué un classement, écartant sans pitié certains titres. Je m'en étonnai. Il m'expliqua :

– Ça ? C'est un *Club des cinq*. Une série répétitive sans intérêt, à éviter. Ah... un *Michel* de Georges Bayard, bon, à la rigueur...

De la littérature jeunesse, je ne connaissais que ce que j'avais lu huit ou dix ans auparavant. Raoul me prêta trente ou quarante volumes pour compléter mon stock. Privé du club théâtre, moins débordé par les préparations de cours (j'utilisais souvent celles de l'année précédente), je me remis à lire et à écrire de plus belle...

La tentation du Nouveau roman

Deux mois plus tôt, pendant l'été, j'avais découvert Nathalie Sarraute et le Nouveau roman. La lecture de *La Modification* de Michel Butor m'avait ouvert des horizons insoupçonnés. Enthousiaste, j'avais consacré une après-midi à lire dans le jardin à haute voix *La Jalousie* d'Alain Robbe-Grillet devant Annette et mes parents. Aussi je me lançai dans l'écriture d'un roman inclassable et tordu, *Nation-Dauphine*, l'histoire d'une fille qui débarque à Paris et dont on n'a d'informations qu'à l'aide du monologue intérieur qu'elle rumine pendant ses trajets. L'extrait qui suit donne une faible idée des difficultés que j'imposais au lecteur pour qu'il démêle dans ce bric-à-brac une intrigue :

« Un train dégueulasse. Qui a vomi ? L'odeur de vomi et celle des sandwiches que les gens bouffent comment peut-on manger quand une odeur pareille... C'est ce type qui a entraîné les autres déjà cette nuit il a sorti ça a fait un bruit de papier froissé doucement pour avoir l'air de ne déranger personne, c'était au saucisson j'en suis sûre ça puait l'ail puissant et le poivre croqué. »

Annette ayant jugé ce roman indigeste, je ne le fis lire à personne d'autre et j'entrepris deux autres récits à l'écriture plus traditionnelle mais dont l'idéalisme était une nouvelle fois très rebutant : *À la recherche du Soleil* et *L'Eau des sources*.

– C'est pompeux, ennuyeux, démonstratif, disait-elle. Pourquoi n'écris-tu pas des histoires attrayantes, avec du suspense ?

Sans doute parce qu'à mes yeux, la littérature authentique devait être un laboratoire d'expériences, explorer des territoires vierges et se prendre au sérieux. Et voilà qu'Annette me poussait dans la cour de récréation ! Fallait-il m'entêter, quitte à lui déplaire ou la contenter et passer au divertissement ? Je ne me posai pas vraiment la question. Ou plutôt, je décidai d'abandonner les mots pour passer aux images. Je ne me doutais pas qu'elles me ramèneraient vers le roman quelques années plus tard.

Je passe au scénario

En juin 1962, avant de partir en Guadeloupe, Annette avait acheté un appareil Mundus-Color : une caméra double huit transformée en appareil photo. Une pellicule de sept mètres cinquante permettait de faire trois cent cinquante photos couleur. Il fallait les visionner sur écran avec un projecteur spécial. Le format de ces diapos était réduit, la définition moyenne, mais leur coût dérisoire. Annette avait ainsi rapporté de Guadeloupe trois mille photos. J'en avais sélectionné huit cents pour bâtir un documentaire. J'avais enregistré un commentaire et des extraits musicaux sur bande magnétique. *Connaissance du Monde*, à qui j'avais proposé ce montage, l'avait même retenu pour une série de séances ; hélas, il fallut les annuler car aucun appareil adéquat n'existait pour projeter ce film sur grand écran, salle Gaveau. Parents et amis avaient déjà vu chez nous, pendant une heure et demie, *Guadeloupe d'aujourd'hui*. Encouragé, j'avais par la suite mis en son et en images certains de mes textes poétiques : *Retour, Le sacre du Printemps, Quête pour une âme perdue...*

Je décidai d'utiliser le même principe pour mettre en scène une histoire et des personnages. Je conçus un scénario baroque, une sorte de parodie de James Bond qui flirtait avec la SF : *Une fusée pour le soleil*. Le tournage fut modeste, les décors naturels et les personnages limités : mes parents, Annette, une amie à elle, et moi. Ce film fixe sonorisé enthousiasma mes amis. Je me lançai dans l'écriture d'un triple scénario à rebondissements : le vol par les nazis, pendant la dernière guerre, d'un tableau (imaginaire) de Picasso : *L'homme qui geint* (la référence à *La femme qui pleure* était explicite !). La toile, dérobée, truquée, retrouvée, perdue, vendue, récupérée, était au centre de cette trilogie truculente où intervenaient vingt personnages. Une fois l'histoire découpée en plans et séquences, il fallut la tourner image par image. L'objectif était d'aboutir à une sorte de roman-photo sonorisé à projeter sur écran. La réalisation (tournage, tri, découpage, écriture des dialogues, choix des musiques, enregistrement, sonorisation) m'occupa pendant deux ans. Ainsi naquirent, entre 1966 et 1968, les trois volets de *L'Homme qui geint* : *Jeu de piste parisien, Le fort de Planoise* et *La fausse Aquarelle*. C'était surtout le prétexte à nous rencontrer entre amis, nous déguiser et jouer la comédie. Pendant les soirées qui nous réunissaient, le repas s'achevait toujours par la projection d'un de ces films fixes. Plus tard, quand on me proposerait de devenir scénariste de BD ou de dessins animés, je n'hésiterais pas à accepter l'aventure... On comprend pourquoi.

Au fil des saisons et de mes lubies, j'alternais plusieurs sortes d'écritures avec la photo et la peinture. J'avais acheté un chevalet et je faisais cadeau de mes méchantes toiles à ceux qui avaient l'imprudence de les apprécier à haute voix. Même si je garde par habitude ce que je fais, je ne suis pas fétichiste : ainsi, après avoir peint *L'homme qui geint* à la manière de Picasso, je l'ai photographié en train de brûler pour les besoins du scénario !

En 1968, je participai avec enthousiasme aux manifestations de mai avec, à mes côtés, Annette enceinte. La révolution avortée modifia mes pratiques politiques sans ébranler mes convictions. Un autre événement occuperait durablement mon attention : notre fils, Sylvain, qui naquit au mois d'août.

J'écrivis cet été-là *Villa des saules*, un roman policier qu'Annette apprécia et que je fis lire à mes amis. À l'automne, les parents de ma femme, en retraite, quittèrent Roubaix pour emménager dans une vieille ferme en Picardie. L'habitation, à rénover, avait cet hiver-là une allure sinistre et magnifique. Un vrai décor de film d'horreur.

– Il faut l'utiliser avant sa rénovation ! me conseillèrent mes amis. Reprends ta *Villa des saules*, et tires-en un scénario !

Le tournage, qui rassembla la même troupe d'acteurs et de figurants, fut une véritable fête ; le montage nous occupa pendant six mois et la projection fut si réussie qu'on me la réclame encore trente-cinq ans après.

Du polar à la SF

Depuis plusieurs mois, j'étais passé de la lecture des romans policiers à celle de romans de SF. J'avais découvert la collection Anticipation du Fleuve Noir et je dévorais un livre par jour. Boulimique, j'écumai le marché de l'occasion et me procurai les ouvrages de la même collection publiés dix ou quinze ans auparavant, ainsi que ceux des collections Présence du Futur chez Denoël, Marabout et Le Rayon fantastique.

Ces romans ne m'intéressaient pas seulement à titre personnel. Certains, courts, simples et rédigés d'une façon dynamique, me paraissaient accessibles à mes élèves de quatrième qui jugeaient parfois ternes, poussiéreux ou convenus les romans de la Bibliothèque verte ou de la Souveraine. De nombreux textes de SF me semblaient excellents, sur le plan de l'imaginaire comme de l'écriture : ceux de Francis Carsac, Stefan Wul, B.R. Bruss ou Gérard Klein. Introduits dans ma bibliothèque de classe clandestine, ils remportaient un franc succès.

En achevant *La Nuit des Temps*, que nous avions lu dès sa parution, Annette fondit en larmes.

– C'est trop triste... Plus jamais je ne lirai de SF !

Un roman de SF s'achève rarement de façon euphorique. Mais dans la littérature, n'est-ce pas une tradition, de *Madame Bovary* à *Pour qui sonne le Glas* ? Je lui promis :

– Je vais t'écrire un roman. De la SF qui finira bien, je te le jure. Ce sera une histoire... sur mesure.

Comment mûrit un roman

Lire de la SF avait relancé mon intérêt pour l'astronomie. L'observation étant difficile à Paris, je m'étais replongé dans l'ouvrage de Pierre Rousseau tout en songeant au roman que j'avais promis à Annette. Il faudrait qu'une partie de l'action se situe sur une autre planète. Mais les autres mondes habitables sont à des années-lumière de la Terre, ce qui suppose vaisseaux, technologie complexe et futur éloigné. Or, pour qu'Annette entre vite et bien dans le récit, il fallait que l'action se déroule à notre époque.

Tandis que j'examinais le plan du système solaire, je sus quel monde pouvait être identique à la Terre : une sœur jumelle, un astre de taille et de densité identiques, situé à la même distance du soleil... mais diamétralement opposé à elle, une planète située derrière le soleil qui nous la cacherait depuis toujours !

Astronomiquement, l'hypothèse ne tenait pas. S'il avait existé, un tel astre aurait perturbé la course de Vénus et Mars. Qu'importe, je croyais tenir là un sujet original : un décor qui, en SF, n'avait jamais encore été utilisé. Restait à bâtir une intrigue en rapport avec ce monde supposé. Plutôt qu'imaginer la découverte de cette planète, j'envisageai que ses habitants décident un beau jour de venir jusqu'à nous. Mais pourquoi venaient-ils ? Pour nous envahir ? Non. Parce qu'ils avaient besoin de nous. Ils se mêlaient à la population. En secret. Dans quel but ?

Une clé me manquait. Cette clé, c'est peut-être *2001, l'odyssée de l'espace* qui me l'apporta : nous venions de voir le film à sa sortie, sur l'écran géant du Gaumont-Palace. Il m'avait enthousiasmé. Familier d'*Ainsi parlait Zarathoustra*, qu'il s'agisse du poème de Nietzsche ou de la musique de Strauss, j'étais fasciné par l'hypothèse d'une humanité nouvelle. Dans un ordre d'idée en apparence différent, le destin des habitants de Saint-Barthélemy, aux Antilles, m'avait frappé : descendants d'ancêtres normands, ils n'avaient pas quitté leur île depuis des siècles et s'étaient mariés entre cousins, perpétuant une consanguinité à long terme dangereuse. En transposant cette situation insulaire sur le plan planétaire, j'aboutis bientôt au simple scénario suivant : les habitants de cette planète jumelle décident de se mêler aux Terriens afin de renouveler génétiquement leur espèce.

Une incohérence apparaissait (mais par quel hasard miraculeux ces deux espèces sont-elles si proches ?) que la logique permettait de résoudre : en fait, trois millions d'années auparavant, nos voisins étaient venus ensemencer la Terre. Nous, leurs descendants, avions évolué autrement, ce qui expliquait les ressemblances physiques de nos deux espèces. Il fallait qu'ils nous côtoient sans que nous les soupçonnions.

Restait à imaginer des personnages. Pour donner du suspense au récit, le héros, terrien, assisterait à des phénomènes inexplicables et découvrirait des indices qui lui dévoileraient la réalité en même temps qu'au lecteur. En somme, ce serait un récit policier déguisé avec, en arrière-plan, des questions sociales et métaphysiques.

Un roman-feuilleton

Annette venait de m'offrir une petite machine à écrire portative. Jusque-là, j'avais toujours tapé avec deux doigts. Ce futur roman serait pour moi l'occasion d'apprendre la dactylo en m'appliquant. Un matin de 1969, je me mis à l'ouvrage, sans rédiger de brouillon.

Les premiers temps, j'écrivais une demi-page par jour. Un mois plus tard, je tapais mes dix pages quotidiennes puis je passai au rythme de dix pages à l'heure. Chaque soir, en rentrant, Annette me demandait la suite de ce récit qui avait des allures de roman-feuilleton. En tant que professeur, je disposais de trois demi-journées de liberté et j'écrivais, je m'en souviens, avec Sylvain bébé qui crapahutait sur le parquet parmi ses premiers jouets. Dans cet appartement exigu, l'unique table servait, selon les heures, à langer, écrire, préparer les cours, corriger les copies ou manger.

Parfois Annette en était pour ses frais, je n'avais pas eu le temps d'écrire. D'autres fois, elle avait droit à un chapitre entier. Si la rédaction se prolongea, c'est aussi parce que je voulais distraire mon père, devenu un lecteur clandestin et assidu. Après le décès de ma mère, nous l'avions persuadé de venir passer six mois chez nous. Un jour, à la suite d'une sortie imprévue organisée par un collègue, l'une de mes heures de cours fut annulée et je rentrai à l'improviste. En ouvrant la porte, j'aperçus mon père, surpris, qui remettait précipitamment sur le buffet la pile de feuilles de mon manuscrit. Il bredouilla une vague excuse. Très vite, je compris qu'Annette n'était pas la seule à attendre la suite du récit : en mon absence, mon père s'était lui aussi plongé dans mon roman.

Intitulé *Aïo* (c'était le nom de la planète jumelle) *Terre invisible*, il finit par comporter deux volumes. La première partie, *La grotte d'Agnès*, était une aventure trépidante qui se déroulait uniquement sur la Terre ; dans la seconde, *Derrière le Soleil*, les héros, réunis, abordaient ce monde étranger où régnait une parfaite harmonie. C'était là encore une utopie.

L'ensemble était épais, l'équivalent, aujourd'hui, de sept cents feuillets. Je donnai le manuscrit à lire à mes amis. Comme il était tapé à la machine, écrit avec simplicité et entrain, ils le lurent avec facilité. Ils lui firent un seul reproche : il ne pouvait pas être adapté et tourné.

– Pourquoi ne l'envoies-tu pas à un éditeur ? me proposèrent-ils.

Je n'y avais pas songé. J'avais rédigé ce récit au fil de la plume et si j'avais eu l'intention d'être publié, j'aurais choisi un autre sujet et j'aurais écrit très différemment. Le statut d'écrivain me paraissait désormais improbable, lointain. Était-il vraiment nécessaire ? J'avais un métier passionnant, j'étais marié avec la femme que j'aimais et nous venions d'avoir un deuxième enfant, une fille : Sophie. Je nourrissais d'autres ambitions et d'autres projets que la publication. Cette année-là, mon ancien directeur étant parti, j'animais non seulement un club théâtre (nous montions avec ma classe de troisième *Le Cid* de Corneille dans sa version intégrale) mais aussi un club d'astronomie. Au collège, j'assurais des conférences, animées avec la projection de films prêtés par l'Association Française d'Astronomie Éducative. Me souvenant que Raoul Dubois était critique de littérature jeunesse, je finis par lui avouer :

– J'ai écrit un roman. Tu me dirais ce que tu en penses ?

Quand je lui remis le manuscrit, il fit la grimace.

– C'est gros ! Tu me laisses un peu de temps ?

En fait, il le lut très vite et son verdict fut immédiat :

– C'est très bon. Je verrais bien ton histoire éditée dans une collection pour la jeunesse.

Auteur jeunesse sans le savoir

J'étais stupéfait. Qu'il ait lu mon roman. Qu'il l'ait apprécié, le juge publiable et surtout qu'il le destine à la jeunesse ! Car c'était une histoire d'amour entre un Terrien et une extraterrestre. Mes personnages, des adultes, avaient un enfant qui devenait le premier représentant d'une civilisation nouvelle. La seconde partie abordait des problèmes sociaux et idéologiques pointus. Mais l'écriture, me dit-il, était alerte, sans doute influencée par le ton et le niveau de mon discours en classe. Je restais dubitatif.

– Tu es sûr que ce roman pourrait être lu... par des jeunes ?

– Sans aucun doute. Cela te contrarie ?

– Oh non. Je suis simplement surpris.

– Il y aurait peut-être des aménagements à apporter, admit-il. De toute façon il est trop long. Tu veux bien que je le confie à mon vieil ami Kedros ? Il dirige la collection Plein Vent, chez Laffont. Il écrit sous le nom d'André Massepain.

– Massepain, l'auteur de *La Fusée mystérieuse* et du *Derrik aux Abeilles* ?

Une étonnante jonction s'établissait. Dix ans auparavant, ces romans de la collection Souveraine m'avaient enchanté. Et leur auteur allait avoir mon manuscrit en main !

J'acceptai.

Un essai sur la SF

La réponse m'arriva par la poste deux mois plus tard : mon roman était trop long, trop compliqué. « Nous ne publions que des récits d'anticipation à court terme », m'expliquait André Kedros pour justifier son refus, « et dont les hypothèses scientifiques sont vraisemblables ».

– Envoie donc ton manuscrit au prix O.R.T.F., me conseilla Raoul Dubois. S'il le décroche, les éditeurs se battront pour le publier.

J'étais sceptique. Je m'imaginais que des appuis étaient indispensables pour être publié. Je photocopiai mon manuscrit en trois exemplaires et l'envoyai sous pseudonyme, comme le règlement l'exigeait.

Entre-temps, Raoul avait remarqué mon vif intérêt pour la SF et l'enthousiasme de mes élèves. Un jour, il m'annonça :

– Louis Magnard m'a confié la direction d'une collection d'ouvrages théoriques sur la littérature de jeunesse. Je vais avoir besoin de toi.

– Je ne vois pas en quoi...

– Moi si, la SF passionne les jeunes. Mais il n'existe presque rien dans les collections qui leur sont destinées. J'aimerais que tu m'écrives un essai dans lequel tu expliquerais en quoi tu juges ce genre intéressant et pédagogique. Tu l'achèverais par un choix de cinquante ou soixante romans, au besoin puisés dans le domaine adulte, et dont tu ferais le résumé et la critique. Ah, je te préviens, c'est mal payé et ça se vendra peu.

Je me mis à l'ouvrage dès l'été suivant. Nous avions loué, à Cabourg, un petit studio pour juillet. J'emportai une caisse de cent livres de SF. Annette protesta :

– Tu ne viendras pas à bout de tout ça dans le mois !

Erreur : je lisais un roman le matin, un autre l'après-midi, sur la plage, pendant que nos enfants faisaient des châteaux de sable et un troisième le soir, entre vingt heures et minuit.

En novembre 1971, Raoul m'annonça :

– Navré, Christian, mais *Aïo Terre invisible* n'a pas décroché le prix O.R.T.F... La gagnante est une jeune enseignante : Jacqueline Held. Son histoire, *Le Chat de Simulombula*, est un vrai bijou.

Raoul m'avait caché qu'il était devenu l'un des neuf membres du jury. Mais il n'avait pas voté pour *Aïo Terre invisible* ! Dès sa parution, j'achetai le récit de Jacqueline Held. C'était un conte fantastique et farfelu, superbement illustré, visiblement destiné aux plus jeunes. Son imaginaire et son écriture me semblèrent aux antipodes des miens.

Dépité, j'envoyai *Aïo Terre invisible* chez Hachette sans en avertir Raoul ; il nourrissait pour cet éditeur une méfiance que je comprenais mal. Humilié par mon échec au prix O.R.T.F., j'envisageais néanmoins d'écrire un autre roman de SF. Quand un genre me séduit, j'aime l'approfondir.

Trois sujets pour un roman !

J'hésitais entre plusieurs sujets. Une utopie scientifique dont la civilisation se serait développée sur la onzième planète du système solaire, éclairée par une étoile artificielle ? Un récit dont l'action illustrerait les bouleversements occasionnés par l'invention d'un transmetteur de matière ? Ou une intrigue dans laquelle le héros, manipulé, serait plongé sans le savoir dans un monde artificiel créé par un ordinateur ? Ce dernier sujet aurait mis en scène un univers virtuel avant l'heure puisque ce terme n'existait pas encore !

Un jour, tandis que mon esprit vagabondait d'un scénario à l'autre sans que l'un d'eux s'impose vraiment, une idée folle m'effleura : articuler ces trois sujets et les rassembler dans une même histoire ! Le récit, qui devrait débuter par un immense flash-back, serait complexe. S'adresserait-il à un jeune public ? Je n'en savais rien. Mais l'écrire s'imposait. Le titre me parut aller de soi : *La Machination*. Au-delà de son sens premier, le mot évoquait la technologie et surtout *La Modification* de Michel Butor dont j'étais un admirateur inconditionnel.

Cette fois, je ne me précipitai pas sur ma machine, je décidai de rédiger l'histoire sur un cahier, comme autrefois. Et de ne la livrer à d'éventuels lecteurs, fût-ce Annette, que lorsqu'elle serait relue, corrigée, recopiée, tapée et parfaitement au point.

Une grande dame de l'édition jeunesse

Un courrier m'avertit qu'*Aïo Terre invisible* était refusé. Le responsable de la section Hachette Jeunesse, Olivier Séchan, s'en expliquait en termes prudents : trop gros, trop confus, trop compliqué. Par ailleurs, ajoutait-il, « nous ne publions pas de science-fiction, c'est là un genre trop difficile à aborder pour de jeunes lecteurs ». Les goûts de mes élèves me prouvaient pourtant le contraire. J'étais en train de boucler l'essai sur la SF pour Magnard quand Raoul me montra des petits livres brochés.

– Les éditions de l'Amitié lancent une nouvelle collection, me dit-il. En poche. Du jamais vu en jeunesse ! Elle se décline en quatre genres : policier, espionnage, aventure et science-fiction. J'y verrais très bien *Aïo Terre invisible* !

J'envoyai donc mon manuscrit au 15 rue de Verneuil, par la poste. Un mois plus tard, le téléphone sonnait.

– Christian Grenier ? C'est madame Rageot, des éditions de l'Amitié. Je viens de lire votre manuscrit *Aïo Terre invisible*. Il m'intéresse.

Cette fois, je me dis que c'était gagné. J'allais être publié. Certes, je le serais bientôt avec le petit essai pour adultes que m'avait commandé Raoul. Pourtant, à mes yeux, publier un roman était cent fois plus gratifiant ! On peut s'étonner de ma satisfaction alors qu'un an auparavant, je ne songeais même pas à contacter un éditeur. Mais voilà, j'avais échoué. Il me fallait prendre une revanche. Elle se dessinait. J'ai pourtant dû déchanter très vite...

À soixante-dix ans, Tatiana Rageot était, je l'appris plus tard, l'une des grandes dames de la littérature jeunesse. D'origine russe, elle avait fondé avec son mari, Georges Rageot, la collection Heures joyeuses en 1941. Elle me reçut dans son bureau, une haute pièce sombre dont les rayonnages croulaient sous les livres. Elle me fit asseoir et me désigna mon manuscrit.

– Il est long. Très long. Beaucoup trop long pour notre collection.

C'était ma première rencontre avec un éditeur. J'étais très attentif et très impressionné.

– En fait, seule la première partie de votre histoire m'intéresse, reprit-elle. On y trouve du suspense, des rebondissements. Vos personnages sont jeunes et sympathiques. Mais par la suite... vos héros ont vieilli, l'action stagne, vous vous perdez dans des descriptions, des considérations théoriques et des digressions d'ordre psychologique. C'est une utopie ; les jeunes lecteurs s'y ennuieront ferme.

– En somme, vous aimeriez ne publier que la première partie ?

– Oui. Mais à deux conditions : il faudrait que vous lui trouviez une conclusion et que vous réduisiez le texte.

– Le réduire ? De beaucoup ?

– De moitié. Nous n'avons pas le choix : cent cinquante pages est un maximum pour un Jeunesse poche. Votre première partie en a trois cents.

J'étais perplexe.

– Le réduire de moitié ? Mais comment ?

– Comme une sauce, répondit-elle. Vous savez réduire une sauce ?

– Non, pas vraiment.

– Vous la mettez sur le gaz à feu doux et vous gardez le meilleur.

Je comprenais mal, elle m'expliqua :

– J'ai relevé beaucoup de longueurs. Par exemple, vous abusez des dialogues. Oh, c'est très vivant, les dialogues...

Elle avait raison, mes dialogues servaient surtout à aérer le texte : moi-même, n'étais-je pas enclin à lire plus facilement un récit truffé de dialogues ? Un réflexe hérité du théâtre, sans doute.

– ... mais ils doivent faire avancer l'action. Vous devriez aussi enlever quelques descriptions. Notamment vos couchers de soleil. J'en ai relevé une quinzaine. Ils lasseront le lecteur. Chassez les redites. Choisissez le mot juste. On sent que vous avez écrit cette histoire dans l'enthousiasme mais avec trop de hâte. Eh bien voilà.

Elle se leva, me rendit mon manuscrit et conclut :

– Quand vous aurez une version propre et courte de la première partie, apportez-la-moi. Si elle convient, je serai ravie de vous publier.

Pendant le trajet de retour, j'étais plus abattu qu'à l'aller : ainsi mon manuscrit était entièrement à revoir ! En aurais-je le courage ? Et les capacités ? Après un an passé à écrire *Aïo Terre invisible*, je ne me sentais pas prêt à y consacrer à nouveau du temps. Dans le métro, je jetai un coup d'œil sur le manuscrit que Tatiana Rageot m'avait rendu. Répétitions, longueurs et maladresses me sautèrent aux yeux aussitôt ! Bon sang, comment avait-elle eu le courage de lire cette histoire jusqu'au bout ? Loin de me rassurer, cette constatation m'affligea un peu plus : oui, tout était à refaire. Je n'en avais pas envie. Et j'avais perdu toute énergie.

Écrire, réduire, améliorer...

De retour chez moi, je me plongeai dans les vingt pages du brouillon de *La Machination*. J'y relevai des défauts identiques à ceux que Tatiana Rageot avait pointés ! J'amendai le texte, gommai le surperflu, tentai d'être efficace, nerveux, concis. Puis je repris l'écriture, moins passionné mais plus scrupuleux. Hélas, à ce rythme, je n'écrivais plus dix pages à l'heure, mais trois dans la semaine ! Je m'y résignai : mieux valait livrer un texte achevé plutôt que se faire plaisir en alignant des mots.

Je découvrais qu'un écrit se partage. Que son auteur, s'il se respecte, doit livrer le meilleur de lui-même. Pour la première fois, je m'interrogeai aussi sur son destinataire. Ainsi, quand j'écrivais un roman d'aventure, je m'adressais d'instinct à un jeune public, peut-être celui que je tentais d'intéresser à mes cours, chaque jour. Plutôt que changer de registre, je tentai de le perfectionner.

Laborieuse, fréquemment interrompue, la rédaction de *La Machination* s'étala sur six mois. Une fois le roman relu, repris, amélioré et recopié, je le donnai à lire à Annette. Elle l'attaqua un soir... et s'endormit. Elle avait des excuses, ses journées étaient encore plus longues que les miennes : des élèves, des copies, des cours à assurer, un enfant de trois ans et un bébé. N'empêche, mon texte était moins passionnant que prévu. Je voulus le confier à Raoul pour qu'il me dise s'il pourrait décrocher le prix O.R.T.F.

– Je ne fais pas partie du jury cette année, m'apprit-il. Et j'en suis soulagé : deux cents manuscrits sont déjà arrivés !

Découragé, je renonçai à lui montrer mon texte. Mais plutôt que confier *La Machination* à un éditeur, je le fis concourir sans espoir, de façon anonyme. J'ignorais quand le prix serait décerné.

J'avais très envie de me lancer dans l'écriture d'un autre roman. Mais je m'entêtai et repris ma première version d'*Aïo Terre invisible*. Peu à peu, je vins à bout de ce travail ingrat de réécriture que tant d'auteurs négligent. La tendance inverse commença à me menacer : ne plus savoir s'arrêter de corriger... Pourtant, il faut s'y résoudre et admettre, au bon moment (mais lequel ?), que peaufiner davantage risque de nuire à la qualité ou au dynamisme du récit.

Je revins rue de Verneuil, déposai mon manuscrit. Un mois plus tard, la réponse me parvenait, positive. Quelques détails mis à part, mon texte était au point ! Le courrier que je reçus n'était plus signé Tatiana Rageot mais Catherine Scob. La fondatrice des éditions de l'Amitié-G.T. Rageot[1] venait de mourir ; sa fille avait repris la direction de la maison. C'est elle qui signerait mon contrat.

Aujourd'hui, j'ai toujours la même pensée émue pour cette heure unique passée avec Tatiana Rageot. Au cours de cette brève entrevue, elle m'a mis le pied à l'étrier. Elle fut mon premier éditeur, je ne l'ai jamais oubliée, même si je ne pus lui rester fidèle. Pendant près de trente ans, je travaillai avec Catherine

1. Les éditions de l'Amitié-G.T. Rageot deviendront en 1989 Rageot-Éditeur.

Scob. Récemment partie à la retraite, elle a laissé la place à sa fille, Caroline Westberg. C'est elle désormais ma directrice littéraire, la petite-fille de mon tout premier éditeur !

Le prix O.R.T.F.

Peu après, je fus cloué au lit plus d'un mois par une hépatite. B ou C ? En 1972, on ne se posait pas la question. Aucun médicament efficace n'existait pour enrayer la maladie ; j'avais perdu onze kilos et le médecin envisageait de me faire hospitaliser.

Un après-midi, le téléphone me réveilla. J'étais brûlant de fièvre et dans un état semi-comateux. J'entendis, très loin, une voix me demander si j'étais Christian Grenier. J'approuvai.

– Ici... Saint Pierre...

« Ça y est, me suis-je dit. Je suis mort. Et au Paradis. »

Me rappelant Pascal, je pensai que j'avais perdu mon pari.

– ... à côté de moi Georges-Emmanuel Clancier et les sept autres membres du jury. Je suis très heureux de vous annoncer que vous êtes le lauréat du prix.

– Quel prix ?

Je n'y étais pas du tout. J'avais d'autres soucis.

– Le prix O.R.T.F... Avec *La Machination*. Vous en êtes l'auteur ?

– Oui. Eh bien je suis très content, merci.

Je raccrochai et me rendormis. Quand Annette rentra avec les enfants, je m'éveillai pour de bon et lui dis :

– Figure-toi que j'ai fait un drôle de rêve.

Je le lui racontai ; elle me tendit un papier bleu.

– Ce n'était pas un rêve. J'ai trouvé dans la boîte aux lettres un télégramme. Il vient de Bruxelles et il est signé par les huit membres du jury et son président, Michel de Saint-Pierre.

Trois semaines plus tard, alors que j'étais à peine remis, les appels affluèrent : Jacques Sallebert, le président de l'O.R.T.F., et Georges-Emmanuel Clancier, son secrétaire général, me remettraient le prix à la Maison de la radio. Le jour dit, la télévision était là ; je fus filmé, interviewé par Pierre Tchernia, présenté à des tas de gens importants que je ne connaissais pas, dont Monique Bermond et Roger Boquié, d'autres membres du jury qui animaient sur France Culture une émission sur la littérature jeunesse : « le livre, ouverture sur la vie ».

Comme nous n'avions pas la télévision, il nous fallut aller chez nos voisins pour assister, à la fin du journal, à la retransmission de cette cérémonie qui durait trois ou quatre minutes. Un temps supérieur à celui qui, aujourd'hui, est consacré au prix Goncourt ou au Nobel de littérature !

Qui a affirmé que chacun a une heure de célébrité dans sa vie ? La mienne, ce fut le lendemain : collègues et élèves m'avaient presque tous « vu à la télé ». Ils ne se souvenaient d'ailleurs plus très bien à quel sujet. Notre boulangère elle-même éclatait de fierté :

– Ah, on vous a vu hier soir ! Non, non, vous ne me devez rien. Attendez, j'ai des pommes, je vais vous en donner...

Étrange : même éphémère, la célébrité rend les autres généreux, admiratifs et indulgents. Passer à la télé semble aujourd'hui encore un critère de qualité. C'est d'ailleurs l'une des questions préférées des enfants, auxquels je fais remarquer :

– Aujourd'hui, n'importe qui passe à la télé ! Y compris, et peut-être surtout, les délinquants et les meurtriers. Est-ce si important ?

En réalité, l'O.R.T.F. faisait sa propre promotion. Le prix n'était pas doté, il assurait seulement la publication du manuscrit et son adaptation au *Théâtre de l'étrange*, sur France Inter. Une fois le livre édité, la moitié des droits d'auteur reviendrait... à l'O.R.T.F. ! Je n'eus pas à m'en plaindre : à la suite de l'appel d'offre, les Presses de la Cité emportèrent le morceau, elles offraient un à-valoir équivalant à six mois de mon salaire et un gros pourcentage. Publié dans les trois mois, tiré à vingt-cinq mille exemplaires, *La Machination* fut aussitôt traduit en Allemagne, en Tchécoslovaquie et au Japon.

Bienvenue au club !

C'est ainsi que je fis la connaissance de ma nouvelle directrice littéraire, Marie-Hélène About, qui dirigeait Rouge et Or. Attentive, précise et scrupuleuse, elle éplucha mon texte et me suggéra seulement le retrait d'une allusion de trois lignes au *Hollandais volant*. Elle ajouta :

– Bien sûr, nous comptons lire votre prochain manuscrit ?

Sur les conseils de Raoul Dubois, j'avais rayé du contrat la fameuse clause de préférence qui contraint l'auteur à confier à son éditeur ses trois prochains récits. À six mois d'intervalle, je serais d'ailleurs publié chez Magnard, Rageot et Rouge et Or !

– Nous travaillons sur une nouvelle collection, Grand Angle, destinée aux aînés, me confia-t-elle. Paul Berna vient de nous envoyer un très beau roman d'anticipation : *La dernière Aube*.

Paul Berna ! Son *Piano à Bretelles* et son *Cheval sans Tête* avaient enchanté mon enfance. Mon nom allait figurer à côté du sien... Il faut savoir qu'avant 1970 n'existaient qu'une quinzaine de collections jeunesse. Beaucoup publiaient des classiques ou le roman isolé d'un inconnu. Excepté les auteurs de séries comme Georges Bayard ou Cécile Aubry, les écrivains jeunesse vivants dont la production était régulière se comptaient sur les doigts des deux mains : les plus anciens s'appelaient Paul Berna, Saint Marcoux (son épouse), René Guillot, Madeleine Gilard, Pierre Gamarra, Georges Nigremont ou Nicole Ciravégna ; les plus jeunes André Massepain ou Claude Cénac. Quant à la nouvelle génération que j'allais rejoindre, les Pierre Pelot, Bertrand Solet, Jean Coué, Michel Grimaud, William Camus, Jean-Côme Noguès, ils avaient peu ou pas encore publié ; nous nous regrouperions bientôt pour fonder une association, la Charte. Mais cela est une autre histoire, dont on trouvera l'essentiel dans la quatrième partie.

J'assurai Marie-Hélène About que je travaillais déjà sur un nouveau roman. Je ne lui en dis pas davantage : Annette elle-même ignorait le plus souvent mes projets ; déflorer le sujet de mon travail m'enlève, je crois, une partie du plaisir de l'écrire. Je suis comme ces cuisiniers qui préfèrent livrer leurs plats sur une table bien dressée et évitent que le client n'entre dans la cuisine.

Un auteur trop Rouge et pas assez Or

La Machination évoquait un futur lointain dans lequel le héros lutte pour abattre le trust qui possède le monopole des transports. La presse du P.C. ne reconnut pas en l'auteur de ce roman l'un des siens.

Dans *L'Humanité*, Germaine Finifter en fit une critique sévère : elle s'étonna qu'un auteur imagine une société qui serait toujours libérale en 2313 ! Dans L'École et la Nation, Bernard Epin ne fut pas tendre non plus avec *Aïo Terre invisible*.

Dans le roman auquel je travaillais, *Face au grand Jeu*, mes audaces idéologiques furent plus évidentes encore : avec un regard distancié et cynique, je montrais une société libérale fondée sur la distraction, la consommation et le jeu. Prémonitoire, cette caricature du libéralisme a été dépassée par la réalité trente ans plus tard. Mais en 1973, mon manuscrit posa problème... Claude Nielsen, le fils du P.D.G. des Presses de la Cité qui dirigeait alors tout le secteur jeunesse, me convoqua dans son bureau. Embarrassé, il me désigna mon manuscrit et me dit :

– Marie-Hélène About me l'a confié et je l'ai lu.

Je me contentai d'approuver. Ce n'était pas la réaction qu'il attendait. Il précisa avec une pointe d'agacement :

– Savez-vous que nous publions des centaines d'ouvrages par an, ici ? Croyez-vous que je lise tous les manuscrits ?

– Oh, je suis très flatté que vous ayez pris la peine de lire le mien, m'empressai-je de répondre.

– Eh bien il n'est pas question que nous publiions ça.

J'eus droit à une petite leçon de morale, qui s'acheva de façon cordiale.

– Après tout, conclut-il, vous êtes peut-être l'homme d'un seul livre ? Tant pis !

Du côté de Jean Macé

À l'époque, j'appris que trois prix annuels récompensaient un ouvrage jeunesse sur manuscrit : le prix O.R.T.F., le prix Jean-Macé et celui du Salon de l'Enfance. Je fis concourir mon roman au prix Jean-Macé, dont le prestige pédagogique me séduisait. En 1973, c'est un roman de Michel Grimaud qui l'obtint : *La Terre des Autres*. *Face au grand Jeu* ne décrocha qu'une mention. Le jour où le prix fut décerné, je me rendis au cocktail rue Récamier. En étudiant le dossier de presse, Annette et moi avions constaté que les auteurs, un couple, avaient exactement le même âge (donc la même différence d'âge) que nous. Cela nous donna le courage de faire leur connaissance. Le courant passa aussitôt. Ma jeunesse étonna Jean-Louis et Sara :

– Ton essai *Jeunesse et science-fiction* nous a impressionnés ; nous pensions que tu étais un vieil universitaire !

– Moi aussi, avoua un inconnu derrière nous.

C'était également un auteur, il n'avait pas trente ans. Grand, sec, sobre de mots et de gestes, il se présenta.

– Je m'appelle Christian Léourier. La SF, je l'aime et j'en écris. Mais plutôt pour les adultes. J'ai un roman qui sort chez Robert Laffont, dans la collection Ailleurs et demain.

Deux autres écrivains vinrent se joindre à notre petit groupe. Ils étaient plus âgés que nous d'une dizaine d'années. Le premier, Bertrand Solet, avait été un précédent lauréat avec *Il était un Capitaine*, qui relatait l'affaire Dreyfus ; le second, Robert Bigot, auteur d'un très beau roman sur la Commune de Paris, *Les Lumières du matin*, ignorait qu'il décrocherait le prix l'année suivante.

Même si nos écritures, nos métiers, nos objectifs et centres d'intérêt étaient différents, une communauté d'esprit régnait entre nous, ce fut une évidence. Si nous aimions écrire, ce n'était pas pour avoir notre nom sur une couverture ou briller dans un Salon, mais parce que nous avions quelque chose à dire qui relevait du partage, de l'espoir, de l'indignation : le désir d'un monde meilleur, le besoin de le proclamer, et aussi, mais nous l'ignorions, un optimisme forcené. Qui sait si ce n'étaient pas toutes ces raisons qui avaient fait de nous des auteurs jeunesse ? En une heure furent échangés pêle-mêle anecdotes, confidences, numéros de téléphone. Tout à coup se nouaient entre nous des complicités que le temps ne ferait que resserrer.

Plus loin, critiques et éditeurs évoquaient les parutions récentes ou à venir : Paulette Delfaux, Jeanine Despinette, Raoul Dubois, Bernard Epin, Germaine Finifter, Marie-Hélène About, Catherine Scob...

Régine Lilienstein, des éditions La Farandole, s'approcha.

– J'ai lu votre *Face au grand Jeu*, me dit-elle. Je le publierais volontiers dans notre collection Prélude, pour les ados.

L'aspect engagé de mon roman ne la gênait pas, bien au contraire : La Farandole était le secteur jeunesse des Éditeurs Français Réunis, qui était géré par le P.C.

Auteurs et lecteurs, premières rencontres

À la suite de la parution de mes deux premiers romans, je reçus des demandes de rencontre avec des classes. Au début des années soixante-dix, le fait était rare, les enseignants s'écartaient peu des programmes. Et ceux qui proposaient à leurs élèves des romans jeunesse, a fortiori des romans de SF, n'étaient pas légion. Mais les professeurs qui s'y risquaient étaient passionnés et convaincus.

Après la sortie de mon essai *Jeunesse et science-fiction* chez Magnard, je reçus beaucoup de courrier d'amateurs de SF, d'enseignants, de bibliothécaires. Une lettre, longue et élogieuse, me parut plus précieuse que les autres. Elle était signée par Gérard Klein, auteur de SF et directeur de la superbe collection Ailleurs et demain, chez Robert Laffont. Dans mon essai, j'avais vivement conseillé la lecture de son *Gambit des étoiles* et de deux romans signés Gilles d'Argyre. J'avais révélé qu'il s'agissait du pseudonyme de Gérard Klein. Il me demandait comment j'avais appris ce secret (à cette époque, la SF était un genre presque aussi mal vu que le roman érotique) et se félicitait que je conseille à des jeunes certains romans de SF oubliés ou publiés dans des collections pour adultes.

Peu après, la bibliothèque municipale de Saint-Ouen m'invita à participer à une table ronde consacrée à la SF. Il y avait là plusieurs auteurs, des critiques, Philippe Curval, Michel Demuth, Alain Dorémieux et... Gérard Klein. Ce fut à mon tour d'être étonné : je l'imaginais âgé, il avait trente-cinq ans !

Contrairement à certains écrivains qui me serrèrent à peine la main, Gérard Klein me passa la parole, me valorisa, me prit en amitié. Dans le monde de la littérature, je compris qu'il y avait les auteurs qui se considéraient comme de vrais écrivains, et les autres, que les premiers méprisaient. Mais hélas, ces autres, spécialisés dans le polar, la SF ou la BD regardaient à leur tour les auteurs de littérature jeunesse avec dédain !

Les auteurs jeunesse, peu nombreux, étaient trop déconsidérés pour constituer des castes. Certes, je faisais un peu figure de Martien mais d'autres m'avaient rejoint... Léourier, Pelot, Camus et les Grimaud se lanceraient dans cette SF jeunesse vers laquelle les éditeurs commençaient à se tourner.

Je fis la connaissance de Pierre Pelot dans les studios de l'O.R.T.F. où j'avais déjà rencontré William Camus, dont je parlerai plus loin. Il apprit que j'écrivais de la science-fiction.

– Chez moi, avoua-t-il, la SF est une vraie passion. Je viens d'entrer au Fleuve Noir sous le pseudonyme de Pierre Suragne.

Après avoir peint, flirté avec la BD et reçu les conseils d'Hergé, Pelot s'était tourné vers le roman d'aventure. Édité à dix-huit ans, il avait entamé chez Marabout une série de romans western dont le héros s'appelait Dylan Stark. Comme moi, il venait de sortir deux romans de SF chez Rageot et était publié chez Rouge et Or. Nous avions exactement le même âge, un fils né la même année et nous avions épousé une jeune fille aimée dès l'enfance ; Pelot et Irma, eux, se connaissaient depuis le CP ! Contrairement à moi qui étais débutant et avais une profession, Pelot faisait figure de géant de la littérature. Apprécié des jeunes comme des adultes, prolixe et indépendant, il débordait déjà de talent et vivait de sa plume. Timide, il avait la phobie de la ville. Par la suite, c'est surtout dans son village vosgien que nous nous verrions ; sa porte était toujours ouverte. Certains amis auteurs ou éditeurs de SF n'hésitaient pas à s'installer chez lui plusieurs jours.

L'équipe d'Hachette, qui m'avait poliment refusé *Aïo Terre invisible*, m'invita à déjeuner pour me demander des textes de SF. À présent, le jeune public semblait apprécier ce genre !

Je fis part de cette proposition à Raoul Dubois. Il fut catégorique :

– Hachette ? Méfie-toi. Ils vont te demander de faire une série.

Face à mes refus polis, la Bibliothèque verte recruta un auteur belge, Philippe Ebly, qui lança une bonne série de SF pour les cadets : *Les Conquérants de l'impossible*. Quant à Raoul, qui devina mon regret de limiter ma production, il me suggéra d'envoyer des nouvelles au magazine Jeunes Années. Je devins un collaborateur fidèle de cette revue, y compris quand elle fut rebaptisée Gullivore.

À vous les studios !

En 1973, l'O.R.T.F. fit appel à moi plusieurs fois. D'abord, je fus invité à assister aux enregistrements de l'adaptation radiophonique de *La Machination* que mettrait en ondes Bronislav

Horowitz. Ensuite Isabelle Jan, qui disposait sur France Culture d'une chronique sur la littérature jeunesse, *La Ronde des Livres*, me demanda de venir parler de mon essai. Ce fut une catastrophe : je bafouillais, m'interrompais, reprenais, n'achevais pas mes phrases. Après une heure d'enregistrement, je capitulai.

– On va arranger ça au montage, m'assura-t-elle.

En effet, les techniciens coupèrent la bande dix, vingt, cent fois. Ils tirèrent de mes réponses confuses un quart d'heure d'enregistrement impeccable. Les Grimaud, qui étaient aussi débutants que moi, s'étaient vus offrir une centaine de petits bouts de bandes magnétiques par l'ingénieur du son.

– Ce sont vos silences et vos « euh... », leur dit-il en riant.

Enfin, les co-organisateurs du prix O.R.T.F., Monique Bermond et Roger Boquié, m'interviewèrent sur *La Machination* à sa sortie. J'arrivai au studio avec une demi-heure d'avance. La lampe rouge était allumée, preuve qu'un enregistrement avait lieu : les producteurs louaient le studio un après-midi et enregistraient à la file quatre émissions qui passeraient ensuite une fois par semaine. À travers la cloison de verre, j'aperçus Monique et Roger face à un étrange individu : chaussé de mocassins, entièrement habillé de daim, il était coiffé d'un chapeau de cow-boy. L'enregistrement s'acheva, la lampe s'éteignit et l'inconnu sortit le premier. Il me désigna du pouce, à la mode indienne, et me jeta sèchement :

– Toi, tu es Christian Grenier.

– En effet, bredouillai-je. À qui ai-je l'honneur ?

– Moi, je suis William Camus. Tu as bien écrit *La Machination* ?

– En effet, je...

– Moi, je suis l'auteur de *Mes ancêtres les Peaux-Rouges*. C'est toi qui as décroché le prix O.R.T.F. ?

– C'est exact. Je suis très content de...

– Eh bien moi, je ne suis pas content du tout. Car c'est moi qui aurais dû avoir le prix. Mon livre est bien meilleur que le tien.

Monique et Roger, derrière lui, souriaient comme s'ils m'avaient fait une bonne farce. Les présentations étaient faites.

– Christian ? me dirent-ils. C'est à toi ! Entre dans le studio.

L'enregistrement ne fut pas facile. William Camus avait pris ma place derrière la vitre. À chacune de mes réponses, il réagissait avec mimiques, grimaces et force gesticulations. J'étais complètement déconcentré. Quand je sortis enfin, épuisé, dérouté, il m'entraîna à l'écart et reprit aussitôt l'offensive :

– Intéressant, ton discours sur la science-fiction. Finalement, ton roman, il faudra que je le lise. Allez, je t'autorise à m'offrir une bière.

Un Peau-Rouge et un Martien

Deux heures plus tard, William et moi étions toujours attablés à la cafétéria de l'O.R.T.F. De sa vie, je connaissais presque tout : élevé par un père indien Chippeway au milieu des trappeurs et des ours, William avait appris à lire sans aucune aide, à onze ans, sur des boîtes de conserve, dans une cabane isolée de la forêt du grand Nord canadien. Rapatrié en France par sa mère, il était devenu baroudeur, photographe, grand reporter puis pilote de Formule 1. Après avoir publié un pamphlet misogyne et provocateur, *Comment s'accommoder des Femmes*, il avait raconté sa jeunesse de Peau-Rouge et était devenu, à sa propre surprise, auteur jeunesse chez Rouge et Or où il était sous contrat.

– Christian, me déclara-t-il brusquement, il faut que nous écrivions un livre ensemble !

Avec son assurance et ses quarante-cinq ans, William m'impressionnait ; j'étais aussi flatté que perplexe.

– Ensemble ? Mais tu es spécialisé dans les Indiens et moi dans la science-fiction !

Je voyais mal ce que nous pourrions écrire. Réunir un Peau-Rouge et un Martien, n'était-ce pas marier la carpe et le lapin ?

– Écrivons... un roman de SF avec pour héros des Indiens !

– Mais... ça ne s'est jamais fait.

– Eh bien justement, nous le ferons.

Deux mois plus tard, en juin 1973, je pénétrai dans le hall d'un groupe scolaire où Germaine Finifter m'avait invité à une vente-signature. Derrière ses piles de livres, William m'aperçut et se redressa. M'ouvrant ses bras, il s'exclama :

– Christian, toi, ici ? C'est Grand-Esprit qui t'envoie !

– Non, c'est l'école Montessori qui m'a fait venir.

– Cette nuit, dans un rêve, Grand-Esprit m'a révélé le sujet de notre futur roman.

Grand-Esprit, on le voit, tenait chez William une place de choix. Quant à ceux qui doutent de l'authenticité de tout ce qui précède et qui va suivre, ils ne connaissent pas William Camus. Et ceux qui l'ont approché dans les années soixante-dix savent que ce que je relate est plutôt en dessous de la vérité…

– Dans un lointain futur, commença William, sur une Terre où n'existent plus que quatre mégapoles sous globe, une tribu de Cheyennes vit dans le monde extérieur que les hommes des bulles croient toujours pollué. À la suite d'un accident, des microbes envahissent les cités stérilisées. C'est l'hécatombe. La population ne doit sa survie qu'au contenu providentiel d'une caisse qu'adorent les Cheyennes.

– Intéressant. Le sujet semble tenir la route.

– Parfait, je te laisse imaginer la suite. Fais le plan du bouquin et commence à rédiger.

Nous nous sommes séparés sur ce vague accord. À peine étais-je rentré de vacances d'été que le téléphone sonnait.

– Enfin, tu es là ! me dit William. As-tu bien travaillé ?

Ses directives me revinrent en mémoire. J'avouai :

– Oui. Mais… pas du tout à notre futur roman.

Il m'abreuva d'injures et ajouta dans la foulée :

– Tu es chez toi ? Tu ne bouges pas ? J'arrive.

William vint, en effet. Et il resta. Pendant trois mois.

Écrire à quatre mains

Cette année-là, j'avais seulement cours le matin, cinq jours de suite. Quand je rentrais du collège à midi et demi, je trouvais William à la maison en train d'écrire sur un cahier. J'avais fini par lui donner un double des clés de l'appartement. Nous buvions un café, grignotions des fruits et des biscuits. Et nous passions dix ou douze heures d'affilée à travailler face à face ; le dîner était toujours occupé à échanger sur le récit. William ne repartait jamais chez lui avant minuit. Il me fallut tenir ce rythme trois mois d'affilée, sans interruption.

Avant de rédiger, nous avions débattu du plan et de la structure du roman, des personnages et de leurs caractères, de toutes les phases de l'action. Cette manière de faire me convenait, je n'avais jamais procédé autrement. Certains points donnèrent lieu à d'âpres discussions. L'action se déroulant en l'an 6112, on imaginait mal que les héros s'appellent Jacques et Antoinette. William voulait que les citadins, mes Bulliens, soient identifiés par un numéro. Je m'y opposai :

– C'est banal. Et ce n'est pas viable. Tu imagines un dialogue du genre : « Bonjour, 32 693 898, as-tu vu 67 522 383 ce matin ? »

Je suggérai des noms de fleurs, en souvenir des végétaux mythiques dont les Bulliens avaient gardé la nostalgie. Mon héroïne fut baptisée Réséda.

Puisque la structure du roman s'y prêtait, nous nous étions partagé le travail : je rédigeais les chapitres impairs relatant ce qui se passait sous les bulles, et William les chapitres pairs consacrés aux Cheyennes. Dès que l'un de nous avait achevé un chapitre, l'autre le lisait et pouvait l'améliorer à son goût.

Quand William lut le début de mon texte, il écarquilla les yeux, rougit et manqua étouffer.

– Attends… mais où est la fin de ta phrase ?

– Plus loin. Il faut tourner la page.

– Tu plaisantes ?

En bon prof de français, je rédigeais des phrases avec trois subordonnées. Impitoyable, William les raccourcissait, plaçait des points partout où il le pouvait. C'était impressionnant : avec l'une de mes phrases, William en faisait quatre ou cinq. Admirateur des auteurs américains, il avait coutume d'affirmer :

– Une idée, une phrase.

Mais pour William, une phrase se réduisait à deux mots : un sujet et un verbe. Quand il s'offrait le luxe d'un complément, c'était, à l'en croire, une phrase longue ; j'exagère à peine. Les négociations étaient rudes, car William m'impressionnait moins et j'avais appris à ne pas plier. Mais j'appréciais son souci permanent de gommer les adjectifs, les adverbes, d'aller au plus juste et au plus court. Élevé à l'école du journalisme, il m'apprit la concision. Parfois, il acceptait mes corrections ; il m'avouerait plus tard qu'il m'avait proposé cette collaboration parce qu'il pensait qu'un professeur lui apporterait une meilleure maîtrise du français. Homme de l'oral, William était mauvais en orthographe ; ses fautes ne gênaient pas les éditeurs mais lui en était secrètement honteux.

Très vite, en me lisant, William fronça les sourcils.

– Qu'est-ce que c'est que ce signe ?

– Ça ? C'est un point-virgule.

– Un quoi ? Un point-virgule ? Ça sert à quoi ?

Je le lui expliquai. La ponctuation m'a toujours passionné ; je me sentais de taille à lui débiter un cours universitaire sur le point d'exclamation, la virgule et les guillemets. Il eut vraiment un doute.

– Tu te moques de moi ? Un point-virgule ? Avoue que ça n'existe pas et que tu viens de l'inventer !

Le dictionnaire acheva de le convaincre. Devenu un inconditionnel du point-virgule, il voulut alors en mettre partout.

Quand deux auteurs s'affrontent...

Les deux premières semaines furent un calvaire. William me fit recommencer cinq fois le premier chapitre et remplacer le chien par un cheval. Nous avancions lentement. Chaque tournure, chaque mot étaient critiqués, remplacés, testés. Les étapes de l'action étaient passées au crible : pourquoi Longues-Jambes faisait-il ceci ? Pourquoi Réséda répondait-elle cela ? Était-ce sincère ? Que pensait-elle ?

On imagine mal le profit que peuvent tirer deux écrivains quand ils acceptent le jeu du dialogue et du doute. Écrire à quatre mains est une excellente école ; on doit être attentif à l'autre, on y apprend à être clair, compréhensible, respectueux de tous les lecteurs, surtout les moins armés. Ce qui n'empêche pas de cultiver sa propre musique et de hausser ses exigences littéraires, mais quelle leçon d'humilité ! De même qu'un professeur d'université ne devrait pas être autorisé à enseigner avant d'avoir passé une journée face à une classe de CP ou de maternelle, il manque à bien des auteurs d'avoir eu un jour à écrire un texte pour la jeunesse...

Certains renoncements furent douloureux et quelques concessions impossibles. Par exemple, William désirait que la caisse qui sauverait l'humanité (elle contenait des médicaments) provienne de l'U.S. Army. À l'époque, je militais contre la guerre du Vietnam et ce symbole était insupportable. Je fus inflexible.

– Stop. On ne va pas plus loin. Je refuse de continuer et de signer ce roman si tu ne cèdes pas sur ce point.

Le débat idéologique reprenait. William plaidait la cause indienne, accusait les Européens d'avoir massacré ses frères, mais il ne jurait que par les États-Unis ; il adorait les westerns, parlait américain et buvait du Coca-Cola. Ses contradictions m'exaspéraient et ses convictions nous mirent plus d'une fois au bord de la rupture. Pour la caisse, il y eut transaction, il accepta qu'elle vînt de la Croix-Rouge.

Après deux mois de corrections et de déchirements, Réséda et Longues-Jambes avaient fini par se rejoindre. Plus question de rédiger séparément. William, qui avait une idée particulière de la collaboration, décréta :

– Partageons le travail. Moi je dicte, et toi tu rédiges.

J'avais fait semblant d'accepter. Inspiré, William se levait. Tout en tirant sur sa cigarette, il parlait en marchant autour de la table ronde… un vrai train à vapeur. J'écrivais en améliorant à ma façon ce qu'il dictait. Quand il s'arrêtait et me demandait de relire – ou quand, saisi par le doute, il se penchait par-dessus mon épaule – il protestait, véhément :

– Mais ce n'est pas ce que je t'ai dit !

Il tentait de retrouver sa formulation. En vain.

L'éditeur passe à La Caisse

Début 1974, nous avions mis un point final à cette aventure. La conclusion était bâclée, mais nous étions à bout. J'avais eu droit à trois dimanches pour dormir, corriger des tonnes de copies et préparer quelques cours. Un après-midi, tordu de douleur, j'avais dû consulter en urgence. Le docteur avait diagnostiqué un ulcère à l'estomac.

Trois semaines plus tard, Claude Nielsen en personne nous convoqua dans son bureau.

– J'ai lu votre manuscrit, nous dit-il.

Cette fois, je me confondis en remerciements.

– Ma foi, ce n'est pas trop mal, admit-il.

Devant William, il ne pouvait pas dire « C'est excellent » car la fois précédente, mon compère avait profité du compliment pour demander une augmentation de ses droits d'auteur.

– J'ai deux réserves, ajouta-t-il. D'abord le titre : *La Caisse*.

– C'est énigmatique et sobre, répliqua William avec son assurance habituelle. Et puis tout le récit tourne autour de cette caisse. C'est elle qui sauvera l'humanité !

– C'est un mot bien plat pour résumer un roman de science-fiction trépidant. Si vous aviez treize ans, vous achèteriez un roman de SF dont le titre serait *La Caisse* ?

– Non, avouai-je. Il faut que nous trouvions un autre titre.

William en proposa quinze. Ils évoquaient les Peaux-Rouges ou l'univers du western. J'en suggérai d'autres, futuristes, d'où les Indiens étaient absents. Soudain, j'eus une inspiration. Inconditionnel de *Fahrenheit 451*, je lançai, en hommage à Ray Bradbury :

– Pourquoi pas *Cheyennes 6112* ?

– Adopté, dit Claude Nielsen. Le second point qui me chagrine, c'est la conclusion. Votre roman n'est pas fini, le lecteur reste sur sa faim.

C'était vrai : nous abandonnions nos héros dans le monde extérieur sans révéler si l'humanité survivrait, si la paix serait conclue entre Cheyennes et Bulliens.

– Il faudrait un chapitre supplémentaire... décréta l'éditeur.

William et moi avons échangé un regard consterné : écrire ensemble une heure de plus nous semblait insurmontable.

– ... ou bien alors, une suite ! acheva Claude Nielsen qui avait senti notre réticence mais ne voulait pas voir le manuscrit lui échapper.

– Entendu ! acquiesça William avec imprudence.

6112... et la suite

Une fois sorti du bureau, je reprochai à William sa folle initiative. Il haussa les épaules, serein.

– Bah, cette suite, nous ne l'écrirons jamais ! Mais au moins, *Cheyennes 6112* paraîtra.

Pendant les mois qui suivirent, Claude Nielsen et Marie-Hélène About se relayèrent pour nous téléphoner sans relâche.

– Eh bien, cette suite, ça avance ? nous demandaient-ils.

Nos réponses, séparées, étaient évasives : on y pense, on a commencé, on y travaille tout doucement...

Quand le bon à tirer de *Cheyennes 6112* nous parvint, Claude Nielsen fut catégorique.

– Il est indispensable qu'à la fin du roman, le lecteur ait la mention : vous retrouvez les aventures de Réséda et de Longues-Jambes dans... Vous avez une idée du titre ?

– Pas vraiment. Nous allons y réfléchir.

– Faites vite.

J'appelai William, affolé.

– Tu vois bien, cette suite il va nous falloir l'écrire !

Il éclata de rire et m'apaisa.

– Attends, Nielsen ne te demande pas un roman mais un titre ! On va lui en trouver un, il sera content.

Pendant une heure ou deux, William et moi avons testé au téléphone cent titres qui évoquaient à la fois les Peaux-Rouges et la SF : Sur les sentiers du cosmos, Le papoose du futur... Je lançai au hasard :

– Une squaw dans les étoiles.

– Épatant ! me dit William. J'achète.

Un mois plus tard, *Cheyennes 6112* sortit. Il obtint des récompenses, fut traduit et réimprimé. Marie-Hélène s'impatientait :

– Et *Une Squaw dans les Étoiles* ? Quand l'aurez-vous terminé ?

– Oh, bientôt ! affirmait William.

Nous n'en avions pas écrit le premier mot. Aucun de nous n'avait la moindre idée de cette suite. Il fallut bien nous y atteler. Pour William, qui vivait de sa plume, cette commande était une aubaine. Il m'appela et décréta :

– Pour écrire *Cheyennes* je suis venu chez toi. Pour *Une Squaw*, c'est toi qui viendras.

William et sa femme Michèle habitaient, du côté de Pontault-Combault, une immense maison au milieu des bois. Ils n'avaient pas d'enfants mais un zoo qui en tenait lieu : chevaux, poney, chèvres, chats, chiens... Le jour où Annette et moi avons débarqué en famille pour y passer une journée à débattre de notre futur roman, j'ai soupiré :

– Le plus dur va être de faire construire une fusée à nos héros.

– Une fusée ? s'est étonné William. Pour quoi faire ?

– Pour qu'ils quittent la Terre ! Le roman annoncé s'appelle *Une Squaw dans les Étoiles*, ne l'oublie pas.

– Tu veux rire ? Il n'en est pas question ! Pour justifier ce titre, il suffira que Longues-Jambes déclare un jour à Réséda : « Femme, tu es trop idéaliste, tu rêves à un monde impossible. Ah, décidément, tu es une squaw dans les étoiles. »

Je croyais qu'il plaisantait. Eh bien non ; c'est exactement ce que nous avons fait...

Un accouchement difficile

Désormais, c'était moi qui, chaque jour, après mes cours, me rendais chez William pour que nous écrivions ensemble. Comme pour *Cheyennes 6112*, la structure avait fait l'objet de longs débats puis d'un plan serré. Nos deux héros étant réunis, notre technique dut s'adapter à cette situation nouvelle. Après avoir débattu du contenu du chapitre en cours, chacun de nous écrivait une, deux, dix pages de son côté. Puis il lisait à voix haute ce qu'il avait rédigé. Attentif, l'autre en retenait un passage, une description, un dialogue, parfois rien du tout ! Aujourd'hui, dans aucun de ces deux romans n'existe plus une seule phrase dont l'un de nous puisse affirmer : celle-là, elle est entièrement de moi !

Ainsi avançait notre histoire, trop lentement à notre gré. Il était prévu que Longues-Jambes et Réséda aient un enfant. Un épisode important. En effet, à la suite de la destruction des cités et du matériel avec lequel leurs habitants, depuis quatre mille ans, fabriquaient des « enfants-éprouvette », les Bulliens avaient des raisons d'être inquiets : l'une des leurs pourrait-elle mettre un enfant au monde ? La morphologie humaine avait changé. Si Réséda mourait en accouchant, la civilisation s'éteindrait ! Bien sûr, nous envisagions qu'elle et son bébé survivent.

– Si nous voulons être crédibles, il faut décrire cet accouchement, soupira William.

Dans la production de littérature jeunesse en 1974, c'était un risque. Je téléphonai à Marie-Hélène About pour lui livrer notre dilemme. Sa réaction fut immédiate.

– Un accouchement ? Formidable. On n'en a encore jamais lu en jeunesse. Bien sûr, il n'y a aucun problème, décrivez-le !

– Laisse-moi écrire ce chapitre ! me demanda William. Les accouchements, ça me connaît.

Comme je m'étonnais, il m'expliqua :

– J'ai un ami obstétricien, il m'a donné plein de détails techniques !

Trois jours plus tard, quand il me lut cet épisode, je n'en crus pas mes oreilles. Réséda hurlait, déchirée, le sang giclait… Bref, on nageait en plein gore. J'étais scandalisé.

– C'est une caricature ! Si des filles de treize ans lisent ça, tu vas les traumatiser à vie. Pour peu que notre livre ait du succès, c'est la chute de la natalité assurée. Et puis un accouchement, ça ne se passe pas du tout comme ça, crois-moi. Laisse-moi faire.

Je peaufinai l'accouchement de Réséda pendant cinq jours. Quand je lus mon chapitre à William, il ricana :

– Un accouchement, ça ? Plutôt un conte de fées ! Le bébé arrive comme un pet sur une toile cirée. C'est complètement irréaliste.

Nous nous sommes remis au travail. L'accouchement de Réséda nous occupa trois semaines et il nous fallut deux mois supplémentaires pour venir à bout du récit.

Cette nouvelle épreuve nous avait épuisés. Pourtant, notre amitié n'en souffrit pas. Souvent invités ensemble pour parler de nos deux romans, nous avions fini par mettre au point une sorte de duo. Si les lecteurs demandaient quelles intentions avaient motivé l'écriture de tel passage, je m'expliquais en premier. William ouvrait des yeux exorbités et, quand j'avais achevé, il s'écriait :

– Ah bon ? C'est ce que tu as voulu dire ? Eh bien moi, pas du tout ! Décidément, nous n'avons pas écrit le même livre !

Ce qui était sûrement vrai. Nos romans étaient sortis au moment de l'union de la gauche. J'avais coutume d'affirmer que la rédaction du Programme commun entre le PS et le PC avait sûrement été une partie de plaisir comparée à celle de nos deux romans.

3. FONCTIONS, FICTIONS ET SCIENCE-FICTION

Quand un auteur devient lecteur

La nouvelle responsable des éditions de l'Amitié, Catherine Scob, me proposa de devenir lecteur dans la maison. Pourquoi ? Peut-être parce que j'étais prof de lettres et désormais auteur « maison » avec *Aïo Terre invisible, Sabotage sur la Planète rouge* et *Messier 51 ou l'impossible Retour*.

Quand Catherine Scob me confiait un nouveau manuscrit, elle me dissimulait souvent le nom de son auteur, notamment quand elle savait que c'était un ami. Elle ne redoutait pas mon indulgence mais se méfiait à juste titre : fréquenter un écrivain peut fausser le jugement sur lui, on connaît son intimité, ses proches, son cadre de vie, les événements qui l'ont marqué. Cette familiarité érode (ou affine mais de toute façon déforme) le regard critique. Hélas, neuf fois sur dix, j'identifiais l'auteur. Parfois parce qu'il m'avait entretenu de son projet trois mois plus tôt. Ou parce que son style, dès la première phrase, était plus éloquent qu'une signature.

La lecture de la première page est souvent décisive : un ton, une dynamique de récit, un talent se repèrent très vite. Mais il n'était pas question que je bloque devant un début laborieux ou banal. Si l'on m'avait confié ce texte, c'est qu'il possédait des qualités. Ses faiblesses étaient-elles rédhibitoires ou pouvaient-elles être rectifiées ?

Pour quelqu'un qui aime lire, être payé pour le faire semble une aubaine. La réalité est hélas un peu différente.

Un éditeur reçoit plusieurs manuscrits par jour. Certains sont vite écartés : romans d'espionnage, sentimentaux voire érotiques destinés à des adultes. Beaucoup d'auteurs débutants connaissent mal la production des maisons d'édition auxquelles ils s'adressent. Et certains croient qu'un mauvais roman refusé par un éditeur adulte est bien assez bon pour être accepté par un éditeur jeunesse !

Chaque semaine, je passais donc aux éditions de l'Amitié, rue de Verneuil, pour y prendre un ou deux manuscrits issus d'une première sélection, des récits qui, le plus souvent, étaient passés ou passeraient entre les mains d'autres lecteurs « maison » chargés de livrer leur opinion. La semaine suivante, je revenais, reprenais d'autres manuscrits et déposais ceux que j'avais lus accompagnés d'un rapport de lecture. Catherine Scob n'avait pas les exigences de certains éditeurs qui, de façon quasi scolaire, demandaient un avis (et une note chiffrée sur vingt !) du lecteur sur la trame, les personnages, la morale, les possibilités d'illustration, etc. Mes rapports comprenaient deux parties, un résumé d'une ou deux pages, puis un avis détaillé, nuancé, circonstancié qui s'achevait par : « à publier » ou « à écarter ».

Devenu lecteur, un auteur apprend. Car même quand il lit pour se distraire, il garde malgré lui un œil critique. Mille questions inconscientes, mille doutes sournois piratent désormais son plaisir. Ce passage n'est pas fluide, ce dialogue est peu cohérent. Pourquoi l'auteur a-t-il changé de point de vue ? Quels sont, dans ce passage ambigu, les vrais enjeux sous-jacents ?

Un auteur-lecteur a une lecture critique et complice. Il est semblable à un metteur en scène entré chez un confrère et qui, par effraction, lors d'une répétition, guette une autre façon de faire. Il ne doit surtout pas se dire : « Tiens, ça je l'aurais formulé autrement », mais apprécier une autre manière de mener une histoire et s'interroger sur sa qualité. Parfois, quand l'auteur-lecteur est de surcroît pédagogue, l'envie le démange de livrer ici ou là un conseil : tel début est de toute évidence trop lent, tel personnage pourrait, à peu de frais, avoir plus d'épaisseur, telle idée originale et forte, hélas à peine effleurée, mériterait un vrai développement. Ici, la critique est relayée par la maïeutique. Celui qui conseille l'auteur, qui tente de lui faire rendre ce qu'il a de meilleur, ce n'est pas le lecteur mais le directeur littéraire. Véritable entraîneur, il guide l'écrivain aveuglé par le manque de recul vis-à-vis de son propre texte. L'écrivain-lecteur doit savoir rester à sa place.

L'auteur-lecteur se voit aussi confier une responsabilité que l'écrivain préfère rejeter : savoir instaurer des limites. Car beaucoup d'auteurs jeunesse affirment :

– Quand j'écris, je ne me censure pas. Les questions de vocabulaire ou de morale, je refuse de me les poser, j'écris !

Cette belle déclaration d'intention est fausse, je le sais. J'ai été le premier à la faire, sans y réfléchir, avec provocation. Car consciemment ou non, on a toujours un destinataire en tête. Un écrivain, a fortiori un auteur jeunesse, sait son récit destiné à un certain type de lecteurs. Ce rejet affiché d'autocensure cache donc un désir d'audace. Un auteur aime aussi se faire peur :

– Tiens, et si je dis ça (ou si je le dis comme ça), est-ce que ça passera ?

Confidences, censure et confitures

La publication d'un texte dans une collection pour la jeunesse engage une série de responsabilités qui, de l'auteur au jeune lecteur, suivent une hiérarchie précise : le premier à juger le récit est le « lecteur », puis le directeur littéraire et, en fin de compte, l'éditeur. Parfois, comme chez Rageot, directeur littéraire et éditeur sont une seule et même personne. Dans la presse, c'est le directeur de la publication qui est le responsable pénal du contenu de son journal. Un texte pour la jeunesse, lui, doit être soumis, après parution, à une « commission chargée de la surveillance et du contrôle des publications destinées à l'enfance et à l'adolescence » mais dans les faits, rares sont les ouvrages à être examinés par cette commission. C'est donc bien l'éditeur qui doit juger de l'opportunité de telle ou telle publication.

En 1979 eut lieu un incident édifiant qui me marqua.

Pendant l'été 1978, Catherine Scob m'envoya le manuscrit d'un auteur inconnu, *L'Été des confidences et des confitures*. Je fus séduit par le style. Il y avait là un écrivain. Seul problème : plusieurs chapitres étaient teintés d'un érotisme que le ton de l'ouvrage rendait léger et poétique. Avec ces enfants pour héros, c'était pourtant là un roman pour la Bibliothèque de l'Amitié.

Je rédigeai un excellent rapport de lecture et conclus en encourageant vivement sa publication.

À mon retour de vacances, je demandai à Catherine Scob quelle avait été sa décision. Elle me confia :

– Mes autres lecteurs ont eu la même réaction que vous, un roman à retenir et à publier... à condition que j'ose en prendre le risque !

– Qu'allez-vous faire ?

– Assumer. Ce défi, je le relève. Ce risque, je le prends.

Quelques mois plus tard, passant rue de Verneuil pour y déposer mes rapports et prendre un ou deux manuscrits en lecture, j'aperçus, fraîchement déballée, une pile de livres.

– Oh ! m'écriai-je. *L'Été des confidences et des confitures* est paru ?

– Il sort en librairie dans quinze jours, prenez donc un exemplaire.

Je repartis sans savoir que j'avais là un exemplaire rare. Car peu après, j'appris que le secrétaire général des éditions Hatier, diffuseur, distributeur et actionnaire majoritaire des éditions de l'Amitié, après avoir reçu un service de presse de l'ouvrage, l'avait ouvert. Son regard s'était écarquillé : il y avait là un dessin qui représentait à contre-jour, tout nus, un petit garçon et une petite fille sur une plage. Il avait commencé à lire le texte imprimé en regard du dessin. Au lieu d'être rassuré, il avait pâli et s'était rendu aussitôt aux éditions de l'Amitié pour déclarer à Catherine Scob :

– Vous voudriez publier ça ? Il n'en est pas question !

Catherine plaida sa cause, ajouta :

– Je viens de le faire tirer à plusieurs milliers d'exemplaires.

– Eh bien ils iront au pilon !

Il en fut fait ainsi. L'auteur, Yves Pinguilly, fut invité à couper quelques lignes et le dessinateur à être moins hardi. Modifié, le livre reparut deux mois plus tard. Aujourd'hui, en lisant la version « censurée », je me dis que la commission aurait ri de cette sévérité. Depuis, elle a laissé passer des scènes plus lestes, jugeant que les temps changent et qu'à dix ans un enfant peut et doit être averti. Mais il en est encore ainsi : les parents qui laissent leurs enfants voir les pires horreurs à la télé ont envers l'écrit d'étranges exigences, comme si le livre avait sur les lecteurs des effets plus profonds et plus durables. Ah, si c'était vrai !

La responsabilité pénale de l'éditeur est pour l'auteur rassurante et contraignante. Rassurante parce qu'il peut se laisser aller à des excès qui seront vite pointés en marge ; contraignante parce qu'il connaît vaguement les limites à ne pas dépasser. Et ces limites, on le verra dans la deuxième partie, concernent bien d'autres domaines que le vocabulaire ou la morale ! Avant l'éditeur, le lecteur doit donc, en dehors des qualités de l'intrigue et du style, juger si l'auteur dépasse ou ignore ces limites. S'il donne un avis positif et que le livre est publié, il sera lu par des enfants. Il doit apprendre à en mesurer les conséquences.

Quand un auteur-lecteur devient... correcteur-rewriter

Faisant confiance à mon statut d'enseignant de lettres, Catherine Scob me demanda de relire les manuscrits juste avant leur livraison à l'imprimerie. Là, je devais piéger la moindre faute : orthographe, accords, répétitions... Plus question de juger le récit ni de suggérer des améliorations puisque l'état du texte était jugé définitif. Ce type de lecture est contraignant, surtout si l'histoire est passionnante ! Lecture n'est d'ailleurs plus le terme adéquat. Celui ou celle qui exerce cette fonction s'appelle aujourd'hui préparateur de copie. Il doit veiller en outre à la ponctuation, aux alinéas, à l'emplacement des guillemets...

En littérature jeunesse comme en littérature générale, il est rare qu'un récit paraisse sans que le texte d'origine soit revu et amélioré. J'entends les puristes s'indigner : l'éditeur a-t-il le droit de s'immiscer dans l'écriture ou l'imaginaire d'un créateur ? En fait, éditeur et auteur ont intérêt à livrer au lecteur un texte abouti. Et certains écrivains, dont je suis, sont eux-mêmes demandeurs ! Parfois, le dialogue est âpre, le directeur littéraire suggère des suppressions, modifications, précisions que l'auteur juge inutiles ou nuisibles. Mais d'autres fois, l'auteur est reconnaissant qu'un œil exercé ait piégé des faiblesses qu'il s'empresse de corriger.

Paradoxalement, les jeunes auteurs sont souvent les plus prétentieux. À leurs yeux, l'important est moins de livrer le meilleur d'eux-mêmes, quitte à y passer du temps, que de publier le plus vite possible un récit qu'ils jugent satisfaisant. Jouant les anciens combattants, il m'arrive de dire à un débutant :

– Crois-moi, quand tu seras devenu un vieil auteur reconnu, et qu'à Stockholm on citera ton nom pour le prix Nobel de littérature... (même les auteurs jeunesse sont sensibles à ce genre d'arguments !) et quand, dans le jury, quelqu'un lancera : « Lui ? Impossible : vous avez lu ce bouquin médiocre qu'il a écrit à vingt-cinq ans ? », tu regretteras d'avoir publié ce texte à la hâte.

Hélas, chez les écrivains, l'auto-indulgence est un travers courant. Quand elle ne disparaît pas, l'auteur publie moins, devient amer, aigri et se juge un génie méconnu.

Aux éditions de l'Amitié, les auteurs acceptaient le plus souvent de revoir leur copie. Très rarement, certains ne parvenaient pas à un résultat satisfaisant. Avec leur accord, il m'est arrivé de me livrer à un léger rewriting. Ce travail de réécriture est très courant chez certains éditeurs de littérature générale. Sans lui, bien des romans ne seraient jamais devenus des best-sellers, et je ne pense pas seulement à *Un Sac de billes* ! Le nom de celui qui a aidé l'auteur doit-il être mentionné ? Comment doit-il être rétribué et associé au futur succès de l'ouvrage ? Ce sont là d'autres problèmes.

Puisque je lisais l'allemand, Catherine Scob me confia des romans parus chez des confrères étrangers. Quand mon avis était positif, il m'arrivait d'en traduire un passage, seul moyen de donner une idée du ton de l'ouvrage. Il passait alors entre les mains d'une fidèle collaboratrice qui le traduisait, de l'allemand comme de l'anglais. Mais elle livrait un texte souvent brut, mal dégrossi, que je réécrivais parfois de bout en bout. Je lui rends hommage : traduire est long, ingrat, délicat. Les bons traducteurs sont rares et débordés. Car il ne s'agit pas d'être seulement fidèle au mot et à l'idée mais de parvenir à un texte fluide et littéraire. Cette tâche m'incombait, j'en étais ravi et flatté. Dans ce travail particulier de réécriture, la marge d'action était subtile et plus réduite que dans un travail de réécriture sur un texte français, car l'auteur ne pouvait pas réagir si je trahissais sa pensée.

En complément de mon métier d'enseignant à temps complet et de ma création personnelle, j'effectuai ces tâches diverses et formatrices pendant sept ans, jusqu'en 1980.

Ateliers d'écriture : leur préhistoire ?

De gré ou de force, un auteur jeunesse a affaire aux enfants et aux adolescents, que ce soient les siens, ceux des autres ou ses lecteurs... et parfois, à ces trois publics à la fois.

Au collège, mes élèves m'influençaient. Comment aurais-je pu ignorer leur attitude, leur langage, leur vie quotidienne, leurs centres d'intérêt ? Dès la fin des années soixante, je multipliai avec eux les activités extra-scolaires. Le théâtre eut toujours la priorité, il était un prolongement littéraire privilégié et me permettait d'aborder la lecture, l'explication de texte, la récitation, la mise en bouche... et en scène. Discipline éminemment citoyenne, dirait-on aujourd'hui, il était à mes yeux une école de patience, de modestie, d'humilité. Au théâtre, gigantesque et délicate mécanique, chacun a un rôle à jouer. Que l'éclairagiste se trompe, que le souffleur soit distrait, que la soubrette ou le messager rate son entrée, et c'est toute la machine qui se grippe. Pour un écrivain, monter un spectacle est un exercice privilégié : n'a-t-il pas lui aussi à mettre en place un décor, des personnages, des dialogues, une action et des ressorts propres à la faire rebondir ?

Quand l'ambiance de la classe s'y prêtait, il m'arrivait de proposer dès le mois d'octobre :

– Et si nous supprimions la rédaction, la dictée, la grammaire et la lecture expliquée ?

Les élèves étaient moins étonnés que prévu, ceux de l'année précédente les avaient prévenus. J'ajoutais :

– Cette année, à la place de toutes ces heures de cours, je vous propose d'écrire un roman ! Mais vous pouvez refuser.

En quinze ans, jamais la moindre réticence ne se fit jour, même à l'époque où je n'étais pas encore publié. Par la suite, mes élèves étaient moins inquiets : être conseillé par un prof-écrivain devait rassurer les plus hésitants. Des groupes s'organisaient par affinités, rarement mixtes. En quatrième et en troisième, les groupes de deux élèves étaient fréquents, certains souhaitaient parfois rédiger seuls. Qu'importe, le contrat restait identique : il faudrait venir à bout du récit avant juin.

Librement choisi, le sujet du roman était livré aux autres élèves qui pouvaient en débattre, l'enrichir, le critiquer. Mais la rédaction incombait au groupe qui en avait lancé l'idée. Je veillais à ce que chacun rédige, acceptant que certains fournissent dix fois moins de copie que d'autres.

Si les enseignants de lettres hésitent à proposer ce type d'activité, c'est souvent parce qu'eux-mêmes redoutent d'écrire. S'ils savaient comme les jeunes s'y prêtent avec enthousiasme ! Le plus difficile n'est pas d'obtenir du texte, mais... de le lire, de le corriger et de convaincre son auteur qu'il faut le reprendre et l'améliorer.

L'écriture romanesque en classe était pour moi le prétexte à aborder au quotidien l'une ou l'autre des activités que j'avais prétendu abandonner : un accord difficile, une conjugaison fautive entraînaient une brève leçon de grammaire. Une difficulté dans la narration, le dialogue ou la description, était résolue grâce à une lecture adéquate. Le recours aux dictionnaires et aux encyclopédies était permanent. Pour que le récit soit vraisemblable et réaliste, je recommandais aux élèves de lire tel ou tel ouvrage de la bibliothèque clandestine de la classe. De nombreux documentaires circulaient. Parfois, des parents venaient me trouver, inquiets de voir supprimée la sacro-sainte dictée hebdomadaire. Ils s'apaisaient vite, car jamais leur enfant n'avait autant lu, écrit, travaillé. Rentrés chez eux, la plupart des élèves continuaient d'écrire.

Sans cesser de le faire moi-même (*Sabotage sur la Planète rouge, Le Satellite venu d'ailleurs, Le Soleil va mourir, Les Fleurs de l'espace...*), je passai ainsi plusieurs années lourdes, débordé par des dizaines, des centaines de chapitres qu'il me fallait lire et annoter. Mon objectif n'était pas de transformer mes élèves en écrivains mais de faire travailler, de structurer leur imaginaire et de leur rendre lecture et écriture agréables et familières.

À cet égard, j'y suis sans doute parvenu.

Mais que valait cette activité qui ne s'appelait pas encore atelier d'écriture ? Pour la valider – et aussi, il est vrai, pour voir ma note pédagogique augmenter – je réclamai dix ans de suite la visite de mon inspecteur. Provocateur, je lui écrivis notamment : « J'aimerais savoir si cette pratique n'est pas une expérience dangereuse. Je suis peut-être en grand danger pédagogique. »

Jamais il ne vint ! C'est en allemand qu'on m'inspecta. Ce fut un plaisir, car mon inspectrice, Jeannette Lautrec, devenue une amie, était mon ancienne professeur de l'E.N. d'Auteuil ; mais en français, personne. Il fallut que je quitte l'Éducation nationale, dans les années quatre-vingts, pour avoir enfin l'avis des inspecteurs… Ils me sollicitèrent pour que j'explique à de futurs enseignants pourquoi et comment initier les élèves à ces fameux ateliers !

Raoul Dubois, lui, était passionné par cette activité. Il me demanda de la relater dans un nouvel essai pour sa collection chez Magnard. *Écrire des romans à l'école* fut publié en 1978 et passa totalement inaperçu. Aujourd'hui, je souris en lisant, dans des revues ou encyclopédies, que les premiers ateliers d'écriture furent menés dès 1969 dans des I.M.P. et que leur inventeur fut Élisabeth Bing avant que Rolande Causse n'en propose à des adultes en 1975, à Montreuil. À cette époque, j'en menais non seulement avec mes élèves, mais aussi avec des adultes dans certains comités d'entreprise. Et j'étais loin d'en être l'inventeur : depuis Freinet, de nombreux enseignants anonymes proposaient ces activités dans leurs classes, testant leurs vertus pédagogiques dans la semi-clandestinité !

J'écris pour mes enfants

Beaucoup d'auteurs jeunesse avouent que leur vocation est née en devenant père ou mère de famille. Ce ne fut pas mon cas, je n'avais pas attendu la naissance de Sylvain et Sophie pour écrire. Et quand ils furent en âge de lire, j'ai honte de le dire, je n'eus pas envie d'écrire des textes à leur intention.

Sylvain, à huit ans, me déclara :

– Tes histoires sont longues et compliquées. Tu veux bien m'en écrire une que je pourrais lire ? De la science-fiction !

C'était l'époque où Rageot venait de lancer Ma première Amitié, une collection destinée aux cadets. Je me mis à l'ouvrage. Le héros du récit s'appelait Sylvain.

– Pas mal, me dit mon fils quand je lui lus le manuscrit. Mais ce n'est pas vraiment de la SF, dommage.

– Ce n'est pas de la SF ? Et pourquoi donc ?

– Il n'y a pas de robots. Tu devrais ajouter des robots.

Qu'à cela ne tienne ! Dans ce récit sur mesure, j'ajoutai un chapitre : Le procès des crabes-machines. J'avais à peine terminé que ma fille me réclamait à son tour une histoire pour elle « toute seule ». À six ans, elle savait à peine lire. Je découvris la difficulté de l'écriture pour les jeunes enfants et faillis renoncer. C'est Louis Magnard qui, sans le savoir, me convainquit de persévérer. Il m'avait convoqué et déclaré, amer :

– Chez nous, vous faites de la théorie et vous l'appliquez en livrant vos romans à la concurrence. Écrivez donc un récit de SF pour notre collection Fantasia !

Je lui en promis un, dont j'avais déjà l'idée et le titre : *Les Cascadeurs du Temps*. Avec Louis Magnard, le débat roula sur l'âge auquel on pouvait commencer à lire de la SF.

– Pas avant l'adolescence ! m'affirmait-il. Jusque-là, c'est du fantastique ou du merveilleux. Je ne connais d'ailleurs aucun texte de SF pour les tout-petits.

– Parce que les auteurs jeunesse hésitent à se lancer dans un genre qu'ils croient difficile. Et parce que les auteurs de SF actuels ne savent pas s'adresser aux enfants. Mais écrire de la SF pour les plus jeunes est tout à fait possible.

– Ah bon ? Prouvez-le-moi !

Pour relever ce défi, je vins à bout de l'histoire destinée à Sophie, *Il y a deux Soleils chez les Tortupatons*, qui parut dans la collection Grand carré.

À l'époque, c'était la sœur de Louis Magnard, Thérèse Roche, qui gérait le secteur jeunesse. Après avoir lu mon texte, elle m'affirma :

– Pour l'illustration de votre album, je vais faire appel à un débutant plein de talent. Jusqu'ici, nous ne lui avons confié que les cabochons de plusieurs livres scolaires...

– Comment s'appelle-t-il ?

– Frédéric Clément.

On nous présenta. Frédéric vint à la maison. Ses dessins, dont l'onirisme me fascinait, ajoutaient une poésie à un texte qui, sans eux, aurait pu paraître banal et froid. C'est encore Frédéric qui illustra, chez Rageot, la couverture du *Secret des Mangeurs d'étoiles* que j'avais écrit pour mon fils Sylvain.

Par la suite, on me réclama très souvent ici ou là des textes pour les plus jeunes. Quand je cédai – le plus rarement possible – ce fut sous la pression insistante de l'éditeur, ses encouragements ou ses compliments. S'adresser aux petits est à mes yeux contraignant et difficile ; quand j'écris spontanément, mon public semble être celui des adolescents.

Des jeunes lecteurs décernent un prix

Louis Magnard avait tant apprécié mes *Cascadeurs du Temps* qu'il avait décidé d'en écrire la préface. Un jour, je l'appelai pour connaître la date de parution du livre.

– Nous la retardons de deux mois. J'ai présenté votre roman au prix du Salon de l'Enfance, qui se décerne sur manuscrit.

Quand je mis Raoul Dubois au courant, il éclata de rire.

– Ce prix est décerné par un jury d'enfants. Il récompense en général le plus mauvais livre jeunesse de l'année ! Rassure-toi, ce prix, tu ne l'auras pas !

Bien entendu, *Les Cascadeurs du Temps* le décrocha.

Je garde de ce jour-là un souvenir épouvantable...

Le règlement exigeait que les deux derniers finalistes soient présents tandis que le vote final avait lieu, dans la pièce voisine, à huis clos. Je me retrouvai ainsi face à un auteur inconnu, Marc Flament. Louis Magnard avait prudemment fait faux bond, mais mon concurrent, lui, était entouré et soutenu par le staff des éditions Hachette, chez qui son roman paraîtrait bientôt, en Bibliothèque verte. Si les bruits de couloir étaient exacts, son livre était même déjà imprimé, ainsi que la bande annonçant : Grand prix du Salon de l'Enfance 1977.

La presse, ravie, mitraillait les deux finalistes dont le visage se décomposait dans l'attente du résultat. Quand le jeune jury sortit de la pièce, j'entendis quelqu'un murmurer dans la foule :

– Ce n'est pas nous.

Marc Flament et ses accompagnateurs s'éclipsèrent en trois secondes. J'étais soulagé que le supplice se termine, content qu'on me remette un chèque mais inquiet de cette promotion imprévue. J'eus droit à un passage à la télévision, à de nouvelles invitations... et à un laissez-passer permanent pour le Salon de l'Enfance. Publié, mon roman fut aussitôt réimprimé et traduit. Raoul me rassura :

– Une fois n'est pas coutume, cette année le jury de présélection a éliminé les mauvais textes ! Et puis Paul Berna, l'idole de ta jeunesse, a décroché ce prix il y a vingt ans avec *Le Cheval sans Tête* !

Trente ans plus tard, mes *Cascadeurs du Temps* sont toujours en librairie. Mais à l'époque où fleurissent les prix littéraires décernés par les jeunes lecteurs, on peut s'interroger sur la valeur des ouvrages ainsi plébiscités et sur la façon dont les textes présélectionnés sont lus. Quand on propose dix romans à des centaines de jeunes, rares sont les lecteurs à jouer le jeu jusqu'au bout. Un grand nombre commence à lire les récits les plus attrayants, qui sont souvent les plus courts ou les plus simples. Et c'est en fait sur trois ou quatre titres que le vote a lieu. Mais on peut aussi bien s'interroger sur la façon dont sont choisis les grands prix littéraires de l'année, ou sur les critères qui permettent de faire, dans les médias, la promotion de tel écrivain ou de tel roman !

Catalogué SF jeunesse !

Chez Rageot, la collection Jeunesse poche avait été vaincue par un premier tirage trop important de trente-six mille exemplaires. En Bibliothèque de l'Amitié, mon *Messier 51 ou l'impossible Retour* s'était mal vendu. Catherine Scob en avait tiré la leçon et compris qu'une collection marquée SF agissait plutôt comme un repoussoir.

Tout en travaillant comme lecteur-rewriter pour Rageot, je proposai mes romans de SF ailleurs mais puisque je voulais m'écarter du genre, je saisis l'occasion qui m'était offerte d'être à nouveau publié chez mon premier éditeur ; j'écrivis coup sur coup deux romans très différents, *La Guerre des Poireaux* et *Le Moulin de la Colère*... Malgré ces deux titres, je continuais à passer pour un spécialiste de la science-fiction. Il est vrai que les théoriciens du genre étaient rares ; Gérard Klein, Jacques Goimard, Jacques Sadoul et Jacques van Herp ne s'intéressaient qu'à la SF pour adultes. Il est vrai aussi que toute ma production, *Écrire des romans à l'école* excepté, concernait ce genre. Quand on me présentait, l'enseignant ou la bibliothécaire précisait invariablement :

– Auteur de science-fiction pour la jeunesse.

Ce double enfermement devenait un enfer ! Il me fallait défendre la littérature jeunesse, expliquer que le terme jeunesse n'était pas réducteur, qu'il s'agissait toujours de littérature. Justifier le choix de la SF était encore plus délicat ! Si mes interlocuteurs appréciaient certains textes pour la jeunesse, la SF leur semblait un genre mineur.

Ironique, j'affirmais même parfois :

– Eh oui, je sais, je suis au croisement de deux sous-littératures !

J'étais encore plus suspect quand, face à la question :

– Mais vous avez déjà écrit pour les adultes ?

J'étais bien obligé d'avouer :

– À part deux essais chez Magnard, non. Je n'ai jamais écrit que de la SF jeunesse.

Je devinai que pour devenir crédible, je devrais :

1. Publier autre chose que de la SF.
2. Aborder le roman adulte.
3. Donner à la SF des lettres de noblesse.

Quinze ans seraient nécessaires pour atteindre ces objectifs. Dès 1978, j'écrirais deux récits réalistes. Puis je publierais en 1990 un roman de littérature générale chez Denoël. Enfin, j'entreprendrais l'année suivante une thèse de doctorat sur la SF. Un long parcours commençait, semé de nombreuses pauses, d'impasses... et d'embûches.

Un héros part en guerre

L'idée de *La Guerre des Poireaux* est née le jour de mon anniversaire. Nous avions composé un repas de fête, gigot, frites, gâteau... qui débutait par des carottes râpées. Or Sylvain détestait les carottes. Et il savait que nous avions l'habitude de l'obliger, par principe, à en manger une bouchée. Sophie, qui n'aimait pas les betteraves, était condamnée au même supplice. Mais ce jour-là, Sylvain, qui avait neuf ans, se rebella. En voyant le plat, il pâlit, se leva et déclara d'une traite :

– Vous êtes des parents abominables ! Aujourd'hui, ce pourrait être la fête, tout le monde devrait être content. Moi, j'ai cassé ma tirelire pour offrir des disques à papa. Et voilà qu'il y a des carottes râpées en entrée ! Vous savez que je ne les aime pas, mais vous allez encore m'obliger à en manger. Nous allons nous disputer. La journée va être gâchée... Oui, je vous déteste !

Nous étions stupéfaits. Pourtant Sylvain n'avait pas fini sa diatribe.

– Plus tard, quand je serai président de la République, j'interdirai la culture des carottes. Et je supprimerai les carottes de la surface de toute la Terre ! Comme ça, plus personne n'en mangera.

Puis il s'assit, nous laissant médusés.

Sans le savoir, Sylvain venait de me livrer l'idée d'un roman : celui d'un enfant qui partirait en guerre contre un légume parce que son père en servirait trop souvent à table. Le héros n'en serait pas Sylvain (il aurait été trop fier !) et le cadre ne pouvait être la banlieue où nous habitions. À Épinay, en effet, on trouvait beaucoup de béton mais peu de légumes. Le lieu idéal de l'action se situerait en Picardie, dans le village où habitaient les parents d'Annette. Là, dans le potager que cultivait mon beau-père poussaient, entre autres, deux mille six cents poireaux, pas un de moins ! Or je savais que le fils du cultivateur voisin, le jeune Pascal Pommart, détestait, lui, ces légumes. Pascal, l'ami d'enfance de Sylvain, deviendrait le personnage principal de ce roman. Je mettrais en scène aussi, dans leur propre rôle, en déguisant leur nom, les habitants du bourg : instituteur, commerçants, chenapans...

Ainsi naquit l'histoire de ce gamin qui commence par arracher les poireaux du potager la nuit, s'attaque à ceux du voisin et finit, pour enrayer le mal, par utiliser du désherbant puis par acheter tous les sachets de graines des commerçants et supermarchés alentour avant de devenir le chef du « gang des poireaux ».

L'histoire, morale, s'achève par une réconciliation : le père accepte de ne plus obliger son fils à manger des poireaux à toutes les sauces et il sacrifie une partie de son potager pour la transformer en pelouse. Quant à Pascal, il enterre la hache (ou plutôt la bêche) de guerre et se résigne à laisser pousser les poireaux pour ceux qui les apprécient...

– Belle leçon de tolérance, jugea Catherine Scob. L'histoire est originale et drôle mais elle se termine de façon convenue et le milieu social est bien traditionnel.

C'était vrai. À l'époque, les auteurs jeunesse commençaient à traiter des problèmes de divorce, de délinquance et de drogue. Mon petit Pascal, son maître d'école et ses parents ne faisaient guère figure de révolutionnaires. Ce qui n'empêcha pas ma *Guerre des Poireaux* de vivre un quart de siècle.

Un pamphlet contre le chômage

Le Moulin de la Colère, lui, m'a été inspiré par des faits qui se sont produits dans l'entreprise du village où mes parents passaient leur retraite. La fameuse grange, achetée en 1953 et qui faisait face à un charmant moulin à eau, avait été transformée vingt ans plus tard en habitation. Hélas, le moulin s'était agrandi, avait dévoré peu à peu les alentours pour devenir, en 1970, l'une des plus grandes minoteries de France. Initialement installés à la campagne au bord de l'eau, mes parents ont ainsi fini leurs jours avec, sous leurs yeux, une usine noyée dans la poussière de farine, envahie par des hordes de camions, et dont le ronronnement puissant ne s'arrêtait que douze heures, dans la nuit du dimanche au lundi...

Les protagonistes du *Moulin de la Colère*, imaginaires, étaient trois : l'ouvrier licencié Monin, sa femme Anna (au foyer) et leur fils Didier, seize ans, en difficulté scolaire. Au moyen d'un monologue indirect libre, je souhaitais exprimer leurs points de vue face au licenciement du père, chacun vivant l'événement comme un échec. Monin, parce qu'il finirait par perdre son emploi malgré son engagement syndical et politique ; sa femme qui jugerait qu'elle avait gâché sa vie en acceptant de devenir mère au foyer, au service d'un époux indifférent et parfois machiste ; leur fils qui espérait travailler au moulin et en était exclu avant même d'y être entré.

Certes, je m'attachais peu aux patrons qui justifiaient les licenciements pour la survie de l'entreprise ; je voulais que le lecteur comprenne la détresse personnelle de chacun des membres de cette famille sinistrée. Éminemment politique et peut-être démonstratif, ce roman s'achevait sur un symbole : après des semaines de grève, au milieu d'un silence auquel on a fini par s'habituer, le moulin se remet soudain en marche. Monin et ses camarades ont perdu leur travail. L'entreprise, elle, continue de tourner.

Ce roman parut dans la collection destinée aux adolescents, Les chemins de l'Amitié, à côté de textes fameux signés Pierre Pelot ou Jean Coué mais il n'eut qu'un succès d'estime.

Vingt ans plus tard, séduite par le sujet, Germaine Finifter, qui était devenue directrice de collection chez Syros, me demanda de l'actualiser et d'en ôter quelques longueurs. Il reparut sous le titre *Un Printemps sans Cerises* mais n'eut guère plus de lecteurs. La responsable jeunesse de Syros le sortit du catalogue, m'expliqua qu'il n'était « pas assez mode » et me cita en exemple certains romans qui se vendaient dix fois mieux.

Les raisons de cet échec relatif sont multiples. Je ne crois pas que la qualité intrinsèque du récit soit en cause ; *Un Printemps sans Cerises* est plus fort et mieux écrit que certains de mes romans qui se vendent dix fois mieux ! Mais la gravité de certains sujets (la maladie, le suicide, la mort, le chômage) rebute ou effraie le lecteur, sauf quand ces sujets sont situés dans l'Histoire ou touchent une collectivité. Les thèmes dramatiques qui font recette sont ceux qui suscitent l'horreur ou se révèlent politiquement corrects. Toucher à des problèmes idéologiques est délicat, surtout quand ils invitent à modifier nos comportements. Face à des faits dérangeants, on préfère braquer le projecteur sur les effets spectaculaires et non les causes profondes. Montrer les catastrophes ou dénoncer les injustices est spectaculaire mais bien inutile quand le lecteur ne cherche ni à se remettre en cause, ni à se révolter contre un système pervers. La SF, littérature d'avertissement, ne décourage-t-elle pas ? À l'heure où il faudrait que la population maîtrise les sciences, les technologies et s'attaque aux problèmes planétaires majeurs (montée de la température, pollution, aggravation des inégalités, progression de l'obscurantisme), la littérature qui recueille le plus de suffrages nous parle de magie, de sorcières et de monstres. Il manque une étude solide sur les motifs de cet intérêt récurrent et sur la complaisance avec laquelle il est relayé par les prescripteurs, parents, enseignants et médias.

1970/1980 : collections éphémères

En jeunesse comme ailleurs, certaines collections innovent et donnent le ton. À l'affût du succès, les autres éditeurs les copient très vite ; multipliées, ces collections qui touchent le même public finissent par mourir.

Dans les années soixante-dix, les éditeurs s'aperçurent que manquaient des collections permettant aux adolescents de faire le lien entre les livres jeunesse existants et la « grande littérature » – pour caricaturer, une passerelle entre Cécile Aubry et

Marguerite Yourcenar... Chez Laffont, Plein Vent avait donné le ton à la fin des années soixante. Mais il s'agissait presque toujours de romans d'aventure. Avec Les chemins de l'Amitié, Rageot s'attaquait aux grands problèmes de société, comme le ferait plus tard Duculot avec Travelling. D'autres collections, nombreuses, s'emparèrent du même créneau d'âge : Prélude à La Farandole, Grand Angle chez Rouge et Or pour ne citer que les principales. D'abord séduits, les prescripteurs et les critiques soupçonnèrent bientôt ces collections de faire de la littérature sur mesure. Un bon lecteur de douze ans devait passer sans problème de la Bibliothèque verte d'Hachette à la Blanche de Gallimard.

Ce discours a évolué. Ces collections reparurent quinze ans plus tard sous une autre forme avec Page blanche, Médium, Point-Virgule, Thierry Magnier ou Actes Sud...

La fin des années soixante-dix est aussi l'époque où deux éditeurs décidèrent de lancer deux collections de SF pour adolescents, double créneau étroit et dangereux...

Un jour, Gérard Klein m'appela : Robert Laffont lui avait demandé de créer, à côté d'Ailleurs et demain, une collection de SF destinée aux 14-15 ans. Il cherchait des textes ambitieux dont l'action se situerait loin dans l'espace et le temps, mais plus faciles à aborder que *Dune* de Franck Herbert ou *Le Seigneur du Fleuve* de Philip José Farmer.

– J'ai fait traduire des « juveniles » de Silverberg, Heinlein, Norton et Susan Cooper, me dit-il. J'ai aussi pressenti des auteurs « maison » comme Jeury, Pelot ou Léourier. J'aimerais avoir un roman de toi. Et puis si tu pouvais recruter... Tu penses à quelqu'un ?

– Oui. Les Grimaud. Je vais les appeler.

Gérard était très exigeant : style, vraisemblance, qualité et originalité de l'intrigue... Beaucoup s'y sont cassé les dents. Quatre auteurs français seulement passèrent le cap ; la collection disparut en moins d'un an. Plus tard, ces romans ressortirent ailleurs, chez Pocket ou dans des collections pour adultes (seul mon *Montreur d'étincelles* reparut en jeunesse chez Milan sous le titre *Le Seigneur des neuf Soleils*). Ainsi, des lecteurs de trente ans lisent sans le savoir d'anciens ouvrages jeunesse : *Le Sablier vert* et *Le Monde du Lignus* ont été republiés pour adultes, en Pocket, sans que Michel Jeury y change une virgule !

À la même époque, chez Duculot, Christiane Lapp, déjà responsable de la collection Travelling, quitta sa Belgique pendant l'été pour nous rendre visite en Picardie, dans la maison de *La Guerre des Poireaux*. Elle aussi désirait lancer une collection de SF pour adolescents : Travelling sur le futur ! Je la mis en garde, Laffont était exactement sur le même créneau.

– Oh, je ne veux pas de science-fiction mais de l'anticipation, me précisa-t-elle.

Je lui demandai la différence qu'elle y voyait et elle m'expliqua :

– L'action de ces romans se situera sur la Terre et dans un futur très proche. Pas d'extraterrestres ni de space opera mais un tableau de nos futures sociétés.

Comme Gérard Klein, elle souhaitait que je lui écrive un roman et que je recrute des auteurs qui travailleraient pour elle.

Peu après, je lui proposai *Le Complot ordrien*, un roman prémonitoire et provocateur dans lequel un tribun fasciste vilipendait la social-démocratie au pouvoir tandis que le héros luttait pour intégrer les minorités : étrangers, handicapés et laissés-pour-compte du système...

On était en 1978.

Malgré son angle d'attaque différent, Travelling sur le futur eut un destin aussi bref que L'Âge des Étoiles. À ma connaissance, aucun des romans de cette collection ne reparut. Et pour cause : ces sociétés futures dominées par le chômage et la drogue (*Le Temps des Gueux* et *Les Esclaves de la Joie* de Michel Grimaud), les sectes (*Les Frères des Nuages* de Bertrand Solet), les accidents nucléaires et la torture (*L'Énergie du Désespoir* et *Ni Ongles ni Dents* de Gil Lacq) ou la délinquance maîtrisée (*Le Cerveau de la ville* de Monica Hugues) correspondent à celles de notre présent ! Rattrapés par l'actualité, ces récits, aussi dérangeants que mon *Printemps sans Cerises*, ont perdu leur caractère de métaphore ou d'avertissement.

Au même moment, chez Nathan, une petite collection de poche de SF naquit... et disparut presque aussitôt.

Ces échecs me chagrinaient. Je connaissais l'attente d'un grand nombre de jeunes, notamment des garçons, attirés par la vision des futurs qui les attendaient. Certes, la SF aurait du mal à séduire des millions de lecteurs. Il eût fallu proposer des textes d'auteurs reconnus comme Barjavel, Merle ou Bradbury.

Leur notoriété aurait rassuré les prescripteurs, l'universalité de leur imaginaire et la qualité de leur écriture auraient gagné un large public. Une collection de SF visant un lectorat limité me semblait vouée à l'échec. Peut-être l'erreur consistait-elle à vouloir classer la SF à part ! N'avait-elle pas sa place dans toutes les littératures ?

4. SOUS LE SIGNE DE LA SF

Le patron de Gallimard Jeunesse

En juin 1980, Annette m'accompagna au Salon du Livre du Havre où j'avais été invité. Le samedi matin, accoudé au balcon de la chambre d'hôtel, je mûrissais une idée. Elle s'en aperçut.

– Qu'est-ce que tu rumines ? me demanda-t-elle.

– Aujourd'hui, je vais vendre à un éditeur une collection de SF...

– Vendre ? Tu es incapable de vendre quoi que ce soit !

Elle n'avait pas tort. Jusqu'ici, mes initiatives avaient été rares. Je n'avais proposé de manuscrits que poussé par mes amis, et sans Raoul Dubois, je n'aurais jamais présenté de roman au prix O.R.T.F... Par la suite, c'étaient toujours les éditeurs qui m'avaient téléphoné, sollicité, pressenti. Le dernier était Ghilaine Povinha, qui avait remplacé Régine Lilienstein à La Farandole, elle venait de me commander un essai sur la SF pour sa collection LF Documents. Objectif : éclairer les différentes facettes du genre et, à travers des extraits et une bibliographie, convaincre les bibliothécaires et les enseignants qu'il s'agissait d'un genre pédagogique majeur.

En réalité, après quinze ouvrages publiés et dix ans de travail dans l'édition, j'avais envie de gérer une collection.

Dans l'après-midi, assis sous une immense tente dans un joli parc, j'attendais le client devant mes piles de livres avec, à mes côtés, plusieurs amis auteurs. Hélas, il faisait beau. Le soleil, on le sait, est le grand ennemi des Salons du Livre ; le public se faisait rare. Du coup, je quittai mon stand pour partir à la recherche d'un éditeur. J'avisai Ghilaine Povinha qui dialoguait avec deux inconnus. J'appréciais La Farandole et savais Ghilaine ouverte à la SF. Accepterait-elle le principe d'une collection ? J'attendis. Dix minutes. Un quart d'heure. Elle parlait toujours et ne me voyait pas. Mon regard accrocha alors deux hommes qui sirotaient un Coca. L'un d'eux était Pierre Marchand, le responsable de Gallimard Jeunesse. Sans réfléchir davantage, je m'avançai vers lui et me présentai :

– Je suis un auteur...

– Oh, nous savons très bien qui vous êtes ! répondit-il en souriant.

– Eh bien voilà, j'ai une proposition à vous faire.

Longuement, je plaidai pour la science-fiction, évoquai mes deux essais, l'attente des lecteurs, l'ignorance des prescripteurs et ma conviction qu'existaient des textes courts et dynamiques, accessibles au plus grand nombre. J'affirmai :

– Dans les magazines Galaxie et Fiction, les plus prestigieux auteurs français et anglo-saxons ont écrit des nouvelles qui peuvent toucher les jeunes. De même, chez Denoël et au Fleuve Noir sont sortis dès les années cinquante des romans que lisent des élèves de collège. Ces textes, oubliés, ont un public trop restreint. Par ailleurs, les écrivains français que je connais seraient ravis d'écrire pour Gallimard Jeunesse. Il y a là un énorme potentiel inexploité. Et une demande qui grandit.

Pierre Marchand m'avait laissé parler sans m'interrompre. Il se tourna vers celui qui l'accompagnait.

– Eh bien, Jean-Robert, qu'est-ce que tu penses de ça ?

– Intéressant, fit l'autre en hochant la tête.

– Nous avons Folio Junior en poésie, bilingue et énigmes...

Je savais que Francis Lacassin gérait cette dernière série policière. Gallimard raflait la mise avec une collection de poche presque identique à celle qu'avait lancée Tatiana Rageot dix ans auparavant. Le prénommé Jean-Robert approuva :

– Oui. Ça pourrait être Folio Junior SF. Un quatrième volet.

Pierre Marchand se tourna vers moi.

– Pouvez-vous venir chez Gallimard lundi à 15 heures ?

– Vous voulez dire... après-demain ?

– Oui. C'est possible ? Vous connaissez l'adresse ?

– Quel auteur ne connaît pas le 5 rue Sébastien-Bottin !

– Eh bien à lundi, fit Pierre Marchand en s'éloignant sur un signe.

Comment naît une collection

Le surlendemain, quand je me présentai chez Gallimard, la standardiste me désigna le premier étage.

– Deuxième porte à gauche. Vous êtes attendu.

Dans ce vaste bureau, Pierre Marchand n'était pas seul. Il me donna l'accolade et déclara jovialement aux autres :

– Eh bien voilà Christian Grenier, l'homme de la situation. Tu vas bien, Christian ? Je te présente Christian Gallimard... Voici mon coéquipier Jean-Olivier Héron, tu tombes bien parce qu'il est rarement à Paris. Jean-Robert Gaillot, tu le connais déjà. Ah... Christine Baker, elle s'occupe des textes et des droits étrangers.

J'avais du mal à tout enregistrer. Pierre poursuivit :

– Tu es dorénavant le responsable de Folio Junior science-fiction. Tu publieras essentiellement des recueils de nouvelles thématiques, sur le modèle de Folio Junior en poésie. À toi de choisir les textes et de les rassembler. Comme tu l'as suggéré, tu peux aussi y mêler des inédits. Et sortir de temps à autre quelques romans bien choisis. Pour les traductions de l'anglo-saxon, demande de l'aide à Christine qui joindra les agents littéraires étrangers. S'il s'agit de republier des titres français, essaie de te débrouiller seul avec l'éditeur d'origine. Pour la maquette, tu auras affaire à Raymond Stöffel... Ah, puisque tu vas gérer ces recueils, il est indispensable que tu en écrives les préfaces. Et les quatrièmes de couverture. N'oublie pas non plus d'ajouter la biographie de tous les auteurs. Quand penses-tu fournir, voyons... quatre recueils ?

– Est-ce que c'est urgent ?

– Nous sommes mi-juin. Si on pouvait les programmer à la rentrée, ce serait bien. Il nous en faudrait quatre autres au début de l'année prochaine. Pour les couvertures, choisis avec Raymond un illustrateur caractéristique, peut-être toujours le même, dont le style permettra aux lecteurs d'identifier ta série. Tu as pensé à quelqu'un ?

– Oui, mentis-je aussitôt. Bilal. Et... pour les inédits, qui sera membre du comité de lecture ?

– Le comité de lecture ? Mais ce sera toi ! fit-il en haussant les épaules. Toi seul liras et décideras.

Il marqua un temps et ajouta en prenant les autres à témoin :

– Tu auras à peu près tous les droits, Christian. Sauf celui de te tromper.

Pierre Marchand me confia plus tard que la situation de Folio Junior, en 1980, était plus que florissante. Depuis qu'il avait pris en main six ans auparavant le secteur jeunesse de Gallimard, les chiffres de vente étaient en hausse constante, au point de rendre jaloux d'autres secteurs de la maison, en difficulté. Autrement dit, un échec n'aurait pas mis la maison en péril. Folio Junior en poésie avait été un gros succès, la série bilingue par contre avait battu de l'aile assez vite, c'était ainsi...

Choisir des textes... selon quels critères ?

Avant de partir en vacances, je revins souvent chez Gallimard. J'avais fait la connaissance du chef maquettiste Raymond Stöffel, qui allait rivaliser d'ingéniosité pour créer une maquette spécifique, et de la jeune éditrice Laurence Pujebet qui, avec Jean-Robert Gaillot, seraient mes principaux interlocuteurs.

J'avais proposé comme premiers thèmes de recueils : la nature, la ville, les voyages temporels et la préhistoire. Mais au lieu de partir à la pêche aux textes, je jugeai plus simple de relire le fonds que je possédais afin de classer les nouvelles par thèmes. Je passai trois ou quatre mois intensifs à feuilleter pour me les remémorer les nouvelles contenues dans plusieurs centaines de magazines, notamment les Satellite, Fiction et Galaxie publiés depuis près de trente ans ! En octobre, cette tâche achevée, j'avais répertorié cinquante thèmes. Pour la ville, je disposais de cent cinquante nouvelles. Restait à les relire toutes avec soin pour en choisir huit ou dix...

Jusque-là, chez Rageot, j'avais eu à lire des textes pour la jeunesse jugés publiables, ou susceptibles d'être améliorés. Ici, je disposais de textes déjà édités – mais tous classés dans le domaine adulte. Il me fallait donc, vite et seul, effectuer la sélection qu'opèrent habituellement plusieurs décennies et des millions de lecteurs. En effet, du *Grand Meaulnes* à *Un Sac de billes*, combien de romans destinés au grand public sont passés dans le secteur jeunesse ? Et pour quelles mystérieuses raisons ?

Textes en main, il me fallut réfléchir à ces critères délicats qui font qu'un récit peut convenir à des jeunes ; en fait, j'appliquai d'instinct ces critères sans les avoir vraiment définis.

Un récit de SF semble souvent accessible à de jeunes lecteurs. Pourquoi ? Eh bien d'abord il raconte une histoire ! Ensuite il aborde un univers aux règles différentes. Or se trouver plongé au sein d'une société aux lois nouvelles oblige l'auteur à expliquer son fonctionnement. Ce dernier point place en apparence les lecteurs à égalité. Mais un jeune paraît mieux armé qu'un adulte car il est neuf, curieux, dépourvu de préjugés. Enfin, de la biologie aux caricatures sociales, tous les thèmes de la SF peuvent être abordés par la littérature jeunesse !

J'écartai les textes trop ardus, ceux dont les références seraient inaccessibles aux enfants, ceux dans lesquels le non-dit ou l'évocation longue d'un monde intérieur intime risquait de dérouter, rebuter ou lasser. Je privilégiai la qualité, l'originalité de l'intrigue et la clarté de l'expression. Je constatai que les histoires les plus simples, et les plus simplement écrites, étaient le plus souvent les plus fortes, celles qui offraient le meilleur tremplin à l'imaginaire et à la réflexion. La mort dans l'âme, je dus écarter ces récits de cinquante à quatre-vingts pages que les Américains appellent novela, trop courts pour être publiés seuls sous forme de roman.

Parmi les auteurs anglo-saxons, les plus prestigieux revenaient sans cesse : Richard Matheson, Poul Anderson, Robert Sheckley, Philip K. Dick... et surtout Ray Bradbury. Chacun de mes recueils, ou presque, comporterait une nouvelle de Bradbury. À ma grande surprise, il me répondit en personne – la plupart des auteurs anglo-saxons ont un agent littéraire qui se charge de toutes les transactions – avec une cordialité, une simplicité et une gentillesse désarmantes, ce qui facilita d'autant plus nos rapports.

Je ressortis de l'oubli plusieurs textes d'auteurs français disparus, comme Octave Béliard, Maurice Renard, Francis Carsac ou vivants comme René Barjavel, Gérard Klein et Jean-Pierre Andrevon. Les nouvelles de ce dernier, par leur concision et leur force, me semblaient parfaitement convenir à des jeunes...

mais une phrase, une scène ici ou là risquaient de heurter lecteurs, parents ou/et enseignants. Une alternative : écarter le texte ou demander à l'auteur une modification. J'entends d'ici gronder la réprobation... Or Jean-Pierre ne jugea pas qu'il s'agissait là d'une censure ! S'il avait écrit à l'origine pour des jeunes, il aurait proposé d'emblée une version différente. Avoir « sous la main » des auteurs vivants permet ce genre d'aménagement.

Pour les inédits, le problème fut plus complexe. Dès la parution des premiers volumes, je croulai sous les envois. Le plus souvent, les expéditeurs, qui s'étaient déjà vu refuser leurs textes (destinés aux adultes), étaient jeunes ou inexpérimentés ; ils espéraient et sous-entendaient qu'une petite collection pour enfants aurait des exigences limitées. Il me fallut expliquer et justifier les refus, ce qui est le moyen idéal de s'aliéner les auteurs.

Un jour, en ouvrant un paquet, j'eus la surprise de découvrir un manuscrit avec une lettre d'accompagnement à l'en-tête d'un ministère. L'auteur n'était d'ailleurs pas le ministre mais son conjoint, un auteur déjà publié qui se risquait dans la SF. Hélas, son récit me parut médiocre. Avant de rédiger une lettre polie de refus, je montrai le courrier de l'auteur à Pierre Marchand.

– Quel culot ! fit-il en éclatant de rire. Et que vaut son bouquin ?

– Pas grand-chose, je le crains. Mais étant donné cette lettre et son auteur... On pourrait presque y voir une forme de chantage, non ?

– Raison de plus pour que tu lui renvoies son manuscrit sans prendre de gants !

Niourk *plébiscité par les enfants !*

Si Folio Junior SF privilégiait les recueils thématiques, je voulais qu'y trouvent place quelques romans. Je battis le rappel de quelques vieux amis comme Christian Léourier, Pierre Pelot, Michel Jeury... Je sollicitai aussi des amateurs dont je connaissais l'enthousiasme et les qualités mais qui n'avaient encore jamais publié. Pour certains, comme Francis Valéry, ce fut un vrai départ dans le domaine de la littérature jeunesse. La plupart des débutants acceptèrent de revoir leur copie. Car pour celui qui n'écrit pas spontanément de façon simple et fluide, s'adresser à de jeunes lecteurs peut se révéler une tâche redoutable. C'était l'époque où Marguerite Yourcenar s'attelait, pour Gallimard Jeunesse, à la réécriture de l'une de ses nouvelles orientales : *Comment Wang Fu fut sauvé...* Elle avait avoué à Pierre Marchand que jamais tâche ne lui avait semblé plus ardue !

Vingt ans après, chez Nathan, à l'une de mes directrices littéraires qui me dirait :

– Ce n'est pas difficile, Christian, je vous demande un texte simple et court.

Je répondrais ce que ces auteurs, chez Gallimard, constataient alors à leurs dépens :

– Si vous saviez, chère Babeth, comme c'est compliqué de faire simple... et comme c'est long de faire court !

En attendant que sortent des romans inédits, je rééditai des récits plus ou moins tombés en désuétude, à l'origine destinés aux adultes comme *Le Bréviaire des Robots* de Stanislas Lem ou les deux volets de la magnifique utopie de Jerry Sohl *L'invention du professeur Costigan*, qu'André Massepain avait fait traduire et publier en Plein Vent.

Quinze ou vingt autres romans, parus dans les années cinquante au Fleuve Noir, chez Denoël ou dans la collection Le Rayon fantastique, me semblaient dignes d'être réédités. Mais je devais me limiter. Aussi, dès 1980, ma priorité fut de ressortir *Niourk*, de Stefan Wul. Sous ce pseudonyme, le dentiste Pierre Pairault avait publié au Fleuve Noir vingt-cinq ans auparavant onze romans dont certains (*Oms en série* et *L'Orphelin de Perdide*) avaient été ou seraient adaptés en films d'animation tout public, sous le titre *La Planète sauvage* et *Les Maîtres du Temps*. Remarqué par Élisabeth Gille, responsable de la collection Présence du Futur chez Denoël, *Niourk* y avait été réédité dix ans auparavant mais ses ventes restaient très modestes.

Mécontente de voir bientôt *Niourk* ressortir en Folio Junior, elle en avertit Stefan Wul à qui la perspective d'être publié en jeunesse parut saugrenue et humiliante. En outre, tous deux pensaient qu'une fois *Niourk* mis en vente moins cher et dans un autre circuit, le titre disparaîtrait vite du catalogue Denoël. Leur réticence m'émut, je ne voulais froisser personne. Je m'ouvris de mon hésitation à Pierre qui fut inflexible :

– Tu penses que ce roman va bien se vendre en Folio Junior SF ?

– Oui. Sans le savoir, Stefan Wul a écrit là un excellent « juvenile ».

– Alors prends-le, nous n'avons besoin d'aucune autorisation !

C'était vrai : Denoël faisait partie du groupe Gallimard.

Niourk ressortit donc. Le destin de cet enfant noir et de son ours, confrontés à une Terre revenue à l'âge de pierre à la suite d'un conflit nucléaire, séduisit des dizaines de milliers de lecteurs. Au départ, j'avais espéré que les nouvelles de SF permettraient aux enseignants et aux élèves de collège de découvrir la SF, mais c'est ce roman qu'ils plébiscitèrent. Les ventes grimpèrent en flèche. Élisabeth Gille était ravie. Dopées par le succès du texte en Folio Junior SF, les ventes de l'ouvrage en version adulte étaient reparties. Deux ans plus tard, Pierre me déclara :

– Je te reprends *Niourk* en Folio Junior !

Je pressentais que Pierre avait raison : hors de la série SF, *Niourk* trouverait encore davantage de lecteurs.

– Et... mon pourcentage ?

Car en tant que directeur de collection, je touchais un pour cent sur chaque exemplaire vendu.

– Bah, nous réfléchirons à la question.

La promesse ne fut pas tenue. *Niourk*, que j'avais sorti de l'oubli, ne me rapporta plus rien. C'est bien dommage car, dans les années qui suivirent, il dépassa trois cent mille exemplaires. Et quand j'eus l'occasion de croiser Stefan Wul (qui touchait un pourcentage sur la totalité des ventes), il ne se plaignit pas d'être devenu malgré lui un auteur jeunesse !

Le Tyran d'Axilane

Pendant l'hiver 1981, je sollicitai plusieurs amis pour qu'ils m'écrivent un inédit. Hélas, les auteurs de SF qui s'adressent aux jeunes sont rares. Beaucoup, comme Christian Léourier, ne vivent pas de la littérature et sont accaparés par leur métier. Pierre Pelot ne m'avait livré une nouvelle inédite que par amitié ; désormais, il n'écrivait plus que pour les adultes.

Seuls mes vieux amis les Grimaud répondirent à l'appel. Ils habitaient le Sud-Est et m'appelèrent un soir pour m'avertir :

– Christian, nous avons fini ! Après-demain, nous sommes à Paris.

– Apportez-moi votre manuscrit ! Et venez dormir à la maison.

Deux jours plus tard, ils arrivaient. À l'époque, nous habitions Épinay et j'étais encore professeur. Le matin, au petit déjeuner, ils me confièrent leur dernier-né : *Le Tyran d'Axilane*. Je l'emportai. Grâce au temps de transport, à une heure de permanence et à la pause de midi, il fut lu avant quinze heures. C'était, dans un univers d'heroic fantasy, une histoire originale et attachante, une aventure palpitante doublée d'une réflexion sur la marche du temps. Un modèle du genre ! Pas une phrase à modifier... J'étais comblé.

Avant de rentrer à Épinay, je fis un saut chez Gallimard et tombai, manuscrit en main, sur Pierre Marchand. Je lui révélai :

– Nous avons un petit bijou. Mais par sécurité, j'aimerais avoir l'avis de quelqu'un d'autre...

– À quoi bon ? rétorqua-t-il. Tu voulais un inédit, c'était urgent, et tu en as enfin un. Si tu es sûr de sa qualité, publie-le !

Rentré à Épinay, j'expliquai aux Grimaud que leur roman serait publié avant trois mois. Ils n'en revenaient pas, jamais un manuscrit n'aurait été lu, accepté et publié aussi vite ! Mais de mon côté, je n'en menais pas large. Quand *Le Tyran d'Axilane* sortit en librairie, il n'avait eu qu'un seul lecteur : moi. Je ne fus rassuré que lorsqu'il décrocha six mois plus tard le Grand prix de la science-fiction française.

Aujourd'hui, *Le Tyran d'Axilane* est toujours réimprimé.

Les années Gallimard

Tant que je gérai Folio Junior SF, je n'écrivis pas un seul roman. Je me contentai de récupérer les droits de certains qui furent réédités ailleurs, comme *La Machination* au Livre de Poche Jeunesse. Pierre Marchand s'en aperçut et me lança un jour, sarcastique :

– Au lieu de confier tes vieux romans à la concurrence, pense donc en priorité à Gallimard ! Tu n'as pas un texte pour nous ?

– Plusieurs. Notamment ceux qui ont été publiés en Grand angle. Seulement ils ne pourraient paraître que dans ma série SF !

– Eh bien oui. Qu'est-ce qui te gêne ?

– D'utiliser ma propre série pour me publier.

– Tu as trop de scrupules. C'est moi qui te demande de ne pas les ressortir ailleurs.

C'est ainsi que reparurent *Cheyennes 6112* et *Une Squaw dans les Étoiles*. Que ces romans aient un coauteur soulageait un peu ma conscience. Quand j'en avertis William Camus, je lui dis que je jugeais indispensable de revoir et actualiser le texte.

– Je n'ai ni l'énergie ni l'envie de toucher à une seule ligne, me dit-il. Je te laisse carte blanche, occupe-toi de tout.

J'étais trop content de pouvoir reprendre seul ces deux romans, même si j'indiquai pour la forme que les auteurs avaient souhaité remanier leur ouvrage. Hélas, quand je retravaille un roman dix ans après sa sortie, j'y consacre deux fois plus de temps qu'à écrire un inédit.

Pendant cinq ans, ma production personnelle se limita à quelques nouvelles pour le magazine Jeunes Années et à trois pièces de théâtre. La première, *L'Odyssée du stratolabus*, me fut demandée par Jean Noël, le responsable jeune public de la maison de la Culture du Havre.

La première eut lieu pour l'inauguration des nouveaux locaux de la maison de la Culture du Havre, bâtis par Oscar Niemeyer. Écrite sur mesure pour les sept acteurs de la troupe, elle fut représentée cent dix-sept fois. Cette première pièce était pour moi une revanche. Si je n'avais pu être acteur comme mes parents, j'avais au moins fait de la mise en scène en amateur et j'étais même devenu un petit... auteur dramatique ! Hélas, mon père n'en saurait jamais rien, il était mort quelques mois auparavant.

Ma deuxième contribution au théâtre fut l'adaptation de mon roman paru chez Robert Laffont dont le titre, *Le Montreur d'Étincelles*, devint pour la scène *Le Boulier du Hasard*. La troisième, elle, était une commande de la fédération des Œuvres laïques des Hautes-Pyrénées. Cette pièce à grand spectacle, *La Cité hors le monde*, ne fut jamais jouée que par des adolescents.

Devenu responsable de Folio Junior SF, je me posai un problème déontologique : pouvais-je continuer à lire pour plusieurs éditeurs à la fois ? Car Catherine Scob n'était pas la seule pour qui je travaillais. Chez Magnard, Thérèse Roche, elle aussi, m'adressait parfois un manuscrit de science-fiction. Dès 1981, à plusieurs reprises, je reçus en lecture le même texte que l'auteur avait adressé à Magnard, Rageot et Gallimard ! Certes, j'étais ravi d'être payé plusieurs fois pour le même travail... Bien sûr, je me contentais de photocopier ma fiche d'origine. Mais ce petit jeu ne pouvait pas durer. D'autant qu'en travaillant régulièrement pour des maisons concurrentes, je faisais de l'espionnage involontaire : il m'arrivait d'être au courant de tel projet éditorial, d'une collection à l'étude, et je redoutais de colporter malgré moi des informations qui auraient mérité la plus totale discrétion. La seule façon de ne pas divulguer un secret est... de ne pas le connaître.

Accaparé par un gros travail de recherches, de lectures, de courrier, de commandes et de corrections, je donnai la mort dans l'âme ma démission chez Rageot.

Une ou deux fois par semaine, je faisais un saut chez Gallimard pour repartir, à moto, à la recherche de documents et de photos chez Sygma, Roger-Viollet, Rapho... Chaque recueil s'achevait par un petit dossier traitant du thème abordé : l'océan, les robots, les monstres... et j'étais chargé de sa rédaction mais aussi des recherches iconographiques. Une fois documents, dessins ou photos rassemblés, je revenais au service maquette où Raymond Stöffel les intégrait au texte.

Bilal n'étant pas toujours disponible, d'autres prenaient parfois le relais, Philippe Druillet, Henri Galeron ou Jean-Olivier Héron. Comme je n'avais pas de bureau, je m'installais chez Laurence Pujebet ou Jean-Robert Gaillot pour renvoyer les manuscrits ou répondre au courrier.

Dans cette vénérable maison qu'est Gallimard, le secteur jeunesse faisait figure d'enfant terrible. Qu'il soit installé rue de l'Université, rue du Bac ou rue Sébastien-Bottin (en six ans, il changea d'adresse à trois reprises !), il y régnait dans les années quatre-vingts un désordre, un dynamisme et une bonne humeur qui faisaient plaisir à voir. Alors que dans le secteur adulte, secrétaires et directeurs littéraires se calfeutraient dans des bureaux clos, le personnel du secteur jeunesse travaillait dans l'ambiance rédactionnelle d'un journal. On se déplaçait, s'interpellait, criait, téléphonait, riait, plaisantait.

Mais cette atmosphère brouillonne et bon enfant cachait un travail intense. Quand Pierre Marchand apparaissait, il donnait le ton de l'enthousiasme et de la fébrilité ambiants.

Parfois, dans le hall d'entrée où se croisaient sans cesse auteurs, directeurs littéraires, secrétaires et coursiers porteurs de manuscrits, surgissait la silhouette d'un auteur familier attaché à la maison : Claude Roy dont chacun appréciait la gentillesse ou Philippe Sollers, l'air toujours soucieux et affairé derrière son long fume-cigarette...

Deux Grenier chez Gallimard

L'un des rares auteurs à venir flâner dans le secteur jeunesse était Roger Grenier dont le fils, Nicolas, était lecteur pour Folio Junior. Mon homonyme ne m'était pas inconnu...

Dix ans auparavant, quand Roger Grenier avait décroché le prix Fémina avec *Ciné-roman*, mon père avait acheté l'ouvrage ; il le lui avait adressé chez Gallimard avec sa carte de visite ainsi libellée :

« Roger Grenier, régisseur à la Comédie-Française, félicite Roger Grenier, écrivain, pour son prix Fémina, et serait très flatté qu'il accepte de lui renvoyer le livre joint accompagné d'une dédicace. »

L'écrivain s'était exécuté avec humour et gentillesse. Depuis, les deux Roger Grenier s'adressaient des vœux de fin d'année !

À la fin des années soixante-dix, il m'arriva d'être invité dans un Salon du Livre (hélas, j'ai oublié lequel !) et de me retrouver, par hasard ou par le jeu de l'ordre alphabétique, à signer à côté de lui. C'est là que nous avions fait connaissance. Mais la surprise fut grande de le découvrir un jour chez Gallimard au service maquette, où il était venu flâner. Plus tard, il m'inviterait dans son bureau, nous y parlerions d'Albert Camus qu'il avait bien connu, d'un manuscrit que je lui avais confié et de notre improbable parenté. Le plus étrange est que le premier Grenier à avoir travaillé chez Gallimard avait été le philosophe et écrivain Jean Grenier, maître à penser et ami d'Albert Camus. Mais Jean (disparu en 1971) et Roger, qui s'étaient bien connus, n'étaient, pas plus que nous, parents, même éloignés.

Une anecdote mérite d'être mentionnée car elle effectue un étrange lien entre la littérature jeunesse et l'autre. En 1992, alors que j'avais quitté Gallimard, je me rendis à Amiens pour une vente de bienfaisance organisée par l'association les Papillons blancs. Une fois de plus, je me retrouvai en train de signer mes romans à côté de Roger Grenier. Je le saluai.

– Quelle surprise ! Et quel hasard !

– Ni l'une, ni l'autre, me répondit-il. Je savais que nous nous reverrions. Si je suis ici, c'est d'ailleurs à cause de vous !

– Comment cela ?

– Le mois dernier, le standard me passe au téléphone une dame qui me parle des Papillons blancs, plaide sa cause et me sollicite pour que j'accepte de venir signer mes romans ici. J'accepte. Elle me remercie et me fait alors mille compliments sur mes romans *Cheyennes 6112* et *Le Montreur d'Étincelles*. J'éclate de rire et lui révèle qu'elle s'est... trompée de Grenier. Confuse, elle s'excuse ; je lui donne vos coordonnées mais du coup, elle insiste pour que je vienne aussi. Elle a ainsi fini par avoir les deux Grenier !

Folio Junior SF, la fin

En 1984, Christine Baker eut le flair de découvrir, acheter et faire traduire « Les livres dont vous êtes le héros ». Le résultat des premières ventes dépassa tous les espoirs ! Faux livres mais vrais jeux de l'oie solitaires utilisant l'univers des jeux de rôle Donjons et Dragons, « Les livres dont vous êtes le héros » firent, comme on dit, un malheur. J'en conçus un peu d'amertume. D'abord parce que beaucoup de lecteurs attirés par la SF lui préférèrent ces ouvrages dont l'univers leur semblait plus ludique, ensuite parce qu'il s'agissait là d'un merveilleux que je jugeais bas de gamme, enfin parce que ces textes relevaient davantage du mode d'emploi que de la littérature.

– Tu trompes le lecteur sur la marchandise ! déclarai-je à Pierre Marchand. Car tu baptises ces produits « Le Livre... » pour cacher qu'il s'agit là de parcours ludiques sans histoire ni style, de jeux vidéo sans ordinateur !

Je n'affirme pas que « Les livres dont vous êtes le héros » étouffèrent Folio Junior SF mais je pense qu'ils contribuèrent aux méventes de mes recueils. Après deux dernières commandes (sur les voitures et les extraterrestres, ce dernier rassemblant douze nouvelles de douze auteurs français), la collection s'arrêta.

Pierre Marchand et Laurence Pujebet désiraient que je continue de collaborer avec Gallimard. Ils m'embauchèrent pour préfacer quelques romans et collaborer aux Folio Junior Édition spéciale, notamment les romans traitant de science-fiction. La rédaction des trente-deux pages de jeux en fin de volume s'inspirait d'ailleurs des dossiers que j'avais réalisés sur les thèmes de mes propres recueils thématiques.

Le bilan n'était pas négatif. Dans les collèges circulaient à présent des dizaines de milliers de recueils qui permettaient aux jeunes d'aborder la SF par le biais d'une trentaine des plus grands auteurs étrangers. Fait rarissime, les écrivains de langue française étaient aussi nombreux : une trentaine, de Jean-Pierre Andrevon à Stefan Wul.

Mon aventure Gallimard prenait fin.

5. VERS L'IMAGE… VIRAGES ET DÉRAPAGES

Pif m'embauche !

Fin 1983, Jean Ollivier m'appela au téléphone :

– Christian, me dit-il, tu sais qu'à la Libération, j'ai fondé avec René Moreu les éditions Vaillant ? Eh bien j'ai repris du service. Je suis redevenu le rédacteur en chef du nouveau Pif. L'ancien Pif Gadget…

Émanation de la presse du PC, Pif était alors le rival du Journal de Mickey et l'un des plus grands magazines de BD. À la fin des années soixante-dix, il tirait à sept cent mille exemplaires par semaine ! Des dessinateurs comme Gotlib et Mandryka y avaient fait leurs premières armes. Mais les ventes baissaient, la crise de la presse touchait le secteur jeunesse.

– Il y a vingt ans, poursuivit Jean, notre ami Roger Lécureux, le créateur de *Rahan*, avait lancé une grande BD de science-fiction qu'illustrait Poïvet : *Les Pionniers de l'Espérance*. Cette série a disparu et nous aimerions en créer une nouvelle. Nous avons tout naturellement pensé à toi.

– Je suis très flatté, Jean. Mais je ne connais rien au métier de scénariste, je suis écrivain…

– Moi aussi. Scénariste, Christian, on le devient ! D'autant plus aisément qu'on a, comme toi, de l'imagination et le sens du suspense. Ferais-tu un saut au journal, un jour prochain ?

Peu après, je me rendis dans les locaux des éditions Vaillant et Miroir Sprint où Jean et René me reçurent longuement.

– Nous allons partir en retraite. Il nous faut préparer la relève. Du sang neuf. La presse, qu'elle soit ou non jeunesse, doit se renouveler pour survivre et gagner des parts de marché.

Au sein d'un journal si éloigné du libéralisme, un tel langage m'étonnait. Je le leur avouai.

– Pif est une entreprise qui doit faire gagner de l'argent, m'expliquèrent-ils. Cela autorise quelques concessions.

Notre conversation dura plusieurs heures. Leurs appels du pied devinrent si évidents que je leur demandai :

– En somme, outre ce travail de scénariste, vous aimeriez que je vous rejoigne au journal ? À temps plein ?

– Nous en serions ravis ! Toutefois nous comprendrions que tu refuses. Tu es prof, écrivain, responsable d'une collection…

– Elle n'est pas éternelle. Mais je ne connais rien à la presse !

– Tu apprendras vite. Tu serais au départ chef de rubrique pour te mettre dans le bain. Et tu aurais à assurer cette BD.

– Elle te serait payée en supplément de ton salaire, m'expliqua Jean. Moi-même, ici, j'écris ma série *Docteur Justice* et je suis rédacteur en chef.

– Nous t'offrons ta formation, ajouta René. Des cours du soir rue du Louvre, au CFPJ, le centre de formation et de perfectionnement des journalistes. Et tu auras toute liberté pour continuer à gérer ta collection chez Gallimard.

Tant de concessions me touchaient. Quitter définitivement mon métier de professeur ne serait pas un déchirement. J'avais derrière moi quinze années d'activités pédagogiques intenses. Aborder la littérature jeunesse par un autre biais me séduisait, même si j'avais tout à apprendre du journalisme et de la BD.

– Laissez-moi quelques jours pour réfléchir, leur dis-je.

Mais le soir même, en rentrant, j'annonçai à Annette :

– Je quitte l'enseignement. J'entre chez Pif où je serai journaliste à temps plein et scénariste. Et peut-être un jour rédacteur en chef !

C'était un véritable saut dans l'inconnu.

Argyr, le baladin de l'espace

Mon apprentissage fut intensif. Jean me montra comment construire un scénario de bande dessinée : d'abord la structure et le plan de l'histoire. Les miennes, qui paraîtraient une semaine sur quatre, seraient toujours un récit complet de dix pages. Une fois le synopsis au point et accepté, je procédais à son découpage en séquences : chaque page devait comporter cinq, six, voire dix images dont tout le contenu devait être décrit.

Chez Pif, le scénariste était l'architecte du récit et le dessinateur un simple exécutant. Aussi, sur une feuille où apparaissaient deux colonnes, il fallait dans celle de gauche dépeindre avec précision le cadre et les personnages et, dans celle de droite, indiquer le texte, comme ci-dessous.

IMAGE	**TEXTE**
1/ Plan moyen d'Argyr, de face, souriant. On aperçoit à gauche un pan du rideau du théâtre et au bas de l'image les feux de la rampe. De la main gauche, Argyr actionne un instrument long et mince, mi-flûte mi-baguette magique, qui émet un faible rayonnement lumineux.	Un soir de l'année 2003, sur la scène d'un petit théâtre de province, le baladin Argyr achève son numéro…
De la boîte argentée qu'il frappe ou désigne (son bolbiscope) s'échappent cinq ou six colombes blanches, vers le public invisible. Argyr, maquillé, est en habit de scène, très clinquant.	**Argyr** : Un petit coup de bolbiscope… et voilà ! (**bolbiscope**) : BZZZZZ… **Public** : Ooooh ! Aaah ! BRAVO !

Pour moi dont la concision, en littérature, avait toujours été le premier souci, c'était là un exercice passionnant que de donner au lecteur le maximum d'informations (lieu, temps, ambiance, situation) avec un minimum de place et de moyens. Au lieu d'être redondant, le texte devait apporter ce qui ne pouvait passer par l'image. En BD, la redite ne pardonne pas. Et puisqu'il s'agit d'un film fixe fait d'instantanés, le spectateur est contraint d'exercer son intelligence et son imaginaire pour remplir les vides. Mais ce non-dit, entre les cases, doit rester maîtrisable, faute de quoi le lecteur décroche.

Jean et René acceptèrent la première série dont j'avais eu l'idée : les aventures d'un héros, Argyr, exilé dans l'espace par ses ennemis, les truqueurs de temps. Saltimbanque du futur, illusionniste, Argyr errait de planète en planète. Grâce à son astuce, il résolvait mille problèmes et se heurtait à ceux qui empêchaient son retour sur Terre. Très vite, je lui adjoindrais une jeune extraterrestre, Fraïla, et un petit singe, le maki Mako, capable de se faufiler partout.

Les personnages et le principe de la série mis en place, il fallut partir à la recherche d'un dessinateur.

– Qui veux-tu ? me demandèrent Jean et René.

– Quelqu'un qui manie la ligne claire ! Juillard ? Loisel ?

Ils furent pressentis. Hélas, Loisel était débordé. Accaparé par sa série *Masque rouge*, Juillard déclara forfait lui aussi. La BD avait alors le vent en poupe. Comme il n'était pas question d'attendre, il fallut faire appel à des débutants. Plusieurs envoyèrent des crayonnés. Notre choix s'arrêta sur Jean-Marc Salmon, un jeune Belge sorti d'une école de Bruxelles. Sa technique rappelait celle d'un Mézière ou d'un Schuiten ; et son Argyr avait une tête bien sympathique.

Pour réaliser les soixante-dix dessins d'un récit complet, Jean-Marc devait travailler sans relâche. Jeune marié, il habitait à la frontière du Luxembourg ; il venait une fois par mois en train passer la journée à Paris pour apporter les planches d'une histoire complète à paraître et me proposer les crayonnés de la suivante. De mon côté, je consacrais mes week-ends à écrire les épisodes d'Argyr. Le plus difficile était de trouver une idée nouvelle et forte, capable de devenir une histoire palpitante en soixante-dix dessins. Les vingt ou trente pages de la rédaction du scénario étaient un parcours obligé plus mécanique. Dans la grande tradition du genre, je tentais de faire monter le suspense au bas de chaque page, technique que Hergé a portée à la perfection. Quand on lit par exemple le début d'*Objectif Lune*, on s'aperçoit que le lecteur brûle de connaître le contenu de la page suivante car elle lui révélera le mini-mystère que cache la dernière vignette : Milou qui grogne face à une porte fermée, l'étonnement du passager d'un avion qui regarde par le hublot, deux inconnus suspects qui surveillent les héros, l'arrivée devant une zone interdite... Ce truc, hérité de l'époque où le dessinateur d'un hebdomadaire ne disposait que d'une page, avait pour but d'inciter le lecteur à acheter le magazine la semaine suivante ! Cet art de la BD répond à la question si fréquente des lecteurs :

– Comment faites-vous pour donner l'envie de lire la suite ?

Eh bien je tente, séquence par séquence, de piquer la curiosité du lecteur en lui livrant un fait énigmatique. Et surtout, je ne clos jamais un chapitre sans lever un nouveau voile. Habitude de feuilletoniste ? Non, désir d'inviter le lecteur à être gourmand, curieux, soucieux d'éclairer le monde et d'obtenir des réponses… Nous touchons là ce que j'appelle « le moteur jeunesse ». À l'image de ce procédé de BD qui invite à tourner la page, la littérature jeunesse va de l'avant alors que l'autre, proche du reflet, a plutôt tendance à se nourrir d'échos, à plonger à l'intérieur des choses ou regarder en arrière.

Une fois les planches déposées chez Pif, d'autres artistes, obscurs, prenaient le relais. Un coloriste car les dessins étaient livrés au trait ; et un lettreur, qui recopiait le texte. Les amateurs de BD reconnaissent au premier coup d'œil le lettrage d'un album où chaque mot est en quelque sorte dessiné.

Ainsi parurent, entre 1984 et 1986, une vingtaine d'aventures d'Argyr.

La presse, un autre métier

Chez Pif cohabitaient des corps de métier que je connaissais mal, ceux de la presse. Ainsi, en tant que chef de rubrique, je rédigeais surtout des articles documentaires et je m'occupais du courrier. Chaque jour parvenaient à la rédaction des dizaines de lettres d'enfants qui félicitaient, s'indignaient, posaient mille questions sur les personnages et sollicitaient de multiples conseils, parfois d'ordre très intime. Le lecteur-type, un garçon âgé de dix ans, commençait toujours sa lettre par : « Cher Pif », formule qui englobait aussi bien le fameux chien que la rédaction du journal. Je répondais à chacun, brièvement, sur une simple carte au dos de laquelle était dessiné ce personnage fétiche. Parfois, j'avertissais le lecteur que la réponse à sa question figurerait bientôt dans le magazine. Bientôt, mais pas la semaine suivante ! Comme la plupart des hebdomadaires pour enfants, le texte du journal qui sortait le mercredi avait été bouclé trois semaines auparavant.

Chez Pif, j'appris à viser ce qu'on n'appelait pas encore « le cœur de cible », à choisir des photos, à monter une couverture avec Sacha Kleinberg, le directeur artistique, à gérer à l'intérieur du magazine « le petit Pif » qui rassemblait en vrac des infos, des trucs, des articles, des recettes et des blagues. Après un accueil méfiant, j'eus vite l'impression d'avoir été intégré dans une équipe où régnaient camaraderie et complicité.

Pour les collaborateurs du magazine, je passai d'abord pour le protégé des deux fondateurs du journal et, qui sait ? leur successeur. Or d'autres que moi prétendaient à la future place de rédacteur en chef, ils travaillaient ici depuis des années et étaient rodés, efficaces ! On me soupçonna sans doute d'être un membre influent du PC. Je rassurai les inquiets : je m'étais écarté du Parti et mes prétentions restaient limitées. Je n'avais ni goût ni aptitude au commandement. D'ailleurs, je m'aperçus vite que j'avais peu de dispositions pour le journalisme. Je n'aimais pas travailler dans l'urgence. Rue du Louvre, je me heurtais souvent aux enseignants qui m'apprenaient les rudiments du métier. Ce que je rédigeais était toujours trop long, trop mûri, trop complexe.

– Réduis ton vocabulaire, tes phrases et tes ambitions dans le choix de tes sujets ! me conseillait-on sans cesse. Dans la presse, il ne faut pas employer plus de huit cents mots. N'oublie jamais qu'on s'adresse au plus grand nombre.

J'étais consterné. Moi qui ne cessais, dans le livre jeunesse, de hausser mon niveau d'exigence, on me demandait ici de niveler la langue et les centres d'intérêt par le bas. J'avais l'impression de désapprendre à écrire.

Chez Pif comme ailleurs, les ventes chutaient doucement. Quelques années auparavant, le fameux gadget joint au journal avait créé une vraie révolution et dopé les ventes. Il existait encore mais on avait du mal à le renouveler. Pour redresser la barre, le navire Vaillant avait besoin d'un sacré capitaine. Moins d'un an après être entré chez Pif, j'avouai à Jean et René que je souhaitais partir. Ils me demandèrent de continuer à écrire les aventures d'Argyr. Mon héros survivrait six mois, le journal quelques années avant sa résurrection en 2004 !

Prendre le temps de vivre

Nos enfants avaient grandi et nous avions dû quitter Paris. À Épinay-sur-Seine, école, conservatoire, bibliothèque municipale, maison de la culture, stade, cinémas se trouvaient à deux pas du grand appartement dans lequel je disposais enfin d'un bureau. Dans ces années quatre-vingts, la famille passa souvent au second plan. Ni Annette ni les enfants ne protestaient. Depuis toujours, ils avaient l'habitude de me voir lire et surtout écrire le soir, le dimanche et pendant les vacances. Il m'arrivait d'aider aux devoirs, d'aller avec eux à la piscine ou au concert. L'été, je participais aux activités de balade, planche à voile ou spéléologie, mais la littérature avait la priorité.

Quand on m'affirme en soupirant :

– Ah, écrire (ou lire), j'aimerais bien. Mais je n'ai pas le temps.

Je réplique sans amabilité :

– Le temps, on ne l'a jamais, on le prend. Au détriment d'autre chose. On prend le temps de partir en week-end, de téléphoner, de regarder la télé. Quand on a besoin d'écrire ou de lire, tout le reste passe après, y compris repas et sommeil.

Plusieurs auteurs débutants envahirent peu à peu notre vie par le biais du téléphone et de visites. Flatté qu'on me sollicite, j'étais souvent plus attentif à leur souci d'être édité qu'à mes responsabilités familiales. Certains disparurent une fois publiés. Plus tenaces, d'autres s'imposèrent et voulurent me convaincre que je méritais mieux que ce domaine jeunesse qu'ils croyaient seulement un tremplin à la « vraie littérature ».

Ce malentendu est plus fréquent qu'on ne le croit...

Le dessin devient animé

J'achevais mon temps au journal Pif quand je reçus un soir l'appel d'une inconnue :

– Je m'appelle Nina Wolmark. Je travaille à un gros projet de dessins animés, *Les Mondes engloutis* et je suis à la recherche d'un scénariste. C'est Jean-Claude Le Meur, le directeur de la publication de Vaillant, qui m'a conseillé de m'adresser à vous. Pourriez-vous passer me voir dans la semaine ?

Nina Wolmark habitait, dans le XXe arrondissement, une grande maison particulière avec jardin. Elle m'apprit qu'elle avait créé *Ulysse 31* dont le principal dessinateur, Jean Chalopin, travaillait désormais au Japon. Son mari Gilbert Wolmark était le responsable d'une maison de production, la SOFIRAD, qui finançait la société France Animation et ses quatre cents dessinateurs. On n'était plus, comme chez Pif, dans l'artisanat, mais dans la production de masse ! L'informatique avait fait son apparition, toutefois elle restait trop rudimentaire pour être utilisée dans la fabrication rapide et efficace des dessins.

– Antenne 2 a accepté le principe de vingt-six épisodes de vingt-six minutes chacun, m'expliqua-t-elle. Il faudra en diffuser un par semaine, sur une période de six mois.

– Cela représente, attendez... onze heures trente de tournage ?

– Oui. Soit, à raison de douze images par seconde, près de cinq cent mille dessins. En fait, il y en aura moins car nous essaierons d'utiliser plusieurs fois les mêmes séquences. Mon problème, c'est moins la réalisation que les scénarios. J'ai les premiers mais il nous en faut un par semaine. Les équipes de graphistes sont déjà au travail. En attendant la diffusion du premier épisode, il faut écrire la suite... Voici notre bible, jetez-y un coup d'œil.

Dans le jargon télévisuel, une bible est l'ensemble des personnages (âge, caractère, rapports qu'ils entretiennent entre eux, centres d'intérêt, etc.) et le résumé de la situation de base d'une série. La bible des *Mondes engloutis* proposait les aventures de deux enfants, Bob et Rébecca, qui au cours d'une expédition spéléologique avaient découvert Arkadia, capitale d'un fabuleux monde souterrain fait de strates, chacune abritant un univers particulier. Perturbé par de dangereux pirates, ce monde était menacé de disparition car son soleil, le shagma, était malade. Flanqués de deux animaux fantaisistes, les pangolins Bic et Bac, les héros vivaient dans chacune de ces strates mille aventures (non : au départ, vingt-six) en compagnie de la princesse Arkana et du sympathique guerrier Spartakus.

– Compliqué, dis-je en soupirant.

– Non, riche ! rectifia-t-elle. Grâce aux dessins et à la répétitivité des épisodes, les enfants apprivoiseront vite les personnages et la situation. Tout cela a été testé et est au point. Ce qui nous manque, ce sont des aventures.

– Je n'ai jamais écrit de scénarios pour le cinéma ou la télé.

– Ils sont très proches de la BD. On doit y ajouter les mouvements de caméra (plan fixe, travelling, zoom...) et bien sûr le minutage, qui doit être précis à la seconde près.

OBSERVATION/ TEMPS	N° DE PLAN	IMAGE	DIALOGUES
14 secondes Personnages invisibles, ils s'expriment voix off À voir. Battements peut-être prématurés.	122	Pendant que Spartakus parle, la lune monte lentement dans le ciel au-dessus de la cité déserte. La brume se dissipe autour des colonnes, le halo devient intense et un disque solaire apparaît à son tour à l'horizon. L'astre embrase maintenant tout l'horizon d'une lumière rasante et il lance des flammes. Il émet des battements semblables aux battements « shagmiques » mais beaucoup plus sourds, plus distants.	**Spartakus** : Arkadia a-t-elle un satellite ? **Arkana** : Non, elle n'en avait pas quand je suis partie. Regardez… le shagma ! **Spartakus** : Nous voyageons dans l'Ailleurs et demain, serions-nous arrivés dans le futur d'Arkadia ? **Arkana** : Et le shagma ne serait toujours pas guéri ?
5 secondes Zoom Spartakus/ lune	123	Spartakus tend la main vers le satellite.	**Spartakus** : En tous cas, s'il y a des habitants, ils sont sûrement là-haut !

– Un scénario de vingt-six minutes représente un travail colossal ?

– Oui, trois ou quatre cents plans. Mais avant de se lancer dans leur rédaction, il faut comme en BD un synopsis en béton. Prenez donc la bible et mes scénarios, vous apprendrez comment procéder. Au départ, il se peut que vous ayez un peu de mal. C'est pourquoi vous avez intérêt à écrire plusieurs épisodes, vous maîtriserez rapidement leur technique d'écriture. J'ajoute que c'est assez bien payé.

Elle me livra les chiffres. Un scénario rapportait deux fois plus qu'un roman et les rediffusions pouvaient multiplier la donne de départ. Après tout, que risquais-je ?

Je me lançai à corps perdu dans cette nouvelle aventure.

Noyé dans Les Mondes engloutis *!*

Comme *Ulysse 31, Les Mondes engloutis* abordaient à la fois la science-fiction, la fantasy et les mythes.

Patiente, Nina me mit le pied à l'étrier. Je vins à bout de mon premier scénario, *Guérisseur d'étoiles*, après deux mois d'efforts et cinq ou six versions. Nina en modifia les dialogues car je maîtrisais encore mal la personnalité de ses héros. J'entrepris deux, trois, vingt épisodes. Neuf fois sur dix, après qu'elle avait lu mon synopsis, Nina m'appelait pour me dire :

– C'est très bien Christian ! Mais je préférerais une fin différente. Et puis Shagshag ne doit pas tomber en panne.

J'améliorais le scénario en fonction de ses directives. Inventeur du concept, Nina restait la mère de ses personnages même si elle m'en confiait le destin. Et elle savait ce qui, sur le plan visuel, était préférable ou possible.

Le rythme d'écriture était devenu haletant. Deux fois par semaine, j'allais chez Nina pour débattre avec elle du contenu de mon dernier scénario. Chaque épisode était repris deux, trois, quatre fois. Quand il paraissait au point, le réalisateur prenait le relais et m'appelait en catastrophe :

– Dans l'épisode 19, la scène sous-marine est trop longue ! Elle va coûter cher, la fluidité des mouvements impose qu'on multiplie le nombre des dessins par deux ! Cette scène, on ne peut pas la supprimer ?

Je revoyais ma copie en imaginant des péripéties différentes. Parfois, Nina prenait les devants :

– Presque tout l'épisode se passe dans la forêt. C'est dommage, nous avons un décor de désert qui a peu servi, vous ne pourriez pas y situer l'action ?

Ce type de changement en entraînait forcément d'autres. Il m'arrivait de reprendre le scénario à zéro.

Aujourd'hui, je dois faire un aveu : je haïssais les pirates. Car dans un épisode sur deux, leur intervention était obligatoire, il fallait, de gré ou de force, placer la danse des pirates, que les héros se trouvent dans l'Antiquité, sous l'océan ou dans l'espace. L'arrivée brutale de la locomotive-pirate dut paraître tirée par les cheveux à bien des spectateurs. Cette contrainte avait plusieurs raisons : Francis Lai ayant composé la musique, son contrat stipulait un certain nombre de diffusions de sa chanson. Sa répétitivité assurait la fidélité des enfants, ils adoraient le look punk de Maxagaze, personnage vociférant que les héros tournaient en ridicule. Enfin, cette danse récurrente était autant de temps gagné sur la pellicule.

Nina m'emmena dans les locaux de France Animation où, au milieu d'une activité fébrile, naissait la série. La plupart des dessinateurs travaillaient à domicile mais c'est à Montreuil que les dessins étaient rassemblés et filmés. Quand eut lieu en avant-première, pour la presse, la projection des premiers épisodes, dans un grand palace parisien, elle me présenta à Francis Lai et à des gens importants dont j'ai vite oublié le nom. Je n'avais pas l'ambition de faire carrière à la télévision, je me considérais comme un tâcheron honnêtement rétribué pour un travail provisoire de sous-traitance.

Mais voilà : l'aventure des *Mondes engloutis* rebondit ! La diffusion des premiers épisodes avait commencé quand Nina, très excitée, m'appela en catastrophe.

– Christian ? J'ai une excellente nouvelle : la direction d'Antenne 2 est emballée. Elle vient de donner son accord pour prolonger la série. Nous allons passer de vingt-six épisodes à cinquante-deux !

Moi qui croyais ne plus avoir que deux ou trois épisodes à écrire, je compris que j'étais loin du compte. Elle ajouta :

– Bien sûr, la diffusion ne doit pas être interrompue.

Hélas, en dix mois, nous n'arriverions jamais à rédiger vingt-six épisodes à nous deux !

– Vous avez dirigé une collection de SF jeunesse chez Gallimard. N'avez-vous pas des amis qui pourraient nous relayer un peu ?

Ce n'était pas si simple : un nouveau scénariste devait se plonger dans la bible, apprivoiser la situation et surtout apprendre à rédiger un scénario.

– Ce dernier travail, je m'en charge, m'assura Nina. Avant tout, il nous faut des idées. Vingt-six idées différentes pour boucler la série. Et imaginer la guérison du shagma…

– Parce que vous n'y avez pas encore pensé ?

Non. Il fallut se remettre à l'ouvrage.

Comme je venais d'abandonner *Argyr*, j'utilisai pour *Les Mondes engloutis* plusieurs sujets que j'avais en réserve. Plus tard, en lisant *Saga* de Tonino Benaquista, je retrouverais dans ce roman des similitudes frappantes avec ce que je vivais.

Joëlle Wintrebert fut appelée à l'aide, ainsi que Michel Jeury. À la fin des années quatre-vingts, Michel cherchait à quitter la SF. Très vite, il jeta le gant pour se lancer dans le roman de terroir où il s'épanouirait définitivement. Joëlle écrivit plusieurs épisodes.

D'haletant, le rythme devint infernal. À peine écrits et tournés, les scénarios étaient diffusés. À France Animation, on attendait sans cesse de la copie à transformer en images. Nina et moi guettions le moment où nous serions rattrapés par les épisodes qui passaient à la télé. Elle m'appelait parfois à minuit :

– Christian ? À la fin de votre histoire, Spartakus doit revenir. Vous pourriez refaire les vingt dernières séquences ?

– C'est urgent ?

– Apportez-nous ça à Montreuil demain, vers midi...

Un jour, Nina me déclara, catastrophée :

– Il nous faut un scénario avant jeudi, pour boucher un trou !

Comment faire ? Je travaillais jour et nuit ! Pour cette urgence, Nina me livra une consigne encore plus draconienne :

– Faire dessiner des séquences inédites demanderait trop de temps. Réutilisez au maximum ce qui a déjà été tourné !

– Attendez. J'ai droit à combien de minutes d'inédit ?

– Disons... vingt pour cent au maximum.

Soit moins de cinq minutes. J'imaginai un épisode un peu fou, *Docteur Test*, dans lequel un savant plongeait les héros dans leur propre passé ! Confrontés à des événements qu'ils avaient déjà vécus (je choisis les plus palpitants), ils se débattaient dans ce piège temporel. Je dus travailler avec le magnétoscope, face à l'écran, télécommande et chronomètre en main.

Ce genre d'acrobatie fut suivi de beaucoup d'autres.

Désormais, je ne prenais plus le temps de regarder mes propres épisodes à la télévision. Sur Antenne 2, les treize premières minutes étaient diffusées le mercredi après-midi, les treize dernières minutes le samedi. Le dimanche, l'épisode entier était repris en continu.

Quand l'écriture des scénarios s'acheva, j'étais épuisé. Pourtant, il me faudrait jouer les prolongations...

Rahan prend vie !

À peine écrit le dernier épisode des *Mondes engloutis*, France Animation me pressentit pour l'adaptation de *Rahan* en dessin animé. Une commande de Canal Plus. René Lécureux, le scénariste d'origine, aurait été mieux placé que moi pour ce travail mais c'était lui qui avait suggéré à Gilbert et Nina Wolmark de faire appel à moi. Je reconnus bien là René, dont j'avais toujours apprécié la modestie, la simplicité et la gentillesse quand je travaillais chez Pif.

Aujourd'hui, je me demande pourquoi j'ai accepté. Peut-être parce que préhistoire et SF ont toujours fait bon ménage, et que j'étais content de me replonger dans l'ambiance de *La Guerre du Feu*. Et puis j'aimais l'humanité du « guerrier des âges farouches », sa façon d'apaiser les conflits, de lutter contre l'injustice, d'œuvrer pour une meilleure humanité future.

Là, plus question d'innover : chaque épisode télévisé devait rassembler deux histoires publiées en BD. C'était donc moins une création qu'une adaptation. Je tentai de rester fidèle au texte, aux dialogues et aux intentions d'origine. Là encore, j'eus rarement l'occasion de voir ces épisodes à la télévision. Parfois, le matin, à l'hôtel, quand Annette cherche une chaîne qui diffuse des informations, il lui arrive de tomber sur *Rahan* en dessin animé.

– Cet épisode, me demande-t-elle, est-ce qu'il est de toi ?

J'hésite. Il arrive que j'identifie mon texte (pas la scène dont je n'ai jamais vu l'image réalisée) et je m'exclame :

– Oui... Ça doit être *Le démon du marais*.

Il faut attendre le générique pour voir si mon nom défile : oui, cet épisode, c'est bien moi qui l'ai adapté !

J'étais saturé, gavé de dessins animés. Je venais d'explorer les extrêmes, de surfer sur la frontière qui sépare la création littéraire du produit commercial destiné au public enfantin. Cette limite, je ne voulais pas la franchir.

Pierre Tchernia m'avait remis mon premier prix littéraire, mais décidément, je n'étais pas un enfant de la télé.

Renouer avec la littérature

Dans ce tourbillon télévisuel, comment ai-je trouvé le temps et l'énergie d'écrire en 1987 *Le Cœur en Abîme* ? C'était l'époque où mon fils Sylvain, à qui j'avais transmis mon goût pour la spéléologie, allait à l'étranger avec des groupes internationaux faire des « premières ». Il restait plusieurs jours sous terre et nous vivions dans les transes jusqu'à son appel téléphonique bref et attendu :

– Ça y est, on est sortis !

Je ressentais le besoin de matérialiser cette angoisse et de renouer avec l'écriture authentique. Réflexion sur cette étrange passion qui consiste à explorer le monde souterrain, sur ce désir inconscient de revenir vers le passé, les origines et la terre-mère, ce roman utilise un décor romanesque pour aborder des problèmes intimes. Dédié à Sylvain, publié chez Rageot, il décrocha le Grand prix de la science-fiction française, décerné par un jury d'auteurs et de critiques pour adultes dont la moitié m'étaient inconnus.

Je vécus cet événement comme une reconnaissance ou un appel. Ce roman, qui hésitait entre roman jeunesse et adulte, entre SF et littérature générale, me rappelait que je n'avais jamais écrit de fiction destinée aux aînés.

Cette occasion me fut donnée presque par hasard... En juillet 1984, Gérard Klein m'appela :

– Christian, tu te souviens d'*Utopies 75*, publié autrefois dans ma collection Ailleurs et demain ? Eh bien je renouvelle l'opération. Pourrais-tu m'envoyer une nouvelle ayant pour cadre une utopie ? Elle sortira dans un recueil qui s'appellera *Utopies 85*.

Quelques mois plus tard, Gérard me rappela :

– Ce que je reçois est très mauvais. Il n'y aura pas de recueil !

Mon texte était-il aussi médiocre que les autres ? Je n'ai pas osé le demander. Le proposer ailleurs, mais où ? Quel éditeur aurait publié une histoire de cinquante pages ?

Le sujet de ce récit me tenait tant à cœur que je passai l'été et l'automne 1985 à le transformer en roman. Une fois encore, le récit hésitait entre littérature générale et SF. Je profitai d'un passage chez Gallimard pour frapper à la porte de Roger Grenier. Il me fit l'amitié de lire très vite mon roman. Dès la semaine suivante, il me demandait de passer à son bureau.

– Très intéressant, m'affirma-t-il. Mais quand, dans la deuxième partie, votre héros arrive dans cette société utopique, on a l'impression qu'il y trouve des aspects positifs. Ou que vous nourrissez de l'indulgence envers son fonctionnement...

C'était vrai. Même si j'essayais de présenter cette société dure et ambiguë sans prendre parti, elle n'était pas à mes yeux la dictature collectiviste qu'il avait cru y percevoir.

– Prenez clairement le parti pris inverse ! J'ai hâte de lire la nouvelle version de ce manuscrit.

J'étais jeune, têtu, présomptueux. En changeant l'idéologie de cette société, j'aurais trahi mes convictions. À mes yeux, l'utopie n'est pas un monde souriant, facilement accessible. On n'y parvient qu'à force d'efforts, d'humilité et d'abnégation. Je confiai mon roman à Raoul Dubois qui m'affirma, et sa certitude me laisse perplexe aujourd'hui :

– C'est ce que tu as écrit de mieux. Mais tu vas te faire jeter partout ! Ton roman est trop provocateur, il a vingt ans d'avance.

Je le proposai à plusieurs éditeurs qui me le retournèrent parfois avec d'étranges rapports de lecture : « Votre roman est très fort et très original, ce sont ces deux raisons qui nous empêchent de le publier. »

Certains directeurs littéraires, tenant compte des aspects positifs de cette société idéale, à cause de l'écriture claire et dynamique, ou parce qu'ils me savaient auteur jeunesse, m'affirmèrent qu'il s'agissait d'une histoire qui toucherait plutôt les adolescents que les adultes.

Je revis ma copie en gommant quelques outrances idéologiques et en réduisant le texte à deux cents pages. Plusieurs éditeurs jeunesse le rejetèrent, affirmant qu'il semblait davantage destiné aux adultes qu'aux adolescents et qu'il risquait de déranger le lecteur. Ce qui sous-entendait : si vous voulez être publié, ciblez mieux votre public et donnez-lui ce qu'il attend.

De guerre lasse, j'abandonnai la partie.

Mais je ne voulais pas rester sur un échec et j'écrivis l'été suivant, d'une traite, une sorte de thriller psychologique : le destin d'un écrivain qui, après avoir publié à compte d'auteur une médiocre autobiographie, devient à sa propre surprise un auteur à succès grâce à un ouvrage qui raconte sa vie, imaginaire et mouvementée, de Peau-Rouge.

Rédigé sans ponctuation, avec les dialogues intégrés à la narration, ce roman, *Auteur auteur imposteur*, se voulait une réflexion sur la double identité de l'écrivain qui, dès qu'il prend la plume, devient un autre. Quand ces deux personnalités cohabitent trop intimement, la folie menace...

– Ce roman sera vite accepté, prédis-je à Annette en soupirant. Son écriture a une allure mode qui séduira. Et idéologiquement, je n'ai pris aucun risque.

Je confiai une fois encore mon manuscrit à Roger Grenier.

– J'ai passé un bon moment, me dit-il en me le rendant. Malgré son écriture originale, ce n'est pas là un texte pour la NRF, il flirte trop avec l'univers du polar. Donnez-le donc à Denoël qui sera ravi de le publier.

Chez Denoël, en effet, Michel Bernard m'invita très vite à déjeuner.

– Un moment, m'avoua-t-il, j'ai pensé le publier en Sueur froide. Mais son écriture est trop novatrice, il ira en littérature générale.

– N'y a-t-il pas des modifications à envisager, des améliorations à apporter ?

– Je n'en vois aucune.

Le roman parut donc sans que j'aie touché à la moindre virgule. Aujourd'hui, je regrette que Michel Bernard n'ait pas été plus exigeant. Peu avant sa sortie il m'avertit, embarrassé :

– Les représentants ne croient pas à ce roman. Croyez bien que je le déplore. J'attends votre prochain manuscrit, évidemment.

Les représentants de la maison d'édition, en rapport permanent avec les libraires, sont chargés de faire la promotion des nouveaux titres à leur sortie. *Auteur auteur imposteur* eut quelques bons articles et se vendit à deux mille exemplaires. Un chiffre modeste mais pas scandaleux. Je n'en espérais d'ailleurs pas davantage, mon ambition n'était pas d'entrer dans l'écurie des « goncourables ». Je n'adressai pas de deuxième manuscrit à Michel Bernard qui quitta l'édition deux ans plus tard.

Dans le domaine adulte, je préparais, moi aussi, ma future disparition…

Une caution universitaire

Sur le parcours obligé que je m'étais imposé, il me restait à redorer le blason de la SF. Quand je révélais que j'avais surtout écrit dans ce domaine, mes interlocuteurs me considéraient avec un œil narquois ou indulgent. En 1990, le policier avait déjà acquis ses lettres de noblesse. Mais la SF, avec sa galerie d'extraterrestres, de cosmonautes, de monstres et de robots, ça ne faisait pas sérieux.

À chaque intervention, les enseignants ou les bibliothécaires me demandaient pourquoi j'avais choisi ce domaine particulier, sous-entendant qu'il était plus médiocre ou moins noble que le roman intimiste, historique, voire fantastique.

Pour convaincre, je devais fournir les mêmes justifications, citer les mêmes classiques, débiter les mêmes discours sur les qualités pédagogiques d'un genre aussi vieux que la littérature et dont la structure narrative stimulait chez le lecteur imaginaire, réflexion et esprit de déduction.

Dans les années soixante-dix, Jean Perrot, titulaire d'une chaire de littérature de jeunesse à Paris XIII, m'avait fait intervenir face à ses étudiants. Vingt ans plus tard, au moment où Annette et moi nous apprêtions à quitter Paris, il m'accueillit à l'université de Villetaneuse. Il m'encouragea à entreprendre une thèse de doctorat sur le sujet jamais abordé : « La science-fiction, genre littéraire ? » Responsable d'une collection aux Presses Universitaires de Nancy, il publia l'essentiel de mon travail sous le titre : *La science-fiction, lectures d'avenir ?* Michel Jeury et Ray Bradbury eurent la gentillesse de m'envoyer une préface de quelques pages. Une fois encore, cet essai ne témoignait d'aucune ambition universitaire. Mon objectif était de fournir un bon outil aux bibliothécaires, enseignants et documentalistes, et surtout de réhabiliter un genre sous-considéré.

Le Périgord... l'exil ?

Sur le plan familial, les années quatre-vingt-dix marquent une charnière importante : nos enfants, à vingt ans, commençaient à prendre leur indépendance. Nous nous étions endettés pendant quinze ans pour acquérir un appartement et venions d'être libérés d'un coup de nos traites. Après une dizaine d'années de balbutiements chez Gallimard, Vaillant et à la télévision, je ne m'étais fixé nulle part. Je n'aurais pas vu d'inconvénient à reprendre un poste d'enseignant tout en écrivant à mon goût, à mon rythme. Annette me proposa une autre solution :

– Vendons l'appartement et installons-nous en province. Là, tu essaieras de vivre de ta plume. Écrire a toujours été ta passion.

Longtemps, j'avais rêvé de quitter Paris. Cette perspective paraissait à mes collègues ou amis une folie. Quoi, se priver des expositions, des concerts, du théâtre, de la proximité des éditeurs ? Beaucoup semblaient persuadés que Paris sécrète l'intelligence et que, privé du contact avec la capitale, on devient vite un plouc. Né à Paris, j'y avais vécu et travaillé quarante-cinq ans. La plupart de ceux qui me déconseillaient de partir étaient de faux intellectuels qui mettaient rarement les pieds au concert, au théâtre, au musée ; ils ne juraient que par Julien Gracq et René Char mais lisaient deux romans dans l'année, dont le dernier Goncourt. À les entendre, la culture imprégnait tant Paris qu'elle relevait de la contagion. Sans vouloir faire un pied de nez à ces préjugés et à leurs auteurs, il me parut salutaire de prendre du champ et de respirer un autre air !

Ce n'est ici ni le lieu ni l'endroit pour raconter par le menu comment nous avons vendu notre appartement, en un quart d'heure, ni pourquoi nous avons jeté notre dévolu sur un village périgourdin. Un anniversaire réussi, l'amitié de Michel Jeury, notre goût pour la gastronomie, les vieilles pierres et la chaleur – celle du climat mais surtout celle des habitants –, tout cela pesa dans la balance. Peu après son service militaire, notre fils viendrait d'ailleurs s'installer non loin de nous, dans le Lot, où, en compagnie de sa femme et de leurs deux enfants, il partage désormais son temps entre son métier, l'informatique, et sa passion, la spéléologie.

Le téléphone nous relie quotidiennement à notre fille qui habite et travaille à Paris, mais aussi aux éditeurs. Depuis dix ans, nous voyons plus souvent les amis qui habitaient à quelques stations de métro de chez nous.

Vivre de sa plume

Autrefois, publier relevait du luxe puisque les droits d'auteur n'existaient pas. Un écrivain devait être nanti ou rentier. Depuis la fin du XIXe siècle, grâce aux lois sur la propriété littéraire et à un contrat passé avec son éditeur, un auteur perçoit un pourcentage sur chaque exemplaire vendu. Quand on est l'auteur d'un seul livre peu diffusé, on doit exercer une autre activité. Les écrivains qui vivent de leur plume sont donc ceux dont les livres se vendent.

En littérature générale, le succès est rare, il concerne deux ou trois pour cent des titres. Les autres, notamment dans le domaine du roman, se vendent au mieux à deux ou trois mille exemplaires et disparaissent vite des rayons, faute d'acheteurs.

En littérature jeunesse, un ouvrage retrouve en deux ou trois ans une nouvelle génération de lecteurs. S'il n'est pas trop marqué par l'actualité ou par une écriture qui se démodera vite, il peut être réimprimé longtemps. Certes, les droits d'auteur sont plus faibles que dans la littérature générale où les romans se vendent trois fois plus cher mais... dix fois moins. Les ventes des livres jeunesse sont aussi plus régulières et le lectorat plus large car contrairement à une légende (« les jeunes ne lisent plus ! ») on lit surtout entre six et quatorze ans !

D'autre part, les auteurs jeunesse sont sollicités pour des interventions qui leur sont rétribuées. Ceux qui se consacrent entièrement à ces deux tâches (écrire pour les jeunes et... les rencontrer pour en parler) sont de plus en plus nombreux. Ce n'est pas un hasard si depuis peu, un grand nombre d'auteurs de littérature générale se tournent avec intérêt vers la littérature jeunesse : ils ont compris que les jeunes lecteurs représentent un public immense et renouvelé. Mais voilà : s'adresser à eux n'est pas si facile. Ceux qui savent le faire ne connaissent pas leur bonheur. Quand on les interroge sur leurs motivations et leurs pratiques, ils ont parfois du mal à les expliquer, comme on le constatera en consultant leurs réponses sur mon site : www.noosfere.org/grenier

Écrire loin de Paris

Les écrivains ont rarement redouté l'isolement. Flaubert et George Sand, l'un à Croisset, l'autre à Nohant, écrivaient chacun chez soi. Ils correspondaient, allaient l'un chez l'autre, se retrouvaient parfois à Paris chez un ami. Aujourd'hui, vivre en province est plus confortable qu'autrefois. Le TGV, le téléphone, le fax, l'informatique et Internet facilitent les contacts et abolissent les distances.

Je poste de plus en plus rarement un manuscrit ; sans même imprimer mon histoire, je sélectionne le fichier qui la contient et je l'envoie via Internet en document joint, par le biais d'un serveur informatique. En quelques secondes, le modem transmet le fichier à l'éditeur qui le récupère et l'enregistre sur le disque dur de son ordinateur. À peine mon ultime correction effectuée, mon dernier roman parvient quasi instantanément à son destinataire.

Il m'est arrivé d'échanger en une seule journée trois ou quatre versions différentes d'un petit texte que l'éditeur lisait, sur lequel il me faisait des remarques, et que je reprenais et améliorais avant de le lui retourner.

Vivre à six cents kilomètres de Paris n'est pas un handicap. Et l'isolement n'est qu'apparent. Un auteur jeunesse qui publie régulièrement est très sollicité, il est parfois invité dans des pays d'expression française ou à l'étranger. En France, il se déplace pour rencontrer des classes, assurer des débats face aux lecteurs d'une bibliothèque ou signer ses ouvrages dans les Salons du Livre. Il mène une vie plus riche et trépidante que bien des Parisiens.

Nous habitons, dans un village, une vieille maison de pierre au milieu d'un grand jardin, à deux pas de la Dordogne. En visitant le grenier, je me suis aussitôt exclamé : ce lieu ferait un bureau idéal.

À Paris, pendant dix ans, j'avais écrit sur la table de la salle à manger. En banlieue, je possédais un bureau mais j'étais sans cesse dérangé par le téléphone, la musique provenant de la chambre des enfants et le chat qui voulait toujours entrer ou sortir. Aussi je me réfugiais volontiers dans une penderie où j'avais installé lampe, machine à écrire, dictionnaires, carbone et papier. Là, les bruits me parvenaient assourdis. Ce qui me permettait autrefois de répondre, quand on me demandait où j'écrivais :

– Dans un placard.

Au dernier étage de cette maison, j'ai aménagé un bureau de soixante mètres carrés, inondé de clarté, où sont rangés des milliers de documents et de livres.

Désormais, c'est là que j'écris.

II

DANS LES COULISSES DE L'ÉCRITURE

On pourra s'étonner que j'aie consacré tant de place à des détails biographiques sans rapport apparent avec la littérature en général et la littérature jeunesse en particulier. Sans vouloir revenir sur le débat qui opposa Proust et Sainte-Beuve – en substance : en matière de création littéraire, quelles relations existent entre l'homme et l'œuvre ? –, je suis persuadé que les événements de l'enfance déterminent bien des comportements de la vie future. Ceux qui ont lu tel ou tel de mes romans ont sans doute retrouvé, ici ou là, un lieu ou un détail familier que mes fictions ont détourné ou déformé. Mais ce qui marque profondément l'imaginaire et l'écriture d'un auteur se situe ailleurs, au cœur d'éléments plus diffus ; chez moi, dans une éducation judéo-chrétienne, nuancée à l'adolescence par des convictions sociales et politiques ; et dans le fait qu'il m'ait fallu ruser pour obtenir gain de cause, grandir vite pour accéder à l'âge adulte.

Après avoir entrepris l'étude, étape après étape, de la genèse, de la maturation et de l'écriture de *Coups de théâtre*, de *L'Ordinatueur* et de *Pierre et Jeanne*, je tenterai d'élargir mes investigations en répondant à des questions qui obsèdent les enfants... et que se posent aussi bien des adultes : comment l'auteur passe-t-il de l'inspiration à la rédaction ? Quels sont ses sources, ses outils, ses problèmes et ses intentions ? Enfin, une fois le récit achevé, le domaine jeunesse dans lequel l'ouvrage va trouver place ne suppose-t-il pas des contraintes éditoriales, des limites, ou s'agit-il au contraire d'un champ ouvert à des activités ludiques et pédagogiques où la littérature aurait encore sa place ?

1. DE *COUPS DE THÉÂTRE* À *L'ORDINATUEUR* : LE MAKING OF

L'Ordinatueur *: ses sources*

Impossible d'aborder l'origine de *L'Ordinatueur* sans rappeler les raisons qui m'ont orienté vers le roman policier, et comment j'ai d'abord été amené à écrire *Coups de théâtre*...

Au début des années quatre-vingt-dix, après avoir publié un roman adulte et mon travail universitaire sur la SF, je savais être parvenu à un tournant. Sophie, notre fille, me livra l'occasion de changer de cap. À l'époque, elle découvrait le roman policier et en lisait trois par semaine. Après Agatha Christie, elle abordait des étoiles montantes comme Patricia Cornwell mais résistait, malgré mes conseils, aux Français tels Thierry Jonquet et Tito Topin. Un jour, enthousiasmée par une lecture récente, elle me lança une forme de défi.

– Toi, tu n'as jamais osé te risquer dans le domaine du policier ! Sans doute parce qu'il s'agit là d'un genre compliqué. Surtout quand l'auteur livre peu à peu au lecteur les moyens d'identifier un assassin dont le nom n'est révélé qu'à la fin.

Sophie ignorait que vingt-cinq ans auparavant, j'avais découvert Dashiell Hammett, Raymond Chandler, Horace Mac Coy et David Goodis. Elle n'avait jamais vu l'adaptation en roman-photo de ma *Villa des Saules*, écrite à vingt et un ans. J'ai souri, ravi au fond de l'aubaine.

– Pari tenu ! Je m'y mets.

Coups de théâtre

Depuis longtemps, je voulais rendre hommage à mes parents et consacrer un récit au monde des comédiens. Avec l'enseignement et la musique, le théâtre est l'un des domaines que je connais le mieux. La suggestion de Sophie me permettrait de faire d'une pierre deux coups : ce roman policier se déroulerait dans un théâtre ! Pour un crime en huis clos, la salle et la scène me semblaient un lieu double et ambigu chargé de symboles multiples sur le mensonge, l'apparence et la dissimulation. J'ai toujours été fasciné par le *Double Assassinat dans la rue Morgue* d'Edgar Poe et *Le Mystère de la Chambre jaune* de Gaston Leroux. Comme l'avait si souvent fait Simenon, je tenterais de brosser le portrait de ce milieu et de greffer ici ou là des anecdotes que mes parents avaient vécues. À l'origine, je baptisai mon futur récit *Meurtre en coulisses*. Les coulisses ne sont-elles pas le lieu de la transition de l'intime au public, de l'obscurité à la lumière ?

Mais si je tenais le décor et les personnages (acteurs mais aussi auteur, directeur, régisseur, souffleur, machiniste, électricien, accessoiriste...), je ne possédais aucune trame. Or, davantage que tout autre type de récit, un policier suppose que l'auteur maîtrise la structure de l'ensemble ! Pas question d'improviser un coupable à la page deux cent. Un tel récit suppose une minutieuse déconstruction : une fois le crime découvert, il faut remonter à sa source, reconstituer les emplois du temps de la victime et des suspects, étudier leur passé pour trouver des mobiles et des failles dans leurs alibis.

Sans jeter la moindre note sur le papier, je rodai quelques scénarios. Plus exactement quelques points de départ. Le plus évident s'imposa, celui d'un crime inexplicable et surtout inexpliqué. Le rideau s'ouvre et le projecteur éclaire au centre de la scène un corps inanimé. Or, juste avant que la victime n'entre en scène, chacun l'a vue, lui a parlé, l'a encouragée. Le meurtre – coup de revolver ? arme blanche ? je n'avais rien décidé – a donc eu lieu entre l'instant où elle a quitté les coulisses et celui où le rideau s'est ouvert, le temps pour elle de faire dix pas dans l'obscurité pendant que le régisseur frappait les trois coups.

Bien sûr, une enquête a lieu mais chaque suspect potentiel possède un solide alibi ! Dans les coulisses, les protagonistes étaient regroupés, aucun n'a eu le moyen d'agir sans être remarqué. Le souffleur était coincé dans son trou, les spectateurs ne pouvaient atteindre l'actrice assassinée.

Autrement dit, personne n'a pu porter le coup.

Il y a pourtant un coupable...

Longtemps, je m'interrogeai non pas sur son identité, mais sur la façon dont il aurait procédé. Sans le savoir, ma cousine Odette et son mari Michel me livrèrent une clé. Tous deux avaient longtemps travaillé au Concert Mayol. Ils avaient fréquenté de nombreux artistes, magiciens et... lanceurs de couteaux.

– Le coupable a tué sa victime en lançant un couteau sur elle, dans l'obscurité ! Facile à réaliser, avec un bon entraînement.

Je n'étais pas satisfait. Ce crime me paraissait simpliste. En fouillant dans le passé du personnel, un enquêteur découvrirait vite qu'un des acteurs avait été lanceur de couteaux. Je conservai pourtant l'idée qui, dans mon récit, se révélerait une fausse piste. Hélas, le même problème se reposait, aussi aigu : qui avait agi, et comment ? C'est sans doute en me posant des questions sur les motivations du criminel qu'une idée machiavélique s'imposa : la victime était tout simplement... le coupable. Il s'agirait d'un suicide déguisé ! La victime ferait ainsi condamner quelqu'un dont elle voudrait se venger et sur qui tous les soupçons se porteraient.

Les deux personnages concernés seraient des femmes.

De vieilles affaires familiales sont à l'origine de cette idée. Ma grand-mère s'appelait Mathilde et l'une de ses deux filles Loulou. Ce n'est donc pas un hasard si mes héroïnes principales, la mère-machiavélique-suicidée et sa fille-qu'on-croit-coupable se prénomment Loulou et Matilda (mais jamais aucun crime n'a eu lieu dans ma famille ! Et ni ma grand-mère ni ma tante n'ont été lanceuses de couteaux !).

J'imaginai Matilda jalouse de sa fille Loulou parce qu'elle lui avait volé son amant. Vieillissante et désespérée, Matilda se suicide en se vengeant doublement : sa fille passera pour sa meurtrière et son ancien amant, qui l'a trahie, pour son complice. Matilda devait bien préparer son coup. Il fallait réunir et isoler le couple juste avant qu'elle entre en scène, afin qu'ils n'aient pas d'alibi. Et succomber à un couteau que personne n'a lancé...

Compliqué ? Peut-être. Mais c'est cette complexité qui, chez l'écrivain, forme peu à peu la structure du récit, le justifie, le remplit, le construit.

J'avais là une enquête à rebondissements puisque la police découvrirait successivement que Loulou avait été lanceuse de couteaux et que son amant avait été auparavant celui de sa mère. Une fois ce scénario établi, il me fallait dresser le portrait des personnages secondaires et imaginer quel serait l'enquêteur. Ne pourrait-il pas être un simple acteur ou, pourquoi pas, le pompier de service ?

Non, une autre idée s'imposa, sans doute inspirée par l'envie de réinventer un couple plus moderne que celui de Watson et Sherlock Holmes : j'allais me mettre en scène, déguisé en inspecteur, et Sophie aurait les traits d'une jeune stagiaire entrée récemment dans la police. Ainsi naquirent Germain Germain-Germain et Logicielle, sa comparse. Au début du récit, les confidences de mon double à sa jeune stagiaire sont d'ailleurs conformes à ce que j'ai vécu et il s'agit là d'une partie de ma vie, à peine déguisée. Mes parents acteurs m'ont toujours éloigné du théâtre. Après la mort de ma mère, mon père s'est remarié et a demandé à sa seconde épouse de m'adopter s'il disparaissait avant elle. C'est ce qui s'est produit : mon père est mort en 1980 et en 1983, à l'âge de trente-sept ans, j'ai été officiellement adopté par sa seconde femme. Si bien que je porte, accolé à mon propre nom, celui de ma mère adoptive... Grenier bien entendu ! Germain, ainsi appelé en raison de mes affinités avec l'Allemagne, aurait son patronyme triplé : prénom, nom et nom d'adoption seraient le même. Quant à Logicielle, son sobriquet fut inventé avant que je lui trouve le double prénom Laure-Gisèle.

Au cours de l'enquête, je voulais qu'ils s'affrontent : le policier mûr utiliserait des méthodes traditionnelles et sa jeune stagiaire l'informatique. Après tout, c'est là, avec la génétique, l'une des autres spécialités de la police scientifique.

Une parenthèse s'impose. Dans mon esprit, ce roman n'avait pas de destinataire précis sinon ma fille Sophie. Ce n'était pas spécialement un roman pour la jeunesse. Aucun personnage n'était enfant ou adolescent. D'ailleurs, l'action promettait d'être complexe et les motivations des personnages très sordides...

Du roman au théâtre

Mon scénario établi, je me lançai dans la rédaction. L'écriture, traditionnelle, faisait de Germain le personnage central. La première version (écrasée par d'autres, l'un des inconvénients du traitement de texte) devait commencer ainsi :

« Ce soir-là, Germain avait invité à dîner chez lui sa toute nouvelle stagiaire.

– Je bois à votre avenir dans la police, mademoiselle Laure-Gisèle ! lui dit-il en levant son verre.

– Et moi, au succès de votre future enquête, répondit-elle en l'imitant. »

Au fil du récit, avec ses interrogatoires obligés, les dialogues se multipliaient. Ils constituaient l'essentiel du deuxième chapitre, quasiment dépourvu d'analyses psychologiques et de descriptions. Par ailleurs, les personnages et suspects rassemblés étant très nombreux, je devais rivaliser d'ingéniosité pour que le lecteur comprenne qui s'exprimait. Comme on le verra plus loin, les fameux « verbes de parole » m'ont toujours semblé une béquille encombrante. Vers la page quarante, l'évidence s'imposa : je n'avais plus que des dialogues. Exactement comme au théâtre. Normal, toute l'action se déroulait sur scène ou dans la salle. Et au cours de son enquête, Germain-Grenier jouait moins à l'enquêteur qu'à l'acteur, trop content d'avoir le premier rôle et de tenir en haleine son public : les suspects, qui appartenaient tous au théâtre.

Transformer ce roman en pièce ? Pas question. Il aurait fallu transporter sur la scène une partie de la salle et les coulisses ! Et le texte existant n'était pas jouable ; mes dialogues, littéraires, étaient destinés à être lus et non prononcés à voix haute : phrases trop longues, formulations recherchées qui, sur scène, auraient paru lourdes et manqué de spontanéité.

Non, ce serait… un « roman en cinq actes ». Je supprimai les chapitres et introduisis des « scènes » très classiques, en fonction de l'arrivée ou du départ des personnages que Germain, tour à tour, convoquait ou renvoyait.

La rédaction fut acrobatique : descriptions, mouvements, pensées, sous-entendus, ne pouvaient plus passer qu'au moyen de didascalies qu'il fallait réduire au maximum. Mais le pari me passionnait : c'était de l'anti-Proust, du Virginia Woolf à l'envers. Désormais il incombait au lecteur d'imaginer, uniquement à travers ce qui était dit, l'état d'esprit des protagonistes. Il devrait donc visualiser les réactions, mimiques, émotions des personnages, et le ton de leurs répliques.

Je voulus achever l'enquête par un clin d'œil en forme de mise en abîme : une fois l'enquête bouclée, l'auteur de la pièce, au cours de laquelle Matilda est morte, avoue aux inspecteurs que le meurtre et son élucidation l'ont inspiré. Il a donc décidé de rédiger une histoire qui correspond à ce qu'ils viennent de vivre. Le lecteur comprend que cette nouvelle œuvre ressemblera comme deux gouttes d'eau à... ce qu'il vient de lire. Mais voilà, l'auteur manque d'idées pour achever sa pièce en beauté. Il invite donc Logicielle et Germain à monter sur scène pour improviser devant lui cette conclusion qui lui manque. Perplexes et dociles, mes héros s'exécutent, nouant la réalité à la fiction que l'auteur prétend écrire...

Une fois achevé ce récit hybride et ambigu, une fois qu'Annette (qui depuis quarante-sept ans est ma première lectrice) et Sophie l'eurent lu, je me demandai ce que je pouvais en faire. Quel éditeur serait intéressé par cet objet romanesque non identifié ? Annette me rappela une promesse :

– Tu as toujours donné à Rageot ce qui ne relevait pas de la SF. Confie ton manuscrit à Catherine Scob en priorité.

Depuis un an ou deux, la collection Cascade, où ma *Guerre des Poireaux* avait été rééditée, se déclinait dans une série policière. La fille de Catherine Scob, Caroline Westberg, devenue chez Rageot responsable éditoriale de la collection Cascade, m'appela, je crois bien, le surlendemain.

– C'est un texte baroque et inhabituel, me dit-elle. Mais il me plaît. Parions qu'il trouvera sa place en Cascade Policier.

Le récit comportait vingt-quatre personnages, l'effectif d'une classe ! Puisque les lecteurs seraient des collégiens, je précisai dans un bref avertissement que ce roman pouvait être adapté au théâtre et que, pour les besoins de la mise en scène, il ne faudrait pas hésiter à modifier le texte, à le raccourcir et à enlever certains personnages.

À l'époque, en 1993, j'étais loin d'imaginer que *Coups de théâtre* serait non seulement adapté par de nombreuses classes, mais aussi que des troupes professionnelles le représenteraient plus tard un peu partout en France.

Le roman plut, se vendit, fut réédité dans l'année et obtint un ou deux prix.

Dans mon esprit, il constituait une incursion brève et unique dans le policier. Je n'avais jamais envisagé de réutiliser mes personnages. Jusqu'ici, cela ne m'était arrivé qu'avec *Cheyennes 6112* auquel l'éditeur, comme on sait, avait réclamé une suite.

Cette fois, ce furent les lecteurs qui ne cessèrent de me harceler. Dans les collèges où j'étais invité, ils me posaient toujours les mêmes questions :

– Que deviennent Germain et Logicielle ?

Je haussais les épaules, dérouté.

– Eh bien je suppose que Germain a obtenu sa mutation à Bergerac. Logicielle, son examen décroché, est sûrement devenue lieutenant de police.

– Vont-ils se revoir ? Enquêter à nouveau ensemble ?

– Ah non ! Je ne l'ai pas du tout envisagé.

– Quel dommage ! On aurait bien voulu savoir s'il n'existait pas entre eux… des sentiments.

Les lecteurs attentifs avaient noté qu'une tendresse particulière unissait mes deux héros. Là où ils soupçonnaient un sentiment amoureux n'existait que l'amour complice d'un père pour sa fille, à laquelle le livre est d'ailleurs dédié. J'avais beau m'expliquer, me justifier, ajouter :

– D'ailleurs Germain a l'âge d'être le père de Logicielle !

Je ne convainquais personne, évidemment. Et l'ambiguïté des sentiments de mes deux héros persistait.

Une faiblesse peu remarquée de mon roman ne cessait aussi de me tourmenter. Logicielle était informaticienne. Or dans *Coups de théâtre*, elle utilisait bien peu sa spécialité. Au cours des mois suivants, il devint évident que je devrais écrire un nouvel ouvrage, ne serait-ce que pour rectifier le tir.

Le sujet s'imposa tout naturellement…

L'Ordinatueur *: gestation*

Puisque Germain, dans *Coups de théâtre*, avait mené l'enquête, dans ce deuxième roman Logicielle aurait la vedette. Le crime qu'elle aurait à résoudre serait lié à l'informatique, ce qui justifierait qu'on la mette sur l'affaire. Germain resterait dans l'ombre ; les lecteurs n'auraient pas aimé qu'il disparaisse et le transporter à Bergerac m'arrangeait plutôt dans un premier temps. Enfin, pour lever les doutes sur les sentiments unissant Germain et Logicielle, il me faudrait créer un nouveau personnage de l'âge de mon héroïne, qui tomberait amoureux d'elle, à moins que ce ne soit l'inverse... Nouvellement promue lieutenant de police, Logicielle serait nommée dans ce qu'on appelle une banlieue difficile. Pourquoi pas à Saint-Denis, où Annette et moi allions autrefois au marché, chaque samedi ? Ainsi s'établirent le décor et les personnages, leurs liens et lieux de résidence.

Restait à définir l'essentiel, le nœud de l'intrigue. Un crime lié à l'informatique... mais lequel ?

Une idée évidente (du moins le paraît-elle aujourd'hui) s'imposa : une personne... non, plusieurs, forcément, étaient retrouvées mortes devant leur ordinateur ! Logicielle allait donc enquêter sur la cause de ces décès suspects qui, bien entendu, se révéleraient être des crimes.

Ce scénario de départ me séduisait. Il me permettait d'aborder plus en profondeur un domaine à la fois redouté des littéraires et apprécié des jeunes lecteurs : l'informatique ! Un monde qui tout à la fois touche la science, le jeu, la technologie et... l'écriture.

En SF, l'ordinateur est depuis vingt ans l'instrument qui permet de roder mille hypothèses, de l'intelligence artificielle aux mondes virtuels. Je ne voulais pas écrire un polar de SF, mais profiter de mes connaissances dans ce domaine particulier pour aborder des notions qui m'ont toujours tenu à cœur comme la perception de la réalité.

Restait à expliquer ces décès, à trouver le mobile du (ou des ?) meurtrier(s) et à justifier la façon dont il(s) s'y étai(en)t pris. Une fois encore, la logique vint à la rescousse : si des gens mouraient devant un écran, c'était peut-être parce qu'ils expérimentaient une machine révolutionnaire et dangereuse ?

Aussitôt, je songeai à mon ami Daniel Collobert. Chercheur au CNET de Lannion, il est l'un des spécialistes mondiaux de l'intelligence artificielle. En 1995, pendant un séjour chez lui en Bretagne, il m'avait longuement parlé de ses récentes recherches sur les réseaux de neurones. L'instrument du crime prenait forme : cet ordinateur-qui-tue était d'une nouvelle génération ! Il fonctionnerait avec des réseaux de neurones.

Hélas, le fait que des chercheurs meurent devant l'écran d'une machine qu'on expérimentait restait une hypothèse pauvre. Pour que l'enquête soit passionnante, de simples utilisateurs devraient être touchés. Une série de déductions s'établit dans mon esprit :

– Donc, ce nouveau modèle d'ordinateur est déjà en vente. Mais on s'aperçoit qu'il est dangereux !

Comme pour *Coups de théâtre*, cela me paraissait trop évident. Peu à peu, je poussai l'hypothèse plus loin :

– Non. On croit qu'il est dangereux mais en fait, il ne l'est pas plus qu'un autre ! L'assassin veut peut-être ruiner l'inventeur ?

Longtemps, je réfléchis à ce qui m'apparaissait comme le nœud du problème. (Longtemps, cela signifie plusieurs mois, je rodai en effet pendant deux ans le scénario de ce roman avant de me décider à l'écrire.) Mais le titre existait déjà : cet ordinateur-qui-tue, c'était *L'Ordinatueur*. Un néologisme qui, outre sa simplicité, avait l'avantage d'être explicite, le lecteur savait aussitôt qu'il s'agissait d'un roman policier se déroulant sur fond d'informatique, où l'ordinateur était l'assassin présumé !

À ma connaissance, un ordinateur n'avait jamais été utilisé comme arme du crime.

À vingt kilomètres de notre village existe, au sud de Bergerac et à trois kilomètres de Monbazillac, un superbe château abandonné bâti entre le XIIe et le XIXe siècles : Bridoire. Une promenade là-bas me livra l'une des clés dont j'avais besoin… Niché sur un rocher au creux d'un vallon, c'est vraiment le château de la Belle au bois dormant, entouré de taillis épais et de ronces ! Son histoire est compliquée. Autrefois magnifiquement meublé, vendu en 1978, il a été délaissé par son propriétaire. Très vite, des gens mal intentionnés ont compris que le bâtiment était sans surveillance. En quelques semaines, il a été visité, vidé, pillé puis vandalisé. Après l'avoir dépouillé de ses tableaux, lustres, tapisseries et meubles, les malfrats se sont attaqués aux rampes en fer forgé, aux cheminées de pierre puis aux parquets en chevrons de chêne.

Une association, dont je fais partie, a été créée pour tenter de convaincre l'État de protéger ce monument historique et d'exproprier l'acheteur indélicat qui, en vingt-cinq ans, n'a jamais payé d'impôts locaux ni fonciers.

Aujourd'hui, le propriétaire a été dépossédé de ce château. Il m'arrive de penser que la publicité faite à l'affaire Bridoire grâce au roman et à l'émission télévisée qui en a été tirée (*Enquête d'auteur*, diffusée trois fois sur la Cinquième en l'an 2000) a peut-être permis de hâter les choses...

C'est en visitant le domaine et en ruminant contre ceux qui l'avaient abîmé que l'idée d'une vengeance se fit jour dans mon esprit. Oui, quelqu'un qui aurait vécu à Bridoire sans pouvoir en hériter n'aurait eu de cesse de punir ceux qui l'avaient détruit ou l'en avaient dépossédé. Devenu un génie de l'informatique, il trouve, par le biais d'un logiciel subtil, d'un jeu terrifiant, le moyen d'assassiner ceux qui sont entrés dans le château et en ont dérobé les richesses.

Voilà. J'avais mon coupable et son mobile.

Bizarrement, il devenait presque sympathique puisque ses victimes étaient des crapules. Mais tuer des pillards me semblait un châtiment très exagéré. Si lui-même était atteint d'une maladie incurable, me dis-je, il disparaîtrait. Cela éviterait un futur jugement.

La question : comment un mort peut-il tuer ? fut facile à résoudre. Lancé sur Internet où n'importe qui le duplique sans difficulté, un logiciel peut circuler longtemps. Restait à savoir comment mon assassin ciblerait ses victimes. Les jeux vidéo me fournirent la solution : seuls les pillards connaissaient un certain passage souterrain secret du château. Seuls seraient donc visés, dans le jeu, ceux qui le découvriraient. Appâtées par un hypothétique trésor, les canailles qui avaient pillé le château tomberaient dans ce piège informatique. Même mort et enterré, l'assassin finirait par se venger.

Je tenais la structure générale de mon histoire.

Bien des mois furent encore nécessaires pour peaufiner les détails de l'action, mais le quotidien les nourrissait sans cesse... Ainsi, l'idée du jeu en trois dimensions me fut donnée par hasard. Dans le vaste grenier qui me sert de bureau existe, derrière moi, un Vélux dont le carré, par grand soleil, apparaît sur mon écran. Les phrases de mon texte sont alors noyées de clarté et j'aperçois au loin mon bureau dont l'image m'est renvoyée. Or je possède quelques livres en trois dimensions ; le meilleur moyen de voir apparaître les figures ou les paysages en relief, on le sait, est d'accommoder sur l'infini.

Ce reflet gênant me permit d'imaginer, pour mon intrigue, une image en relief construite sur le même principe ! Mais je ne voulais pas que Logicielle ait cette révélation chez elle. La projection d'un film en relief au Futuroscope lui en livrerait l'occasion, au cours d'une promenade sentimentale... Ce fut aussi pour moi l'occasion de faire apparaître Bruno della Chiesa qui, à l'époque, travaillait bel et bien au Futuroscope ! Il arrive ainsi que des personnages réels s'introduisent dans un récit sans que le lecteur s'en doute. À titre d'anecdote, Bruno était si content d'apparaître dans *L'Ordinatueur* que lorsque l'ouvrage obtint le Grand Prix européen qu'on me remit à Poitiers, il surgit dans la foule pendant la cérémonie, s'élança sur le podium, s'empara du micro et cria :

– Je suis Bruno della Chiesa ! Un personnage du roman de Christian !

À cet instant, son portable sonna (un comparse était chargé de l'appeler) et il s'excusa... reproduisant dans la réalité la scène que j'avais imaginée dans mon roman.

Début 1996, je possédais et maîtrisais l'intégralité du récit sans en avoir rédigé la moindre ligne. Je n'avais même pris aucune note ! Parfois, au cours d'une intervention dans une classe ou face aux lecteurs d'une bibliothèque, on m'interrogeait sur mes projets d'écriture, on me demandait si Logicielle et Germain allaient réapparaître.

– Oui, bientôt, c'est promis. Je me mets au travail dès que possible.

Mais il ne suffit pas d'être prêt à écrire une histoire, il faut être en humeur, en bonne forme... et, en ce qui me concerne, disposer de huit ou dix semaines de disponibilité totale.

– Sur quel meurtre vont-ils enquêter ? Dites-nous-en un peu plus ! insistaient mes lecteurs.

Je refusais. Annette elle-même ignore le sujet de mes prochains romans ; ils n'existent que dans ma tête et je n'en confie rien avant de livrer une première version. Je révélais, très vague :

– Ce sera une enquête informatique.

Quand on s'informait du titre, je le donnais sans me faire prier jusqu'à ce qu'Annette me reproche :

– À force de parler de ton *Ordinatueur* sans l'avoir écrit, tu t'exposes à un risque. Un jour, tu verras paraître un roman avec ton titre et tu te demanderas pourquoi tu as été doublé !

L'Ordinatueur : *écriture*

Comme en témoignent mes carnets, je consacrai tout l'été 1996 à sa rédaction. (Mon père, depuis 1945, notait chaque jour sur son agenda l'essentiel de sa journée ; comme lui, je consacre quotidiennement une minute à ce résumé. Je retrouve ainsi le détail de mon emploi du temps des années plus tard.)

On verra plus loin, en détail, comment je procède pour écrire un roman. Rédiger *L'Ordinatueur* me posa peu de problèmes. Il n'y eut qu'une version, quotidiennement remaniée, que je dus réduire de dix ou quinze pages pour que le calibrage corresponde à un volume de la collection Cascade Policier. Je me souviens que l'été fut très chaud et entrecoupé de violents orages. L'ambiance du récit en porte l'écho.

Comme toujours, le début de la rédaction fut lent et pénible. Je ne voulais surtout pas d'un récit dialogué à la manière de *Coups de théâtre*. Je commençais à comprendre que mes personnages pourraient bien devenir récurrents. Mais au lieu de trouver un ton et un style définitifs, je songeais au contraire à varier les procédés : *L'Ordinatueur* serait un roman traditionnel et Logicielle y aurait le premier rôle. Dans le roman suivant, Max serait le narrateur. Puis j'envisageais une histoire rédigée par Germain, à la première personne, un morceau de son journal. Ensuite, un roman épistolaire où le lecteur n'aurait, pour débrouiller l'enquête, que le courrier de Logicielle, Germain, Max, Delumeau et d'autres protagonistes dont, bien sûr, les suspects et l'assassin...

On verra comment et pourquoi ce projet littéraire avorta.

En attendant, j'hésitais entre plusieurs formulations. Je rédigeai trois débuts différents de vingt pages chacun, qui relataient exactement les mêmes faits. Annette arrêta son choix sur celui qu'on connaît, une version très classique au style indirect libre. À ses yeux, c'était la plus claire, la plus forte, la plus attachante.

Débuter d'une façon faussement dialoguée était un clin d'œil aux lecteurs de *Coups de théâtre* : ils pouvaient croire que ce roman inédit était rédigé de la même façon puisque le nom des héros apparaissait avant leurs paroles exprimées. On comprenait vite qu'il s'agissait d'une conversation via Internet...

Mon objectif était de présenter très tôt Max, amoureux transi, mais aussi la problématique générale que l'on pourrait ainsi résumer : l'informatique est-elle dangereuse ? Peut-on l'utiliser comme une arme ? Faut-il se méfier de son ordinateur ?

Quand la réalité nourrit la fiction...

Si Logicielle utilise le TGV pour se rendre chez Germain, qui l'attend en gare de Libourne, c'est bien sûr parce que notre fille Sophie utilise le même moyen de transport. La maison de Germain, « grande maison carrée flanquée de deux pigeonniers » au milieu d'un village, au bord de la Dordogne, c'est évidemment la nôtre. Six mois sur douze, nous prenons bien le petit déjeuner sur la terrasse, sous un tilleul. Tous les détails historiques sont authentiques : l'ombre de Henri IV, de la reine Margot et de Catherine de Médicis flotte toujours sur le village, où fut signée en 1580 la Paix des Amoureux, c'est-à-dire le brouillon de l'édit de Nantes. Et quand je traverse la rue pour me rendre chez la voisine, qui habite les anciennes écuries du château (détruit), je croise les fantômes de Montaigne et La Boétie puisque la route au bord de laquelle nous habitons, qui relie Saint-Michel-de-Montaigne à Sarlat, n'a pas changé de tracé !

D'ailleurs, quand l'équipe technique de la cinquième chaîne est venue passer quelques jours dans la région pour des repérages, la réalisatrice, Micheline Paintault, s'est écriée en entrant dans notre séjour :

– On jurerait qu'il s'agit de la maison de Germain ! Dis-moi Christian, tu ne vois pas d'inconvénient à ce que nous tournions les intérieurs chez toi ?

Ce qui fut fait. Hélas, le petit déjeuner sous le tilleul dut être annulé puisque le tournage eut lieu... en janvier !

Quant aux plans extérieurs, ils furent tournés au château de Bridoire, clandestinement investi et où il fallut apporter des groupes électrogènes. Pourquoi chercher un autre décor que celui qui m'avait inspiré ?

Sur le plan scientifique, j'avais des doutes. Logicielle et le coupable sont des informaticiens de choc, mais contrairement à ce que les lecteurs imaginent, je possède des notions informatiques rudimentaires ! Aussi, le roman à peine achevé, j'en adressai une copie à mon fils Sylvain, informaticien, et une autre à Daniel Collobert. Leur mission : piéger les invraisemblances. Ils en trouvèrent deux ! Je n'eus aucun mal à les rectifier en changeant une formulation et en transformant une phrase. Je ne voulais surtout pas qu'un lecteur spécialiste ricane en lisant tel ou tel passage. Je ne me trompais pas : *L'Ordinatueur* circula aussitôt parmi de nombreux informaticiens. À l'université de Bordeaux III, un mois avant que je ne le rencontre au cours d'un colloque à Bergerac, un enseignant en informatique décida de livrer l'ouvrage en pâture à ses étudiants pour qu'ils y relèvent d'éventuelles invraisemblances. Grâce à la sagacité de Sylvain et de Daniel, ils n'en trouvèrent pas !

Une conclusion ambiguë ?

La fin de *L'Ordinatueur* laisse souvent les lecteurs (ou les enseignants) perplexes. Le fait que tout au long de son enquête, Logicielle dialogue avec le coupable par ordinateur interposé semble invraisemblable. C'est pourtant logique : avant de disparaître, l'assassin a prévu et enregistré ses réponses à une énorme quantité de questions qui, il s'en doutait, lui seraient posées par les enquêteurs. Parfois, aucune réponse ne figure dans le logiciel LTPG, ce qui entraîne la phrase récurrente :

« – Je ne comprends pas ta question, Logicielle. Peux-tu la reformuler autrement ? »

Si l'assassin tutoie Logicielle et l'appelle par son sobriquet, c'est parce qu'elle a livré ces renseignements. Quand elle a dû choisir voix et niveau de langage pour dialoguer avec la machine, il lui a bel et bien été demandé :

« – Sous quel nom désirez-vous que l'OMNIA 3 s'adresse à vous ? »

Si elle avait opté pour le vouvoiement et M. Dupont, l'assassin l'aurait appelée ainsi ! Bien naïfs sont les lecteurs qui croient qu'une mémoire humaine se cache dans l'ordinateur ! Le coupable s'est contenté d'utiliser toutes les capacités de l'OMNIA 3. Et quand, dernière phrase, l'assassin déclare : « – Je te souhaite la bienvenue, Logicielle. Viens, je t'attendais », l'héroïne accède tout simplement à un autre niveau de dialogue, sans doute plus approfondi et intime, au cours duquel le coupable va se livrer à quelques confidences... préenregistrées ! Mais comme à mon habitude, j'aime conclure sur une nouvelle ouverture qui sollicite l'intelligence et la sensibilité du lecteur, qui l'invite à réfléchir ou à rêver sans l'irruption d'un univers irrationnel ou fantastique.

L'Ordinatueur... *et après ?*

Parfois, un auteur est dépassé par son propre texte. Ou plutôt, les conséquences de son succès modifient son projet initial. À peine envoyé à Caroline Westberg, *L'Ordinatueur* fut accepté et publié six mois plus tard, en février 1997. Son titre, une couverture très réussie dans une collection déjà très appréciée, l'attente des lecteurs et l'attrait d'une enquête dans l'univers informatique expliquent sans doute qu'il ait touché un large public. Faut-il l'avouer ? Ni Caroline ni moi-même ne nous attendions à ce qu'il soit ainsi reconnu, récompensé par de nombreux prix, plébiscité par des lecteurs aux âges et aux intérêts si divers. Publié dans une collection destinée aux adolescents (qui lisent moins que les enfants), ce roman n'avait pas la vocation d'un best-seller.

En dépit des prières des lecteurs, je ne me précipitai pas pour écrire une troisième enquête. Oh, les idées ne me manquaient pas mais j'avais d'autres engagements, d'autres projets. Pas question de me lancer tout à coup dans la rédaction de cinq ou six polars dans l'année ! Discrète, patiente, Caroline respecta ma réflexion et mes hésitations.

Mais voilà, un succès est handicapant. On sait que le lecteur risque d'être déçu, qu'on sera sûrement moins brillant. Avant d'écrire *L'Ordinatueur*, j'avais en projet d'autres enquêtes qui n'aborderaient pas l'informatique. Mon projet initial se modifia : je renonçai à mettre Max en avant, les lecteurs m'en auraient voulu. Et je m'étais attaché à Logicielle. J'entrepris *Arrêtez la Musique !* à la première personne, comme si Logicielle avait raconté sa propre histoire. Le verdict d'Annette fut sans appel : le changement de ton ne passait pas. J'insistai en rodant deux autres débuts différents mais décidément, le lecteur (du moins ma femme !) ne s'y retrouvait pas.

Voilà pourquoi, jusqu'à *Simulator*, la rédaction reste traditionnelle, même si les univers évoqués sont différents. Toutefois Logicielle, Max et Germain (le « trio d'enfer » comme Caroline aime à les surnommer) n'ont peut-être pas dit leur dernier mot. Et il se peut que je prenne, au fil du temps, certains risques et que l'un ou l'autre de ces personnages révèle des surprises aux lecteurs.

Logicielle : quatre nouvelles

Pour ceux qui l'ignoreraient, Logicielle fait également une brève incursion dans quatre courtes enquêtes, au sein de quatre recueils de nouvelles dont la genèse mériterait un long développement...

Dans *Cadeau mortel pour Noël* (la nouvelle a pour titre *Minuit en rouge et noir*), elle est confrontée à un crime inexplicable que Germain et Max l'aident à résoudre. Dans *Noël sans frontières*, les trois héros apparaissent dans *Saint Expédit, tuez pour nous !* où ils confondent un assassin qui a maquillé son meurtre en accident. Enfin, dans *Mouche !*, in *Crimes glacés*, Logicielle, Max et Germain doivent découvrir comment un meurtrier a fait disparaître en dix secondes celui qui pêchait la truite à quelques pas d'eux, et dont ils étaient chargés d'assurer la sécurité.

Onze autres auteurs Rageot ont rédigé pour ces volumes de la collection Magnum une nouvelle policière dans laquelle l'éditeur a souvent imposé une stimulante série de contraintes.

Dans *Crimes en cascade*, recueil de quatre récits d'auteurs différents, Logicielle et Max apparaissent aussi. Mais le narrateur est le facteur ; il découvre un cadavre et participe jusqu'au bout à l'enquête. L'action et les dialogues de mes héros sont difficiles à gérer puisque ce ne sont plus les personnages principaux ! On verra un peu plus loin (page 303 et suivantes) dans quelles circonstances sont nés ce récit et ce projet collectif.

2. *PIERRE ET JEANNE* : LE MAKING OF

Après avoir écrit *Coups de théâtre*, je n'attendis pas la sortie du roman en librairie pour me remettre au travail. Peut-être étais-je en train de boucler la rédaction de ce roman policier quand je fus invité au Salon du Livre de l'île d'Oléron. J'y retrouvai Yves Pinguilly. Je me souviens qu'à table, face à l'océan, tandis que nous dégustions des fruits de mer en discutant de tout et de rien, il s'écria soudain :

– C'est étrange, tu n'as jamais écrit sur la musique ! C'est pourtant un domaine que tu connais bien. Mieux encore que la littérature !

– Bah, qu'y aurait-il à dire ? La musique, ça s'écoute et ça se pratique, à quoi bon en parler ?

– Tu es passé maître dans les romans sur fond d'exploration spatiale ou temporelle, m'affirma Yves. Ce serait un vrai bonheur si tu écrivais une histoire réaliste avec la musique comme sujet !

Perplexe, je grommelai :

– Les ados s'intéressent peu à la musique classique, tu le sais bien. Et il n'y a qu'elle que j'aime et que je connais !

– Pourquoi n'essaies-tu pas ? Les auteurs qui se risquent dans ce domaine sont rares. Je ne connais que Romain Rolland et son *Jean-Christophe*.

Yves venait de faire mouche. À quinze ans, la lecture de *Jean-Christophe* m'avait procuré une émotion intense. Aussi, dès mon retour au Fleix, l'idée fit son chemin. Je me remémorai mes premiers concerts et l'ivresse qui les avait suivis.

Un adolescent qui découvre la musique classique...

Pour se lancer dans l'écriture d'un roman, c'était très insuffisant ! D'autres scénarios étaient sûrement possibles. Une scène me revint en mémoire. Dans les années soixante-dix, un collègue qui enseignait la musique dans le même collège que moi m'avait entraîné chez son ami Aldo Ciccolini. Le grand pianiste nous avait cordialement reçus. Nous avions beaucoup parlé ; sans se faire prier, il s'était mis à jouer. Je garde un souvenir ébloui du *Deuxième Concerto* de Saint-Saëns dont il exécuta le deuxième mouvement de façon magistrale. Ah, si j'avais eu la chance, plus jeune, de l'avoir comme professeur ! Car Aldo Ciccolini, concertiste de renommée internationale, était également professeur à l'École Nationale Supérieure de Musique de Paris. Peu à peu, un autre scénario se dessina et mûrit : invité à remplacer au pied levé son maître indisponible, l'un de ses jeunes élèves devient célèbre du jour au lendemain.

C'était là un fait divers classique. La plupart des futurs grands pianistes, on le sait, se produisent en concert enfants ou adolescents ! Mais une fois encore, le sujet restait faible. C'est en nouant les deux scénarios et en imaginant un héros et une héroïne que l'histoire prit de l'intérêt : une adolescente découvre la musique classique en assistant à un concert. Et elle tombe amoureuse du jeune pianiste !

C'était ça. Croiser leurs deux destins. Mais il fallait corser la difficulté, trouver un moteur pour que les personnages soient poussés... l'un vers l'autre, bien sûr !

Peu à peu, l'histoire du jeune concertiste se précisa. C'était lui qui tomberait amoureux de la jeune fille. Il se dépasserait pour la conquérir avec la seule arme dont il saurait se servir : le piano.

Mais elle ? Pour quelle raison ne se laisserait-elle pas séduire ? Il me fallut un certain temps pour trouver la réponse : parce que ce jeune homme, elle le connaît. C'est l'un de ses camarades de classe. Il est timide, terne, peu séduisant. Dans la cour du collège ou du lycée, elle le croise sans lui prêter attention. Mais en concert, il l'éblouit, elle n'a d'yeux que pour lui, même si son regard passe avant tout par... l'oreille.

Le scénario se construisait. Restait à inventer le subterfuge grâce auquel cet élève insipide, au visage trop familier, deviendrait concertiste en gardant l'incognito.

Il fallait qu'il se déguise. Qu'il joue un autre rôle sur scène !

L'idée de la perruque naquit je crois grâce au Quatuor, ce groupe d'instrumentistes qui, dans les années quatre-vingts, avaient monté un irrésistible numéro comique avec perruque, archet, tabouret et acrobaties. Oui, personne ne connaîtrait le visage de ce mystérieux musicien prodige. Le titre jaillit d'un coup : *Le Pianiste sans Visage*.

À présent, les motivations du jeune homme, que je baptisai Pierre (je voulais un prénom simple et biblique), étaient claires : amoureux de la jeune fille, il serait sans cesse mortifié en classe, jamais elle ne lèverait les yeux sur lui. Mais à l'occasion de ce concert où il ferait merveille, elle serait là, dans la salle, et serait conquise par ce pianiste inconnu. Le roman serait tout entier bâti sur cette imposture. Et à l'issue d'un ultime concert, Pierre lèverait le masque pour que son admiratrice comprenne enfin que l'élève effacé du lycée et le célèbre concertiste ne faisaient qu'un.

C'était une autre façon de conjuguer l'une de mes métaphores favorites sur le réel et l'apparence, la vérité et le décor... Le moteur qui ferait agir Pierre durant toute l'année scolaire était trouvé. Les détails (concerts, échanges sur la musique, rendez-vous) viendraient plus tard, je n'étais pas inquiet.

Le moteur qui ferait agir la jeune fille, lui, n'était pas au point. Je décidai de l'appeler Jeanne, peut-être parce que c'était le prénom de ma mère. Sans doute aussi, plus ou moins consciemment, en hommage au roman de Guy de Maupassant *Pierre et Jean* – comme quoi, quand on veut parler musique, la littérature n'est jamais loin.

Je pense que l'idée des deux journaux intimes s'imposa à ce moment-là, alors que l'histoire de Jeanne était encore à l'état embryonnaire. Pourquoi ? Pour une raison simple : le lecteur peut difficilement suivre avec un intérêt égal le destin de deux personnages. De gré ou de force, il s'attache à l'un d'eux. Et dans mon esprit, Pierre et Jeanne avaient une importance égale. Je voulais que le lecteur vibre aussi intensément avec l'un et l'autre. Il faudrait donc deux histoires, parce que la motivation de Pierre n'avait rien à voir avec celle de Jeanne. Leurs milieux familiaux, leurs soucis, leurs objectifs devraient être nettement distincts. L'évidence s'imposa peu à peu : il n'y aurait pas un roman, mais deux.

Ce seraient deux journaux intimes indépendants, chacun d'eux aurait un style particulier. Ce serait un canon à deux voix. Parfois, Pierre évoquerait un fait qui lui aurait semblé majeur – et Jeanne n'en ferait pas mention ! D'autres fois, la même scène serait racontée par chacun d'eux, avec un regard forcément différent.

Le projet me parut original, surtout quand je me lançai le défi suivant : il faudrait que le lecteur lise le journal de Pierre sans pouvoir imaginer que celui de Jeanne existait. Et inversement. Mais s'il lui prenait l'envie de lire les deux histoires, il devrait obtenir des renseignements complémentaires, des explications qui éclaireraient cette double passion. Il devrait avoir une... « sensation littéraire de stéréophonie », un écho de deux points de vue lui permettant de se faire sa propre opinion. Après tout, quand un événement se produit, les journaux le relatent différemment. Les apôtres (le choix des prénoms Pierre et Jeanne a peut-être là son origine !) n'avaient-ils pas livré leur propre version de la Passion ? Et quand un couple vit une crise (ou... une passion, justement), chacun de ses membres a sa propre vision des faits.

Je m'attachai à peaufiner le caractère de mes personnages. Pierre, lui, ne saurait s'exprimer qu'en musique. Il parle peu mais il écrit, il livre ses pensées secrètes, révèle qu'il est amoureux et ne sait comment toucher le cœur de Jeanne.

Le choix du journal intime se prêtait particulièrement bien à ce genre de confidences et d'aveux...

Le titre *Le Pianiste sans Visage* me livra peu à peu la clé des motivations de Jeanne – eh oui, quand un titre apparaît alors que le récit n'est pas encore au point, il devient une sorte de tuteur, de fil conducteur. Ce titre, il faudrait qu'il soit à double sens : ce *Pianiste sans Visage* serait certes celui du jeune virtuose inconnu, mais aussi celui du père de la narratrice, qu'elle n'aurait pas connu puisqu'il serait mort prématurément. Mais comment ?

C'était évident : dans un incendie ! Jeanne n'a jamais connu son père. Tout ce qui le concernait a disparu. Elle n'a même pas une photo de lui. Ce sera également lui, ce pianiste sans visage. Et dans l'esprit de Jeanne s'instaurera une confusion entre le jeune homme qu'elle aime et son père. Le premier prendra la place du second.

Le père serait donc lui aussi… pianiste ? Et inconnu ?

Pourquoi pas ? Toute sa vie, Fernando Pessoa avait écrit et il était mort dans l'anonymat, on n'avait découvert son œuvre colossale qu'après son décès. Désormais, comme dans une intrigue de science-fiction, le fil de mon récit s'imposait grâce à mes déductions et à la logique interne de l'action. Le père de Jeanne était ingénieur du son… et composait en secret. Jeanne finirait par découvrir ses partitions et ses enregistrements parmi sa collection de vieux disques vinyles que sa mère aurait reléguée dans la cave ou au grenier.

Il serait aisé de retrouver l'origine de tous ces faits qui font parfois dire au lecteur : « Quelle imagination ! ». Par exemple, si le modèle du professeur de Pierre est Aldo Ciccolini (le nom d'Amado Riccorini m'a semblé un discret hommage), le modèle du père de Jeanne pourrait bien être un mélange de Pierre Schaeffer et Pierre Henry, deux compositeurs de musique concrète qui, dans les années cinquante, jonglèrent avec les bandes magnétiques et les premiers instruments électroniques (on disait : électroacoustiques).

L'incendie ? Il me fut inspiré par un fait réel : les incendies de forêt sont nombreux en Provence et un jour, aux informations, j'appris que le village de Callas était cerné par le feu. Aussitôt, j'appelai nos amis écrivains les Grimaud qui vivaient dans une grande maison isolée au milieu de la garrigue.

– Nous sommes toujours vivants ! me répondit Jean-Louis. Je te parle en observant la progression de l'incendie à la jumelle. Il approche. Mais les pompiers nous survolent, ils savent que nous sommes ici.

Au bout du fil, le vrombissement des canadairs se mêlait à une étude de Chopin que Sarah interprétait sur son piano à queue !

Quant à l'auditorium indépendant de la maison, sa présence s'explique quand on sait que le père de Jeanne était à la fois compositeur et ingénieur du son. Un autre ami écrivain grand amateur de musique, Michel Honaker, en possède un !

Jeanne veut faire revivre son père en faisant interpréter ses partitions, elle souhaite révéler au monde qu'il était un grand musicien. Son relais, son… instrument, ce sera Pierre. Le pianiste sans visage, son idole, jouera la musique de son père !

Cette fois, j'avais l'argument qui ferait avancer mon héroïne. Il s'y greffait plusieurs symboliques qui me séduisaient.

Je commençais à sentir le mouvement général de ce roman double. Pierre et Jeanne partaient séparés. Peu à peu, leurs deux destins se chevauchaient, se nouaient pour ne faire bientôt qu'un, au cours d'un dernier concert en forme d'apothéose où Pierre révélerait sa véritable identité et où, grâce à lui, le talent du père de Jeanne serait livré au public.

Je fignolai le portrait des personnages annexes dont le modèle, comme souvent, existait dans la vie courante. La mère de Jeanne, allemande et professeur d'allemand (une langue que j'ai, moi aussi, enseignée un temps !), ressemble comme deux gouttes d'eau à la tante d'Annette, Elisabeth – dont le mari Heinz était baryton-basse à l'opéra de Dortmund ! Au collège Clignancourt, mon professeur de musique s'appelait lui aussi Bricart. L'enseignant de français de Jeanne, M. Oriou, est celui que j'ai eu en quatrième, à Chaptal.

Le nom de nombreux personnages m'a été souvent inspiré par des lieux proches de notre domicile. Si Pierre se nomme Dhérault, c'est parce que le village voisin du nôtre s'appelle... Saint-Pierre-d'Eyraud ! Quant à l'agent artistique M. Jolibois et au directeur de la salle Pleyel M. de La Nougarède, ils tirent leurs noms des deux lieux-dits viticoles les plus proches de chez nous !

Ici résumées, ces réflexions, déductions et explorations de plusieurs pistes possibles m'avaient en réalité occupé plusieurs mois. Il me restait à passer à la rédaction. Hélas, elle promettait d'être longue et hasardeuse. Et je m'étais récemment engagé auprès des éditions Nathan à écrire un roman de SF pour la jeune collection Pleine lune. Cette commande avait la priorité car je savais que ce récit serait vite lu, accepté... et payé. Or, je vivais de ma plume depuis peu – nous étions en 1994. Et puis écrire un nouveau roman de SF ne me poserait pas problème. Du moins c'est ce que je croyais...

Je voulais m'écarter de la SF mais elle me poursuivait obstinément ! À cette époque, Sophie fréquentait un garçon fin et cultivé, Jean-Claude, qu'elle épouserait cinq ans plus tard. Sous son influence, il s'était plongé dans la littérature jeunesse en général et mes romans en particulier. Tandis que je peaufinais dans ma tête mon futur *Pierre et Jeanne*, il me demanda :

– Quand vous vous lancez dans l'écriture d'un roman, vous improvisez ou bien vous avez déjà l'histoire en tête ?

Je lui expliquai qu'il me fallait maîtriser l'ensemble du récit avant d'en jeter le premier mot. Il s'étonna et, naïvement, s'écria :

– Après avoir écrit des dizaines de romans, vous n'êtes pas capable de vous lancer au hasard ? Vous avez peur ?

Sa certitude m'ébranla. Et pendant les premiers jours de l'été 1994, alors que nous venions de prendre nos quartiers dans le studio que ma mère possédait sur la côte d'Azur, je décidai d'écrire ce roman pour les éditions Nathan alors que la veille encore, je n'y songeais pas.

Je rédigeai ainsi, de façon spontanée et irréfléchie, les premiers chapitres de ce qui serait *Aïna, Fille des étoiles*. Jusqu'à la page quarante, tout se déroula à merveille, mon héroïne quittait son oncle adoptif, s'enfuyait en canoë sur la Dordogne, empruntait clandestinement un moyen de transport spatial qui la menait en orbite autour de la Terre. Une semaine d'écriture parfaite, fluide, ininterrompue... puis le blocage total : trois jours d'affilée, je restai muet devant l'écran de mon ordinateur. Quant à Aïna, elle était comme moi, bloquée – mais en orbite. Je ne savais plus ce que j'allais faire de ce personnage, ni quelle serait la suite de mon histoire. Je vouai Jean-Claude à tous les diables ! Face à mon désarroi, Annette haussa les épaules.

– C'est ridicule ! Pourquoi n'écris-tu pas ce qui est mûr, ce que tu as très envie de raconter ?

Elle avait raison. On était début juillet. Dès le lendemain, je rédigeai le premier chapitre du *Pianiste sans Visage*.

C'est par le journal de Jeanne que je commençai. Une fois encore, la rédaction se révéla sans problème, rendue plus aisée par l'usage de la première personne ; là, je savais où j'allais... même si je m'étais mis dans la peau d'une fille de quinze ans.

Quand de jeunes lectrices s'en étonnent, j'explique :

– Ma fille a eu quinze ans. Pendant des années, j'ai surtout enseigné en quatrième et en troisième. Les filles de quinze ans, je les connais bien. À cet âge, leurs préoccupations et leurs pensées ne me semblent pas très différentes de celles des garçons. Or j'ai eu quinze ans, moi aussi. Je m'en souviens. Au point que parfois, je me demande si je ne les ai pas encore...

En répondant ainsi, j'évoque ce que j'appelle « l'âge auquel l'écrivain est resté », celui qui guidera longtemps sinon son style, du moins son imaginaire. C'est l'âge des émois les plus importants, celui qui a marqué le plus notre existence... un âge qui varie d'un auteur à l'autre et explique que l'on s'adresse avec plus de bonheur à tel public particulier.

Ce qui est certain, c'est que pour décrire le premier concert auquel assiste Jeanne presque par hasard, j'ai analysé les sentiments qui furent les miens en octobre 1956, quand je me suis retrouvé face à l'orchestre Fernand-Oubradous. Mais voilà, je voulais étudier les émotions produites par des morceaux particuliers. Un problème de taille se posa : dans ce studio de vacances, je disposais d'un méchant transistor incapable de capter France Musiques. Pas un seul disque, pas une seule cassette ! Ni, bien sûr, de partition. Je devais faire appel à ma mémoire. Je déroulai dans ma tête la sonate *Wanderer Fantasie* de Schubert, *Gaspard de la nuit* et *Miroirs* de Ravel, la *Marche funèbre* de Liszt. Et surtout la fameuse sonate *Deutsch 960* de Schubert.

Ces œuvres (et des centaines, des milliers d'autres), je les connais par cœur. Stupéfiant ? Absolument pas ! De même que n'importe qui fredonne sous la douche les chansons de Francis Cabrel, Jean-Jacques Goldman ou Céline Dion, un amateur de musique classique peut mémoriser de nombreuses pièces, de Monteverdi à Messiaen. À onze ans, j'avais fini par être capable de diriger la *Cinquième symphonie* de Beethoven sans consulter la partition. Quarante ans plus tard, je n'avais pas besoin d'écouter toutes ces œuvres, il suffisait que je me remémore la musique !

Après avoir rédigé le début du journal de Jeanne, je l'interrompis pour me lancer dans l'écriture de *La Fille de 3e B*, quittant le rôle d'une jeune fille néophyte pour endosser le rôle d'un pianiste habitué à affronter des partitions complexes.

L'écriture de *La Fille de 3e B* et du *Pianiste sans Visage* se déroula ainsi, sans beaucoup d'interruptions ni d'accrocs, pendant six ou sept mois, de juillet 1994 à janvier 1995.

J'allais sans cesse d'un fichier (c'est-à-dire d'un roman, d'un personnage) à l'autre, modifiant ici telle scène en fonction de ce que j'avais déjà écrit, revenant en arrière, vérifiant les dates sur le calendrier. Si la rédaction du journal de Jeanne, naturelle et spontanée, me posait peu problème, je sentais que le style de Pierre était beaucoup trop aisé. Mais j'y reviendrais plus tard, je voulais en priorité avancer.

Cette période d'écriture fut sans doute l'une des plus agréables que j'aie connues. Récemment installés dans le Périgord, nous achevions l'aménagement de notre maison; nos enfants avaient fini leurs études et trouvé du travail. Sylvain s'était marié au mois de mai 1994.

Pour les besoins de ces deux romans, je retrouvais l'euphorie de mes seize ans. À cet âge, j'étais moi aussi amoureux. Et contrairement à certains écrivains qui aiment cultiver regrets et nostalgie, me rappeler cette période ne me rendait ni mélancolique ni chagrin.

Qui a prétendu qu'il faut être malheureux pour écrire ?

On me demande souvent si l'un ou l'autre de ces romans est autobiographique. Bien sûr que non, je ne suis ni Pierre ni Jeanne, je n'ai plus leur âge, je n'ai jamais été orphelin de père… ni pianiste virtuose. Mais je suis cependant un peu l'un et l'autre. J'ai comme eux habité Paris, été au concert, joué du piano, écouté des disques, écrit sur un banc, aimé en secret. Et surtout, j'ai dû longuement me battre pour gagner le cœur de celle qui occupait mes pensées… et l'ignorait.

On me reproche parfois mes fins heureuses, trop heureuses (en revanche, on ne déplore jamais la noirceur de certains récits de littérature générale, comme si le pessimisme et l'amertume étaient l'apanage du monde adulte). L'optimisme, ça fait plouc ; le pessimisme, ça fait classe. Si la littérature est à l'image de la vie, la mienne ne porte pas la marque de la douleur. Au risque d'en chagriner ou d'en faire ricaner certains, je l'affirme : certaines histoires d'amour finissent bien.

En novembre, je vins à bout du premier jet de mes deux romans. Je les imprimai pour les relire soigneusement, à deux mains, c'est-à-dire côte à côte. Je voulais vérifier que toutes les pièces s'ajustaient. Car ces deux journaux intimes, dans mon esprit, constituent un puzzle. Chacun d'eux doit pouvoir être lu de façon indépendante mais l'ensemble doit constituer un édifice cohérent et en relief.

Volontairement, j'imaginai des séquences qui n'existeraient que dans un des deux romans. Par exemple celle au cours de laquelle Pierre, médusé, voit Jeanne s'asseoir auprès du SDF, discuter et grignoter un biscuit en sa compagnie… Ce coup de foudre, moment unique et exceptionnel, Jeanne n'en fait pas mention : elle n'a pas prêté la moindre attention à Pierre, pourquoi noterait-elle sur son journal intime qu'elle a donné une pièce à un mendiant ?

De même, l'exposé sur Schubert que Pierre assure pendant une heure face à la classe de Jeanne n'est pas évoqué dans le journal intime de la jeune fille : l'orateur lui a laissé un souvenir aussi marquant que l'heure de géométrie !

Les scènes figurant dans les deux journaux intimes devaient être relatées de façon très différente. Le concert du 1er octobre, par exemple, subjugue Jeanne qui se laisse imprégner par la musique. Pierre, lui, acteur sur scène, sait qu'il dirige et manipule la spectatrice qui lui fait face. Plus tard, il attendra beaucoup de la rencontre du 13 décembre. Hélas, Jeanne vient de trouver à la cave les disques de son père. Cette découverte accapare son attention et pendant l'heure qu'ils passent en tête-à-tête, ils ne parlent pas le même langage.

Quand une scène est commune aux deux romans, les dialogues sont rapportés de façon différente – les héros n'ont rien enregistré et notent, le soir même, les paroles telles qu'ils en ont le souvenir. Si le lecteur lit ainsi, l'une à côté de l'autre, les deux versions, il constatera qu'elles diffèrent et il se fera sa propre opinion... Un passant qui aurait écouté et observé, sans doute plus objectivement la scène, l'aurait relatée tout autrement.

Le jeudi 11 mai, Pierre, qui a invité Jeanne chez lui, ne songe qu'au thé à préparer, aux disques qu'ils vont entendre, aux petits gâteaux qu'ils vont déguster. Jeanne, elle, attend de Pierre un geste qu'il n'osera jamais faire. C'est elle qui en prendra l'initiative, elle qui, au moment des adieux, l'embrassera, presque sans réfléchir.

Il me fallait aussi faire passer, dans le journal de Jeanne, son intérêt grandissant, son attendrissement puis son amour pour Pierre. Car elle n'a jamais eu de coup de foudre pour lui. Elle s'est attachée à lui lentement, grâce à sa gentillesse, son opiniâtreté, ses attentions. Dans son cœur, Pierre prendra la place de cette vedette dont elle s'est entichée.

Je désirais enfin que le lecteur attentif à ces deux versions soit capable d'effectuer certains recoupements. Il peut par exemple comprendre que le piano à queue de Pierre est celui qu'a vendu la mère de Jeanne, après l'incendie de l'auditorium. Ce qui explique que Jeanne elle-même s'y trompe, ce même 11 mai, quand son hôte joue l'un des morceaux de son père...

À l'issue de chacun de ces romans, j'ai voulu, je l'avoue, inviter le lecteur à lire l'autre version des faits : ce qui explique la scène finale dans laquelle Pierre et Jeanne, sur le banc, échangent leurs deux cahiers intimes.

En novembre, j'ai relu mes deux récits et constaté que le journal de Pierre souffrait d'une énorme faiblesse : il était bien écrit. Trop bien. Ce jeune homme de seize ans qui prétendait être maladroit et ne pas savoir s'exprimer avait une maîtrise littéraire inexplicable ! La justifier était impossible puisque la personnalité et les agissements de Pierre, pendant cette année scolaire, reposaient sur ces critères précis et convaincants : il était timide, parlait peu et mal et ne savait s'exprimer qu'en musique. De plus, le style de son journal intime était très proche, trop proche de celui de Jeanne ! Bien sûr, puisque j'étais l'auteur de ces deux histoires, je les avais rédigées avec un enthousiasme juvénile qui en faisait de vrais jumeaux.

Il me fallut revoir entièrement ma copie.

Ce ne fut pas une mince affaire. Car la gageure consistait à écrire de façon faussement maladroite ! Dans le journal de Pierre, hésitations, comparaisons et métaphores devaient témoigner de naïvetés linguistiques ou stylistiques grossières... mais relever en même temps de la littérature. Ce serait le « vrai faux journal intime » d'un élève médiocre en français.

À titre d'exemple, voici un extrait...

Quand le professeur de musique a désigné Pierre d'office pour qu'il prépare un exposé sur Schubert, le narrateur déclarait dans la première version :

« Il leva vers moi son regard de myope comme pour y quêter un éventuel reproche, voire un refus obstiné. Mais je le gratifiai d'un sourire résigné. Oh, un exposé ne me fait pas peur, surtout quand son sujet porte sur la musique. Et puis au moins, j'en serais quitte ; c'était la garantie de ne plus avoir à y passer. Je lui fus même reconnaissant de m'avoir désigné d'office et fait grâce d'une négociation.

Car je redoute de prendre la parole en public. Je ne suis pas un beau parleur et du coup, quand je m'exprime, je le fais avec maladresse et laideur. Dans la vie, c'est la musique qui me tient lieu de langage. Ah, comme j'envie ceux qui s'expriment bien – même si, parfois, leur discours dissimule ce qu'ils sont. Car les paroles sont un emballage trompeur. À l'inverse, je crois qu'un compositeur ne peut pas dissimuler le fond de son cœur. Mais hélas, il faut être initié à ce langage dont on comprend toutes les nuances sans l'avoir vraiment appris. »

Impossible pour Pierre de s'exprimer ainsi ! Après de nombreux essais et tâtonnements, et au bout de deux mois de réécritures multiples, la version finale aboutit à :

« Il a levé vers moi son gros regard flou. Il a dû confondre ma grimace avec un sourire résigné. Cet exposé, c'était la tuile, même si au fond, j'étais content d'en être vite débarrassé : dans huit jours, j'en serais quitte pour un bon bout de temps. En attendant, il fallait y passer.

Dans la vie, j'ai un problème : je ne sais pas bien m'exprimer. Tout ce que j'ai dans le cœur et la tête, je ne trouve pas les mots pour le dire. Je suis un infirme du verbe, un malparlant, comme qui dirait. Ceux qui voient mal, on leur pardonne. C'est une infirmité reconnue, c'est comme être sourd ou manchot. Mais quand on est handicapé de la parole, c'est une vraie tare, un vice, un défaut qu'on aurait acquis à la suite de mauvaises habitudes.

Il y a des gens, quand ils parlent, on croirait presque qu'ils lisent. Ils font des phrases de style, on dirait du Louis XV, c'est plein de belles dorures. Mais si on pouvait fouiller dans leur tête, on serait parfois déçu : leurs mots, c'est un décor qui cache souvent du vulgaire, des pensées et des intentions qu'on a repeintes pour faire bien net.

Moi, ce serait plutôt l'inverse : à l'intérieur, c'est tendre et doux, mais quand je veux le faire sortir, ça devient rêche et tout bête. Alors, comme l'emballage est trompeur, on se méfie de mes mots. On les prend avec des pincettes. Ou bien on les laisse au bord de la conversation, sans les ouvrir. »

De la même façon, la définition très académique (et trop lourde pour que je l'impose ici au lecteur) que Pierre donnait de la musique qu'il aimait devint :

« Celle des concerts et du dimanche. Celle qu'on nomme sérieuse, comme si elle était ennuyeuse à entendre. Celle qu'on dit classique, comme si on ne la trouvait qu'au musée. Celle qu'on appelle la grande musique, comme si toutes les autres étaient un peu plus petites.

Celle que j'aime, c'est la musique qui reste et qui regarde les autres passer : les rock et funk, les pop et rap, les hip-hop et punk et autre techno aux noms courts et compliqués.

On croit que la grande musique, c'est du luxe. Comme s'il fallait être riche pour l'écouter. Pourtant, cette musique-là, elle ne coûte pas plus cher que les autres. Alors pourquoi s'en priver ? »

Annette s'impatientait. Habituellement, au bout de deux ou trois mois, je lui livre mon manuscrit achevé. Voilà sept mois qu'elle attendait, loin de se douter qu'il n'y avait pas un roman, mais deux. Elle en ignorait d'ailleurs le sujet. Enfin, un soir, après le dîner, je lui confiai *Le Pianiste sans Visage*. Un soir ? Mais oui : le matin, on est trop frais, trop reposé. Si Annette déclarait forfait au bout d'une heure, si elle m'avouait : « Écoute, c'est très bien mais je suis un peu fatiguée… », ce serait alors mauvais signe, signe que le roman était raté.

Là, elle tint le coup. Quand elle referma le manuscrit, il n'était pas loin de minuit. La stupéfaction l'avait emporté sur le plaisir car elle reconnut :

– J'étais à mille lieues de m'attendre à un tel récit ! Cela ressemble si peu à ce que tu écris d'ordinaire…

– Tu es satisfaite ? Vraiment, tu n'as pas l'impression qu'il te manque quelque chose ? Tu penses que l'histoire s'arrête là ?

– Bien sûr ! Pourquoi ?

Le test me sembla positif. Annette avait lu ce roman sans imaginer qu'il en existait un autre.

– Parce que j'ai jugé intéressant de la compléter. Tu te souviens, à la fin, quand Pierre confie à Jeanne son journal intime ? Celui qu'il a intitulé *La Fille de 3e B* ? Eh bien le voici.

Je sortis du tiroir mon second manuscrit. Sous le coup de la surprise, Annette rougit violemment. Son visage s'illumina. Elle s'empara du texte inédit, me sauta au cou et s'écria :

– Ah… mais c'est génial !

Quand on me demande, parmi tous mes romans, lequel m'a laissé le meilleur souvenir, je cite le plus souvent *Pierre et Jeanne*. Peut-être parce que l'écriture de ces deux récits, ce fut sept mois de fièvre et de bonheur. Mais surtout à cause de ces secondes exceptionnelles qui suivirent leur première lecture – précisons qu'Annette, qui est ma première lectrice depuis quarante-sept ans, n'a jamais ce genre de réaction enthousiaste ! Après tout, de tels moments valent sûrement des mois d'efforts. Comment expliquer aux lecteurs que ce n'est pas à eux en priorité que je pense quand j'écris ?

Ce compliment à peine fait, Annette se plongea aussitôt dans la lecture de *La Fille de 3e B*. Quand elle l'acheva, il était trois heures du matin.

J'envoyai mon double manuscrit chez Rageot. Je me souviens que Caroline Westberg m'appela le surlendemain. Sa réaction était enthousiaste. Et quand je lui avouai que, dans mon esprit, ces deux histoires devraient être publiées séparément, elle me répondit :

– Bien sûr, je ne l'imaginais pas autrement !

La fille de 3e B et *Le Pianiste sans Visage* furent plébiscités et reçurent de nombreux prix. À en juger par les chiffres de vente, *La Fille de 3e B* est préféré au *Pianiste*... ou plutôt lu davantage. Sans doute à cause de la couverture ou du titre. Dommage, car le lecteur du *Pianiste sans Visage*, à la fin du récit, apprend l'identité véritable de Pierre ; c'est là une révélation qu'il ne peut plus avoir s'il a déjà lu *La Fille de 3e B* ! En fait, celui qui lit les deux journaux intimes avoue le plus souvent préférer... celui qu'il a découvert en premier, comme s'il était déçu que le second ne lui réserve aucune surprise. D'où, sans doute, l'impression de « déjà lu ».

Les enseignants m'apprirent qu'il s'agissait d'un outil idéal pour travailler sur la notion de point de vue. Bien entendu, je n'avais jamais eu l'intention de concevoir un outil. Et aux jeunes lecteurs qui, obstinément, me demandent : « Pourquoi avez-vous écrit deux fois la même histoire ? », je réplique qu'il s'agit de deux récits très différents. Pour s'en convaincre, il suffit de suggérer à deux lecteurs (l'un de *La Fille de 3e B* et l'autre du *Pianiste sans Visage*) de résumer le journal intime qu'ils ont lu. Celui qui évoque *Le Pianiste sans Visage* raconte une histoire qui n'a rien à voir avec celle de *La Fille de 3e B*. Et quand ils m'interrogent sur la suite de cette histoire double ou me conseillent d'en écrire « une autre de la même façon », je dois les décevoir. Car je leur conseille de lire autre chose. D'autres types de récit. D'autres auteurs. En écrivant ces deux romans, je ne voulais pas changer d'univers mais seulement me frotter à d'autres genres littéraires, explorer d'autres imaginaires.

3. DE L'IDÉE QUI JAILLIT AU RÉCIT QU'ON ÉCRIT

L'inspiration... D'où vient-elle ?

Quels mystérieux mécanismes préludent à l'acte d'écriture ? Quels processus entraînent la maturation, la construction, l'élaboration d'un récit ? Ces questions, l'écrivain doit se les poser quand, face à des enfants, il est assailli par ce genre d'interrogations :

– D'où viennent vos idées ? Pourquoi, comment écrivez-vous ?

Ce qui sous-entend : Livrez-nous les clés de l'imaginaire ! Expliquez-nous pourquoi l'on ressent ce vif besoin d'écrire, comment on élabore un récit ! Bref, livrez-nous des pistes pour que nous puissions avoir accès au plaisir de lire et, qui sait, à celui d'écrire.

L'inspiration ? Difficile d'en connaître l'origine ! Quand on écrit depuis cinquante ans, avoir des idées semble aussi naturel que respirer ou parler. Je ne peux répondre à la question « Où trouvez-vous vos idées ? » puisque je ne cherche pas les idées, elles s'imposent malgré moi. L'imaginaire et la pensée ne se contrôlent pas. On a parfois en tête une mélodie dont on ne parvient pas à se débarrasser. Eh bien j'ai en moi des idées qui arrivent, se bousculent, s'organisent et dont je ne peux me libérer qu'en les rédigeant sous forme romanesque.

Parfois, un déclic immédiat se produit : à la suite d'une conversation téléphonique, d'une demande d'un éditeur sur un sujet précis, l'idée, aussitôt, surgit. C'est là l'effet de l'habitude, le résultat d'une longue gymnastique à laquelle, souvent sans le savoir, s'astreignent les auteurs qui triturent et torturent sans cesse leur imaginaire. Attention : une fois encore, une idée n'est pas un roman, c'est un simple point de départ, souvent maigre et hypothétique.

Pour illustrer comment l'inspiration jaillit, voici quelques exemples.

À l'époque où j'écrivais avec mon comparse William Camus, je tentais de lui expliquer le fonctionnement du genre SF car il avait très envie d'en écrire seul. Un jour, il me demanda ce qu'était l'uchronie.

– Un autre présent, lui répondis-je. Un récit qui se passe de nos jours, mais dans un contexte très différent car un événement du passé n'est pas conforme à l'Histoire telle que nous la connaissons, il a donc modifié la société, les lois, les comportements...

– Je ne comprends pas très bien. Donne-moi un exemple.

– Eh bien dans *Le Maître du haut Château*, Philip K. Dick imagine une histoire qui se déroule à la fin du XXe siècle, mais le monde est gouverné par un certain Hitler-Krupp Ier. Au fil du récit, on comprend que les forces de l'Axe et le Japon ont gagné en 1947 la Deuxième Guerre mondiale. Les données ont changé ! Toi qui es un Peau-Rouge, imagine donc que tes ancêtres, au lieu d'accueillir Christophe Colomb à bras ouverts, l'ont massacré avec l'équipage de ses vaisseaux. Mieux : toutes les expéditions européennes vers les Amériques subissent le même sort ! Eh bien on pourrait ainsi envisager un récit dans lequel, de nos jours, les États-Unis n'existent pas. Ce sont tes frères rouges qui gouvernent : Comanches, Cheyennes, Sioux...

– Génial ! s'exclama William. Cette histoire, il faut que je l'écrive. Je t'achète cette idée ! Combien en veux-tu ?

– Oh, un franc.

Aujourd'hui, j'aurais réclamé un euro. Les idées ne valent pas plus cher, il m'est souvent arrivé d'en céder. Ce qui coûte, c'est le temps pour les faire mûrir... et pour les écrire ! En ce cas, pourquoi les vendre ? C'est pour que son acheteur soit serein : ainsi, je m'interdis de jamais les utiliser.

Ainsi naquit *Opération Clik-Clak* de William Camus, qui parut à l'époque chez Rouge et Or, dans la collection Grand Angle.

Il y a quelques années, à la suite d'un pari collectif un peu fou (voir la création du Rageot's Club page 303 et suivantes), j'eus à rédiger une nouvelle policière avec une série de contraintes qu'une dizaine d'auteurs avaient décidé de glisser dans leurs futurs récits. L'une de ces contraintes était que l'histoire se déroulerait dans un lieu que nous avions surnommé le Rageot's Club. Je m'étais rendu aux Éditions Rageot, situées alors rue Cassette, pour informer Caroline Westberg de ce projet dont elle avait aussitôt accepté le principe. En me raccompagnant dans le hall d'entrée, l'attaché de presse de l'époque, Charles-Henri Fritscher, s'informa :

– Tu as déjà une idée du sujet de ta nouvelle ?

– Aucune, mis à part le fait que l'action se déroulera ici même !

À cet instant, Charles-Henri me retint par l'épaule.

– Attention, ne te casse pas la figure, il y a une marche.

En effet, dans les locaux de la rue Cassette existait un couloir obscur précédé par un seuil. La plupart des visiteurs l'oubliaient malgré l'avertissement affiché. D'un coup, l'idée jaillit : la victime de mon récit buterait contre cette marche dont elle ignorerait la présence ! Son assassin, qui avait prémédité le coup, agirait sans être présent. Il lui suffirait de s'arranger pour que l'obscurité soit totale et pour que sa future victime s'empale en tombant ! Je me tournai vers Charles-Henri.

– Je viens d'avoir l'idée de ma nouvelle policière.

– Comment ? Où ? Quand ? me demanda-t-il, stupéfait.

– Ici et à l'instant.

Je la lui résumai. Charles-Henri n'en revenait pas.

– Et... tu sais quel sera son titre ?

Je lui désignai la pancarte suspendue sous notre nez.

– Pardi : *Attention à la marche !*

Plus récemment, en sortant du train à Bruxelles où j'étais invité pour la Foire du Livre, Annette et moi sommes tombés en arrêt, sur le quai de la gare, devant deux splendides mèches de cheveux abandonnées. De longs cheveux de femme, bouclés, d'un beau châtain. Les passagers s'écartaient pour éviter de marcher dessus. Ces cheveux suscitaient de leur part, au mieux de l'étonnement, au pire un vague dégoût. J'ai chuchoté à Annette :

– Il y a là un sujet de roman.

– Vraiment ? Et lequel ?

– Je l'ignore encore. Mais quand on veut se couper les cheveux, on va chez le coiffeur ou on le fait chez soi, dans la salle de bains. Ici, une femme a effectué ce geste en montant dans le train – ou en arrivant en gare. Sur une impulsion brutale. Pour quelle raison ? Se couper de telles mèches, ce n'est pas anodin. Il est arrivé à cette femme quelque chose d'important, de grave. Mais quoi ?

Dans mon esprit commençaient à mûrir plusieurs scénarios. Écrirai-je un jour une histoire à partir de cet événement ? Je l'ignore. Il faut que du temps passe, que les idées s'organisent, que le récit se construise lentement... ou que l'idée, finalement moins riche que prévu, finisse par s'effacer et disparaître de mes pensées.

L'imaginaire est un jardin

Le quotidien se révèle une source d'inspiration permanente. Quand on écrit, être attentif aux moindres petits événements de la vie courante relève de l'instinct. De même qu'un photographe ou un peintre découvre sans cesse un sujet (scène, visage ou paysage) où le promeneur ordinaire n'aurait pas levé les yeux, un écrivain se nourrit d'informations qu'il engrange pour – qui sait ? – les exploiter plus tard. J'utilise souvent une métaphore potagère, suggérant que l'esprit d'un auteur est semblable à un jardin : il y pousse des herbes folles, et des graines que l'écrivain prend soin de cultiver. Certaines germent, mais beaucoup ne donneront jamais rien. L'auteur s'attache bientôt à une plante particulière à laquelle il apporte tous ses soins. Parfois, elle grandit vite. D'autres fois, il lui faut des années pour parvenir à maturité, après de longues périodes où elle a tantôt fleuri, tantôt connu de longues périodes de léthargie.

Avec mes amis auteurs, j'aborde souvent ce problème de l'inspiration et de l'écriture (une idée naît rarement dans l'absolu, elle est vaguement nimbée d'une ambiance et porteuse d'une structure que, chez certains auteurs, seule l'écriture parviendra à mettre à jour). Nombreux sont ceux qui se lancent dans la rédaction d'une histoire à la suite d'une émotion, d'une scène fantasmée ou vécue dont ils suivent le fil ou sentent le ton. L'écriture s'impose alors, impérieuse. Ensuite… ils improvisent. Le récit peut avorter ; quand il se poursuit et s'organise, certains auteurs affirment qu'ils ne sont plus maîtres de leurs personnages, l'histoire est devenue une bobine qui se déroule malgré eux.

Ces écrivains sont des gens heureux !

Pour ma part, quand j'ai eu l'imprudence de me lancer trop hâtivement dans un roman, j'ai dû vite m'interrompre. Ou le reprendre autrement, et depuis le début. Mûrir sérieusement un récit (car il arrive un moment où tout bascule : cette histoire, je sais qu'il me faudra l'écrire !) ne m'empêche pas d'en avoir plusieurs autres en friche. Je mène ainsi souvent trois ou quatre romans de front. Oh, je n'en écris qu'un à la fois ! Pendant cette période consacrée à la rédaction d'un texte, je continue de penser à de futurs sujets mal maîtrisés et flous. Il m'arrive aussi d'avoir à m'interrompre pour reprendre un autre roman, soit parce que sa réécriture s'impose de A à Z, soit parce que l'éditeur a une demande urgente : il faut modifier la fin, raccourcir le texte, ajouter un personnage… Quand j'évoque ces acrobaties, mes interlocuteurs semblent perplexes.

– Ne vous arrive-t-il pas de tout mélanger ?

Non. Un parent ne confond pas ses enfants. Et les élèves, en cours d'anglais, répondent rarement en espagnol ou en allemand.

Les idées arrivent n'importe quand : sous la douche, en marchant, en faisant du vélo, en lisant l'article d'un magazine, en regardant, à la télévision, une émission si peu passionnante que l'attention s'en détourne et que l'esprit se met à vagabonder…

– Vous ne vous inspirez jamais des films que vous regardez, des livres que vous lisez ? demandent les jeunes lecteurs dans l'esprit desquels une histoire relève autant du cinéma que de la littérature.

Eh bien non. Quand je vois un film trépidant, quand je lis un livre qui m'intéresse, je n'ai ni envie de m'en inspirer, ni de le cuisiner à ma sauce. Un auteur a son amour-propre et il veut écrire un récit original et neuf, avec sa plume et sa personnalité. Certes, ce que j'ai vu et lu m'influencera, mais pas davantage que les autres événements du quotidien.

Parfois, au volant, je m'exclame :

– Tiens… j'ai une idée de roman.

À mes côtés, Annette soupire :

– Stop ! C'est la troisième de la journée !

Puisque je ne peux pas écrire trois romans par jour, il faut trier, éliminer, choisir les sujets les plus forts ou les plus riches. Une idée, mais à tout prendre, qu'est-ce ? Au départ, une simple hypothèse qu'une phrase résumerait : un enfant part en guerre contre des poireaux[1], un jeune pianiste tombe amoureux d'une camarade de collège et tente de la séduire en utilisant la musique[2], un oncle bricoleur plein de bonne volonté enchaîne des catastrophes[3], un enquêteur utilise un jeu vidéo pour identifier l'assassin de Cyrano de Bergerac[4].

Au fil du temps, l'idée et les personnages prennent de l'épaisseur ; je teste un grand nombre d'événements, de péripéties et j'envisage leurs conséquences sur la suite de l'action. Beaucoup de ces essais échouent, je reviens alors en arrière. Parfois, au bout d'un mois ou d'un an, j'abandonne définitivement le sujet. D'autres fois, je le mets en réserve.

Eh oui, je ne me lance dans l'écriture que lorsque tout me semble parfaitement au point : décor, personnages, caractères, péripéties, rebondissements. Avant d'avoir écrit le premier mot, il m'arrive de connaître celui de la fin. Oui, la dernière phrase est prête. Je pense aussi maîtriser l'ambiance et le ton du récit, obligatoirement liés au contexte. On comprendra que cette maturation soit parfois longue. Deux ans pour *L'Ordinatueur*. Et trente, déjà, pour un roman dont l'idée d'origine date de 1974, auquel je pense encore, que j'enrichis sans cesse et qui ne verra peut-être jamais le jour, à cause de ses proportions aujourd'hui gigantesques. Mais il est toujours là, vivant, et le besoin de l'écrire impérieux. Une chance, car un projet peut aussi moisir s'il n'a pas été cueilli à temps. J'ai dans mon jardin un tas de vieilles histoires prêtes et mort-nées, le désir de les rédiger étant à jamais émoussé.

Est-ce que je prends des notes ? Très peu. Parfois, au bout de quelques semaines, si le sujet a résisté au temps, il m'arrive de jeter un titre et trois lignes qui me servent davantage de repère que de résumé. En revanche, j'abandonne des dizaines d'idées en friche, de récits seulement amorcés dans mon esprit. Si je les oublie sans rien noter, c'est qu'elles n'étaient pas assez

1. *La Guerre des Poireaux.*
2. *La Fille de 3e B.*
3. *Tonton la Bricole.*
4. *@ssassins.net.*

dignes d'intérêt ! Si jaillit un thème fort et séduisant, je ne prends pas la peine de l'écrire sur un carnet car je sais qu'il me reviendra à l'esprit et s'imposera. Si ce n'est pas le cas... c'est que je n'y tenais pas. Je ne peux m'encombrer d'un fatras de sujets que je n'utiliserai jamais. Flaubert avait un carnet sur lequel, comme beaucoup d'écrivains, il notait en vrac des idées. On a retrouvé quatre pages du synopsis d'un récit, *La Spirale*, et un grand nombre de sujets avec, pour chacun, quelques lignes de développement. Du brouillon hâtif, inachevé.

Par exemple (*sic*) :

« Trois hommes amoureux de la même femme – elle les repousse

– Le

A. 1er se brûle la cervelle. le 2e (se tourne vers une autre et la princesse plus tard en devient jalouse sans l'aimer) (attentat à la pudeur &) est condamné

Le 3e l'achète ou l'épouse parce qu'il est riche – il faudrait que la femme aimât follement un pignouf – qui la méprise. »

Comme Flaubert, j'ai un cahier sur lequel figurent, à ma seule intention car leur lecture paraîtrait bien étrange, des dizaines de titres et de résumés d'histoires... que je n'écrirai jamais. C'est là ma façon de faire depuis cinquante ans. J'ai tenté, entre quinze et trente ans, de roder d'autres méthodes qui n'ont pas porté leurs fruits. Je possède ainsi quatre ou cinq romans dont il n'existe que vingt ou cinquante pages – le début. Leur rédaction m'a lassé, le sujet n'était pas au point. Je n'étais pas dans l'état d'esprit adéquat ou je n'avais pas pris assez d'élan. Aujourd'hui, je n'ai aucune envie de les ressortir de l'oubli. Et encore moins l'intention de les reprendre et de les achever. Quand mes camarades auteurs et moi discutons de nos brouillons, je sais que ces petits ratages représentent un maigre rebut.

Je crois l'inspiration la chose la mieux partagée au monde. Ceux qui prétendent ne pas en avoir n'ont simplement pas pris soin de la cultiver. Car l'imaginaire est une gymnastique permanente, une discipline qui devrait figurer aux programmes scolaires. À la fin des années soixante, la NASA avait abonné les dizaines de milliers de techniciens du projet Apollo à tous les magazines de science-fiction américains. Ce n'était pas pour les distraire mais pour faire travailler leur imaginaire. La science progresse ainsi, moins avec une méthode déductive qu'avec une série d'hypothèses à vérifier. Ces hypothèses, il faut d'abord les trouver.

Je n'affirme pas que chacun peut devenir Hugo ou Rimbaud. Mais n'importe qui peut écrire et (même) imaginer une histoire, ce qui est différent. C'est une question de technique et d'entraînement.

Oh, il arrive que l'imaginaire tombe en panne ! Plus d'une fois, j'ai eu ces confidences étonnantes de la part de bons vieux amis :

– J'ai envie d'écrire un roman. Je suis à la recherche d'une idée.

– Je suis aride, vidé. Je n'ai plus envie d'écrire.

– J'ai perdu le goût de l'écriture. Pour le faire renaître, je recopie des textes. Ah, comme j'aimerais retrouver mon vieil appétit !

Ces périodes de sécheresse ont bien des causes. Parmi les auteurs qui animent des ateliers d'écriture, si certains avouent maintenir grâce à eux un imaginaire fringant, d'autres au contraire s'épuisent à ce jeu qu'ils n'acceptent que pour vivre. À force d'être au service de l'imaginaire des autres, ils donnent tant qu'ils s'assèchent comme une éponge, se tarissent comme un puits. D'autres fois encore, la vie les malmène ; le goût d'écrire se perd avec le moral qui baisse. C'est pour un créateur une crise douloureuse, dangereuse. Rares sont ceux qui ne la traversent pas au moins une fois dans leur vie.

Parfois, écrire est une corvée.

Un auteur Gallimard pour adultes, aussi prestigieux que timide, avoue qu'il s'oblige chaque jour à rédiger une vingtaine de lignes. Il ne quitte pas son bureau avant d'avoir accompli son pensum. Une telle attitude me laisse perplexe. Les écrivains qui avouent ne pas aimer écrire ou rechercher les idées m'étonnent. Pourquoi écrivent-ils ? Le plaisir ou la fierté d'avoir son nom sur une couverture méritent-ils qu'on y consacre tant de temps et d'énergie ?

Écrire peut aussi être un supplice ; si l'écrivain en ressent l'absolue nécessité, l'acte est alors justifié, il relève presque d'une thérapie où le lecteur apparaît secondaire, lointain, presque oublié.

Corvée, supplice… des mots que j'ignore. J'aime écrire depuis toujours, vivre en exerçant cette unique activité me paraît un privilège. Je ne suis pas le seul : beaucoup d'auteurs jeunesse avouent écrire avec une spontanéité, une véritable frénésie assez rares chez les auteurs soucieux de « laisser une œuvre » et dont l'objectif avoué est la reconnaissance de l'intelligentsia, la critique, le Goncourt... bref, la Littérature.

Ce plaisir naïf et parfois frénétique a quelque chose d'enfantin – de l'ordre de la pelle, du râteau et du château de sable : ce qu'on construit relève d'abord du jeu et de l'éphémère – mais il arrive que la construction, au fil de l'écriture, semble peu à peu apte à résister au temps.

De la pensée à l'écrit : alchimie ?

Il existe un moment angoissant et magique, celui qui consiste, à l'aide de simples mots, à transformer en phrases intelligibles et décodables par un grand nombre ce qui, jusqu'ici, relevait de l'impression, de l'intuition, du rêve, du fantasme, du non-dit... Une formidable alchimie qui tient moins de la traduction que de la transmutation ! Ce passage à l'écrit, acte obligé qui permet à l'écrivain de transmettre aux lecteurs, est forcément réducteur. Car les mots sont bien pauvres pour traduire la finesse, la précision de ce qu'on a en tête et dans le cœur !

À mes jeunes lecteurs, il m'arrive de confier :

– Imaginons une machine qui possède deux ventouses reliées par un fil. Je colle l'une des ventouses sur mon crâne, la seconde sur le vôtre. Les personnages, les impressions, les péripéties, toute l'histoire qui m'habite passent directement dans votre cerveau !

Fantasme d'écrivain de science-fiction ? Non : parabole sur la littérature. Car je tempère l'enthousiasme de mes interlocuteurs. Pour qu'ils accèdent à toutes les subtilités de mon histoire, aux sensations et aux vertiges qui y sont associés, il faudrait hélas que je leur communique aussi mon passé, mes angoisses, mes espoirs, les souvenirs liés à tel ou tel fait. Aux aînés, je précise que certains auteurs comme Marcel Proust ou Virginia Woolf ont tenté cette gageure. Aux plus jeunes et aux moins armés, je me contente d'ajouter :

– En attendant d'inventer cette machine, on en a mis une autre au point, très simple. Un peu plus compliquée toutefois que le code binaire de l'informatique puisqu'il n'y a pas deux signes mais vingt-six : les lettres. Avec ces vingt-six lettres, on forme des dizaines de milliers de mots et même des millions, car beaucoup de langues utilisent ces signes. Chacun de ces mots est un symbole unique (les synonymes parfaits n'existent pas !). Une histoire n'est construite qu'avec des mots. Et les mots ne sont construits qu'avec des lettres. Pourtant, ce codage permet des milliards de possibilités.

Il m'arrive de résumer la superbe *Bibliothèque de Babel* de Jorge Luis Borgès, riche de plus d'ouvrages que l'univers ne contient d'atomes et, pour achever ma démonstration, j'affirme :

– Le livre que vous lisez, et qui paraît raconter la même histoire à tous les lecteurs que vous êtes, raconte une histoire différente à chacun d'entre vous. Car en le lisant, chacun de vous le reconstruit, à l'aide de ces mots dont la signification soulève en vous des impressions différentes.

– Pourtant, quand nous lisons le mot arbre ou table, me lance-t-on parfois, il n'y a pas confusion !

– Confusion ? Non, puisque nous communiquons avec des mots. Mais il y a presque toujours approximation ! Quand j'écris : « dans la cour de mon collège se dressait un arbre », je pense au marronnier de mon vieil établissement, rue de Clignancourt. Mais quand vous lisez ma phrase, le mot arbre fait plutôt surgir en vous un arbre qui vous est familier, par exemple le tilleul qu'on aperçoit par la fenêtre. Le mot arbre dans votre esprit n'est pas neutre et universel, il est la somme de tous les arbres que vous avez vus, à la fois dans la réalité, sur des images ou des tableaux ! Quant à la table, c'est bien pire... Car le mot table, pour un lecteur japonais par exemple, évoque un objet très différent de celui auquel vous pensez ! Un lecteur est donc obligé de réécrire mentalement l'histoire que l'auteur lui propose. Différente pour chacun d'entre vous, cette histoire l'est encore davantage quand vous la relisez un, deux, dix ans plus tard, parce que vous avez vécu, accumulé des expériences et que ce récit apparaît sous un nouvel éclairage. Voilà pourquoi mon appareil à ventouses n'est en réalité ni utile, ni concevable. La seule technique utilisable est la littérature. Le premier souci d'un écrivain consiste donc à choisir les mots justes. S'ils ne correspondent pas le plus fidèlement possible à sa pensée, le sens finira par se perdre. Le lecteur a tant d'occasions d'être égaré !

Écrire... De l'importance de l'outil

Les lecteurs accordent, peut-être à juste titre, une grande importance à l'outil. Souvent, ils me demandent :

– Écrivez-vous à l'ordinateur, au stylo, sur des cahiers ?

Habituellement, je réponds que j'écris d'abord avec ma tête, car la main ne fait qu'obéir. Mais il est vrai que la qualité du travail vient parfois de celle de l'outil. Avec un vieux crayon, sur un méchant papier de brouillon, on ne prend guère que des notes. Quand il faut passer à la rédaction, le plaisir semble passer nécessairement par un beau stylo, un cahier neuf, épais, aux pages bien blanches. Longtemps, j'ai même rédigé sur une seule page, celle de droite, la plus évidente et la plus épaisse. Lors des nombreuses relectures, je pouvais ainsi noter à gauche les ajouts, notes, modifications et corrections. Hélas, à force de vouloir être efficace, le beau cahier se transforme vite en un innommable brouillon qu'il faut recopier. Car dans ce galimatias, le fil de l'histoire est noyé et une nouvelle rédaction s'impose pour retrouver le goût du travail bien fait.

Contrairement à ce qui est souvent montré à l'image, la machine à écrire n'est pas l'outil préféré de l'écrivain. Rares sont les auteurs à l'utiliser spontanément, la plupart ne s'en servent que pour recopier. Taper directement une histoire se révèle vite incommode, à moins d'avoir en tête un récit dont on maîtrise parfaitement le cheminement et les formulations. La machine à écrire, c'est le temps – très bref dans l'histoire de la littérature ! – des ciseaux, de la colle et du Tipp-Ex.

À partir des années quatre-vingts, l'ordinateur et le traitement de texte ont créé une mini-révolution dans le petit monde des écrivains. Ils disposaient désormais d'une super machine à écrire leur permettant d'effacer et d'ajouter du texte ! Se sont vite greffés de multiples avantages : duplication, mise en page, mise en mémoire, choix des caractères, justification du texte, possibilité d'intégrer un dictionnaire, un dictionnaire de synonymes, un correcteur orthographique... voire un logiciel de reconnaissance vocale !

Vingt-cinq ans plus tard, on reste étonné du caractère rudimentaire des premiers traitements de texte et de l'engouement qui, chez certains auteurs, a suivi leur apparition. Fallait-il qu'ils représentent un progrès pour qu'on accepte tout à la fois un tel investissement financier, un apprentissage laborieux et des inconvénients aujourd'hui oubliés : lenteur de l'enregistrement, disquettes défectueuses, effacement brutal du texte à cause d'une microcoupure de courant.

Entre 1980 et 1990, le passage au traitement de texte a modifié la façon de faire des auteurs ; leurs sujets de conversation, habituellement littéraires ou pratiques (« En ce moment, qu'est-ce que tu écris ? As-tu supprimé ton droit de passe dans ton dernier contrat ? »), se sont brusquement focalisés sur l'informatique. Les questions sont devenues :

– Qu'est-ce que tu as comme bécane ? Tu es Mac ou PC ? Tu travailles sur quelle version de Word ? Ton disque dur a combien de gigaoctets ?

Un paragraphe entier, voire une thèse, seraient nécessaires pour traiter de l'influence du traitement de texte sur l'écriture des auteurs. Pour résumer : d'un coup, une bonne moitié des auteurs se sont convertis à l'informatique. Eux qui jusqu'ici écrivaient à la vitesse de leur plume, et passaient du stylo à la machine à écrire, ont découvert les vertus de l'écriture au kilomètre et la souplesse d'un instrument qui permettait mille acrobaties. Certains y ont vu une révolution. De fait, on peut croire que le traitement de texte permet d'écrire plus vite, de façon plus échevelée. Car il sera toujours possible de trier après coup.

La vérité me semble différente.

Moi qui ai, cinquante ans durant, réfléchi et rédigé au fil de la plume (la pensée s'étant accoutumée au rythme de la rédaction manuelle), j'ai d'abord été perturbé en écrivant plus vite que mon ombre. N'ayant jamais connu « la peur de la page blanche », je restais de longues secondes inactif face à l'écran. Après dix minutes de rédaction frénétique et continue, je devais m'arrêter, le flot de ma pensée n'ayant pu suivre un rythme aussi rapide.

Cependant, avec l'aide et les conseils de mon fils informaticien, j'ai troqué depuis près de vingt ans cahiers et machine à écrire pour la rédaction directe devant l'écran. En me voyant recopier à l'ordinateur ce que je venais de rédiger et de corriger sur mes cahiers, Sylvain m'a morigéné :

– Inutile. Ton cahier de brouillon, désormais, c'est l'écran.

Certes, avec l'informatique, les modifications antérieures ne sont plus accessibles, « écrasées » par les versions successives. Tant pis, je juge ce qui disparaît médiocre ou superflu. Et si j'ai un doute, je sauvegarde sur un fichier annexe les paragraphes ou premières versions que je veux conserver, à tout hasard.

À la vérité, il m'a fallu de longs mois pour apprivoiser cette machine dont le fonctionnement m'est indifférent. Eh oui, j'entretiens avec mon ordinateur les mêmes relations qu'avec ma voiture : j'en possède une mais je m'y intéresse peu, mon seul souci étant de me déplacer. J'ignore combien contient mon réservoir et le nombre de chevaux de mon véhicule, à quoi ressemblent un Delco ou des vis platinées. Sylvain, lui, est une sorte de garagiste : c'est moins le paysage ou le voyage qui l'intéressent que la voiture, son moteur et ses capacités. Hélas, conduire sans posséder des notions élémentaires de mécanique est délicat. L'usage du traitement de texte nécessite également de petites connaissances : barre d'outils, sauvegardes, raccourcis sur clavier, capacité de la mémoire...

Aujourd'hui, à l'instar de dizaines de collègues, je serais bien démuni sans ordinateur; mais on peut aussi se déplacer à pied. Et reprendre un stylo et un cahier ne serait pas un problème.

Ma façon d'écrire a donc changé. Je ne rédige pas plus rapidement mais j'en profite pour travailler davantage mon texte, effaçant, ajoutant, modifiant, testant plusieurs formulations. Avec un cahier, une telle pratique nécessiterait trop de ratures, de surcharges, de temps et de papier ! J'évite de me laisser emporter par la griserie de l'écriture au kilomètre pour recentrer mon attention sur le sens, la force, la concision de ce qui a été rédigé.

Écrire : vingt fois sur le métier...

L'écriture, c'est dix pour cent de création et quatre-vingt-dix pour cent de corrections. Il suffit de montrer un manuscrit aux jeunes lecteurs pour qu'ils en soient convaincus. Les enseignants sont ravis quand je sors mes vieux cahiers. Je m'empresse de préciser, pour déculpabiliser les élèves qu'on invite à m'imiter :

– Oh, à votre âge, j'écrivais sans me relire, moi aussi !

On ne peut exiger d'un élève qu'il soit un écrivain de métier. S'il prend du plaisir à écrire, c'est déjà beaucoup. J'explique que les plus grands auteurs, exigeants, ont toujours raturé. À quelques exceptions près comme Marcel Aymé, Jean Giraudoux, Arthur Rimbaud. Mais ceux-là avaient sans doute tant raturé dans leur esprit qu'ils pouvaient risquer les mots sur le cahier !

Rédigée au traitement de texte, une phrase subit souvent dix remaniements successifs. Plutôt que d'utiliser un texte personnel, prenons l'exemple d'un incipit célèbre et imaginons les versions successives que l'auteur, avec un ordinateur, aurait rodées avant d'arriver (après dix minutes, trois jours ou trois ans... car on revient parfois longtemps après sur ce que l'on a écrit) à la phrase que chacun connaît.

1 On m'envoyait toujours au lit de bonne heure quand j'étais enfant.
2/1 Quand j'étais enfant, on m'envoyait toujours au lit de bonne heure.
2/2 Enfant, on m'envoyait toujours au lit de bonne heure.
2/3 Enfant, on m'envoyait au lit toujours de bonne heure.
2/4 Enfant, on m'envoyait au lit de bonne heure.
2/5 Enfant, on m'envoyait me coucher de bonne heure.
3/1 Enfant, j'avais l'habitude de me coucher de bonne heure.
3/2 Enfant, j'avais l'habitude de me coucher tôt.
3/3 Enfant, je me couchais souvent très tôt.
4 Je me suis longtemps couché tôt quand j'étais enfant.
5/1 Enfant, je me suis longtemps couché tôt.
5/2 Enfant, je me suis longtemps couché de bonne heure.
6/1 Je me suis longtemps couché de bonne heure.
6/2 Longtemps, je me suis couché de bonne heure.

Bien sûr, ce texte n'a pas été rédigé quatorze fois de suite. Pour aboutir à la version 2, il suffit d'inverser les deux moitiés de la phrase. Pour glisser de 2 à 3, on passe par cinq phases de modifications mineures, ajouts, remplacements, etc. L'une d'elles, cependant, est de taille sur le plan du sens : j'ai remplacé « on m'envoyait » par « j'avais l'habitude ». Le pronom indéfini « on » suggérait de ma part une passivité, ou une obéissance, en même temps qu'il pouvait intriguer le lecteur sur les personnes cachées derrière ce « on » ; en revanche, « j'avais l'habitude » appuie sur le « je » et la part de responsabilité ou de consentement qu'il entraîne. Et le mot d'« habitude » est commun. Il y a sûrement mieux pour marquer la répétitivité...

Remplacer « tôt » par « de bonne heure » n'est pas une tentative gratuite : « tôt » est plus court et les écrivains (Proust comme les autres, malgré les apparences !) sont souvent des maniaques de la concision.

On peut imaginer que le choix de « je me suis couché » représente un moyen terme satisfaisant, à la fois parce qu'il gomme l'alternative délicate du « on m'envoyait » et du « j'avais l'habitude », et parce que le remplacement de l'imparfait par le passé composé transforme la répétitivité initiale un peu lourde par une sorte de tremplin temporel plus souple, qui va permettre au récit de démarrer.

Ces tentatives ne sont pas gratuites, elles illustrent un double objectif cher à Flaubert : ajuster le plus fidèlement possible la phrase à la pensée encore informulée, et contenter l'oreille avec une certaine musique des mots, un rythme qui s'accorde avec les intentions profondes de l'auteur. Bien sûr, ce jeu subtil et permanent relève davantage de l'instinct que de l'analyse.

Chaque phrase, heureusement, ne pose pas ainsi problème à l'écrivain. Mais on comprendra que la souplesse et la rapidité du traitement de texte autorisent un travail plus fouillé, même s'il arrive qu'après un quart d'heure d'essais successifs, on retombe (parfois sans le soupçonner) sur la phrase initiale.

Dans mon cas, l'écriture au traitement de texte avance ainsi, par à-coups, relectures, renoncements, changements permanents. Il m'arrive de rédiger dix minutes sans m'arrêter, et de passer deux heures à reprendre et à modifier. D'autres auteurs préfèrent rédiger rapidement le premier jet d'un récit avant de le corriger. Cette technique, que j'utilise parfois, a un gros avantage : elle maintient la pression, conserve au texte un enthousiasme, un allant inégalés. En ce qui me concerne, elle souffre d'un inconvénient : l'écriture est moins soignée. Bien sûr, je tente de l'améliorer à la relecture mais la qualité du récit en souffre.

Partir d'un bon pied, avoir un style exigeant, sûr, solide et soigné, me permet de hausser le niveau du texte au fil de la rédaction même si j'y perds en spontanéité – une qualité difficile à retrouver une fois que le texte existe.

Peut-être est-ce là l'une des caractéristiques de la littérature populaire dans laquelle pourraient être rangés policier, SF, fantastique, littérature jeunesse, thriller, romans sentimentaux : nul doute qu'Alexandre Dumas, Cecil Saint-Laurent, Christian Jacq, Anne et Serge Golon ont préféré le dynamisme au travail sur l'écriture, contrairement à des auteurs comme Julien Gracq ou Marguerite Yourcenar. Une synthèse serait-elle possible ? Peut-être. Dans tous les genres précités, certains auteurs s'y essaient. Seul le temps permettra de séparer le bon grain de l'ivraie. Car si la critique identifie aussitôt les textes qui s'affichent littéraires, elle a tendance à écarter ceux qui racontent une histoire en utilisant une écriture moins affectée. Pourtant, ces derniers ont souvent franchi le cap des siècles !

Écrire... Une journée ordinaire

Le matin, je me lève tôt. L'été, avec le soleil. L'hiver un peu plus tard, quand la nuit pâlit devant l'aube. Depuis toujours, je me charge du petit déjeuner, que nous prenons dans la salle à manger en écoutant informations et musique. Arrosé de café, c'est un long repas copieux, hérité des habitudes germaniques de la famille : fromages, jambon, saucisson. Nous déjeunons très tard, vers quinze ou seize heures. L'été, nous prenons nos repas sur la terrasse, sous le tilleul. Des écureuils nous rendent souvent visite, ils bondissent sous la haie de thuyas, grimpent dans le hêtre. Ils sont si familiers qu'ils se risquent parfois dans la cuisine ou s'endorment, confiants, sur la branche d'un arbre voisin.

Il n'est pas huit heures du matin quand je monte au deuxième étage, dans cet immense grenier transformé en bureau auquel on accède sans avoir à ouvrir de porte : une mezzanine domine la grande cage d'escalier. Livres, documents et disques ceinturent cette pièce mansardée où quatre fenêtres de toit ont été percées dans l'enchevêtrement des poutres. Mon bureau proprement dit n'occupe qu'un angle de la pièce. Assis, en pivotant, j'ai accès à un vaste plan de travail, à l'ordinateur, à l'imprimante, au téléphone et surtout, d'un seul geste, à des dizaines de dictionnaires et d'encyclopédies dont la présence me réchauffe et me rassure.

Je mets l'ordinateur en marche et, pour relancer la machine et m'imprégner de l'ambiance du récit, je relis les cinq dernières pages. Neuf fois sur dix, j'en suis mécontent et je commence à corriger. Je passe la matinée, voire la journée à reprendre, réécrire, réaménager ce que j'ai écrit la veille. C'est toujours la formulation qui pose problème. S'il n'y avait qu'à rédiger, j'écrirais deux romans par semaine puisque je tape à la vitesse d'une bonne secrétaire. Hélas, je reviens toujours longuement sur ce qui a été fait. Ce qui me paraissait convenable hier me semble ce matin maladroit et tordu. Je suis sûr qu'on peut exprimer cette idée, cette action, d'une façon plus courte, plus efficace. Ce paragraphe est inutile, cet autre à reprendre de A à Z. Quant à ce passage, il aurait fallu le placer avant.

Le temps passe sans que je m'en aperçoive. Quand j'écris, c'est dans le silence. Seuls les bruits de la maison me parviennent. Parfois, le téléphone sonne. Si je sais qu'il s'agit de notre fille (elle travaille à Paris et appelle au moins une fois par jour !), d'un éditeur, d'un ami auteur, je décroche. Sinon, Annette répond. Si c'est une documentaliste, une bibliothécaire, un voisin, un parent, elle essaie de régler la question. Je tente de faire abstraction de la conversation que je devine, deux étages plus bas ; peut-être une demande d'intervention dans un collège ? Annette m'en parlera tout à l'heure. Pour l'instant, elle négocie. Quand elle ne dit pas que je suis absent, elle avoue :

– Il écrit. Je ne veux pas le déranger. Si vous voulez en discuter avec lui, pouvez-vous rappeler vers dix-sept heures ?

Parfois l'interlocuteur ne comprend pas car après dix-sept heures, il sera parti du collège, il pourrait appeler de chez lui mais n'y songe pas ; parfois il oublie même de dire où il travaille et à quel numéro je pourrais le rappeler. On n'hésite pas à me téléphoner chez moi entre 8 et 22 heures… mais mon interlocuteur s'étonne quand je lui demande son numéro personnel.

Vers 10 h 30, je m'accorde une pause. Annette a été chercher le courrier au bureau de poste, à cinquante mètres de la maison. Souvent absents pour cause de Salons du Livre et d'animations lointaines, nous n'avons pas de boîte aux lettres, le courrier volumineux n'y tiendrait pas et il prendrait l'humidité. Après quinze jours d'absence, il faut parfois utiliser la voiture pour prendre un gros sac de jute qui, outre les magazines et les lettres, contient des paquets de livres ou des manuscrits…

Je bois un café en lisant le courrier, auquel je répondrai plus tard, le plus souvent en fin d'après-midi. Et je remonte dans mon bureau. Je fais un peu de gymnastique sur la moquette – étirements, abdominaux. Deux dangers guettent l'écrivain, comme la plupart des sédentaires bloqués des heures devant leur ordinateur : l'embonpoint et le mal de dos. J'écris ainsi jusqu'à midi et demi ou 1 heure. Nouvelle pause-café en écoutant les informations. Et je remonte pour travailler.

– Vous n'avez pas faim ? me demandent mes jeunes lecteurs.

Non. Je suis absorbé par mon texte. Si je m'arrête à midi pour déjeuner, je dois faire une brève sieste avant de pouvoir me remettre au travail. Et dans ce cas, j'écris jusqu'à 19 ou 20 heures. Non, je préfère remonter et travailler sans pause-repas. Aucune visite ne m'oblige à descendre, sauf si c'est Ahmed ou le docteur Waquier. Ahmed est le maçon qui depuis quinze ans embellit la maison. Il est devenu un ami et se sent ici un peu chez lui. Il arrive rarement les mains vides : il rapporte un livre que je lui ai prêté, des tomates et, en saison, jusqu'à dix kilos de cèpes. J'aurais des scrupules à ne pas descendre boire un café avec lui ! Quant à Patrick Waquier, il est davantage que le médecin de famille. Il passait par là et vient nous embrasser, prendre de nos nouvelles et un expresso. Nous discutons des associations dont il s'occupe et dont je suis membre, d'un livre ou deux qu'il a lus.

Malgré toute ma bonne volonté, écrire six ou huit heures d'affilée n'est pas simple. Je ne veux pas être dérangé, sauf exception. Mais les exceptions sont nombreuses...

La matinée s'achève. J'ai fini mes corrections et j'écris vraiment du nouveau. Toujours trop lentement à mon gré.

Dans l'après-midi, Annette m'appelle, soit en criant du rez-de-chaussée, soit par l'interphone :

– Il est trois heures et demie. Tu penses descendre bientôt ?

– Oui. Dans cinq minutes !

Annette traduit : un bon quart d'heure. Elle a préparé un repas léger et commence à avoir faim.

Il est près de 16 heures et ma journée est finie.

Nous déjeunons surtout de fruits et de légumes. Le producteur de pommes et de kiwis, Félix, a plusieurs hectares de vergers de l'autre côté de la Dordogne.

Après le repas, s'il y a du courrier urgent, je remonte et je me remets à l'ordinateur. Redescendu dans le séjour, je lis en écoutant de la musique. La musique est toujours classique – de Clément Jannequin à Karlheinz Stockhausen – et la lecture très diversifiée : magazines littéraires et scientifiques, essais et surtout romans (littérature générale, policier, SF, jeunesse, thriller, classiques...). Avant que le jour tombe, je pars faire une demi-heure de vélo autant pour le plaisir que pour l'exercice physique. Si je suis courageux, je prends le VTT et je m'élance sur le coteau où la pente est rude. En cinq minutes, j'atteins l'immense forêt de la Double où alternent pins, palombières et étangs. Il n'est pas rare que je croise un sanglier ou une biche. Mais en temps ordinaire, je me contente d'un circuit plat de treize kilomètres. Après avoir longé la Dordogne sur l'ancien chemin de halage, je reviens par une route qui traverse les vignes. Je roule... et déroule dans ma tête les péripéties que je rédigerai demain. À bicyclette, un écrivain travaille encore, il a un petit vélo dans la tête !

Après le dîner, musique, lecture, télévision. En été, nous discutons sous le tilleul et observons les étoiles... La soirée est diversement occupée en fonction des programmes, de l'humeur et surtout des appels téléphoniques. Il est rare que nous allions dormir avant minuit.

Cette journée-type souffre bien sûr de multiples variantes.

Rencontres, Salons et saisons

Pendant l'été, nous recevons beaucoup d'amis, écrivains la plupart du temps, qui viennent en famille passer quelques jours avec nous. J'interromps mon écriture. Je profite ainsi du soleil et du jardin au lieu de rester enfermé dans ce grenier où, malgré une bonne isolation, la température dépasse souvent trente degrés (en hiver, c'est l'inverse, un radiateur sous les pieds, il n'y fait jamais que treize ou quatorze degrés).

J'emmène mes amis visiter la région, les châteaux de Bridoire, Vigier, Saussignac, Monbazillac, Beynac, La Roque Gageac ; les bastides d'Eymet, Villefranche, Monpazier – et Sainte-Foy-la-Grande, proche de cinq kilomètres. Parfois, nous poussons plus loin, jusqu'à la tour de Montaigne, Saint-Émilion, Sauternes...

Quand les soirées ne se passent pas à discuter littérature sous le tilleul, nous allons à Jolibois, dans notre ferme-auberge favorite où la seule difficulté consiste à digérer un repas pantagruélique qui s'étale sur quatre ou cinq heures...

Certains mois, je suis peu à la maison. Ce sont les périodes où enseignants et documentalistes sollicitent les auteurs pour rencontrer les lecteurs et débattre avec eux. En avril et mai puis en octobre et novembre, je participe à de nombreux Salons du Livre ; c'est l'occasion de retrouver d'autres amis, de rencontrer d'autres lecteurs, des libraires et de dédicacer des livres.

Écrire... Du plaisir au livre publié

Entre le moment où germe l'idée d'un récit et celui où il est en vente en librairie existent de nombreuses étapes. À mes yeux, l'une des plus excitantes est la maturation, c'est-à-dire les mois pendant lesquels le récit s'organise, les personnages prennent forme, l'histoire acquiert de l'épaisseur et du sens. Mon ami Alain Grousset affirme que cette phase suffirait largement à son plaisir et que rédiger lui coûte. Son rêve (que des auteurs comme Alexandre Dumas ont parfois réalisé) serait... de disposer de nègres prêts à écrire à partir d'un plan, ou d'un logiciel capable, grâce à une simple trame, de fournir un roman entier ! Pour ma part, je ne laisserais à personne le soin de cette fascinante alchimie : ajuster les idées avec les mots... C'est un plaisir sans cesse renouvelé. L'écrivain est à la fois architecte et maçon. Certains abandonneraient volontiers la seconde étape à des tâcherons, or assumer les deux me semble indispensable.

Une fois les améliorations et réécritures effectuées, le récit est enfin envoyé au directeur littéraire, celui qui gère la collection (l'éditeur proprement dit, lui, situé à un échelon supérieur, a rarement un contact direct avec le manuscrit). Parfois, celui-ci estime le manuscrit apte à la publication. Souvent, il suggère à l'auteur des améliorations en marge car il a piégé une répétition ici, là une approximation. D'autres fois, il juge le texte imparfait, inachevé, trop long, trop court, simpliste ou complexe. Des modifications plus lourdes sont envisagées, quand ce n'est pas une refonte complète. L'auteur accepte ou refuse ce travail que peuvent justifier deux raisons différentes : soit le récit souffre de réelles faiblesses, soit il n'est pas conforme à l'esprit de la collection, au niveau ou aux habitudes des lecteurs. Six mois ou deux ans plus tard, l'ouvrage paraît enfin. Parfois avec un autre titre que celui auquel l'auteur avait pensé. Souvent avec des modifications suggérées par l'éditeur. Et avec une couverture que l'écrivain découvre en même temps que le libraire et les lecteurs. Il arrive que l'auteur soit déçu par l'objet qu'est devenu son récit ! Dans son esprit, le héros n'avait pas ce visage, ni la couverture cette couleur… En réalité, aux yeux de l'auteur, une histoire existe dans l'absolu et sa « mise en forme », en volume, en images, a quelque chose d'incongru.

À ce stade – la publication –, les notions de plaisir et de satisfaction diffèrent beaucoup selon les auteurs… Moi qui suis un père indigne, je considère mon travail achevé : je me désintéresse de mes livres publiés. Je ne les relis jamais. Je signe rarement les services de presse que l'éditeur envoie aux journalistes. Je ne réclame jamais les critiques. Toute mon énergie est tendue vers mes futurs romans. Ce sont les lecteurs qui, en m'interrogeant sur mes ouvrages, m'obligent à maintenir un lien permanent avec eux… Je serais hypocrite si je n'avouais pas mon plaisir et ma satisfaction à entendre dire du bien de mes écrits. Tout auteur, même le plus prestigieux, est ravi quand un lecteur tend la main vers un livre et murmure à un copain :

– Tu l'as lu ? Ah, ce roman, il est super !

Mais le plaisir d'être félicité ou plébiscité est éphémère : je suis satisfait de voir l'un de mes romans publiés ou de l'apercevoir à la vitrine d'une librairie, ravi d'en entendre dire ou d'en lire du bien, très content d'apprendre qu'il est traduit ou se vend correctement. De même, je suis triste d'apprendre qu'il va être retiré du catalogue, qu'il ne sera pas réédité. Mais quoi, les livres meurent ! Et il reste la satisfaction de savoir qu'ils ont, de façon infime mais indélébile, influencé l'esprit de milliers de lecteurs. Combien d'êtres humains, sur Terre, disparaissent sans avoir jamais pu imprimer une telle marque ?

La vraie fierté, la motivation profonde de l'écrivain se situent à mon avis ailleurs, dans le combat solitaire qu'il mène face au papier ou à l'écran, dans l'acte intime de l'écriture. De même, le jockey est satisfait de franchir la ligne d'arrivée, surtout s'il est vainqueur. Mais la vraie jouissance est dans le galop, corps à corps avec sa monture.

Le rôle du directeur littéraire

Rouage essentiel entre l'écrivain et l'éditeur, il (ou elle) lit, retient ou rejette les manuscrits. Quand un auteur est fidélisé à son éditeur par contrat, ce qui est souvent le cas dans le domaine de la littérature adulte, le directeur littéraire devient davantage qu'un conseiller : un ami, voire un confident. L'auteur peut l'appeler avant d'écrire la moindre ligne, lui parler de ses projets, lui confier des extraits de son prochain ouvrage pour connaître son avis.

Dans le domaine de la littérature jeunesse (sauf peut-être à l'École des loisirs où les auteurs publient plus rarement ailleurs) les choses se passent autrement. Un auteur peut avoir deux, trois, dix éditeurs, ne serait-ce que parce qu'il écrit dans des secteurs différents (série, album, policier, etc.). Il a donc affaire à plusieurs directeurs littéraires. Mais voilà : le secteur jeunesse se transforme beaucoup. Les responsables changent de poste, de collection... et vont parfois travailler chez un éditeur concurrent – même si, avec les récents regroupements, ils ne font en fait que changer de fonction au sein du même groupe. Aussi, avec le temps, l'auteur s'aperçoit que de maison d'édition en maison d'édition, il retrouve ses anciens interlocuteurs !

Quand un directeur littéraire reçoit un manuscrit (ou lit les rapports que lui envoient les lecteurs auxquels il fait confiance), une alternative s'offre à lui : l'accepter ou le refuser. Dans ce dernier cas, s'il ne connaît pas l'auteur, s'il s'agit d'un inconnu ou d'un débutant, il se contentera d'une simple lettre-type l'informant qu'à son grand regret et malgré toutes les qualités de cet ouvrage, il ne peut trouver place dans aucune des collections qu'il dirige. Cette réponse n'est sincère que si l'auteur s'est trompé d'éditeur ; on n'envoie pas un roman sentimental aux éditions de Minuit, ni un thriller chez Harlequin. Ce courrier sibyllin cache le plus souvent une autre réalité : l'ouvrage est médiocre ou banal et il n'y a, comme on dit, « rien à sauver ». Si la réponse n'explicite pas les causes du refus, c'est pour des raisons multiples... Parfois, l'ouvrage n'a pas été lu jusqu'au bout, on savait dès la page quinze qu'il n'était pas publiable. Les éditeurs reçoivent tant de manuscrits refusés par d'autres éditeurs que les directeurs littéraires passeraient leur vie à expliquer dans des courriers les motifs de leur refus !

Enfin, révéler la réalité : votre ouvrage n'est pas intéressant, risquerait de décourager l'auteur. Pas question de se l'aliéner, même s'il s'agit d'un débutant car dans deux ans, il aura progressé et s'il a reçu ici un refus vexant, il préférera s'adresser ailleurs.

Si le manuscrit convient à l'éditeur, il en informe aussitôt l'auteur, par lettre ou par téléphone, de crainte que ce dernier n'ait déjà envoyé son roman à une autre maison. En littérature jeunesse, cette pratique est peu courante : les écrivains entretiennent des relations cordiales et suivies avec leurs directeurs littéraires. Pour ma part, je ne l'ai jamais fait !

Parfois, le manuscrit n'est pas totalement satisfaisant – il peut sembler au directeur littéraire trop long, ou souffrir à ses yeux de défauts mineurs. Dans ma production romanesque, je n'ai que quatre ou cinq exemples de textes acceptés sans qu'on me demande d'y toucher. Oh, il peut s'agir de simples détails : répétitions, ponctuation, etc. D'autres fois, le texte mérite d'être plus sérieusement revu. Face à ces révélations, les jeunes lecteurs (et les auteurs débutants) ont un premier mouvement d'effroi : comment, on ose toucher au texte d'un écrivain ?

D'abord, le directeur littéraire ne touche à rien, il se contente de noter au crayon en marge ce qui lui pose problème : formulation, vraisemblance, longueur, etc. Ensuite, il faut savoir que l'auteur est parfois demandeur. S'il a un peu de lucidité ou d'amour-propre, il n'a pas intérêt à ce que paraisse un récit où subsistent des faiblesses, des approximations voire des erreurs. Auteur et directeur littéraire ont le souci de faire paraître un récit le plus abouti possible. Hélas, des conflits surviennent pour de multiples raisons, justifiées ou inavouables... Ainsi, il m'a été demandé de modifier complètement la fin d'un récit, pour des raisons idéologiques. J'ai refusé et proposé mon manuscrit ailleurs. Au milieu du roman *Le Cœur en Abîme* figuraient, dans le manuscrit initial, trois pages de digressions plus ou moins psychanalytiques sur ce qui poussait un spéléologue à explorer le cœur de la Terre. On me demanda si je tenais vraiment à ce passage qui ne serait pas compris et alourdirait le roman. Je l'ai enlevé sans amertume ni regret, il risquait en effet de lasser ou de déconcerter les jeunes lecteurs.

Contrairement à ce que l'on pourrait croire, les corrections relèvent rarement de la censure. D'ailleurs, dans les domaines de la violence ou du sexe, les auteurs jeunesse connaissent les limites à ne pas franchir. Les problèmes se situent ailleurs, dans un début qui paraît trop lent et qu'il faudrait rendre dynamique, dans un personnage falot auquel il convient de donner plus d'épaisseur, dans une scène inutile ou un pavé descriptif à alléger. S'établit alors un dialogue : auteur et directeur littéraire se téléphonent ou se rencontrent, discutent de tel ou tel point ou bien l'auteur revoit sa copie chez lui et renvoie une version améliorée. Parfois, plusieurs allers et retours sont nécessaires.

On soupçonne la littérature jeunesse d'être, davantage que l'autre, soumise à la pression des commandes. Ce pourrait bien être une illusion. La diversité de cette littérature est si grande que les auteurs, quels que soient leur ton, leur style, leurs goûts et leurs univers, y disposent d'une énorme marge de manœuvre. Il m'est arrivé d'avoir des commandes précises et de les refuser : les contraintes me semblaient trop importantes. Mais presque toujours, j'ai travaillé dans la plus grande liberté, y compris quand un directeur littéraire me sollicitait. Accepter d'écrire un Je Bouquine ou un roman de science-fiction permet mille audaces et suppose un champ d'action très vaste.

En revanche, mes camarades notent que les demandes de modification ou d'amélioration de leur manuscrit sont devenues très fréquentes. Est-ce parce que les collections, en jeunesse, sont plus ciblées que dans le secteur adulte ?

Deux exemples personnels récents pourraient illustrer ce double problème de la commande et du texte à revoir...

Depuis plusieurs années, l'équipe de Je Bouquine me sollicite. Quand j'écris un récit pour ce magazine, j'en connais exactement les contraintes : le nombre de pages est limité ; le récit doit être assez clair et attrayant pour toucher des enfants de dix ans, mais il doit pouvoir intéresser des adolescents. Le lectorat est surtout constitué de filles... L'auteur tient compte de ces impératifs et de ces données, même si, pour écrire avec plus de spontanéité et de liberté, il essaie de les mettre en arrière-plan.

Jusque-là, mes textes avaient toujours été retenus, et les demandes de correction quasi inexistantes. Récemment, j'ai livré un récit qui traitait de la mort d'un grand-père, *Mercredi mensonge*. Le comité de lecture n'a pas pu le retenir. Mon récit a paru trop sérieux, trop dur, trop triste.

La raison invoquée était légitime : Je Bouquine est vendu par abonnement. Les lecteurs reçoivent un récit qu'ils ne choisissent pas. Le mien risquait de heurter la sensibilité d'un enfant de dix ans, ou de choquer les parents. Le publier aurait entraîné plusieurs conséquences possibles : l'arrivée de quelques lettres de protestation, et surtout, de façon inconsciente chez les abonnés, l'impression que l'orientation du magazine changeait, et qu'on y trouvait des histoires éprouvantes. Loin d'être contrarié par ce refus, je l'ai parfaitement compris. Chez Gallimard et chez Pif, il m'est arrivé d'être « de l'autre côté de la barrière ». Rédacteur en chef, s'il m'avait fallu prendre la responsabilité de publier un tel texte, j'aurais sans doute reculé !

– Mais ton texte me plaît et je le veux ! s'est empressée de me dire Marie-Hélène Delval, alors responsable de la collection littérature chez Bayard.

Autant sa publication dans un magazine posait problème, autant sa sortie dans une collection littéraire n'en posait pas. Un livre, on peut le choisir, le feuilleter. Si son sujet paraît difficile ou trop triste, eh bien on ne l'achète pas.

– Mais voilà, a ajouté Marie-Hélène, sa version actuelle comporte cinquante pages. Il faudrait la doubler.

Le copain de l'héroïne avait une place un peu réduite. N'était-ce pas le moment de lui donner une importance qu'il ne pouvait avoir dans la première version ? Bien sûr, j'avais toute liberté de refuser et de proposer mon texte ailleurs !

Le second exemple est plus caractéristique encore...

Récemment, mon ami Jack Chaboud, responsable de plusieurs collections, m'appelle au téléphone :

– Magnard me confie la direction d'une collection pour les 7-8 ans qui fait pendant aux p'tits Fantastiques, Les p'tits Intrépides. Pourrais-tu m'écrire une histoire ? Oh, une dizaine de pages.

– Impossible, je suis débordé.

Il insiste. Cela paraît vraiment urgent.

– Tu n'aurais pas un texte inédit oublié dans tes tiroirs ?

– Oh non, je n'ai plus rien depuis longtemps !

– Cherche bien. L'an dernier, quand je t'ai réclamé un petit récit, tu as prétendu que tu n'avais rien. Sans moi, tu n'aurais jamais repensé au conte que tu m'avais livré il y a dix ans pour la revue Chut, je lis ! quand j'en étais le rédacteur en chef.

Il avait raison. Je lui avais écrit une courte nouvelle, *Mon prof est un robot* (bien avant la sortie du roman de Bruce Coville *Mon prof est un extraterrestre* !) dont j'avais conservé les droits. Jack m'avait prié de revoir ma copie. Rebaptisé *Gare au robot-prof !*, mon texte avait reparu en album dans Les p'tits Fantastiques.

Tout à coup, je me suis exclamé :

– Ah, j'ai peut-être quelque chose. Mais ce n'est pas du tout pour les 7-8 ans !

– Tant pis, envoie-le moi quand même.

Le texte auquel je pensais était un conte de Noël que j'avais écrit en catastrophe pour Mme Campagnac, notre épicière, qui est aussi la rédactrice en chef du bulletin municipal. Ronéotypé à trois cents exemplaires, ce journal paraît quatre fois par an. Début décembre Mme Campagnac me demande toujours :

– Au fait, vous ne pourriez pas nous écrire un petit conte de Noël pour le prochain bulletin ?

Là, pas question de refuser. On croirait que je dis non parce que je joue les vedettes ou que ce travail n'est pas payé. En général, quand je me renseigne sur le délai, on m'avoue :

– C'est que... en principe, nous bouclons demain.

Le texte auquel je pensais pour Jack était sorti dans le bulletin de l'année précédente, c'était un court récit préhistorique, *Les Exilés du Fleuve*, dont l'action se passait dans notre village, Le Fleix. Il m'a fallu trois minutes pour retrouver le magazine et l'envoyer à Jack Chaboud. Le lendemain, il m'affirmait :

– Ça me convient tout à fait. Je prends !

Trois mois plus tard, Jack m'a dit, un peu embarrassé :

– Euh... pourrais-tu apporter quelques modifications à ton récit ? Notamment ajouter un enfant ?

Les deux héros de mon histoire étaient des adultes. Et le futur album serait destiné à des 7-8 ans. Il tenta de se justifier.

– Tu comprends, il est difficile pour le lecteur de s'identifier à l'un des personnages.

Jack avait sans doute raison. Pourtant, je suis convaincu qu'une histoire sans enfant peut intéresser un jeune lecteur. Y a-t-il un enfant dans *Barbe-Bleue, Peau d'âne, Les Voyages de Gulliver* ou *Robinson Crusoé* ?

Je me suis donc exécuté. Jack me rappela, ravi :

– C'est mieux, beaucoup mieux ! Mais si l'enfant était le héros, le narrateur, ce serait parfait ! Tu ne pourrais pas... ?

J'ai pu. Du moins j'ai essayé. Et le plus étrange, c'est que cette nouvelle version rédigée sur ordre et avec de telles instructions me paraît meilleure que la version d'origine à laquelle, il est vrai, je n'avais consacré qu'une matinée !

En revanche, d'autres demandes paraissent à l'auteur incongrues ou peu justifiées. Récemment, chez un grand éditeur, une très jeune directrice littéraire, dans un courrier par ailleurs élogieux, me disait en substance : j'aurais préféré que l'héroïne ne meure pas et que l'histoire se termine autrement. Pourriez-vous reprendre votre roman dans ce sens ? Aimablement, elle concluait en m'expliquant la façon dont elle avait envie que le récit s'achève ! L'ennui est que le roman ainsi modifié devenait incohérent. D'autres collègues, Michel Jeury en tête, m'avouent leur perplexité, à soixante ans bien sonnés et après avoir publié des dizaines de romans, de s'entendre donner des leçons d'écriture par de jeunes responsables à peine sortis de l'université, où leur ont sans doute été enseignés les secrets de la littérature.

Certains responsables éditoriaux ont été (ou sont) conjointement auteurs. Je ne prétends pas qu'ils sont plus efficaces ou lucides mais ils ont parfois une meilleure mesure du travail et des difficultés. D'autres directeurs littéraires regrettent de ne jamais avoir écrit. Parmi eux, certains demandent inconsciemment à l'auteur le livre qu'ils auraient voulu écrire. Il n'est pas toujours facile de les contenter.

Les choses sont parfois moins compliquées. Un directeur littéraire a une ligne éditoriale : il connaît bien les lecteurs de sa ou ses collections. Il est alors le mieux placé pour savoir que tel texte risque de ne pas y avoir sa place : malgré ses réelles qualités, il se vendra mal et désorientera les lecteurs. Quand il suggère à l'auteur de réviser sa copie, c'est pour que l'ouvrage corresponde mieux à l'attente de son public.

Le secteur marketing, qui a de plus en plus son mot à dire, conteste parfois les choix éditoriaux. Plus exactement, il déplore les mauvais chiffres de vente de certains ouvrages. Certes, l'objectif commun est le succès. Mais les directeurs littéraires qui aimeraient publier tel roman fort, intéressant et novateur, doivent parfois y renoncer et donner la préférence à des textes pauvres et racoleurs qui, ils le savent, feront recette.

Après avoir lu récemment l'un de ces récits médiocres et démagogiques, j'ai reproché à la directrice littéraire de l'avoir publié. Embarrassée, elle a fini par me révéler :

– Il s'en vend cinq mille exemplaires par mois.

Il y a trente ans, dans le secteur jeunesse, la concurrence était moins féroce et le marketing moins présent. Les directeurs littéraires pouvaient publier des textes novateurs ou atypiques. D'ailleurs, le secteur commercial est parfois étonné du plébiscite inattendu d'un livre sur lequel on avait peu misé. Le succès brutal d'une série ou d'un genre influence aussi les auteurs, qui, me semble-t-il, prennent moins de risques qu'hier. Leur premier souci est de publier. Certains camarades m'avouent ne pas toujours écrire le récit qu'ils portent en eux, craignant qu'il soit refusé.

Et du côté des illustrateurs ?

Ici, pas question d'aborder les problèmes de l'album où écrivain et illustrateur travaillent souvent main dans la main. Il s'agit d'une création à part entière où le directeur artistique intervient, où l'auteur se plie au dessin – même si un album est d'abord un texte, sur lequel un illustrateur va travailler dans un deuxième temps.

Il faut livrer une vérité étonnante : un auteur de romans (voire de récits destinés aux 7-8 ans) voit très rarement les dessins et la couverture de son futur livre ! Il doit joindre son éditeur pour connaître le nom de l'illustrateur pressenti. Il supplie pour qu'on lui envoie des crayonnés. Sur quatre-vingts livres publiés, j'ai découvert la couverture d'une soixantaine d'entre eux en librairie, comme les lecteurs. C'est la surprise. Et elle n'est pas toujours bonne !

L'écrivain, en effet, n'est responsable que du texte. La maquette, les illustrations, sont l'affaire du directeur artistique et/ou de l'éditeur. Ce sont eux qui, récit en main, vont faire appel à tel ou tel illustrateur, eux qui exigeront de lui des projets, des crayonnés, eux qui lui demanderont telle ou telle modification (personnages, sujets, paysages, couleurs...). L'illustrateur, en outre, doit se plier à une maquette précise, différente pour chaque collection, qui l'oblige à d'étranges acrobaties.

Contrairement aux lecteurs qui s'écrient :

– C'est scandaleux ! Car après tout, c'est votre livre, non ?

Je suis plus nuancé. Un livre est le fruit d'un travail collectif où prennent part écrivain, directeurs littéraire et artistique, et illustrateur(s). Sans distributeur, sans service commercial ni représentants, des milliers d'exemplaires de ce livre dormiraient dans un entrepôt. Un ouvrage est donc devenu… un produit qui, pour trouver des acheteurs, doit d'abord séduire par sa couverture, sa présentation – et même son titre !

En revanche, je suis stupéfait par certains choix. Ainsi il m'est arrivé d'avoir, dans une collection pour adolescents, un roman affublé d'une couverture destinée à des enfants de six ans car l'image représentait un héros à peine sorti du berceau alors que, dans mon récit, il se rase le matin dans sa chambre d'hôtel ! Conséquence : le livre attire des enfants de six ans mais leurs parents, en le retournant, découvrent sur la quatrième de couverture : à partir de 12-13 ans. Quant aux jeunes de douze ou treize ans, ils passent devant le livre sans s'arrêter, jugeant au vu de la couverture que l'ouvrage ne les concerne pas !

Chaque auteur a des dizaines d'anecdotes à livrer avec, en leitmotiv, cette prière : qu'au moins on lui montre à quoi ressemblera « sa » couverture avant de donner le feu vert à l'illustrateur ! Malgré la documentation dont il dispose, un illustrateur ne peut être tour à tour un spécialiste de la station Mir, des costumes grecs et de la faune ou de la flore australiennes ! Ainsi seraient évitées de grossières erreurs qui font ricaner des lecteurs dont certains, malgré leur jeunesse, sont de vrais spécialistes du domaine abordé.

Si l'éditeur hésite à mettre en liaison l'auteur et l'illustrateur, c'est parce que certains écrivains ont d'insupportables exigences. Ils veulent que sur la couverture figure tel personnage, habillé ainsi et dans telle position. Or l'illustrateur doit être libre d'interpréter l'ouvrage, de l'enrichir au moyen d'une création authentique. Un jour, sachant que l'éditeur disposait de la couverture d'un de mes ouvrages à paraître, j'ai longuement insisté pour la voir.

– Soit, passez donc ! me fut-il répondu sèchement.

Je suis venu, j'ai vu… et j'ai été très déçu. Quand je l'ai avoué, on m'a simplement rétorqué :

– Eh bien ce sera quand même cette couverture !

On notera que plus la tranche d'âge est élevée, plus la collection propose des couvertures sobres. Mais il est inutile d'espérer arriver à une couverture unique comme la Blanche de Gallimard car depuis des années, dans le domaine adulte, la tendance s'est justement inversée ! Les services commerciaux ayant remarqué qu'une couverture illustrée se vendait mieux, les collections les plus traditionnelles et les plus littéraires se sont mises au diapason du dessin, de la reproduction d'un tableau ou de la photographie !

La critique...

Dans le domaine jeunesse, le rôle de la critique est réduit et sa place discrète. On trouve rarement une rubrique littérature jeunesse dans les grands magazines. Chaque semaine ou chaque mois, certains consacrent dix lignes à deux ou trois ouvrages – le plus souvent des albums illustrés, comme si les romans ne relevaient plus vraiment du domaine jeunesse.

Certains critiques apprécient les éditeurs et les auteurs « expérimentaux ». L'originalité et la qualité de l'écriture retiennent leur attention. Comment pourrait-il en être autrement ? Les critiques, adultes, jugent les textes jeunesse en fonction de leur sensibilité, leur goût, leur expérience et l'idée qu'ils se font de la littérature. En réalité, l'influence des critiques sur les lectures ou les ventes est réduite par rapport à l'opinion des prescripteurs et utilisateurs : enseignants, documentalistes, bibliothécaires, libraires. D'autres fois, à la surprise des adultes, les jeunes plébiscitent un texte qui avait à peine attiré leur attention. À l'inverse, des « coups » commerciaux préparés à grand renfort d'enquêtes marketing sont loin d'avoir l'accueil espéré.

Il existe en revanche une presse spécialisée (Citrouille, Griffon, Nous voulons lire, La joie par les Livres... la liste n'est pas exhaustive !), hélas souvent confidentielle, qui s'est donné pour mission de se pencher sur cette littérature. Là de nombreux textes sont étudiés en détail. Mais une fois encore, contrairement au secteur adulte, la critique de la littérature jeunesse est rarement à l'origine d'un succès de librairie. Les prix littéraires, qui se sont aujourd'hui multipliés (chaque ville ou presque a le sien !), dopent rarement les ventes. Tantôt délivrés par un jury de jeunes lecteurs, tantôt par des adultes (critiques, libraires, enseignants), ces prix ont leur importance, notamment pour les auteurs débutants qu'une telle récompense encourage, mais leurs retombées économiques sont souvent négligeables.

Quant à la radio et à la télévision, elles sont des relais dérisoires pour la promotion de cette littérature. Les rares émissions qui s'en préoccupaient ont disparu. Certains de mes amis auteurs le déplorent. Je suis plus nuancé. Car je pressens ce que pourrait devenir une émission télévisée consacrée à la littérature jeunesse. Je n'ose imaginer les pressions, les jalousies, les injustices et les excès qu'elle entraînerait...

Une liste proposée aux enseignants

À la rentrée 2002 eut lieu une petite révolution dans le monde de la littérature jeunesse. Une liste de cent quatre-vingts ouvrages fut proposée (et d'abord imposée) aux enseignants des cycles 2 et 3, invités à utiliser ces textes pour dynamiser l'apprentissage et la maîtrise de la lecture et offrir une approche de la littérature.

Au sein de plusieurs associations (dont la Charte des auteurs jeunesse), cette initiative suscita des mouvements divers. La première réaction fut positive. Enfin un gouvernement et un ministre de l'Éducation nationale s'intéressaient à cette littérature si longtemps et si injustement méprisée ! Enfin on invitait les enseignants à l'utiliser ! Mais le caractère obligatoire de la décision et le choix arbitraire des textes déclenchèrent un tollé : les enseignants n'allaient-ils pas privilégier certains ouvrages de cette liste jusqu'à les transformer en « nouveaux classiques » ? Ne demanderaient-ils pas très vite un « mode d'emploi », sorte de livre du maître où leur serait expliquée la façon de lire et d'analyser le récit avec, qui sait, une liste de questions et des corrigés ?

Les plus critiques, analysant la liste, s'étonnèrent qu'une maison d'édition comme l'École des loisirs rafle la mise avec quarante ouvrages alors qu'une autre comme Magnard n'en avait pas un seul ! D'autre part, les membres de la Charte se comptèrent... Dans cette liste de cent quatre-vingts ouvrages, ils étaient treize. L'association compte sept cents auteurs ! Faut-il croire que les meilleurs écrivains pour la jeunesse se trouvent ailleurs ?

Quelques chiffres

Jeunes ou non, les lecteurs ignorent souvent les chiffres de tirage et de vente des livres ainsi que ceux des droits d'auteur. Les médias contribuent à fausser la donne. Quelques émissions livrent les meilleures ventes et dans les films ou les séries télé, l'auteur est souvent montré en train d'écrire (ou de dicter un texte à sa secrétaire) dans le somptueux bureau d'une propriété avec piscine. Cette image est sans doute vraie pour Michael Crichton, Stephen King, Mary Higgins Clark ou J.K. Rowling dont chaque roman, traduit dans vingt ou trente langues, est vendu à plusieurs millions d'exemplaires. La réalité quotidienne de la majorité des auteurs est très différente.

Dans le domaine adulte, si l'on exclut les ouvrages de poche ou les éditions club (France Loisirs, Succès du Livre...), quatre-vingt-dix-huit pour cent des livres – par exemple les cinq ou six cents nouveautés de la rentrée littéraire –, vendus autour de vingt euros, sont tirés à deux ou trois mille exemplaires, parfois moins. Quand ils sont écoulés, tout le monde est soulagé, car c'est dans les deux premiers mois que les ventes décollent... ou pas.

Sur le catalogue d'un grand éditeur, qui peut compter des centaines d'auteurs et de titres, seuls quelques dizaines se vendent bien, c'est-à-dire, dans l'année, entre dix mille et cinq cent mille exemplaires.

Un prix Goncourt dépasse souvent trois cent mille exemplaires. Mais si l'on se souvient des chiffres record de *L'Amant* de Marguerite Duras qui dépassa en quelques mois un million d'exemplaires, on oublie vite ceux, plus réduits, de *Valet de Nuit* de Michel Host, prix Goncourt 1986 ou du Pascal Quignard qui a décroché le Goncourt 2002 : au fait, quel était le titre de cet ouvrage ?

Les auteurs qui ne s'appellent ni Patrick Modiano ni Daniel Pennac, et ils sont des milliers, ont des tirages modestes. Parfois, l'un d'eux a ce que l'on nomme un succès de librairie : en quelques mois, son livre se vend à vingt ou quarante mille exemplaires (en ce cas, face à la demande des libraires, l'éditeur s'empresse de réimprimer l'ouvrage en tranches de cinq ou dix mille exemplaires) ; un an après, on n'en parle plus. Les ventes deviennent dérisoires : cent exemplaires... parfois moins !

Si l'ouvrage n'est pas passé en poche, ce qui lui fait espérer une seconde vie, il est retiré du catalogue. Au mieux il est soldé, au pire il passe au pilon, les exemplaires en stock redeviennent de la pâte à papier.

Dans le monde de l'édition, telle est la réalité.

Les tirages des livres de poche, vendus entre cinq et dix euros, sont deux ou trois fois supérieurs à ceux d'un inédit. Leur espérance de vie est plus longue. Quant aux circuits spécialisés (Le grand Livre du Mois, France Loisirs, etc.), ils impriment à vingt, trente, parfois deux cent mille exemplaires. Là encore, ces chiffres concernent peu d'auteurs.

Dans le domaine jeunesse, la durée de vie d'un ouvrage est plus longue et les premiers chiffres de tirage souvent supérieurs : cinq, dix, voire vingt mille exemplaires pour le poche. Même modestes, les ventes sont plus régulières, ce qui explique qu'un titre peut rester des années au catalogue. Sauf exception, il n'existe pas, du moins pas encore, ce phénomène d'engouement qui caractérise la littérature générale et entraîne la vente rapide et inattendue d'un titre… puis sa disparition tout aussi brutale. De nombreux romans vivent trois, cinq, dix ans – parfois davantage ! La raison en est simple : le public se renouvelle. D'autre part, certains enseignants se passent le mot. Tel roman, qui a plu en sixième, semble un excellent tremplin à la lecture. Tel autre a permis à tel professeur de lettres ou d'histoire-géographie d'initier sa classe de cinquième au Moyen Âge. Certains ouvrages d'Évelyne Brisou-Pellen ou d'Odile Weulersse (*Les Pilleurs de Sarcophages, Le Messager d'Athènes*…) sont ainsi régulièrement prescrits, il s'en vend soixante mille exemplaires par an. Alain Surget m'avouait récemment que son *Œil d'Horus*, dont les premières ventes ne dépassaient pas deux mille exemplaires, avait été envoyé avec un petit fascicule explicatif par l'éditeur à tous les enseignants de lettres de France. Un investissement qui porte ses fruits puisque l'ouvrage, depuis cinq ans, se vend désormais à cinquante mille exemplaires par an !

En trente ans, Jean-Côme Noguès a vendu près de deux millions d'exemplaires de son *Faucon déniché*. Ces chiffres, une plus grande fidélisation du lectorat, la possibilité de faire des interventions rétribuées dans les classes, sont autant de facteurs qui attirent les auteurs de littérature générale dans un secteur que beaucoup regardaient de haut il y a encore peu de temps.

Mais écrire des textes pour la jeunesse n'est pas si facile qu'il y paraît et la situation des auteurs pas toujours rose.

Qu'il soit destiné aux jeunes ou aux adultes, tiré à mille ou cent mille exemplaires, un ouvrage rapporte à son auteur entre cinq et dix pour cent de son prix de vente. Ce pourcentage peut tomber à deux pour cent pour un album ; il peut monter à quatorze pour cent quand il s'agit d'un roman pour adultes vendu vingt euros, si l'auteur est prestigieux, médiatisé et exigeant.

Il est impossible de répondre à la question, fréquente chez les jeunes lecteurs :

– Combien vous rapporte un roman ?

Une fois un manuscrit accepté et le contrat signé, son auteur touche en principe un à-valoir. Modeste quand il s'agit d'un petit texte, cette somme (une simple avance accordée à l'auteur sur les ventes futures du livre) peut monter à deux, trois mille euros, rarement davantage dans l'édition jeunesse. Si l'ouvrage se vend peu et si les ventes ne couvrent pas l'à-valoir, l'auteur conservera cette somme. S'il se vend bien, l'auteur recevra chaque année une somme correspondant au nombre d'exemplaires vendus, déduction faite de l'à-valoir versé. Les calculs sont vite faits : un roman dans une collection de poche rapporte à son auteur environ vingt-cinq centimes d'euro. S'il s'en vend quatre mille dans l'année (et c'est devenu là un chiffre très moyen !) l'écrivain touchera... mille euros.

Autrement dit, pour qu'un auteur jeunesse vive de sa plume, il doit avoir plusieurs romans en librairie et espérer qu'ils se vendent bien et longtemps. Faute de quoi, pour subsister grâce aux seuls à-valoir, il devra écrire plusieurs romans dans l'année et gagner sa vie autrement, par exemple au moyen de rencontres rétribuées ou d'ateliers d'écriture.

Les rencontres en milieu scolaire

Quasi inexistantes il y a trente ans, ces rencontres se multiplient. Aujourd'hui, beaucoup d'enseignants n'envisagent pas de faire lire un ouvrage pour la jeunesse sans solliciter la venue de son auteur. Mais il faut savoir que tous les auteurs ne se déplacent pas et que la venue d'un écrivain, intéressante, est cependant loin d'être indispensable !

Pour ma part, j'ai lu Balzac, Hugo, Flaubert ou Zola sans jamais les rencontrer, ce qui ne m'a pas empêché d'aimer ce qu'ils écrivaient. Peut-être aurais-je été très déçu s'ils étaient venus dans ma classe.

Le fait qu'on apprécie un texte ne signifie pas que la rencontre avec son auteur l'enrichira. Un créateur redoute parfois le public, il ne sait pas forcément expliquer ses intentions. Quand un enseignant ou une bibliothécaire me révèle sa déception après la venue d'un tel, j'ai coutume de répliquer :

– Un écrivain est quelqu'un d'ordinaire. Pourquoi devrait-il être sociable, séduisant ou gentil ?

L'institutionnalisation de ces rencontres entraîne plusieurs risques : la visite d'un auteur, qui devrait être exceptionnelle, peut devenir une routine. Et l'enseignant n'aura-t-il pas tendance à entreprendre la lecture de tel texte plutôt que de tel autre parce qu'il sait que l'auteur viendra (et que par ailleurs, il est sympathique, il a l'habitude de rencontrer des enfants et avec lui, ça se passe bien, on le sait grâce à...) ?

Certes, une rencontre se révèle souvent riche, ne serait-ce que parce qu'un auteur s'explique sur sa façon d'écrire, avoue ses difficultés, montre ses brouillons, parle de son imaginaire et parfois – c'est sans doute là l'objectif essentiel – suscite chez les jeunes lecteurs qui l'ont rencontré l'envie de découvrir certains autres de ses textes. Il faut savoir que si un auteur ne se déplace pas, on peut toujours lui écrire (en adressant le courrier chez l'éditeur du livre qu'on a lu) ! La plupart du temps, il répond. Il livre parfois son adresse e-mail et entame une correspondance avec la classe. Il peut aussi choisir de rester dans l'anonymat. C'est son droit.

Si, conscient de ces pièges et obstacles, on souhaite solliciter un auteur, il faut :

– Prendre contact avec lui, au besoin par le biais de sa maison d'édition, six ou huit mois en amont.

– Savoir s'il se déplace et selon quelles modalités (nombre de classes ou d'élèves qu'il acceptera de rencontrer, durée, nombre et sujets d'intervention, etc.).

– Se renseigner auprès des autorités compétentes (intendance, municipalité, etc.) pour le paiement de ses frais : transport, hébergement, honoraires.

– Entreprendre avec sa classe la lecture d'un ou plusieurs de ses ouvrages (l'expérience prouve qu'une rencontre est réussie si elle a été préparée) et au besoin une recherche sur Internet à propos de l'auteur.

– Veiller, quelque temps avant sa venue, à ce que le nécessaire soit fait pour son accueil (hébergement, lieu de l'intervention calme et convivial, temps supplémentaire prévu pour d'éventuelles dédicaces, etc.).

En tout état de cause, un auteur qui se déplace a besoin d'un interlocuteur joignable en cas de problème (panne, retard de train, hôtel introuvable, etc.).

Un organisme très officiel, L'Ami littéraire, qui dépend de la Maison des Écrivains (53, rue de Verneuil 75007 Paris), accepte souvent, sur présentation d'un dossier, de financer pour moitié la venue d'un auteur dans un établissement scolaire.

Aux enseignants ou documentalistes attachés à ces interventions, j'aimerais conseiller de varier leurs choix : les auteurs ont des discours, des convictions, des comportements très différents. Ne soyez jamais fidèles à un écrivain ! L'intérêt des rencontres littéraires réside dans leur diversité. Enfin, il ne faut jamais perdre de vue qu'un auteur est moins important que ce qu'il a écrit.

Les ateliers d'écriture

Autrefois rare, ce type d'activité s'est multiplié. Aujourd'hui, beaucoup d'enseignants font appel à des écrivains jeunesse pour lancer et animer dans leur classe un atelier d'écriture. Comme si les compétences littéraires de ces auteurs relevaient de l'imprégnation et qu'ils savaient expliquer et transmettre leur savoir-faire...

Hélas, c'est plus compliqué !

J'ai une intime conviction : un enseignant, notamment un professeur de français, est le plus compétent pour entraîner ses élèves à écrire un récit ! En sollicitant l'appui et le concours d'un auteur, il cherche une sorte de caution, une béquille, un prétexte. Il voit dans l'auteur-animateur un super conseiller pédagogique. Souvent, l'enseignant demandeur a lui-même très envie d'écrire, mais il hésite à se lancer.

Pour ce type d'activité comme pour les rencontres, il faut savoir que d'excellents auteurs peuvent décevoir au cours d'un atelier et qu'un enseignant qui n'a jamais publié se révèle souvent un animateur hors pair ! On a l'impression qu'un auteur possède une maîtrise, des ficelles, une technique et qu'il va les communiquer sans problème. S'il transmet son enthousiasme et donne envie d'écrire, c'est déjà beaucoup.

Quand il m'arrivait (entre 1970 et 1995 – depuis dix ans, je n'anime plus d'atelier) d'accepter une telle tâche, j'avertissais l'enseignant et les élèves : mener à bien un récit serait long, complexe, délicat. J'affirmais qu'il ne faudrait pas voir dans ma vision du travail une méthode infaillible, l'écriture de chaque récit ayant un point de départ et un cheminement différents.

Parfois, la classe entière a une idée précise de l'histoire qu'elle souhaite raconter. Quand le type de récit envisagé par les élèves est mal défini ou offre une ambiguïté, j'en profite pour différencier les fictions vraisemblables : récit réaliste, social, historique, intimiste, sentimental, policier (et ses avatars : roman noir, polar, thriller, etc.), et les fictions invraisemblables : merveilleux, fantastique et science-fiction, tout en expliquant l'émergence chronologique des trois genres, leurs parentés et leurs différences. Toujours, j'affirme : « voilà comment c'est fait » ou « voilà comment je fais », mais jamais : « voilà comment il faut faire » ! D'autres fois, des clans sont déjà formés. Il y aura trois, quatre, cinq histoires – la tâche en sera moins aisée et la gestion des groupes acrobatique !

Chaque auteur, je crois, ne peut faire écrire qu'en appliquant ses propres critères. Ainsi, quand j'entreprenais un atelier d'écriture, j'expliquais qu'un récit, dans mon esprit, doit posséder une architecture, une dynamique, une cohérence interne et une progression. J'en profitais pour montrer qu'existent des genres différents : roman, récit, nouvelle, conte, pièce de théâtre... voire scénario de BD ou de dramatique télé. J'insistais pour que soient envisagés certains types d'écriture auxquels on songe rarement : courrier (réel ou imaginaire), articles de journaux (certains élèves rédigeant faits divers, nécrologie, météo, petites annonces, mots croisés...), poésie, journal intime (réel ou imaginaire), recettes de cuisine et même encyclopédie thématique. Trop souvent en effet, atelier d'écriture rime avec « récit » alors que la littérature est plurielle !

Dans un atelier, les deux questions fondamentales, formulées ou implicites, semblent être :

1. Que voulez-vous (ou qu'ai-je envie de vous faire) écrire ?
2. Comment allez-vous (ou allons-nous) l'écrire ?

En apparence innocentes et simples, ces questions supposent des réponses différentes suivant les animateurs. Entre ceux qui sont prêts à accepter les propositions les plus abracadabrantes ou provocatrices, et ceux qui profitent de cet atelier pour imposer un thème, un schéma, un sujet et parfois des personnages (en somme, ceux qui font écrire aux enfants le roman qu'ils avaient en tête !), tous les cas de figure existent.

L'art de l'animateur d'un atelier consiste donc à être à la fois à l'écoute et critique, c'est-à-dire prêt à laisser le plus grand nombre exprimer ses désirs, mais résolu à écarter les idées ou les propositions banales, convenues ou médiocres.

Ma pratique consistait d'abord à faire exprimer par les élèves le récit ou le projet dans ses grandes lignes. J'en profitais pour noter au tableau le résumé grossier, le plan ou les enchaînements éventuels.

Capital, ce moment doit être limité dans le temps et savamment dirigé. Être à la fois humble et directif suppose des qualités pédagogiques évidentes. À cet égard, la présence discrète, attentive et bienveillante de l'enseignant, co-animateur et futur tâcheron, est capitale. Car neuf fois sur dix, si l'atelier se déroule en plusieurs temps, c'est le maître ou le professeur qui prendra le relais en l'absence de l'auteur !

Arrive la seconde phase, la plus délicate : l'écriture.

Mille méthodes sont possibles, la meilleure restant celle à laquelle se plient le plus volontiers les élèves et l'enseignant. Parfois, l'animateur rédige sous la dictée des élèves auxquels il donne tour à tour la parole ; d'autres fois, les enfants rédigent, individuellement ou par groupes. Il faut se pencher sur le travail de chacun, encourager, livrer une idée, poser des questions, tenir la main, remanier une phrase, barrer et modifier le texte dont la formulation pose problème. S'il s'agit d'un récit, on peut montrer, exemples à l'appui, qu'est souhaitable l'alternance des dialogues et des descriptions (parfois, le jeune auteur a tendance à se laisser emporter par un fil narratif). On peut aussi, si l'occasion se présente, introduire un flash-back, un monologue intérieur.

Après tout, pourquoi l'animateur devrait-il suggérer modifications ou variantes à un récit ? Et si le jeune auteur souhaitait rédiger une histoire uniquement sous forme dialoguée – ou sans dialogue, ou encore à la première personne du pluriel ? Certes. Mais il faudrait alors que cette intention soit consciente et déclarée. Un enfant de dix ou douze ans ne réécrira pas spontanément *Le Vol d'Icare* de Raymond Queneau, *Au Château d'Argol* de Julien Gracq ou *La Modification* de Michel Butor. Et la première tâche d'un animateur d'atelier n'est pas de simuler l'admiration envers un génie spontané ou une écriture originale, mais d'ouvrir les portes de la littérature en montrant qu'existent des techniques d'écriture multiples.

Dans cette phase où il s'agit surtout d'améliorer le texte, les qualités de l'animateur relèvent davantage de la pédagogie que de la création. Il faut éviter de se substituer au jeune écrivant et doser l'aide et les conseils qu'on lui apporte. Cela suppose qu'on connaisse bien l'enfant ou l'adolescent qu'on a devant soi, ce qui est rarement le cas de l'auteur intervenant !

Très vite se poseront de multiples problèmes qu'il faudra résoudre (et dont il sera question dans la troisième partie) : qui est le narrateur ? À quel temps cette histoire va-t-elle être rédigée ? Comment glisser des informations concernant le lieu, la date, les circonstances de l'action du récit ?

S'il s'agit d'un récit collectif, les élèves devront se plier à ce qui aura été décidé. Les problèmes de ton ou de style ne pourront être abordés qu'avec précaution, tant d'obstacles se présentent déjà, qu'il faut franchir en même temps !

Améliorer le premier jet est souhaitable mais délicat. Car s'il faut proposer une relecture critique, suggérer de meilleures formulations, il faut également éviter la lassitude et le découragement. Le pire serait d'obtenir un récit inachevé car les jeunes auteurs auraient un sentiment d'échec.

La valorisation de ce qui a été produit m'a souvent posé problème. Fréquemment, avant que la moindre ligne soit rédigée, on demande à l'auteur-animateur : « Ce sera un vrai livre ? Il sera imprimé ? Vendu ? Combien va-t-il nous rapporter ? »

La sincérité paie et les enfants ne sont pas dupes. S'il est indispensable que chacun d'eux possède un exemplaire du récit achevé, il paraît inutile voire dangereux de survaloriser ce qui a été écrit.

Ces quelques pages ne constituent que des pistes, ceux qui souhaitent animer un atelier trouveront dans de multiples ouvrages spécialisés de quoi alimenter leur réflexion et leur travail. Mais il me fallait aborder ce sujet pour conclure cette partie consacrée aux coulisses de l'écriture. Car contrairement à ses pairs qui publient dans le domaine adulte et sont avant tout soucieux de livrer une œuvre, l'auteur jeunesse se voit souvent confier cette étrange fonction : montrer au jeune lecteur les voies de l'écriture, l'entraîner à approcher, à apprivoiser la littérature par un biais qui n'est plus celui de l'admiration… mais celui de l'action.

III

AUTEUR JEUNESSE OU « MOTEUR JEUNESSE » ?

Loin de moi l'intention d'approcher la littérature jeunesse sous un angle exhaustif, analytique ou universitaire ! Bien d'autres ouvrages s'en chargent. Plus modestement, il s'agit de présenter le point de vue d'un auteur, ses réflexions et ses doutes concernant une littérature dont le mode narratif semble obéir à certaines constantes. Selon Christian Poslaniec (essayiste, enseignant, romancier... et ami) un récit jeunesse pourrait se définir au moyen de trois critères :

- il raconte une histoire ;
- son héros est un enfant (réel ou virtuel) ;
- ses instances narratives sont simples.

Cette approche, séduisante, mérite à mon avis d'être nuancée.

Pour ma part, quand les éditeurs et les critiques ont classé mes ouvrages, à ma grande surprise, dans la catégorie jeunesse, j'ai d'abord compris que leur dénominateur commun était des personnages confrontés à une situation difficile et contraints de se dépasser ; des héros qui, parfois adultes, conservaient un enthousiasme, un comportement d'adolescent. Ce type de texte, on le sait, porte un nom : les Allemands l'appellent Bildungsroman, leur modèle est *Les Années d'apprentissage de Wilhelm Meister* de Goethe ; les Français l'ont baptisé roman d'apprentissage. Leur représentant fut longtemps *Le Capitaine Fracasse* de Théophile Gautier.

Peut-être les textes qui s'adressent aux jeunes ont-ils ces deux points communs : ils racontent une histoire et aident à grandir. Plus précisément, leur contenu narratif est riche d'une leçon, d'une morale (les auteurs s'en défendent, il n'est plus de bon ton d'être édifiant !), et porteur d'un élan, d'une curiosité, d'un espoir, même si le récit revêt des aspects durs ou sordides.

Mais pour qu'ils soient abordés par des jeunes, ces récits pourraient bien exiger que plusieurs critères soient remplis. Lesquels ? Il ne s'agit pas d'énoncer des règles ni de mettre tel ou tel récit en équations, mais de tenter d'approcher quelques thèmes, techniques ou procédés récurrents susceptibles de définir une littérature abordable par le jeune public.

En fait, ce titre ambigu d'auteur jeunesse ou « moteur jeunesse » dissimule un soupçon : et si cette littérature se définissait moins à l'aide de critères que grâce à une dynamique particulière ?

De gré ou de force, ces interrogations finiront par nous mener à deux questions fondamentales et liées. Certains de ces textes peuvent-ils relever de ce qu'on appelle la littérature ? Et d'ailleurs… qu'est-ce que la littérature ?

1. LA LITTÉRATURE JEUNESSE… À LA RECHERCHE D'UNE DÉFINITION

Au fait, qu'est-ce que la jeunesse ?

La question paraît superflue. Pourtant, si la notion d'enfance existe depuis toujours, la jeunesse et l'adolescence, dans l'histoire de l'humanité, sont des notions récentes, apanage des pays industrialisés.

Au Moyen Âge et jusqu'au XIXe siècle – ainsi que dans les sociétés primitives – le passage de l'enfance à l'âge adulte était souvent rapide et brutal. Que ce soit à la campagne ou en ville, l'enfant avait à peine quitté le giron maternel qu'il était confronté au monde du travail : l'agriculture, la pêche, l'artisanat, la mine… Il grandissait ainsi, se formant sur le tas à ce qui ferait de lui un homme : le quotidien, les injustices, les accidents, l'amour, la sexualité, la maladie, la guerre.

La lecture était alors réservée à une classe privilégiée. Au sein de la bourgeoisie ou de la noblesse, le livre de jeunesse n'existait pas. Les grands classiques du genre, en Europe, pendant des siècles, furent *La Bible*, *L'Iliade* et *L'Odyssée* qui n'avaient pas été spécialement écrits pour des enfants. Mais voilà, on y trouvait les éléments susceptibles de construire un honnête homme : des mythes ou, si l'on préfère, des anecdotes édifiantes avec une morale sous-jacente.

Tandis que le monde devenait plus complexe, et dans les classes aisées où l'enfant n'était pas confronté à de durs problèmes quotidiens, grandit l'idée qu'une certaine littérature pourrait être une source d'informations et de réflexion. L'un des tout premiers récits pour la jeunesse fut (et ce n'est pas un hasard) *Les Aventures de Télémaque*, que Louis XIV avait commandé à l'ecclésiastique Fénelon, pour l'éducation de son héritier le jeune duc de Bourgogne. Entre 1699, date de sa publication, et 1830, l'ouvrage, dont le retentissement fut immense, totalisa cent cinquante éditions différentes et quatre-vingt traductions. Mais au XIXe siècle, comme l'explique Marc Soriano, « ce succès s'atténue. La mythologie, peu à peu, devient moins familière aux jeunes lecteurs. Un merveilleux de type nouveau, l'anticipation scientifique, commence à concurrencer les dieux de l'Olympe et les fées du terroir[1]. » Un autre phénomène naît pour se développer et s'amplifier un siècle plus tard : la notion de jeunesse. Désormais, de plus en plus de jeunes bourgeois voient s'allonger une période qui, jusque-là, n'existait pas, et se situe entre l'enfance et l'âge adulte, période pendant laquelle on apprend, voyage, se cultive et se prépare à affronter la vie – c'est-à-dire, pour faire court, un métier, la guerre et l'amour. Les livres semblent de bons guides. Pas n'importe lesquels, ceux qui ont depuis longtemps fait leurs preuves et que des éducateurs bien-pensants rédigent sur mesure.

Après les lois des années 1880 sur l'éducation laïque, gratuite et obligatoire, ont fleuri de nombreux textes souvent très convenus, écrits davantage pour l'édification des jeunes que pour leur plaisir – et je ne pense pas qu'au fameux *Tour de France par deux enfants*, qui tentait surtout d'enseigner la géographie, l'histoire, la morale, les sciences, l'hygiène… la liste n'est pas exhaustive.

Or la durée de l'adolescence n'a cessé de s'allonger. Comme elle apparaît interminable à certains parents, cette parenthèse entre l'enfance, période où l'on subit l'agitation du monde sans y participer, et l'âge adulte, moment où sont acquises de nombreuses indépendances, financières, familiales, sentimentales ! Limitée à un an ou deux il y a un demi-siècle, l'adolescence commence parfois avant dix ans et se prolonge jusqu'à vingt-cinq ou trente ans. Avant dix ans ? Mais oui, à cet âge, et sous l'influence croissante des médias, les enfants ne veulent plus subir mais participer : achat de vêtements, de nourriture, accès

1. *Guide de Littérature pour la jeunesse*, publié en 1959, réédité et actualisé en 1975.

à la télévision et à la plupart des décisions... L'état de jeunesse n'a jamais été aussi large et prolongé. Pendant cette période, diverses littératures sont proposées à l'enfant-adolescent. Quelle serait donc aujourd'hui la définition d'une littérature pour la jeunesse ? Peut-être celle qui, à portée du jeune lecteur, lui permet de grandir, de le faire rêver et réfléchir, c'est-à-dire d'affronter une vie de plus en plus complexe. J'entends déjà rétorquer : toutes les littératures répondent à cette définition !

Je n'en suis pas si sûr.

Y a-t-il une littérature jeunesse ?

Aujourd'hui, certains détracteurs affirment qu'il n'y a pas de littérature jeunesse. Si l'on exclut albums et récits écrits par des pédagogues ou des auteurs dont l'objectif avoué est la petite enfance, il semblerait, d'après eux, qu'un lecteur compétent pourrait aborder n'importe quel récit. Ces allégations sont le fait de ceux qui ignorent les collections pour la jeunesse, affirmant qu'on doit au plus tôt être confronté aux grands textes. Ils révèlent que leurs enfants ou leurs élèves abordent sans problème à douze ans *La Chartreuse de Parme* ou Marguerite Duras, ils vilipendent les romans jeunesse qu'ils jugent fabriqués, médiocres ou inutiles.

On pourrait leur rétorquer leurs arguments :

– De quel milieu social sont ces enfants de douze ans ?

– Qu'ont-ils compris et retenu de *La Chartreuse de Parme* ?

– Pourquoi ne leur a-t-on pas proposé *Ulysse* de Joyce ?

– Certains textes de la littérature ne sont-ils pas aussi fabriqués ?

– Pourquoi la littérature jeunesse existe-t-elle et se développe-t-elle ?

– Pourquoi enseignants et instructions la préconisent-ils afin d'aider les jeunes à lire et à grandir ?

De gré ou de force, il faut le reconnaître : certains récits, pour des raisons souvent mystérieuses, conviennent plus particulièrement à de jeunes lecteurs ! Encore faudrait-il s'entendre sur ce qu'est un jeune lecteur. Même si l'on frôle la caricature, on pourrait tenter de le définir en évoquant ses compétences linguistiques (vocabulaire, complexité des phrases et des formulations), son expérience et son horizon d'attente.

Parce que son milieu social était très favorisé, le jeune Claude Hagège avait des compétences linguistiques très larges : oralement comme par écrit, il disposait d'un vocabulaire étendu et utilisait l'imparfait du subjonctif. Il avait les capacités théoriques d'aborder Proust, Dos Passos ou Virginia Woolf. Mais qu'en était-il de ses compétences à appréhender les situations soulevées par les auteurs, l'implicite, l'intertextualité ? Même surdoué, un jeune lecteur n'a pas le même vécu ni les mêmes attentes qu'un adulte. Certes, l'existence impose à certains jeunes des expériences précoces. Mais ceux qui ont dû mûrir vite assument un lourd passif (séparations, drogue, délinquance, etc.) et disposent rarement d'outils linguistiques sophistiqués.

En somme, on pourrait définir le jeune lecteur par le fait qu'il ne possède pas de larges compétences linguistiques ni le vécu d'un adulte. Si par extraordinaire il les avait, ce ne serait plus un jeune lecteur ! Ainsi s'explique le succès de certains textes relevant de la littérature sentimentale, populaire ou de terroir : leurs thèmes et leur horizon d'attente ne peuvent toucher que des adultes mais leur vocabulaire et leur style simple, alerte et dépourvu de complexités correspondent à des compétences linguistiques restées élémentaires.

Si la littérature jeunesse de la fin du XIXe siècle nous semble dépassée, c'est parce qu'ont changé non seulement le vocabulaire et la syntaxe, mais aussi l'horizon d'attente des lecteurs, des parents et des éducateurs. La morale, la religion, la patrie, le sens du devoir... toutes sortes de notions qui ont aujourd'hui évolué (ou régressé, jugeront certains !). Ne restent, de cette époque, que certains récits où prime l'aventure (Verne, Dumas, London, Dickens...), qui, à l'origine, n'étaient pas toujours destinés aux jeunes et que certains éditeurs élaguent à grand-peine pour des motifs littéraires et commerciaux : littéraires car ils jugent qu'il faut dépoussiérer certains classiques pour qu'ils restent accessibles ; et commerciaux, car les prescripteurs que sont les parents et les enseignants continuent de croire que ces textes dits éternels sont abordables par des enfants.

Je pense que c'est une erreur.

Le Capitaine Fracasse, que j'adore, est aujourd'hui un texte que même un adulte bon lecteur aura du mal à lire dans sa version intégrale d'origine. Vous avez des doutes ? Essayez. Quant à faire lire à des jeunes *Robinson Crusoé* dans la version expurgée réalisée par Michel Tournier, c'est une imposture : privé de ses considérations morales, réflexions et apartés qui éclairent sans cesse l'action (mais la retardent, et paraissent aujourd'hui dépassés), le roman perd non seulement sa force mais son sens en est détourné. Qu'en penserait Daniel Defoe ? Que dirait par exemple Hergé si l'on proposait demain ses aventures de Tintin après avoir enlevé toutes les bulles de ses vignettes – et les passages un peu trop statiques – pour donner à ses albums une allure de manga ?

Une littérature de croisement

Pour simplifier, on pourrait admettre qu'il existe, à deux extrémités, une littérature difficile accessible à des individus mûrs et cultivés, et une autre destinée d'évidence aux enfants. L'objectif de la première est avant tout de faire réfléchir et/ou de jouer avec des notions complexes ; celui de la seconde est de permettre au jeune lecteur d'accéder à la lecture grâce à des moyens attrayants et appropriés, cette priorité n'excluant pas les ambitions littéraires.

Mais voilà, il se trouve qu'un certain nombre de textes de la littérature adulte semblent répondre aux compétences et à l'attente de la jeunesse...

Hélas, compétences et attente ne sont pas synonymes.

Les récits de littérature générale qui correspondent aux compétences des jeunes sont des textes récupérés par l'institution scolaire et devenus des classiques : les *Fables* de La Fontaine, quelques pièces de Molière, certains romans de George Sand, Marcel Pagnol, Saint-Exupéry, etc. S'y ajoutent des ouvrages universels dont on finit par croire qu'ils s'adressent à des jeunes ou ont été écrits à leur intention : *Frankenstein, David Copperfield, Moby Dick*... Certes, leurs thèmes relèvent parfaitement du genre jeunesse, mais d'autres critères rendent aujourd'hui leur lecture inabordable par un jeune lecteur. Qu'importe, on se donne bonne conscience : acheter un ouvrage, c'est déjà l'avoir presque lu, il figurera dans la bibliothèque à côté des *Misérables*, des *Mémoires de guerre* du général de Gaulle et d'une ou deux belles encyclopédies.

Les romans issus de la littérature adulte qui répondent à l'attente des jeunes sont parfois inattendus et vont de *L'Arrache-cœur* de Boris Vian à *Moi, Christiane F., droguée, prostituée...* en passant par les romans de Danielle Steel, Mary Higgins Clark ou Stephen King.

Enseignant ou parent, l'adulte est embarrassé. Rares sont les ouvrages de littérature générale qui correspondent à la fois aux compétences et à l'attente des jeunes. Quand il se résout à aborder la littérature jeunesse, il y choisit en priorité ce qui a enchanté son enfance ou, à nouveau, des textes solides et consacrés. Problème : à treize ans, au XXIe siècle, on recule devant *Vingt mille Lieues sous les Mers* ou *Croc-Blanc*. Pourtant, va-t-on rétorquer, ce sont là des classiques sans cesse réédités et toujours bien vendus. Certes. Mais s'ils sont édités, c'est justement pour être avant tout achetés (par les parents) et conservés. Ils seront rarement lus ! À douze ans (âge auquel un éditeur conseille d'aborder *La Case de l'oncle Tom*), il faudra dès la première page, et il y en a six ou sept cents, affronter des phrases comme : « Sa conversation était un défi audacieux jeté sans cesse à la grammaire de Murray; il avait soin de temps en temps de la munir de termes assez profanes, que notre vif désir d'être exact ne nous permet cependant point de rapporter. » Bon courage et bon décodage.

Ainsi se perpétue l'achat de classiques qui entretiennent des rentrées assurées pour l'éditeur, la bonne conscience des acheteurs, et la culpabilité de jeunes lecteurs persuadés qu'ils n'aiment pas lire.

Abordons maintenant la littérature jeunesse, où certains textes peuvent toucher aussi les adultes. Hélas, combien d'adultes lisent spontanément des ouvrages destinés à la jeunesse ? Certains affirment à juste titre qu'un livre pour la jeunesse est bon si l'adulte le lit avec plaisir et profit. C'est vrai. Autrefois, un ami m'a profondément blessé sans le savoir. Après avoir lu l'un de mes albums, il m'a déclaré :

– Ah, c'est très bien ! C'est une bonne histoire pour les enfants.

« Pour les enfants » était de trop. Si mon histoire n'était bonne que pour eux, c'est qu'elle était très mauvaise.

2. À LA RECHERCHE DE CRITÈRES

Thèmes et genres

Existe-t-il des thèmes ou des genres spécifiques à la littérature jeunesse ? Autrefois, la réponse était oui. Et la liste était longue, qui partait du conte traditionnel (Perrault) et du merveilleux (Mme de Beaumont, Lewis Carroll, J.M. Barrie…) pour arriver, chronologie oblige, aux grands thèmes de l'exploration chers aux XVIIIe et XIXe siècles : l'île et l'océan (*Robinson Crusoé, L'Île au Trésor, Vingt mille Lieues sous les Mers*), les continents et leurs civilisations étranges (*Les Voyages de Gulliver, Le Monde perdu*), les animaux (*Moby Dick, Croc-Blanc, Lassie Chien fidèle*), les savants (*Frankenstein, Docteur Jekyll et Mister Hyde, L'Île du docteur Moreau*) et leurs inventions folles.

Cette liste abrégée n'est pas gratuite. Car face à ceux qui affirment aujourd'hui que tous les thèmes peuvent être abordés dans la littérature jeunesse, je serai critique. Oui, ils peuvent être abordés mais je ne suis pas sûr qu'ils touchent le jeune lecteur en priorité. Je crois en revanche à la surenchère de certains thèmes récurrents que des auteurs jeunesse utilisent par goût personnel, parfois pour se libérer de leurs propres hantises ou fantasmes (et je ne pense pas qu'à la sexualité), par provocation, ou parce qu'ils savent que ce thème est plus porteur qu'un autre… L'une de mes directrices littéraires m'a ainsi naïvement conseillé d'utiliser dans mon titre le mot monstre, sorcière ou classe, les commerciaux de la maison ayant remarqué que de tels ouvrages se vendaient mieux. Une telle attitude me rappelle celle de ma cousine, marchande de chaussures, dont l'argument choc était : « Cet automne, ce modèle plaît beaucoup ».

On me dira que le livre est une marchandise.

En fait, je suis convaincu que les grands thèmes d'autrefois perdurent : l'île, la grotte, l'océan, les animaux, les continents, les autres civilisations, les savants et les dangers de l'utilisation de certaines technologies... mais l'océan est devenu l'espace et ces mondes nouveaux à explorer sont désormais le virtuel, l'imaginaire, l'infiniment petit. Le thème de la différence est abordé par le biais du monstre, de l'extraterrestre, du camarade de classe ou... de l'étranger.

À y regarder de près, les jeunes ont toujours le goût de l'exploration, qu'elle concerne d'autres lieux, d'autres temps, d'autres êtres et d'autres comportements. Il s'agit de décoder le monde, d'apprendre qui est l'autre et de regarder vers l'avant. Quand un jeune lecteur ouvre un livre, univers en résumé, peut-être a-t-il la même attitude que devant un paquet cadeau : il veut arracher l'emballage et découvrir son contenu. S'il s'agit d'un jouet, il voudra alors l'utiliser pour faire comme si, ou le démonter pour comprendre comment ça marche. Les thèmes de la littérature jeunesse pourraient bien être résumés par « rêver » et « comprendre », deux activités qui se complètent et se nourrissent l'une de l'autre.

Le thème du merveilleux revient en force, revisité par l'heroic fantasy. Relayé par les prescripteurs, le merveilleux inspire confiance, car il utilise un arsenal classique qui a fait ses preuves : fées, sorcières, dragons, pouvoirs, sortilèges... Il existe dans ce domaine des textes grandioses et beaucoup d'autres très pauvres, mais qui bénéficient d'une confiance imméritée. Fuir la technologie et notre monde dur et compliqué suscite l'indulgence. Les sciences ? Elles fascinaient il y a cent ans mais rebutent quand on les associe à la littérature. Ce mouvement qui rejette les sciences pour leur préférer le merveilleux s'accentue. La féminisation de la prescription et du lectorat n'est peut-être pas étrangère à cette tendance.

Depuis *L'Odyssée*, l'exploration et le groupe ont toujours été des thèmes porteurs. Les équipages se sont effacés au profit des bandes de jeunes, puis de la classe et des copains. Quant au goût de plus en plus marqué pour l'horreur, il n'est guère nouveau en littérature jeunesse où, depuis *Le petit Poucet, Barbe-*

Bleue et *Le petit Chaperon rouge*, la violence, la dévoration, le sang et la mort symbolisent les frontières avec lesquelles on joue pour mieux les maîtriser.

Mais là encore, le jeu peut devenir surenchère.

Le roman historique a fait une entrée spectaculaire en littérature jeunesse. Loin d'être un avatar des *Trois Mousquetaires* ou d'*Ivanhoé*, il a des exigences que n'avaient pas Alexandre Dumas ou Walter Scott. Prescrit par les enseignants, devenu un auxiliaire pédagogique, il doit serrer la réalité de près !

La famille semble être un thème nouveau : autrefois, le héros en était dépourvu ou il partait à sa recherche. Aujourd'hui, les personnages et les décors sont davantage ancrés dans le réalisme, et les comportements humains apparaissent dans les ouvrages pour les plus petits. En fait, tout se passe comme si, peu à peu, la plupart des thèmes de la littérature générale gagnaient les ouvrages pour la jeunesse. Peut-être parce que, l'influence des médias aidant, les jeunes sont confrontés de plus en plus tôt aux problèmes des adultes.

Bien que certaines lignes de force puissent être dégagées, la variété des thèmes présentés ne constitue pas un moyen d'identification. Les thèmes de l'exploration ne sont-ils pas aussi ceux d'ouvrages réservés aux aînés ? *L'Île, Un Animal doué de Raison* et *Les Hommes protégés* de Robert Merle ne peuvent être abordés que par des adultes.

La longueur de l'ouvrage

Harry Potter a balayé le préjugé selon lequel un enfant ne pouvait pas lire une histoire trop longue. Pourtant, la lecture d'un texte court n'est pas si aisée car il faut apprivoiser au plus vite personnages, caractères, faits, situations. À l'inverse, dans un roman, on prend le temps de s'installer. Aujourd'hui, un adolescent lira volontiers les trois gros volumes de *À la Croisée des mondes* de Philip Pullman… mais sûrement pas *Hérodias* de Flaubert – qui totalise moins de cinquante pages. En revanche, il y a vingt ans, quand le professeur de lettres de mon fils a imposé à tous les élèves de cinquième la lecture des *Misérables* dans sa version intégrale, je me suis dit que c'était la meilleure recette pour dégoûter à jamais la classe du livre.

Si le jeune lecteur est réticent face à un gros roman, c'est qu'on lui a imposé des textes courts qu'il a eu du mal à lire ou qui l'ont ennuyé. Ce qu'il redoute, c'est la lecture en général ; ce qui l'effraie, c'est la perspective de souffrir non plus trois heures, mais trois jours. À treize ans, je me souviens avoir dévoré avec passion les six volumes (dans la collection Nelson) du *Comte de Monte-Cristo* et avoir été très déçu que le roman s'arrête si vite.

Le vocabulaire

Que d'études ont circulé à ce sujet ! L'A.F.L. (Association Française pour la Lecture) s'est longtemps penchée sur le problème. Tout le monde s'accorde sur un point : un lecteur, quel qu'il soit, n'a pas à maîtriser intégralement ce qu'il lit, faute de quoi il s'ennuie. J'étonne d'ailleurs quand j'avoue publiquement qu'il m'arrive de buter sur certains articles de Pour la Science ou sur les pages financières du Monde. Être confronté à des expressions et du vocabulaire nouveaux semble indispensable pour progresser. Le problème serait plutôt celui du seuil. Or un récit qui n'offre aucune difficulté de vocabulaire, de grammaire ou de compréhension est parfois vite abandonné par le jeune lecteur. Par contre, un récit où apparaissent de nombreux mots, expressions ou notions inédits peut le passionner parce que son écriture, son sujet, sa façon de présenter les faits et de susciter l'intérêt font reculer ce fameux seuil à un niveau inimaginable !

Les problèmes sont donc plus complexes qu'il y paraît. Certaines poésies hermétiques enchevêtrées de mots inconnus peuvent séduire les enfants grâce à leur rythme, leur ambiance, leurs couleurs énigmatiques. À l'inverse, connaître tous les mots d'un texte ne permet pas toujours de lui donner un sens. Ainsi, dans ces quatre vers des stances de Rodrigue, chaque mot peut être défini par un élève de quatrième.

« Percé jusques au fond du cœur
D'une atteinte imprévue aussi bien que mortelle
Misérable vengeur d'une juste querelle
Et malheureux objet d'une injuste rigueur »

Mais le sens général reste vague, obscur. Et ce n'est plus une poésie isolée mais une histoire dont il faut suivre le fil !

Les lecteurs de quatorze ans ne disposent pas d'un niveau de vocabulaire identique. En 1975, Marc Soriano l'estimait à vingt mille mots (alors que *Le Capitaine Fracasse* de Théophile Gautier en comporte près de quarante mille !). Aujourd'hui, ce niveau est sûrement très différent selon qu'on habite une cité de La Courneuve ou un pavillon à Versailles.

Chez les jeunes, le sens des mots (mortel, grave, etc.) évolue et fluctue très vite. En ce cas, pourquoi ne pas utiliser pour la littérature qui leur est destinée un vocabulaire adapté, actuel, que la majorité comprendrait ? Oh, certains auteurs essaient. La plupart s'y cassent les dents. Pour de multiples raisons. D'abord, un écrivain de quarante ans ne maîtrise pas forcément le langage des cours de récréation. Les expressions se renouvellent très vite, l'ouvrage peut paraître démodé avant d'être publié. Ensuite, et ce fut pour moi une grande surprise, les jeunes eux-mêmes rejettent les récits qui utilisent leur vocabulaire branché. Quand c'est Jamel Debbouze qui l'emploie à la télévision, ils sont ravis (c'est d'ailleurs l'inverse qui se produit de plus en plus : la télévision crée des expressions et des comportements que les jeunes imitent, répètent et adoptent) ; mais le trouver dans un livre les choque, la plupart des lecteurs exigent de l'écrit une tenue correcte, ils veulent que le livre les tire vers le haut.

La complexité et la longueur des phrases

Quand William Camus m'avait reproché mes phrases trop longues, son argument m'avait touché. Pourtant, à l'usage, une phrase supporte parfaitement d'être longue si son contenu est simple, le vocabulaire familier et la dynamique interne importante. Mais le lecteur peu armé perdra pied très vite si les difficultés se multiplient (références ou vocabulaire inconnus, non-dit, évocations qui ne suscitent aucun écho).

Quelques exemples d'incipits puisés au hasard dans des ouvrages de littérature générale…

« En haut de ce boulevard bordé d'hôtels et de pensions qui décrit une courbe et s'élève pour conduire au bureau de poste, on lit sur une petite porte peinte en vert, derrière laquelle s'aperçoivent un jardin et une villa d'aspect cossu : *Docteur*

Simonet, ex-interne des Hôpitaux de Paris, lauréat de l'Académie de Médecine. Sur rendez-vous. »

Sans prétendre qu'à douze ans, on soit prêt à lire la suite, il faut admettre que cette longue phrase reste explicite. Elle est visuelle, presque cinématographique et suit la progression d'un promeneur auquel on peut s'identifier. Les seuls mots peut-être inconnus pour un lecteur mal armé (pension, cossu, interne, lauréat, académie) sont situés près d'autres mots connus (hôtels, hôpitaux...) qui en précisent le sens. Quant à lauréat et Académie, ils sont enfermés entre les mots docteur et Médecine. Que manque-t-il à cette longue phrase pour susciter aussitôt l'intérêt ? (Je dis aussitôt car il y a trente ans, un enfant de douze ans aurait jugé un tel début très acceptable !) Peut-être le fait qu'elle intrigue peu, et/ou que l'enfant a peu de raisons de s'identifier au narrateur. La suite va-t-elle l'intriguer ou le décourager ? Voyons un peu :

« Parvenu là, j'ai consulté ma montre : j'étais en avance, je suis toujours en avance, c'est un effet de mon impatience naturelle et de ma nervosité. Pourtant, j'avais mis plus de vingt minutes à le monter, ce maudit boulevard... »

Je la juge plutôt stimulante. Le narrateur raconte un fait qui lui est arrivé, il nous renseigne sur sa personnalité. S'il est impatient d'arriver chez ce docteur, c'est qu'il va se passer quelque chose d'important. Nous aussi avons hâte de savoir l'objet de ce rendez-vous. En fait, si ce roman (*L'Allegretto de la Septième* d'André Billy) ne s'adresse pas du tout à un jeune lectorat, c'est pour des raisons qui n'ont rien à voir avec l'écriture.

Prenons un autre exemple d'incipit.

« Michel est seul. À vrai dire il l'a toujours été. »

Très encourageant : phrases courtes et simples, un seul personnage. Le narrateur est dans la peau du personnage principal, Michel. L'histoire, au présent, semble intervenir à un moment-charnière ; la juxtaposition des deux phrases suggère que Michel « se retrouve seul » mais elle suggère aussi qu'il est peu sociable, solitaire – à cause de son caractère ? Le jeune lecteur a déjà envie d'en savoir plus. Que dit la suite ?

« Sauf peut-être dans sa petite enfance, mais sa sœur Gabrielle, qu'on voit près de lui dans de vieilles photographies, est morte toute jeune, et quand il a définitivement rompu avec la vie de famille, sa cadette, la remplaçante, n'était qu'une enfant. »

Le jeune lecteur est perdu. Il n'y a pourtant pas de mots compliqués (un seul mot, cadette, au lieu de cinq dans la première phrase, plus longue, du roman d'André Billy) ! Mais le fil qu'on doit suivre est tordu et compliqué, il faut quitter Michel à cause d'un « on » suggérant un autre narrateur qui, lui, se penche sur un album... Les vieilles photographies impliquent un Michel sans doute âgé. Intervient aussi, dans la foulée, une rupture de ce Michel avec sa famille et une nouvelle venue, cette cadette dont le mot remplaçante veut renforcer le sens mais en fait le perturbe à cause de sa place en apposition. Toutes ces acrobaties mentales, l'obligation de situer d'un coup trois personnages (Michel, Gabrielle, la cadette/remplaçante) à leur place dans la famille constituent une série d'obstacles difficiles à franchir.

Il s'agit là du début de *Quoi ? L'Éternité* de Marguerite Yourcenar.

Certains auteurs américains, parfois issus du journalisme, appliquent le fameux axiome « une idée, une phrase ». Outre que la langue française possède ses structures, sa culture et son histoire, et que la création se satisfait peu de l'adaptation d'une autre façon de faire, un récit construit de cette façon apparemment simple peut se révéler complexe ou difficile à décoder. Comme en témoigne le début du *Voyage au bout de la Nuit* de Céline :

« Ça a débuté comme ça. Moi, j'avais jamais rien dit. Rien. C'est Arthur Ganate qui m'a fait parler. Arthur, un étudiant, un carabin lui aussi, un camarade. On se rencontre donc place Clichy. C'était après le déjeuner. Il veut me parler. Je l'écoute. "Restons pas dehors ! qu'il me dit. Rentrons !" Je rentre avec lui. Voilà. "Cette terrasse, qu'il commence, c'est pour les œufs à la coque ! Viens par ici !" »

Ici, un seul mot nouveau : carabin. Mais rien ne peut éclairer cette clé (Arthur et le narrateur sont... carabins) d'un récit où, dès le départ, est suggérée une situation floue (le narrateur tait quelque chose que son ami va l'obliger à révéler ?) que la suite n'éclairera guère. Pourtant, lieux, personnages et faits sont clairement présentés. Mais la terrasse associée aux œufs à la coque constitue une sorte d'énigme. Le jeune lecteur aura du mal à suivre, il n'a pas les moyens de combler les nombreux non-dits.

À propos des « instances narratives »

L'un des trois critères évoqués par Christian Poslaniec pour définir un récit jeunesse est « des instances narratives simples ». En effet, la forme ou la structure du récit, l'intertextualité abondante, l'implicite de certaines formulations (ou situations) peuvent se révéler des obstacles infranchissables pour un jeune lecteur.

Or, si je me contente de puiser des exemples dans ma seule production jeunesse, je constate que les instances narratives de la plupart de mes romans sont loin d'être simples. Dans mon premier récit publié, *Aïo Terre invisible*, le lecteur, de chapitre en chapitre et selon un procédé que les auteurs américains affectionnent, se trouvait confronté à une situation, un décor et des personnages différents. Ce principe narratif serait aussi celui de *Cheyennes 6112* (publié en 1974), roman dans lequel le lecteur, pendant les deux premiers tiers de l'histoire, est invité à suivre en parallèle l'action de héros et de groupes sans rapport apparent les uns avec les autres. *La Machination* (publié en 1973, toujours en librairie) est un roman en trois parties qui repose sur un flash-back. La première partie, *L'Onirium*, quatre-vingts pages, est chronologiquement la deuxième partie du roman, le héros se trouvant plongé, on ne le comprendra que peu à peu, dans un rêve artificiel, un monde virtuel avant l'heure, dans lequel surviennent des événements qu'il interprète mal. De même, dans *Le Satellite venu d'ailleurs*, après un prologue qui se situe en 1941 et dont le propos semble sans rapport avec ce qui suivra pendant une centaine de pages, le lecteur (le roman est sorti en 1975) se retrouve en 1999 dans un futur devenu très théorique (l'ouvrage, sans cesse réédité, est toujours en vente). Les héros, toutefois, sont invités à reconstituer une histoire complexe en se plongeant, à intervalles irréguliers, dans le journal intime d'un parent éloigné rédigé... en 1936. Si j'ajoute que l'objet de la quête des héros est une jeune fille née en 1930 mais qui n'aura pourtant que seize ans en 1999 (l'ouvrage illustre en fait les conséquences temporelles de la théorie de la relativité d'Einstein), on comprendra que la structure de l'ouvrage a de quoi égarer les lecteurs. Or il est surtout apprécié en CM2 ou en sixième ! Moins, il est vrai, par de nombreux adultes lettrés, adeptes de Julien Gracq et de René Char.

Plus récents, des récits comme *Coups de théâtre, La Fille de 3ᵉ B* et *Le Pianiste sans Visage* offrent des instances narratives sinon complexes, du moins tordues.

Sur le plan de l'intertextualité, *Virus L.I.V. 3 ou la Mort des livres* met en scène, dans un futur que j'imagine gouverné par des lettrés, des héros dont le patronyme (Allis L.C. Wonder, Emma G.F. Croisset, Monday/Montag/Lund/Sonn) invite à une réflexion littéraire ou linguistique permanente. Certes, le lecteur peu armé peut lire le roman en ignorant les jeux qui lui sont proposés. Mais s'il les décode, il s'aperçoit qu'il a les moyens d'accéder à un autre niveau de compréhension. Dans *Août 1944, Paris sur scène*, Odette, qui se fait passer pour l'actrice dont son ami d'enfance est amoureux, tente de lui transmettre de multiples messages codés en déclamant, sur scène, des extraits de pièces classiques dont le double sens ou les litotes ne sont évidents ni à celui auquel elle s'adresse, ni au lecteur. Par exemple :

« Ce sont des bontés qui m'accablent...
Et j'excuse un forfait dont j'adore l'auteur...
Une égale tendresse
Pour vous depuis longtemps m'afflige et m'intéresse. »

On pourra me rétorquer que même si la structure du récit paraît parfois complexe, la syntaxe est aisément accessible. Ce n'est pas toujours le cas. Dans *Le Cœur en Abîme* (où, par ailleurs, dans la première moitié du roman, rien ne permet de deviner le sexe du personnage qu'aime le héros), le lecteur découvre des formulations comme :

« Amour, bonheur, amour-bonheur, ton sommet est un gouffre où je voudrais amour-mourir et à jamais m'engloutir pour jurer un serment de confiance et de foi et conjurer ce monde dont je ne suis pas... »

Il est vrai que de tels romans concernent les aînés. Les jeunes enfants exigeraient-ils des instances narratives simples ? Je n'en suis pas certain. On a vu, avec *Le petit Pioui* (destiné à des lecteurs débutants), que la phrase pouvait être malmenée et les dialogues intégrés à la narration sans ponctuation. On a également constaté que mon récit *Parfaite petite Poupée*, s'il est raconté de façon linéaire et simple, possède un implicite que décoderont difficilement les jeunes lecteurs.

On pourrait donc, pour conclure ce rapide panorama des instances narratives, affirmer qu'elles peuvent être complexes si elles ne sont pas accumulées et à condition que le récit reste dynamique et suscite toujours l'intérêt.

Le temps

Provocateur, j'affirme à mes lecteurs qu'un auteur n'a guère le choix : son histoire est écrite au présent ou au passé. Là encore, pour appuyer ma démonstration, je puise au hasard quelques récits de fiction et j'en livre les premières phrases.

Dans l'histoire mondiale de la littérature, les auteurs (le grec Lucien de Samosate mis à part) ont mis longtemps à comprendre qu'ils pouvaient mentir. Avant de raconter les aventures de leurs héros, ils affirmaient que leur histoire était vraie, sans doute pour rendre l'auditoire ou le lecteur plus attentif. Puisque les faits étaient censés s'être produits, les relater au passé s'imposait. Voilà pourquoi le temps naturel de la narration a toujours été le passé.

Le présent est une acrobatie qui jongle avec la vraisemblance, surtout quand le récit est écrit à la première personne : comment le narrateur peut-il rédiger une histoire à laquelle, comme il voudrait nous le faire croire, il est justement en train d'assister ou de participer ? À l'appui de ma démonstration, j'ai coutume de prendre l'exemple suivant : « Quand l'assassin entre, je me lève et pointe mon arme vers lui... » Difficile, puisque je suis attablé et donc en train de raconter les faits ! En outre, l'usage conjoint du présent et du « Je » contraint à d'étranges jeux de dialogue :

« – Où vas-tu ? me demande-t-il [ah, ce *t* euphonique artificiel !].

– À l'infirmerie, réponds-je. »

Si l'on utilise la formulation « qu'il me demande » et « je lui réponds », cela alourdit une narration qu'on voulait justement rendre fluide grâce à ce fameux présent. Fréquemment utilisé par les auteurs jeunesse, ce temps permet de plonger le lecteur au cœur de l'action. « C'est comme si l'on regardait un film », m'a-t-on souvent répondu. Certes. Mais un film, comme un récit, a été tourné et écrit. C'est une reconstruction dont on a pris soin d'enlever les échafaudages. Et il me semble toujours maladroit d'ajouter des piliers à un édifice qu'on voulait concevoir plus élégant et plus léger.

Je plaide coupable : les six volumes de ma saga *Aïna*, au total mille trois cents pages, sont tous rédigés au présent. Et la narratrice dit Je ! Un défi d'autant plus artificiel que le récit se déroule dans le futur et que son auteur n'est pas la jeune fille de treize ans qui parle mais un écrivain qui en accuse soixante.

Les verbes de parole

J'ignore si mon désir de concision et d'efficacité relève spécialement de la littérature jeunesse ; Gustave Flaubert ou Marcel Aymé avouaient ce même objectif. À cet égard, les verbes de parole m'ont toujours semblé d'étranges béquilles. Beaucoup d'enseignants les préconisent, moyen d'éviter l'éternel verbe dire. C'est une louable intention, la langue française est riche et il serait dommage de se priver de verbes comme affirmer, suggérer, prétendre, rétorquer, s'insurger... Mais ces termes peuvent être utilisés ailleurs que dans un dialogue où leur emploi est d'ailleurs redondant (« Je ne suis pas d'accord ! s'insurgea-t-il ») et où, à force de vouloir préciser le ton ou l'attitude du locuteur (« Fichez-moi le camp ! tempêta-t-elle »), on en vient moins à attirer l'attention du lecteur sur ce qui est dit que sur cette étrange quincaillerie verbale d'appoint (« Imbécile ! éructa-t-il »).

À l'université, en classe de linguistique, je me suis porté volontaire pour une recherche sur les verbes de parole, c'est-à-dire tous ceux, même les plus inattendus, qu'on peut utiliser pour préciser comment s'exprime un locuteur. Pour assurer ce travail, j'utilisai un vieux Bescherelle (*L'art de conjuguer : dictionnaire des 8 000 verbes*). Je pensais recenser deux ou trois cents verbes...

J'en ai répertorié deux mille quatre cents. Mais voilà : plus ils sont rares et inattendus, moins leur usage s'impose. Certains auteurs l'ont bien compris qui, au mépris de l'usage qui condamne la répétition, n'utilisent que dire. Récurrent sous la plume d'un Giono dans *Le Chant du Monde*, il acquiert soudain un poids littéraire.

« – Un beau temps, dit Matelot.
– Va vers l'hiver, dit Antonio.
– Me fous de l'hiver s'il est vivant, dit Matelot. »
Ou, plus loin, au hasard (de toute façon il y en a partout !) :
« – Ça va ? dit le besson.
– Ça va, dit Antonio.
– Ces clous, dit le besson, ces clous longs de deux troncs que mon père achetait, ça serait pas des fois chez le forgeron de Perey-le-Terroir ?
– Non, dit Antonio. »

Mon souci permanent dans une fiction (c'est un choix, pas une recette !) est d'effacer ces verbes de parole pour centrer l'attention du lecteur sur ce qui se passe, ce qui se dit – et non sur un jugement ou une intrusion narrative qui pirate les faits. Je sais, ce piratage peut être précisément l'essence d'un texte littéraire, une façon de « faire du style » – un problème délicat qui sera abordé plus loin et qui pourrait être ici résumé par la question provocatrice : est-ce s'adresser à un jeune lecteur que de lui suggérer grossièrement « Regarde comme c'est original, bien fait et écrit » ?

Il existe mille façons de gommer les verbes de parole : privilégier les plus simples (dire, demander, répondre) en évitant leur addition qui, selon les cas, frôlerait tantôt la maladresse tantôt l'effet. Utiliser le discours indirect. Ne pas préciser qui parle au sein d'un dialogue… ce qui oblige parfois le lecteur à un effort d'attention, surtout quand les locuteurs sont plus de deux (en ce cas, ce sont le caractère, les tics, l'obstination de l'un d'eux qui indiquent qui s'exprime et l'effort demandé ne porte pas sur le décodage sémantique mais narratif !). Enfin, il devient évident qu'un locuteur s'exprime s'il le fait après (ou avant) une action qui complète ou explicite ce qu'il dit. Une fois encore, la teneur des paroles peut ne laisser aucun doute sur celui qui les prononce. Michel Jeury affectionne cette technique. Pour l'illustrer, voici un extrait de sa *Charrette au Clair de lune*, un roman de terroir qui n'est pas destiné à la jeunesse mais dont la clarté d'écriture touche un vaste public.

« Papa pose la main sur la tête de Pierrot, lui pétrit le crâne.
– Et avec la demoiselle de l'école, comment ça va ?
– Ça va, j'aime bien apprendre.
Pierrot baisse le front. Papa rit gentiment.

– Ce soir, après le catéchisme, tu me réciteras tes tables et tes verbes. Va, mon gars ! »

Attention ! Je ne suggère pas des recettes pour s'adresser à un jeune lecteur, je livre des réflexions sur les façons d'introduire des dialogues sans à-coups, ce qui entraîne une plus grande fluidité dans la lecture. Cette fluidité est-elle souhaitable dans un récit jeunesse ? Et surtout, est-elle compatible avec la littérature ? À ces deux questions, je réponds, je crie « oui » !

En réalité, je sais d'où vient ce désir intime : du théâtre, où les verbes de parole sont par définition absents. Soit, me dira-t-on, mais le lecteur doit connaître à la fois le locuteur et le ton avec lequel il s'exprime. Relisons l'extrait qui précède, n'est-ce pas le cas ? Imaginons les mêmes dialogues sans les actions, mais avec des verbes de parole conjugués du genre : s'enquérir, rassurer...

Le héros

J'entends affirmer partout : « Il faut qu'il soit jeune pour que le lecteur puisse s'identifier à lui », d'ailleurs le héros a souvent des copains qui forment un groupe, une bande (un club... ou un clan). Là encore, cette notion me paraît ambiguë. Beaucoup de romans ont un enfant pour personnage central, ce qui ne rend nullement l'ouvrage accessible aux lecteurs du même âge – par exemple Momo, narrateur du roman d'Émile Ajar *La Vie devant soi*. Sans parler des innombrables romans pour adultes dans lesquels l'auteur évoque sa propre enfance avec un regard qui ne touche qu'un public déjà mûr.

À l'inverse, de nombreux livres pour la jeunesse font mentir ce principe en utilisant des personnages adultes. Une étude plus fine montrerait que certains auteurs jeunesse ne peuvent se passer d'un enfant héros alors que sa présence, chez d'autres, est rare. Chez Jean Coué, Pierre Pelot ou Michel Honaker, le personnage central est presque toujours un adulte !

En trente ans, les éditeurs ont souvent fait la grimace en lisant mes manuscrits. Ils me demandaient de rajeunir mon héros, comme si affirmer qu'il a douze ans dès la première page suffisait à rendre d'un coup le texte accessible à des enfants ! C'est évidemment un leurre.

Sous la plume d'un Romain Gary, un gosse de six ans peut être vieux, roublard, expérimenté et enchanter l'adulte au moyen de fausses naïvetés. En revanche, les héros adultes des ouvrages jeunesse sont souvent curieux, naïfs, en quête d'une énigme ou d'un mystère, et doivent se dépêtrer d'une situation difficile. Ils sont jeunes, en effet, dans leur attitude, leurs gestes, leurs pensées. S'ils sont aigris, durs ou cruels, ils ont pour cela des raisons que l'auteur explique ou justifie.

Nous avons vu qu'un récit accessible à des jeunes relève toujours plus ou moins du roman d'apprentissage. L'âge du héros n'y fait rien. Le retraité du superbe roman *Le Cœur sous la Cendre*, de Pierre Pelot, a soixante-cinq ans. Mais il ouvre un regard neuf à l'existence.

Dans mes propres romans, il y a peu d'enfants. Mon héros a souvent assez de maturité pour avoir des relations sentimentales et un métier. Je ne juge pas indispensable de révéler son âge. L'âge est à l'image de certains détails, qu'on croit essentiels, et qui à l'usage se révèlent parfaitement superflus. Qu'importe que le héros soit grand, brun, vêtu d'un blouson, qu'il ait des yeux verts ou bleus. Par contre, livrer les traits de son caractère me semble indispensable. Il se découvre au fil du récit au moyen de son attitude, des dialogues, de ses pensées. J'applique d'instinct une règle que j'imposais à mes élèves quand ils écrivaient des romans. Si le personnage est peureux, vantard, timide, fourbe... jamais ce qualificatif ne doit être prononcé, c'est toujours le lecteur qui doit le déduire du contexte : ce qu'il dit, la façon dont il agit ou réagit !

Dans mes romans policiers, les protagonistes sont des fonctionnaires de police. Si Logicielle et son coéquipier Max ont environ vingt-cinq ans, Germain qui les accompagne en a plus de cinquante. Mes derniers ouvrages parus ou réédités (*Écoland, Un Billet pour l'Éternité, Le Soleil va mourir*) ne mettent en scène que des adultes. Seul le héros d'*Août 1944, Paris sur scène* a seize ans... mais il deviendra un résistant. Même quand mes récits s'adressent aux moins de dix ans, les personnages centraux sont volontiers des adultes. Ceux de *La boîte à Malix* s'aiment et finiront par s'enfuir. Quant à l'enfant narrateur (je dirais plutôt : observateur ou témoin) de *Tonton la Bricole*, il n'est que le faire-valoir de l'oncle-catastrophe dont le portrait et les bévues constituent l'essentiel de l'histoire.

Les éditeurs ne sont pas toujours ouverts et tolérants. Dans deux autres récits destinés à de très jeunes enfants, mes héros étaient adultes. Une fois le texte accepté et le contrat signé, on m'a courtoisement demandé d'ajouter un enfant héros ! Ma pire expérience en ce domaine est celle d'un roman qui n'a jamais été publié : *Journal d'un prof.* À l'époque, en 1988, Hachette avait accepté le manuscrit. Le contrat était signé et l'à-valoir versé. Puis l'équipe éditoriale a changé et la nouvelle responsable a été contrainte d'appliquer une consigne inédite : désormais, dans cette collection, les héros seraient des enfants. Je ne pouvais pas dire que mon personnage avait douze ans puisqu'il racontait ses premières expériences pédagogiques !

Du coup, les auteurs prennent les devants : quand ils proposent un manuscrit, ils indiquent dès les premières pages que le héros a dix, douze, quinze ans. Ou qu'il est en cinquième. Chez Je Bouquine, au grand dam de la responsable du roman mensuel, les textes proposés sont relatés neuf fois sur dix à la première personne, par un narrateur qui précise dès la première page (ou la première phrase !) qu'il a l'âge de l'abonné. Quand j'ai écrit mon premier Je Bouquine, même si mon narrateur ne précise jamais son âge, je n'ai pas fait preuve d'originalité :

« Je m'appelle Guy. Je vis avec mon oncle et ma tante à Saint-Gratien, en banlieue parisienne. » (Je Bouquine n° 177.)

Les autres écrivains de la revue avaient donné le ton :

« À douze et treize ans, Xavier et moi n'étions que moyennement intéressés par les pérégrinations parentales. » (Je Bouquine n° 145.)

« Il vient d'avoir dix-huit ans. Moi, j'aurai quinze ans en juillet. » (Je Bouquine n° 161.)

« Mon nom, c'est Djinala. J'ai douze ans. » (Je Bouquine n° 206.)

Je Bouquine n'est pas en cause. Beaucoup d'éditeurs jeunesse publient ce type de débuts. Forme d'autocensure déguisée ? Non : plutôt intention affichée de s'adresser à un jeune lecteur ! C'est là l'une des façons (nous en verrons d'autres) de prendre l'enfant par la main en lui affirmant : moi qui vais te raconter une histoire, j'ai ton âge, tu es donc concerné ! Le jeune lecteur n'est pas dupe. S'il accepte de jouer ce jeu, il sait bien que l'écrivain est loin d'avoir treize ans !

Dans *Le Cœur en Abîme*, non seulement le narrateur héros est adulte, mais il a perdu sa femme dans un accident et il hait l'humanité. Ce roman reste-t-il un roman jeunesse ? Oui. Notamment parce que ce personnage va changer, reprendre espoir, aimer et subir une série d'épreuves dont il sortira meilleur et grandi. Comme mon vieux petit Pioui.

Personnages : apparitions et... disparitions

L'abondance des personnages, notamment au début d'un récit, perturbe la lecture. On se trouve dans la situation d'un hôte tout juste arrivé dans une soirée et à qui sont présentés d'un coup vingt invités. Comment mémoriser les noms et les fonctions de chacun ?

Le théâtre classique appliquait cette règle qui consiste à rassembler dans la première scène peu de comédiens sur le plateau. Ils sont le plus souvent deux, qui éclairent la situation ainsi que la fonction et la personnalité des futurs personnages. En fait, cette règle exigeait qu'aucune action d'importance ne se produise au début du spectacle, les bourgeois arrivant dans la salle après le lever du rideau ; aujourd'hui, les séries télévisées appliquent d'autres règles, comme le rappel périodique et indirect du sujet ou des enjeux de l'action (on a pu être inattentif dix secondes ou s'absenter pour aller aux toilettes). Quant aux coupures publicitaires, reconnaissables par un fondu au noir dans les séries américaines, elles interviennent toujours à un moment crucial, palpitant... afin d'obliger le téléspectateur à ne pas trop s'éloigner du récepteur, faute de quoi il risquerait de manquer la suite : un procédé utilisé autrefois, dans les BD à épisodes des magazines.

Le zoologiste autrichien Konrad Lorenz, on le sait, a observé que les oies, à leur naissance, s'attachaient comme à leur mère au premier être vivant qu'elles côtoyaient, fût-il un humain. Le jeune lecteur est un peu dans cette situation de dépendance. Si on lui présente dès la première page un personnage, il va s'attacher à lui. Il comprendra mal qu'on change de héros en cours de route. Les Américains affectionnent pourtant ce procédé qui consiste à mettre en scène un personnage dans un chapitre, puis, dans le chapitre suivant, un nouveau personnage dans un lieu différent, face à une autre situation, ce qui oblige à passer du point de vue d'un individu à celui d'un autre tout en suivant leur progression en parallèle. On devine évidemment qu'un lien narratif relie ces protagonistes, on sait qu'ils se rejoindront. Mais là encore, si l'élan du récit n'est pas irrésistible, ce genre de puzzle ne peut être décodé que par des lecteurs aguerris.

Un mot enfin sur les personnages annexes qu'on perd en cours de route. La littérature est une métaphore de la vie. Pourquoi ne verrait-on pas passer tel ou tel personnage pittoresque pour l'abandonner plus loin ? William Camus aimait beaucoup présenter de nouveaux protagonistes. Mais cent pages plus loin, quand je lui demandais :

– Et Jour-la-nuit, qu'est-ce qu'il devient ? On n'en parle plus !

William me répondait :

– Bien sûr, puisque nous n'en avons plus besoin.

– Eh bien revenons en arrière et essayons de nous en passer.

Parfois, c'était impossible. William déclarait alors :

– Puisqu'il ne nous sert plus à rien, réglons-lui son compte en trois lignes. Il meurt d'une mauvaise grippe, il est dévoré par un ours ?

Je répugnais à tuer mes personnages, même sur le papier. William se moquait de moi :

– C'est pour rire ! Ils n'existent pas !

Faux : dans l'esprit du lecteur, ils avaient pris vie. Il fallait donc les assumer. Aujourd'hui encore, quand je mets en place des personnages annexes, je veille à montrer quel est leur destin. Comme si, à l'image du théâtre classique, je ressentais le besoin qu'ils soient les nécessaires rouages d'une vaste mécanique. Lors de la conclusion, il convient donc de les faire réapparaître pour qu'ils participent aux derniers rappels.

Les moteurs de l'action

Un récit jeunesse suppose donc un élan. Pour le donner, les moyens sont multiples, parfois discrets d'autres fois rapides – par exemple avec un incipit en forme de question. Piquer la curiosité du lecteur, c'est une façon de jouer à cache-cache, de solliciter son attention et de lui lancer un défi du genre : l'auteur a la clé d'un mystère, le découvriras-tu ?

À cet égard, le roman policier offre un pari ludique qui séduit aussi les adultes, et dont les enjeux dépassent souvent la simple découverte d'un coupable. Ainsi, dans la dernière enquête de Logicielle, *Simulator*, a été mise successivement en place et imbriquée une série de questions dont le lecteur est soucieux de connaître les réponses : Logicielle va-t-elle se réconcilier avec Max ? Pourquoi Tony veut-il confier le Simulator à Logicielle ? Qui menace l'informaticien ? La mort de Luc et Marc est-elle accidentelle ? Tony a-t-il volé le Simulator ? Et pourquoi ? Le crash du DC3 est-il vraiment accidentel ? Quelle(s) magouille(s) cache Lucien Karnac'h ? Germain était-il dans l'avion ? Est-il mort dans l'accident ? Si l'accident était simulé, y a-t-il eu des survivants ? Si oui, comment ont-ils pu en réchapper ? Et où se cachent-ils ?

Il ne s'agit pas de noyer le lecteur sous un déluge de questions mais (comme les personnages) de les lui proposer les unes après les autres en montrant que dans la vie, les faits sont moins simples qu'il n'y paraît, et que des problèmes d'ordre sentimental ou existentiel sont liés à la vie professionnelle. Car au premier « moteur de l'action » mis en place (se réconcilier avec Max) se superpose, pour Logicielle, une deuxième raison d'agir : retrouver Germain vivant et, pour cela, accepter l'enquête que veut lui confier Lucien Karnac'h. À noter que ces deux moteurs de l'action possèdent sinon une contradiction, du moins une ambiguïté puisque Max a toujours été un peu jaloux de Germain, le « vieil ami de Logicielle ».

Certes, on peut rétorquer qu'il s'agit là d'une mécanique bien complexe pour des enfants. Moins qu'il n'y paraît. Car si le lecteur averti est en mesure d'apprécier tous les enjeux mis en place, il suffit que les questions les plus élémentaires, ou celles qui suscitent le plus d'intérêt chez tel type de lecteur (par exemple les problèmes sentimentaux), soient suffisamment fortes ou dynamiques pour donner l'élan aux lecteurs les moins armés.

La place du narrateur

Dans l'introduction à son roman *Le Palais d'hiver*, Roger Grenier note que chaque récit pose un problème de procédé narratif. Le lecteur peu attentif est incapable, une fois le roman achevé, de situer la place du narrateur. Qu'importe, il se pose d'ailleurs si rarement la question qu'il est parfois incapable de déterminer si le récit qu'il a lu est un récit écrit à la première ou à la troisième personne ! En revanche, dès la première phrase, l'auteur se trouve de gré ou de force confronté à ce problème. Si je l'aborde en détail, c'est parce qu'il me passionne mais aussi parce que je crois certains types de textes plus faciles à lire que d'autres.

Une fiction suppose la présence de quatre protagonistes : l'auteur, le narrateur, le lecteur et les personnages du récit. Aujourd'hui, dans les récits à la troisième personne, narrateur et auteur ont tendance à se mêler. Mais attention : sauf dans l'autobiographie ou le récit de vie, le narrateur n'est jamais l'auteur ! Dans *L'Étranger*, il ne faut pas confondre l'auteur (Albert Camus) avec le narrateur, Meursault, qui déclare (au lecteur) : « Aujourd'hui, maman est morte. Ou peut-être hier, je ne sais pas. »

Seul Michel Butor a imaginé, dans une exception littéraire célèbre, l'imbrication du narrateur/lecteur/héros :

« Vous avez mis le pied gauche sur la rainure de cuivre et vous essayez en vain de pousser un peu plus le panneau coulissant. » (Incipit de *La Modification*.)

Depuis un demi-siècle environ, dans les textes qui ne relèvent pas de l'autobiographie réelle ou supposée, l'auteur s'efface. Autrefois, Dumas ou Hugo se mettaient en scène (au moyen d'un « nous » très... singulier) et prenaient le lecteur à partie : « Si le lecteur y consent, nous essaierons de retrouver par la pensée l'impression qu'il eût éprouvée avec nous en franchissant le seuil de cette grand'salle au milieu de cette cohue en surcot, en hoqueton et en cotte-hardie. » (*Notre-Dame de Paris*, Victor Hugo.)

Or, même s'il prend soin de se dissimuler, l'auteur reste omniprésent, contribuant à entretenir une fascinante relation ambiguë auteur/narrateur/lecteur.

Quand j'interviens face à des lecteurs, j'ai coutume d'affirmer, pour faire simple, que dans le domaine de la fiction, il y a deux types de récits : le narrateur dit « Je » ou « Il ». À titre d'exemple, je puise au hasard dix ouvrages dans les rayons de la bibliothèque. Mais le récit « Je » est un jeu (un je ?) pervers. Car à moins qu'il ne soit strictement autobiographique, l'écrivain se met dans la peau d'un autre et il s'exprime alors par sa bouche.

Il m'arrive de proposer ces quatre extraits (parviendrez-vous à en identifier un ou deux ?) et de demander si l'auteur parle vraiment de lui ou s'il est dans la peau d'un autre.

1. « Ma mère est morte le lundi 7 avril à la maison de retraite de l'hôpital de Pontoise, où je l'avais placée il y a deux ans. L'infirmier a dit au téléphone : "Votre mère s'est éteinte ce matin, après son petit déjeuner." Il était environ dix heures.

Pour la première fois la porte de sa chambre était fermée. On lui avait déjà fait sa toilette, une bande de tissu blanc lui enserrait la tête, passant sous le menton [...]. »

2. « Aujourd'hui, maman est morte. Ou peut-être hier, je ne sais pas. J'ai reçu un télégramme de l'asile "Mère décédée. Enterrement demain. Sentiments distingués." Cela ne veut rien dire. C'était peut-être hier.

L'asile de vieillards est à Marengo, à quatre-vingt kilomètres d'Alger. Je prendrai l'autobus à deux heures et j'arriverai dans l'après-midi. »

3. « La première chose que je peux vous dire c'est qu'on habitait au sixième à pied et que pour madame Rosa, avec tous ces kilos qu'elle portait sur elle et seulement deux jambes, c'était une vraie source de vie quotidienne, avec tous les soucis et les peines. Elle nous le rappelait chaque fois qu'elle ne se plaignait pas d'autre part, car elle était également juive. Sa santé n'était pas bonne non plus et je peux vous dire aussi dès le début que c'était une femme qui aurait mérité un ascenseur. »

4. « Nous étions à l'étude, quand le proviseur entra, suivi d'un *nouveau* habillé en bourgeois et d'un garçon de classe qui portait un grand pupitre. Ceux qui dormaient se réveillèrent, et chacun se leva comme surpris dans son travail.

Le proviseur nous fit signe de nous rasseoir ; puis, se tournant vers le maître d'étude :

– Monsieur Roger, lui dit-il à mi-voix, voici un élève que je vous recommande, il entre en cinquième. Si son travail et sa conduite sont méritoires, il passera *dans les grands*, où l'appelle son âge.

Resté dans l'angle, derrière la porte, si bien qu'on l'apercevait à peine, *le nouveau* était un gars de la campagne, d'une quinzaine d'années environ, et plus haut de taille qu'aucun de nous tous. Il avait les cheveux coupés droit sur le front [...]. »

Le premier extrait est celui d'un récit autobiographique : dans *Une Femme*, Annie Ernaux raconte la mort de sa mère. Narratrice et auteur sont identiques. Le deuxième est le début de *L'Étranger* d'Albert Camus. On sait ou l'on comprend que l'écrivain n'a jamais vécu les faits qu'il relate. Mais l'écriture (la fameuse écriture blanche, technique narrative faussement introspective) sème le doute chez le lecteur, prêt à croire qu'il s'agit d'une histoire vraie, ce qui va aiguiser son attention.

Dès les premières lignes de *La Vie devant soi*, troisième extrait, le lecteur devine que Momo, qui raconte ces péripéties, ne peut être le véritable auteur du livre. Il faut être un écrivain roué pour juxtaposer ces naïvetés savoureuses qui sont autant de clins d'œil au lecteur. Ici, le jeu est évident dès le départ : Ajar joue à être un enfant comme Gary joue à être Ajar.

Quant au quatrième incipit, c'est celui de *Madame Bovary*. Que d'encre a coulé sur cet étrange « nous » qui débute le récit (il serait donc autobiographique ? Flaubert, noyé dans la classe parmi ses camarades, aurait vu arriver le futur époux d'Emma ?), un « nous » qui revient et finit par s'effacer, de même que Charles, personnage falot, disparaît vite au profit d'Emma, vrai centre de l'histoire. En dépit de ce début qui soutient l'attention du lecteur (un « nous » qui, de plus, renforce la vraisemblance : cette scène a eu d'autres témoins que moi !) *Madame Bovary* reste un récit « Il » – ou plutôt « Elle ». Mais Flaubert est là, dans les coulisses, invisible, à observer les personnages dont il tire les fils.

Stendhal, on le sait, couvera de regards plus tendres et indulgents son Julien et surtout son Fabrice...

Destiné à la jeunesse, un récit « Je » est donc le plus souvent un mensonge proclamé, une fiction tout compte fait moins convaincante qu'un récit « Il » où l'on peut imaginer que l'auteur relate des faits qui se sont vraiment produits.

Et ce n'est pas si simple... Car le récit « Il » supporte de multiples variantes. Les rapports entre le narrateur/auteur et les héros peuvent être très distants ou très étroits.

Dans ces trois nouveaux incipits (retrouverez-vous les titres des romans et leurs auteurs ?), le narrateur semble indépendant de ses personnages, se contentant de les observer.

1. « Le 15 septembre 1840, vers six heures du matin, *la Ville-de-Montereau*, près de partir, fumait à gros tourbillons devant le quai Saint-Bernard. Des gens arrivaient hors d'haleine ; des barriques, des câbles, des corbeilles de linges gênaient la circulation ; les matelots ne répondaient à personne ; on se heurtait ; les colis montaient entre les deux tambours, et le tapage s'absorbait dans le bruissement de la vapeur, qui, s'échappant par des plaques de tôle, enveloppait tout d'une nuée blanchâtre, tandis que la cloche, à l'avant, tintait sans discontinuer.

Enfin le navire partit ; et les deux berges, peuplées de magasins, de chantiers et d'usines, filèrent comme deux larges rubans que l'on déroule.

Un jeune homme de dix-huit ans, à longs cheveux et qui tenait un album sous son bras, restait auprès du gouvernail, immobile. À travers le brouillard, il contemplait des clochers, des édifices dont il ne savait pas les noms [...]. »

2. « François Deschamps soupira d'aise et déplia ses longues jambes sous la table.

Pour franchir les deux cents kilomètres qui le séparaient de Marseille, il avait traîné plus d'une heure sur une voie secondaire et supporté l'ardeur du soleil dans le wagon tout acier d'un antique convoi rampant. Il goûtait maintenant la fraîcheur de la buvette de la gare Saint-Charles. »

3. « Eugène-Marie Favart, élève de seconde au lycée de Reims, rentre chez lui à bicyclette, un après-midi de mai 1923. Il vient de dépasser l'octroi de la route de Laon et aperçoit déjà, entre deux maisons en ruine, la villa de ses parents. Sans ralentir le train, il interroge à son poignet le chronomètre d'acier chromé, cadeau de Première Communion. Il a fait le chemin, depuis le parvis de la Cathédrale, en 7 minutes 22 secondes. “Je suis en forme”, pense-t-il. »

En fait, le narrateur triche.

Dans le premier exemple, où la précision et l'objectivité

quasi cinématographiques nous font croire que la scène a réellement existé, Flaubert (c'est le début de son *Éducation sentimentale*) effectue un choix. Dès qu'il révèle : « Enfin le navire partit », il nous montre qu'il ne reste pas sur le quai mais est embarqué, invisible, avec ce jeune passager dont il ne connaît d'abord pas grand-chose. À cet instant, narrateur et auteur se dissocient sans que le lecteur s'en doute. Car l'auteur, Flaubert, connaît évidemment l'identité de son héros, Frédéric Moreau. Mais le narrateur, embarqué lui aussi, invisible et omniprésent, l'ignore...

En fait, insidieusement, Flaubert nous entraîne dans le sillage de la pensée de ce jeune homme, avec « les édifices dont il ne connaît pas le nom ». Comment peut-il savoir qu'il les ignore ?

Bien sûr, au XIXe siècle, sous de fausses apparences d'objectivité, les écrivains savent tout de leurs personnages et ils finissent par nous révéler leur passé et leurs pensées intimes... C'est plus évident encore dans le deuxième extrait (le début de *Ravage* de René Barjavel) où l'auteur sait ce qu'a fait son héros avant de nous en parler, et où il est dans sa peau puisqu'il dit qu'il a « supporté l'ardeur du soleil » et qu'il goûte « maintenant la fraîcheur ».

Le troisième extrait (*Un jeune homme seul* de Roger Vailland) offre un réalisme saisissant grâce au temps utilisé, le présent. Le narrateur sait tout du héros, y compris que sa montre est un « cadeau de Première Communion ».

Aujourd'hui, les écrivains privilégient le fameux monologue indirect libre où l'auteur, littéralement dans la tête de son héros, se garde bien de dire « Je » tout en suggérant qu'il a une maîtrise totale de son passé et de ses pensées.

Loin d'être un je déguisé, l'auteur reste là, dans l'ombre. Par exemple, dans le début de ce roman de Pierre Pelot, *La Cité au bout de l'Espace*...

« C'était un long voyage. Un très très long voyage, pour le vaisseau spatial d'exploration *Murvik 3* et son équipage. Jean Mahuri était inquiet. La désagréable sensation d'angoisse était née à son insu, il y avait déjà plusieurs mois – il s'en apercevait maintenant – et elle n'avait fait que grandir. »

Seul l'auteur peut savoir que cette désagréable sensation d'angoisse était née à son insu !

Si je me suis attardé sur les rapports subtils entre l'appropriation (souvent inconsciente de la part de l'écrivain) du héros par son narrateur, c'est parce que ces jeux, indispensables à maîtriser quand on veut aborder la littérature, sont difficiles pour un jeune lecteur. Il peut certes les apprécier mais ils exigent une gymnastique mentale qui doit s'exercer d'abord sur des situations plus simples. D'ailleurs, les auteurs qui s'adressent aux jeunes s'y risquent peu ; ils privilégient une narration plus linéaire – notamment celle du je qui, par définition, interdit l'intervention de l'écrivain.

Un dernier exemple, ou plutôt contre-exemple, puisé dans cette fameuse littérature américaine dont la clarté pourrait, à première vue, la rendre accessible à de jeunes lecteurs. C'est l'incipit d'*American death trip* de James Ellroy (deuxième volet de sa trilogie, la suite d'*American tabloid*) :

« On l'envoyait à Dallas descendre un maquereau nègre, un certain Wendell Durfee. »

Nous ne sommes pas dans la littérature jeunesse pour de multiples raisons. Pourtant, la phrase est courte et il n'y a aucun mot inconnu : beaucoup d'enfants de dix ans connaissent mieux le second sens de maquereau et de descendre que le premier, et leur association ne prête pas à confusion ! Ici, trois personnages existent déjà : le héros (l'), ses commanditaires (on) et la future victime (Wendell Durfee). Mais ce qui écarte d'emblée ce texte de la littérature jeunesse est ailleurs. Sur les trois individus suggérés dans l'incipit, pas un n'est sympathique ! Ni le narrateur indirect, un truand, ni ceux qui le paient pour cette besogne, sans doute la mafia, ni ce maquereau... Autre chose, le maquereau est un homme de couleur, c'est politiquement incorrect, on flirte avec le racisme. Par ailleurs, le terme de nègre est désormais proscrit en littérature jeunesse (sauf dans les récits historiques comme *La Case de l'Oncle Tom* ou quand le mot se veut une insulte, prononcée par un méchant !). Sans doute va-t-on rétorquer : certes, mais ce mot est ici dans la bouche du narrateur indirect qui est de toute évidence une crapule. En effet, mais est-ce si évident ? N'y a-t-il pas une confusion possible dans l'esprit d'un (trop) jeune lecteur ? Cette ambiguïté sera-t-elle clairement levée ? Eh bien non.

Six lignes plus loin, on lit :

« Le vol se déroulait sans histoires. Une hôtesse servait à boire. Elle avait vu son flingue. Elle lui faisait son cinéma. Elle posait des questions idiotes. »

Autrement dit, le narrateur (mais pas l'auteur !) persiste et signe dans un jugement cette fois méprisant vis-à-vis d'une femme qui, par surcroît, a une attitude ambiguë. Bref, ici tout semble louche ! Ce qui éloigne ce texte de la littérature jeunesse, c'est surtout le fait qu'un enfant sera difficilement capable de maîtriser la distanciation existant entre le narrateur et l'auteur qui, implicitement cynique, déclare au lecteur avec un gros clin d'œil : drôle de milieu, hein ? Mais attendez, je ne vous demande pas de prendre parti ni de trouver mes personnages sympathiques, je vous raconte une histoire et, ma foi, vous jugerez !

Faut-il prendre le lecteur par la main ?

Dans le monologue indirect libre, le narrateur, sans en avoir l'air et tout en livrant mille informations, fait entrer le lecteur dans la tête du héros afin qu'il partage ses souvenirs, ses impressions, ses pensées intimes :

« Nando savourait avec délectation un jus de goyave bien frais en attendant le lancement de la fusée Ariane. Pas un poil de vent. L'air lui collait à la peau. La sueur perlait à son front. Par bonheur, il n'y avait pas l'ombre d'un moustique [...]. Nando aperçut l'inspecteur Rochat, de l'identité judiciaire de Cayenne. Ils s'étaient connus à l'école de police de Caen. Ils étaient de la même promotion. En vingt ans, Rochat avait au moins doublé de volume. Son crâne dégarni ainsi qu'une paire de grosses moustaches grises le vieillissaient terriblement. En comparaison, Nando, lui, n'avait pas l'impression d'avoir beaucoup changé. » (*Qui a tué Ariane ?* Yves-Marie Clément.)

Un autre procédé, plus flaubertien (ou naturaliste ?), consiste à livrer les faits en laissant le lecteur libre d'interpréter ce qui est dit et décrit. Je n'ai aucun jugement de valeur à porter sur ces deux façons de faire – sinon à remarquer que certains auteurs les mêlent ou passent de l'une à l'autre selon leurs besoins ou leur envie, ce qui nuit à la cohérence et à l'unité du récit. La première, pour le jeune lecteur, a l'avantage de l'entraîner dans un puissant sillage (qu'il peut refuser de suivre s'il se sent mal dans la peau du personnage !). La seconde a l'avantage d'être plus universelle et de l'inviter à exercer son imagination et son opinion. Il m'arrive, quand je l'utilise (car je l'affectionne, elle est plus proche du théâtre... et sans doute aussi du cinéma), d'être accusé de sécheresse car le jeune lecteur, semble-t-il, préfère savoir ce que l'auteur pense de ses personnages et de la situation.

Reste à déterminer lequel de ces deux procédés est le plus littéraire, efficace, ou pédagogique.

Le style et le ton

On n'est pas responsable de son style. On identifie Flaubert très vite dans des ouvrages pourtant aussi différents que *Salammbô, Madame Bovary* ou *Bouvard et Pécuchet*. Même quand Claude Klotz s'appelle Patrick Cauvin, il a une touche inimitable. L'écrivain est ainsi semblable à un peintre, quel que soit le sujet de son tableau on le reconnaît. Certains auteurs (Romain Gary, Robert Merle), à l'image de peintres comme Picasso, savent changer de palette. Ils sont rares.

Qu'a à faire cette réflexion avec la littérature jeunesse ?

Eh bien certains auteurs ont un style qui les rend accessibles aux plus jeunes. Certains, d'ailleurs, deviennent des écrivains jeunesse parfois malgré eux (Joseph Joffo, Stefan Wul), d'autres fois après leur mort (Marcel Pagnol, Joseph Kessel, Antoine de Saint-Exupéry). Aujourd'hui, le style sobre d'un écrivain comme Henri Troyat (trop facile, jugent les puristes !) rend la plupart de ses romans accessibles aux lecteurs de collège. À l'inverse, d'autres grands auteurs ont du mal à toucher les jeunes, même quand ils écrivent pour eux sur mesure. Certains écrivains longtemps considérés pour la jeunesse se révèlent des auteurs pour adultes : Pierre Pelot ou, plus récemment, Hubert Mingarelli.

Écrire dans les deux registres avec un bonheur égal n'est pas donné à tout le monde.

De même qu'un acteur ou un musicien va d'un registre à l'autre, certains auteurs, de livre en livre, aiment à changer de ton. Bien entendu, il n'existe pas de « ton » jeunesse, en dépit du vœu des directeurs littéraires qui réclament à grands cris, notamment pour les 8-12 ans, des récits légers ou pleins d'humour. Plus tard, il semblerait que les lecteurs (précisément les lectrices, très majoritaires) soient plus attirés vers l'intimisme, la confidence, le récit de vie. Phénomène de mode ou plutôt propre à l'adolescence ? Depuis cinquante ans, les plus de treize ans vibrent avec *Le Journal d'Anne Frank*.

En fait, aucune règle ne permet d'affirmer qu'un ton spécifique touche ou convient mieux à telle ou telle tranche d'âge. Un récit pour les tout-petits peut être sérieux et grave ! L'essentiel est de proposer une palette variée et, pour une histoire, d'affirmer et d'affiner un ton particulier.

La couleur d'un récit (intimiste, sarcastique, ironique, humoristique, grandiloquente, détachée, passionnée...) apparaît dès la première ligne, elle donne le ton. C'est légitime, le lecteur veut goûter avant de dévorer. Lire le début d'une histoire renseigne sur sa lisibilité et les affinités qu'on a avec une sensibilité narrative ; sa quatrième de couverture n'évoque guère que son contenu.

Incipits

L'incipit est donc capital. L'idéal serait qu'il livre à la fois le ton et les thèmes de l'ouvrage. Dans le domaine jeunesse, c'est une gageure ; les auteurs n'y parviennent pas toujours, à supposer qu'ils le souhaitent. Pour ma part, j'ai souvent tenté de relever ce défi :

« Pascal n'aimait pas les poireaux. » (*La Guerre des Poireaux*)

« L'obscurité, la solitude, le silence, j'aime. Normal pour un spéléologue. » (*Le Cœur en Abîme*)

« Les livres ont commencé à mourir à la fin du XXIe siècle. » (*Virus L.I.V. 3 ou la Mort des livres*)

« Un ordinateur peut-il être un tueur ? » (*L'Ordinatueur*)

« J'allais avoir seize ans et j'étais amoureux. » (*Août 1944, Paris sur scène*)

« Je suis partie pour Écoland. » (*Écoland*)

« Les U-Men sont immortels et pourtant insatisfaits. » (*Un Amour d'Éternité*)

On peut rétorquer : donner le ton très vite, réussir un incipit n'est pas une garantie pour la suite ! C'est vrai. Mais l'auteur qui rate son entrée, patauge, se cherche et cafouille, aura d'autant plus de mal à installer correctement son récit. S'il démarre avec une intention et une ligne directrice précises, il aura davantage de chances de maintenir le cap. Inconsciemment le lecteur le sent, il préfère emprunter un navire que son capitaine semble maîtriser. Difficile pour l'auteur de changer de ton et d'intention en route ! Une fois encore, le récit possède une unité qu'ont tendance à lui imposer les premiers mots.

Dans les Salons du Livre, quand un jeune lecteur hésite à acheter un ouvrage, je l'encourage à le commencer :

– Parcours-le ! Lis le début. Ou bien une ou deux pages, au hasard.

Combien d'adultes, en effet, achètent un livre après s'être contentés d'en avoir lu le titre, la collection, le nom de l'auteur et la quatrième de couverture. Ces vitrines peuvent tromper sur la marchandise. C'est comme si l'on choisissait un restaurant en fonction de son emplacement, de son nom et du menu affiché à l'entrée. Comment faire autrement ? direz-vous. Eh bien entrez et goûtez à l'un des plats. En librairie, c'est gratuit, on ne vous y reprochera pas deux minutes de consultation ! Vous aurez alors très vite une idée du goût qu'a cette histoire.

J'ai peut-être hérité cette habitude de ma vieille fonction de lecteur. À mes yeux, la première phrase, la première page sont souvent décisives. Un sommelier n'a pas besoin de boire un verre entier de vin pour estimer la qualité d'un cru. Nombreux sont les auteurs à reconnaître l'importance du début d'un récit. Mais les adultes ont la réputation d'être lents et patients. Avec les jeunes, il faut convaincre et renseigner plus vite ; d'un coup, le lecteur pénètre dans un autre univers. Si l'un de ses éléments est mal identifiable, inconnu ou complexe, le jeune lecteur hésitera à plonger. Le roman a pour moi des saveurs d'opéra. À mes yeux, l'ouverture doit donner le ton et livrer sinon le résumé du moins une déclaration d'intention, les thèmes que l'auteur développera tout au long du récit.

À titre d'exemple et en manière de récréation, voici, en vrac, vingt incipits d'ouvrages en langue française des XIXe et XXe siècles. N'y cherchez pas « Longtemps, je me suis couché de bonne heure ». La difficulté va croissant mais les indices fourmillent. Faute d'avoir lu tous ces ouvrages, vous en connaissez les auteurs. Vous trouverez les solutions page 347.

1. « C'était à Mégara, faubourg de Carthage, dans les jardins d'Hamilcar. »

2. « La petite ville de Verrières peut passer pour l'une des plus jolies de la Franche-Comté. »

3. « Le 24 février 1815, la vigie de *Notre-Dame de la Garde* signala le trois-mâts *le Pharaon*, venant de Smyrne, Trieste et Naples. »

4. « En 1815, M. Charles-François-Bienvenu Myriel était évêque de Digne. »

5. « Les Oulhamr fuyaient dans la nuit épouvantable. »

6. « Tchen tenterait-il de lever la moustiquaire ? »

7. « Les collines, sous l'avion, creusaient déjà leur sillage d'ombre dans l'or du soir. »

8. « Oui, cela pourrait commencer ainsi, ici, comme ça, d'une manière un peu lourde et lente, dans cet endroit neutre qui est à tous et à personne, où les gens se croisent presque sans se voir, où la vie de l'immeuble se répercute, lointaine et régulière. »

9. « Je suis née à quatre heures du matin, le 9 janvier 1908, dans une chambre aux meubles laqués de blanc, qui donnait sur le boulevard Raspail. »

10. « Purcell traversa le gaillard d'avant en évitant de regarder les hommes. »

11. « Henri-Maximilien Ligre poursuivait par petites étapes sa route vers Paris. »

12. « En ce temps-là le désert était peuplé d'anachorètes. »

13. « On nous poussa dans une grande salle blanche, et mes yeux se mirent à cligner parce que la lumière leur faisait mal. »

14. « Sur ce sentiment inconnu dont l'ennui, la douceur m'obsèdent, j'hésite à apposer le nom, le beau nom grave de tristesse. »

15. « Je suis née des Allocations et d'un jour férié dont la matinée s'étirait, bienheureuse, au son de "Je t'aime Tu m'aimes" joué à la trompette douce. »

16. « Si les filles du barbier savaient qu'elles furent à deux doigts de naître aux Cordes-de-Bois, au début du siècle, d'une garce appelée la Piroune, ou de la Bessoune, sa fille, elles chanteraient moins haut les vêpres. »

17. « Et il arrivait parfois ce qui arrive à présent : Georges Gerfaut est en train de rouler sur le boulevard périphérique extérieur. »

18. « Du plus loin que je me souvienne, j'ai entendu la mer. »

19. « "Moustache foireux tourne en gens-de-lettres", constatait Tolstoï chaque fois qu'un de mes comptes rendus lui paraissait verbeux ou léché. »

20. « Je vais raconter l'histoire de l'effondrement et de la destruction de la filiale française de la compagnie multinationale Rosserys & Mitchell, dont l'immeuble de verre et d'acier se dressait naguère à Paris, au coin de l'avenue de la République et de la rue Oberkampf, non loin du cimetière de l'Est. »

Difficile ? Pour vous aider, voici, par ordre alphabétique, les noms des vingt auteurs :

Simone de Beauvoir, Alexandre Dumas, Gustave Flaubert, Anatole France, Victor Hugo, J.M.G. Le Clézio, Antonine Maillet, André Malraux, Jean-Patrick Manchette, Robert Merle, Georges Perec, René-Victor Pilhes, Christiane Rochefort, J.H. Rosny Aîné, Françoise Sagan, Antoine de Saint-Exupéry, Jean-Paul Sartre, Stendhal, Vladimir Volkoff, Marguerite Yourcenar.

Comparons à présent ces incipits avec ceux d'une vingtaine d'ouvrages pour la jeunesse, puisés au hasard parmi ceux d'auteurs français contemporains (on n'y trouvera donc ni R.L. Stine ni J.K. Rowling). Les identifier ? Les bibliothécaires et les documentalistes ont quelques chances... mais ce n'est pas l'objectif. Il s'agit de se demander si, pourquoi et en quoi ces incipits sont différents des précédents. Les réponses se trouvent pp. 347-348.

1. « Justin arriva au village un soir de juillet 1958. »

2. « “Tu ne sais pas la meilleure ?” souffle Leila à l'oreille de Pauline. »

3. « Margot avait lu la lettre au moins soixante-dix fois. »

4. « Nous avons aperçu Zbig pour la première fois sur le bord de la route qui mène au stade Jules-Ladoumègue, situé comme chacun sait légèrement à l'écart de notre cité bien-aimée de Saint-Joseph-du-Pont. »

5. « Le pagne de travers, une longue mèche bouclée balayant son visage, debout dans sa barque de papyrus, Tétiki lance son boomerang sur un vol d'oiseaux qui remontent le Nil. »

6. « Je sais qu'ils vont me tuer, mais eux ne le savent pas encore. »

7. « Thibaut rentrait tranquillement de l'école quand il aperçut un objet brillant dans le caniveau. »

8. « Mme la directrice est passée dans les classes ce matin pour demander aux CE2 de se rassembler dans le gymnase à la récréation de dix heures et demie, où, dit-elle, une surprise les attend. »

9. « Au début de cette année de cinquième, j'ai voulu savoir si j'étais populaire. »

10. « Myrne Ambisextra, souveraine-maîtresse du royaume de Gandahar, envoya chercher Sylvin Lanvère au milieu de l'après-midi. »

11. « Ah ! Tu veux vivre dans la nature avec les moutons, les chevaux, le vent, la pluie, la neige ? C'est cela ? »

12. « Hier, on a tué mon chat. »

13. « Depuis des jours et des jours, on ne parle que de ça en ville : l'inauguration à grand renfort de publicité du Burger's Palace, véritable palais du hamburger financé à prix d'or par la prestigieuse chaîne internationale de restauration rapide Mac Fringal's. »

14. « Josik aimait Valentine, à cause des grands oiseaux empaillés qui ornaient sa chambre aux volets toujours clos. »

15. « Le type recherché par la police est resté deux ou trois jours chez nous, pas plus. »

16. « David tira doucement la porte de son appartement, laissant derrière lui sa honte et ses illusions. »

17. « La voiture qui l'avait pris en stop s'arrêta à une centaine de mètres de l'entrée du village. »

18. « Debout devant l'enclos du loup, le garçon ne bouge pas. »

19. « Dans l'ombre du pneu, sous la carcasse écroulée, le rat guettait le pas des chasseurs. »

20. « – Et le gaz ? s'inquiète papa. Est-ce que tu as bien fermé le gaz ? »

Quatre fois sur cinq, il semble évident que le narrateur ou le héros est jeune, ou que le milieu est celui de l'école ou de la famille. Les auteurs, d'une façon ou d'une autre, tentent d'attirer l'attention du lecteur. On aimerait notamment, et dans l'ordre, savoir : qui est Justin, quelle nouvelle annonce Leila, ce que contient la lettre de Margot, qui est Zbig, etc. S'il reste simple et clair, parfois très « objectif » (1, 5, 10, 17, 18), le style de chaque extrait n'exclut pas un ton particulier : familiarité

(2, 3, 9, 20), humour (4, 13), inquiétude (6, 15, 16, 19) voire horreur (12). Ici, l'introspection est rare (6, 9) et la plupart des incipits tentent de présenter un fait intrigant pour inciter le lecteur à lire plus avant. Une question, parfois sous-entendue, est même carrément posée dans plusieurs extraits (2, 9, 11, 20) ! Dans les extraits de littérature générale, on trouve de l'information plutôt statique, des faits, une seule question (« Tchen tenterait-il de lever la moustiquaire ? »), davantage de points de vue personnels et moins de mystères appelant des réponses.

Un début dynamique et concentré

D'une façon générale, il semblerait que les ouvrages de littérature jeunesse suggèrent aussitôt au lecteur qu'il va se passer (ou que se sont produits) des événements bizarres, graves, amusants. Ils plantent très vite, de façon quasi visuelle, des personnages, une situation, un décor. On est plus volontiers dans la description ou la relation des faits que dans l'impression et l'état d'âme. À cet égard, le conte est souvent exemplaire, qui livre sans fioritures un maximum de renseignements dans un minimum de temps :

« Il était une fois un roi fort riche en terres et en argent ; sa femme mourut et il en fut inconsolable. Il s'enferma huit jours entiers dans un petit cabinet, où il se cassait la tête contre les murs... » (*L'Oiseau bleu*, Madame d'Aulnoy.)

Que d'informations d'un coup !

Plus l'enfant auquel elle s'adresse est petit, plus il semblerait que la littérature jeunesse souffre d'un manque d'informations ou d'analyses psychologiques. C'est moins parce qu'un jeune esprit est difficilement capable d'en saisir les nuances que pour des raisons d'efficacité : plutôt qu'un discours théorique ou abstrait sur tel ou tel comportement, les actes semblent nettement plus parlants. La morale et les jugements ne peuvent précéder l'expérience. Cette littérature la privilégie en livrant des faits. Au lecteur ensuite de les apprécier. D'autres auteurs, et non des moindres, au XIXe et au XXe siècles, ont préféré cette façon plus objective de procéder. Avec, comme impasses, certains textes du Nouveau roman dans lesquels l'action semble réduite au minimum.

Avant tout… une histoire !

À y regarder de plus près, et comme le note Christian Poslaniec, l'objectif avoué d'un récit jeunesse est en priorité de raconter une histoire. C'est aussi une histoire que racontent les romans de la littérature générale rendus accessibles aux jeunes au fil du temps. Sans se lancer dans une longue analyse, on pourrait se demander pourquoi les enfants, les jeunes et beaucoup d'adultes en sont si friands…

Jeune, on veut multiplier les expériences. On touche à tout, au sens propre comme au sens figuré. C'est légitime. Jean-Jacques Rousseau, dans son *Émile ou de l'Éducation*, estimait les conseils utiles mais l'expérience indispensable. Plutôt que d'interdire cent fois à un enfant de toucher au feu, mieux vaut qu'il se brûle – si possible une fois et pas trop fort… Eh bien l'histoire a cette fonction : vivre une expérience par procuration et sans risques. Le succès durable des fables de La Fontaine s'explique-t-il autrement ?

En mûrissant (pas forcément en grandissant), et en maîtrisant peu à peu des notions multiples, on exige d'une histoire autre chose qu'un fil et de simples faits. Et quand on croit avoir des avis définitifs sur toutes les expériences possibles, on a moins de goût pour les histoires que pour les personnages, la psychologie, l'analyse, les techniques narratives.

Suis-je sévère ? Dans la plupart des magazines littéraires ou sous la plume des critiques les plus écoutés, le discours semble être : tout a déjà été dit, et ne peut être identifié aujourd'hui comme littérature que ce qui relève de la forme. Un écrivain authentique se mesurerait donc moins au contenu de son récit qu'à la façon dont il le formule. Sans revenir sur la nécessaire imbrication du fond et de la forme, je conteste cette assertion. Je me fais le défenseur inconditionnel de la fiction et dénonce cette tendance qui consiste à mépriser ceux qui racontent une histoire et à préférer les champions de l'intimisme qui racontent leur histoire.

Ne plus avoir le goût des histoires pourrait être un signe de vieillissement, on perd une forme de curiosité. Le lecteur adulte a le droit, le devoir d'être sévère. Il peut trouver dans certains récits de littérature jeunesse une structure qu'il connaît, maîtrise, a dépassée. Il peut préférer, pour faire passer ses enfants ou ses élèves par ce qu'il considère comme « le stade des histoires », privilégier le conte ou les récits classiques. Il peut ainsi priver les jeunes d'une richesse qu'il ignore.

S'il y regardait de plus près, il constaterait que l'imaginaire et les mythes se renouvellent. Que le mode contemporain de vie et de pensée les a revêtus d'aspects inattendus. Que les personnages réagissent autrement. Mais voilà ! Il est de bon ton, quand on est un lecteur adulte, de penser qu'un texte contemporain qui raconte ne peut relever de la littérature. Comme si toute véritable histoire portait en elle une faiblesse dans son écriture. Or quand je lis une certaine littérature contemporaine (car les auteurs jeunesse lisent les auteurs vieillesse, l'inverse étant rarement vrai), j'ai un autre grief. Ou plutôt une conviction : celui ou celle qui privilégie et montre son écriture n'a souvent pas grand-chose à dire. Résumé, ce qu'il a raconté est maigre. On me rétorquera que la littérature n'a pas systématiquement à raconter une histoire. Soit, mais laissons-lui le droit de le faire. Ou bien jetons au panier Balzac, Zola, Flaubert, Stendhal (et quelques centaines d'autres) et admettons, texte en main, qu'une écriture authentique peut exister dans des récits qui affichent une narration.

3. À LA RECHERCHE DE LA LITTÉRATURE...

Pourquoi un texte est-il jugé « littéraire » ?

Parce qu'il nous touche pour des raisons profondes en relation intime avec notre passé socioculturel. Adultes, possesseurs d'un patrimoine commun acquis à l'école, au collège, à l'université, nous avons des moyens de jugement et d'échange. De ce fait, nous croyons posséder des clés qui semblent les passe-partout de l'accès à la littérature. C'est bien sûr une illusion ! Pour s'en convaincre, il suffit d'appliquer à des textes ce que les œnologues appellent une dégustation en aveugle.

Invité à venir m'exprimer dans les écoles ou les collèges, je suis souvent considéré avec un regard tour à tour compatissant, goguenard ou méprisant par certains enseignants qui me côtoient dans la cour, la salle des professeurs ou le restaurant scolaire. J'ai conçu à leur usage l'un de ces petits jeux littéraires que je recommande vivement à ceux qui ont des définitions définitives de la littérature. Il s'agit de vingt débuts de romans français contemporains où se côtoient des écrivains reconnus et des auteurs publiés dans les collections Cascade, Castor Poche, Médium, Folio Junior, etc. Bien entendu, le joueur ignore le nom de l'auteur et celui de l'éditeur.

Ici, l'objectif ne consiste pas à identifier textes et auteurs, mais seulement à déterminer si telle page est ou non « de la littérature », ou... si elle est empruntée à un roman pour adultes ou à un récit jeunesse. Au dépouillement, les surprises sont grandes, y compris pour les participants intransigeants ou méfiants qui préfèrent juger en bloc ces vingt débuts médiocres. Dans un Salon du Livre, signant à côté d'auteurs de littérature générale, je leur propose parfois mon jeu. Certains le refusent, arguant qu'il est impossible de se déterminer sur quelques lignes ! Pourtant, n'est-ce pas ce qui est offert à l'étude des élèves dans les manuels ?

Après avoir tenté de déterminer à l'aide d'exemples et d'incipits ce qui relevait plus particulièrement de la littérature jeunesse, s'agit-il de ma part d'une provocation, d'un désir de brouiller les cartes ? Non, mais du besoin de démontrer que les frontières entre littérature jeunesse et littérature adulte ne sont jamais aussi nettes qu'on le croit.

Voici ces vingt extraits. Appartiennent-ils à un roman adulte ou à un ouvrage jeunesse ?

On trouvera toutes les références pp. 348-349.

1. « Je n'avais jamais quitté l'île. Je n'avais jamais laissé la terre d'ici pour marcher sur le continent.

On l'apercevait par ciel clair, et j'allais souvent à la pointe de l'île regarder le mince filet de falaises grises où commençait l'autre monde.

Je m'asseyais sur l'épave d'un canot qui paraissait n'avoir jamais connu d'autres rivages, et m'imaginais passer la rade là-bas, entre les falaises. »

2. « Il était six heures quarante-cinq. À travers les fentes des persiennes, le soleil éclairait par tranches lumineuses la pénombre de la cuisine. La chaleur accablante du matin précédent paraissait vouloir récidiver avec une ardeur soutenue. Maximilien Crible s'étira et bâilla à s'en décrocher la mâchoire puis vint se planter face aux volets clos, quadrillant ainsi son pyjama rayé verticalement par les zébrures horizontales d'ombre et de lumière. Crible était un homme d'habitudes, précis, organisé, méthodique. Comme chaque jour, il consacra trois minutes trente secondes d'attendrissement nostalgique au souvenir posthume de son épouse. Sybille était morte deux ans auparavant, renversée à un feu rouge par un chauffard auquel elle avait eu, en tant que piéton, l'idée saugrenue de vouloir disputer la chaussée. »

3. « *Vincent est mort.*
Vincent est mort de soif ; Vincent est mort un jour, terrassé par une trop vive lumière jaune, insaisissable, insaisissable...
Laurent eut un petit sourire-grimace.
Il écrirait probablement un jour quelque chose qui commencerait de cette façon : *Vincent est mort.*
Il ne savait pas quoi, ni comment, ni quand. Mais il le ferait. »

4. « Ils sont apparus, comme dans un rêve, au sommet de la dune, à demi cachés par la brume de sable que leurs pieds soulevaient. Lentement ils sont descendus dans la vallée, en suivant la piste presque invisible. En tête de la caravane, il y avait les hommes, enveloppés dans leurs manteaux de laine, leurs visages masqués par le voile bleu. Avec eux marchaient deux ou trois dromadaires, puis les chèvres et les moutons harcelés par les jeunes garçons. Les femmes fermaient la marche. »

5. « Il me l'avait bien dit, monsieur Bouvier, que si je continuais à faire l'andouille, je pourrais jamais aller au collège normal, comme les autres copains de la classe. Monsieur Bouvier, c'était le maître qu'on avait en CM2. Il était vachement sévère, monsieur Bouvier. Il me punissait sans arrêt, mais faut dire qu'on faisait le souk dans la classe, moi, Farid, Mohand et Kaou ! »

6. « L'oncle Saltiel s'était réveillé de bonne heure. À la fenêtre du pigeonnier qui, depuis de nombreuses années, lui servait de demeure et qui était posé de travers sur le toit de la fabrique désaffectée, le petit vieillard brossait avec minutie sa redingote noisette et chantait à tue-tête que l'Éternel était sa force et sa tour et sa force et sa tour. Il s'arrêtait parfois pour aspirer les senteurs que le vent de mars lançait sur l'île de Céphalonie. »

7. « Autant se le dire tout de suite, sur la plage il y a du sable. Plus loin, derrière les falaises qui clôturent la plage, il y a une autre plage, une grève, avec des galets, et sous les galets de toute façon il y a du sable. Ici et là, là et là-bas, le sable est blanc.
C'est la Bretagne.

C'est l'été et ce sont les vacances.

Les grandes vacances, si l'on peut dire ; bien qu'en y réfléchissant... la mer est plus grande que les vacances... le ciel aussi. Le ciel ! Il est bleu et il est vide. Il est nu, tout nu sans nuages, déshabillé et en plein soleil, en pleine lumière. Ce soir, c'est sûr, il sera rouge. Les coups de soleil ça ne triche pas. C'est aussi vrai pour le ciel bleu que pour la peau de lait des citadins tout juste arrivés en vacances. »

8. « L'année scolaire se tire les pattes.

Trois jours et c'est juillet.

C'est fini, on ne fait plus que des belotes dans le fond des salles, Mahmoud fume dans son casier et Léonore compulse son catalogue des Trois Suisses derrière son écran de cahier. Ses yeux mous ne brillent que devant les photos d'aspirateurs, elle est moche.

Moi, ça va, je passe en cinquième les doigts dans le nez because je suis le meilleur, le plus fort, le plus génial, le plus tout, bref, le caïd. Bingo. »

9. « Un jour, un homme sortit d'un hangar. C'était un hangar vide, dans la banlieue est. C'était un homme grand, large, fort, avec une grosse tête inexpressive. C'était la fin du jour.

L'homme était vêtu d'un pull-over tricoté à la main, à rayures jaunes et rouges, sous un imperméable en feuille plastique souple, opaque, avec des côtes impressionnées imitant un tissage de gabardine. Un petit chapeau de pluie s'étalait comme un poisson plat sur le sommet de son crâne. Il venait de dormir cinq heures d'affilée au fond d'un hangar [...]. »

10. « Je ne t'ai pas vue.

Tu crois que je ne t'ai pas vue. Et j'ai fait comme si.

Pas pour moi. Depuis le temps, je m'en fous ! Pour toi, pour ta paix intérieure.

Imaginons : je lève la tête au moment où ton regard se pose sur moi. Je te regarde sans te voir ; et je souris.

Je sais sourire, tu sais ! Même si les gens se détournent parce que mon sourire ne ressemble pas à un sourire, qu'il n'a jamais ressemblé à un sourire. Tel que vous l'entendez, tout au moins. Il est intérieur.

“Un éclat dans l’œil”, disait Madeleine.

Madeleine savait trouver mon sourire dans les boursouflures de la peau. Mon sourire n’est rien d’autre qu’une grimace. J’ai appris à le savoir. Les gosses déjà, de tout temps : “Maman ! Maman ! J’ai peur !” Et le grognement prolongé des chiens, babines retroussées sur le jauni des crocs... »

11. « Il faisait sombre. J’étais au milieu de la salle à manger des Terreaux, tournant le dos à la fenêtre, comme une ombre alourdie par mon manteau de pluie et les bagages que j’avais à mes pieds. Je revenais de la guerre ; je me sentais désœuvré et j’avais du mal à me remettre des épreuves traversées. Marie ouvrit la porte du vestibule et apparut en haut des marches. La seule lumière qui la touchait éclairait ses yeux. »

12. « Le Blaireau marchait d’un bon pas. Ce soir-là, une mer querelleuse cassait des vagues sur la jetée, les lumières de la ville tachaient le ciel bas d’orange sale. Au-delà du port, les ruelles sentaient la pluie, avec parfois de tièdes relents de cuisine hivernale.

Il sonna à la porte noire du Tahiti, un club privé. Une paire d’yeux de vache, laiteux, larges et vides, l’examina un instant à travers le judas grillagé, avant qu’on lui permît d’entrer.

Le portier plaquait tant bien que mal sa montagne de muscles contre le mur du couloir et creusait son ventre pour libérer le passage, mais le Blaireau n’en demandait pas tant, il glissa à l’intérieur comme un courant d’air. C’était un petit homme maigre, au visage chafouin, tout ridé, au crâne embroussaillé de crins noirs mêlés de blanc. »

13. « Il était six heures moins cinq quand Kate arriva à la nouvelle salle de trekking. Elle avait marché vite dans le souterrain bondé. Avant d’entrer, elle eut soudain un instant d’arrêt, d’hésitation. Elle pensa à ce qu’elle s’apprêtait à faire et se dit en secouant la tête : “Ma pauvre fille ! Décidément, l’amour te rend stupide”.

En même temps, il était bon de s’abandonner à cette force qui l’avait tirée du lit au petit matin, lui avait fait refermer doucement la porte sans réveiller sa mère et la précipitait maintenant, au milieu de cette foule [...]. »

14. « C'est un matin de juillet, peu avant les grandes vacances. On est en 1929, l'année des tours du monde : celui du Zeppelin, le dirigeable allemand, et celui du marin français Alain Gerbault.

Je m'appelle Many Lagrange et j'ai presque dix ans. J'habite Miraval, une commune boisée du Périgord noir. Maman est morte depuis longtemps, je ne me souviens pas très bien d'elle, quelquefois à peine, quelquefois un peu plus, mais c'est peut-être un rêve. »

15. « De mémoire d'adolescent on n'avait jamais connu pareil dégueulis.

Une marée acide de jus de fraise mêlé à des liqueurs et aux relents de grignotin en sauce s'échappaient en torrent comme d'une gargouille aux yeux exorbités. La largeur de la table fut trop vite franchie pour que la nappe pût absorber ce gâchis malodorant qui se déversa sur les genoux des convives d'en face.

Quelques fragments de champignons roulèrent entre les assiettes, accompagnés de morceaux de camembert mal digérés et d'une dentelle de salade.

La noce fit silence. »

16. « Il était une fois, il y a bien longtemps, trois petites filles, la première Mi, la seconde Do, la troisième La. Elles avaient une marraine qui sentait bon, qui ne les grondait jamais lorsqu'elles n'étaient pas sages et qu'on nommait marraine Midola. Un jour, elles sont dans la cour. Marraine embrasse Mi, n'embrasse pas Do, n'embrasse pas La. »

17. « Le bain refroidissait, Nicole émergea. Ruisselante elle décrocha la serviette-éponge et se frictionna longuement. Les parfums croisés de la campagne et du pain chaud faisaient monter en elle une langueur qui la berçait. Furtive, elle essaya les souliers noirs de sa mère et fit la moue. Ils flottaient un peu mais la grandissaient. Elle aperçut alors son reflet dans la buée du miroir ovale et sourit. À treize ans, bientôt quatorze, elle en paraissait dix-huit [...]. »

18. « Klim referme sur lui la porte du réduit, bat le briquet et allume un restant de bougie. Un luxe, cet éclairage, pour lui seul, la nuit, dans le placard où il couche, sous l'escalier des maîtres. La flamme se pose sur la mèche, tremble, monte et révèle, au-dessus de sa tête, la découpe régulière des marches.

Plié en deux, il tourne un instant dans la niche encombrée de balais, de seaux et de torchons. Puis il s'assied en tailleur sur sa paillasse de crin et retire ses bottes. Ici, il est chez lui. »

19. « Elles étaient deux... Deux filles de douze ans, brunes toutes deux, mais nullement jumelles : Pili était l'aînée de trois jours, Isabel la plus grande de dix centimètres.

Deux filles qui vivaient dans la même maison.

Je dis, maison : entendons-nous. Celle-ci avait l'aspect et la taille d'une forteresse avec ses murs aveugles et lourds ; pourtant on n'y cantonnait que des moutons : c'était une ferme d'élevage, au pied de la Sierra Morena, fameuse dans toute l'Espagne (et au-delà) pour ses bandits et ses loups. »

20. « Amarok est couché, la tête sur ses pattes, le flanc contre les grosses planches de la porte que sa fourrure huileuse a polies. Ses oreilles remuent. Il flaire à petits coups et se dresse. Au fond de sa gorge, s'étouffe un grognement sourd. Il a reconnu le pas en même temps qu'il identifiait l'odeur. Le lourd panache de sa queue en cerceau se balance tandis qu'il s'écarte du seuil.

– C'est moi, Amarok, c'est moi.

Le chien flaire et lèche la main qui repousse sa tête. »

S'il apparaît donc difficile, voire impossible à des adultes cultivés d'identifier ce qui relève clairement de la littérature jeunesse ou adulte, comment pourraient-ils s'entendre sur ce qui peut être perçu comme tel par un jeune lecteur ?

Je me propose pourtant d'essayer, au moyen de quelques définitions...

La littérature, c'est l'écho

Les mots que je lis doivent, tant bien que mal, pouvoir reconstituer un décor, une scène, des sentiments, des sensations voire une émotion. La qualité de cette reconstitution tient autant des capacités de l'auteur que de celles du lecteur, ces dernières étant liées à son vécu – familial, social et littéraire. Je m'explique. « Longtemps, je me suis couché de bonne heure... » Lus à cinquante ans, ces mots n'évoquent pas le même type d'émotion ou de souvenir que si je les lis alors que j'en ai dix. Dans mon roman *La Guerre des Poireaux*, l'instituteur impose comme récitation le poème de René-Guy Cadou :

« Odeur des pluies de mon enfance,
Derniers soleils de la saison,
À sept ans, comme il faisait bon
Après d'ennuyeuses vacances
Se retrouver dans sa maison. »

Hélas, l'écho perçu par mon héros, le jeune Pascal, est très différent de celui qui résonne au cœur de l'enseignant ! Pour qu'il y ait écho, il faut qu'il y ait distance. Et résonance. Avant d'être sensible à un écho, on a besoin de l'événement qui le provoquera.

Bien sûr, il convient de nuancer, de ne pas négliger le pouvoir de l'exotisme des mots et de leur mystérieuse alchimie dans l'esprit d'un enfant. Mais il ne faut pas être dupe et croire que l'écho perçu par un adulte est comparable à celui qu'entend un lecteur qui a peu vécu.

À cet égard, si le genre SF touche davantage les jeunes, c'est parce que l'écho qu'il leur propose implicitement n'est pas celui d'un passé encore très embryonnaire chez eux, mais celui du seul temps qui les intéresse : le futur, leur futur. Littérature du collectif (et non de l'intime, lourd handicap !), la SF traite des deux problèmes qui préoccupent l'humanité depuis la nuit des temps : le bonheur et la survie. Excusez du peu.

La littérature est ce qui sort de la norme

Quand on lit pour la première fois Virginia Woolf, Julien Gracq ou Georges Perec, on sait, on sent très vite qu'on est au bord du connu, à la frontière de ce qu'on a déjà lu, au-delà d'un rivage que l'on maîtrise – ce qui explique la griserie, le plaisir, cette forme particulière de vertige que connaissent les directeurs littéraires qui, déchiffrant le début d'un manuscrit, ont la certitude qu'il y a là sinon un écrivain, du moins une écriture.

Ce vertige, fruit d'une longue expérience (qui tient autant des lectures précédentes que du vécu), comment le faire découvrir, éprouver, apprécier à des néophytes ?

Le problème est de taille. Car à dix ou quinze ans, pour reconnaître ce qui sort de la norme, il faut déjà savoir identifier, voire maîtriser la norme ! Pour qu'un texte de qualité soit perçu comme tel par de jeunes lecteurs, il doit dans l'absolu à la fois leur livrer la norme (c'est-à-dire des clés simples permettant une lecture aisée ou dynamique) et leur proposer une approche de la littérature.

Ce pari en apparence impossible est relevé si le texte stimule notre goût implicite à découvrir et à se dépasser. Car il existe dans la littérature le caractère ludique et compétitif du sport, le désir et le besoin de faire mieux, d'aller plus loin. À condition de disposer d'un parcours approprié... et parfois d'un bon entraîneur.

La littérature questionne, dérange, émeut le lecteur

Au-delà d'une écriture, la littérature raconte et témoigne. Ce faisant, elle livre l'état du monde, ce qui n'exclut pas le regard en arrière, la nostalgie ou l'évocation de l'enfance. Se réfugier en soi ou dans le passé peut être le moyen de montrer que le futur inquiète et que le présent déçoit !

Mais témoigner, c'est aussi dénoncer, inviter à réfléchir, à agir... voire à réagir. Aussi, la vraie littérature, au sens propre, dérange. Elle a cette fonction critique que prônait déjà Socrate. Le philosophe voyait dans l'État « un noble coursier que sa taille et sa lourdeur rendent indolent » et il jugeait être l'indispensable mouche qui, en le piquant, ne cessait de l'exciter. La littérature pourrait bien avoir cette fonction à la fois dérangeante et stimulante.

Dénoncer l'état des choses, inviter à la réflexion mais également à l'action, voire à la révolte... est-ce compatible avec ce que l'on peut proposer à des lecteurs peu armés ? Sans aucun doute. La capacité de s'étonner et de s'indigner s'émousse souvent avec l'âge. Et la littérature jeunesse est l'une des rares à cultiver la naïveté et la générosité dont l'enfance et l'adolescence sont porteuses !

Si la littérature interroge et dérange, elle a aussi la capacité de mouvoir et d'émouvoir. Encore faudrait-il s'entendre sur la nature de cette émotion particulière qui semble relever tout à la fois de l'écho, du vertige et du questionnement.

Des lecteurs qui sont surtout des lectrices

Les lecteurs, on le sait, sont aujourd'hui essentiellement des lectrices, notamment dans le domaine de la fiction. Les messieurs fréquentant les bibliothèques (autour de vingt pour cent) empruntent surtout revues, ouvrages techniques et, dans le domaine de la fiction, de la BD, de la SF et du polar. Ce que l'on appelle la paralittérature.

Cette féminisation du lectorat de la fiction débute à l'adolescence, au collège. Quand j'écris un roman pour Je Bouquine, qui s'adresse aux 10-15 ans, je reçois le mois suivant deux cents lettres. Parmi elles, deux ou trois correspondants sont des garçons. On me rétorquera que seules les filles écrivent et que les lecteurs existent peut-être en nombre égal. J'ai des raisons d'en douter.

Rares sont ceux qui se sont penchés sur cette tendance, elle s'accentue pourtant depuis plus d'un siècle et mériterait une étude approfondie.

Prescripteurs ou prescriptrices ?

Effleurons le sujet en quelques lignes, quitte à être accusé d'amalgame ou de machisme. Voici une ébauche d'explication : la littérature proposée aux jeunes est avant tout celle qui fait écho aux prescripteurs chargés de la promouvoir. Or le métier d'enseignant s'est beaucoup féminisé, dans le premier puis dans le second degré. Dans le domaine éditorial jeunesse, ceux qui lisent, sélectionnent et publient les manuscrits sont en majorité des directrices littéraires. La littérature jeunesse se féminiserait-elle aussi dans son contenu ? Sans doute ! Après la lecture d'un manuscrit, telle directrice littéraire m'avoue : « J'aimerais être davantage touchée. Il faudrait un peu plus d'émotion. » J'aimerais répondre que l'émotion existe. Qu'un texte peut toucher d'autres zones que celles du cœur. Que le désir d'exploration et de découverte, le sentiment de la collectivité, de la fraternité, de la responsabilité semblent, dans la littérature, tomber dans une inquiétante désuétude. Mais le plus souvent, j'obtempère et je revois ma copie. Mieux : je devance l'argument en modifiant mon écriture et mon imaginaire. Car un écrivain veut d'abord être publié. Puis lu. Le lectorat se féminisant de plus en plus, un cercle vicieux s'ébauche, les auteurs creusent plus profond le piège dans lequel on les invite à pénétrer. C'est dommage – et dommageable pour la littérature, dont les échos comportent mille sortes d'émotions. Celle qui, reconnue, s'impose est celle de l'intimisme, comme si n'était littéraire que ce qui relève du passé de l'individu, de ses problèmes et de son moi. Comme si les tendances du roman adulte contaminaient le domaine jeunesse soudain devenu perméable, en quête d'une étrange honorabilité.

L'action, c'est bon pour le cinéma

Laissés pour compte, les garçons de douze ou quinze ans se reconnaissent de moins en moins dans une littérature où ils trouvent peu d'écho. Ils se tournent vers les copains, la musique, les jeux vidéo et les films d'action. Car le cinéma, narratif, a récupéré ces histoires que les prescripteurs avaient tendance à rejeter ; utilisant le potentiel des images et des effets spéciaux, il a privilégié l'aventure, le mouvement, le polar et ses violentes dérives urbaines (drogue, délinquance), une science-fiction de bazar saturée de maquettes, de monstres, d'extraterrestres et de guerres galactiques, et un fantastique flirtant avec le gore où règne l'irrationnel et où le sang coule à flots. On trouve de plus en plus de films d'ados où, pour gagner de futurs jeunes spectateurs et spectatrices, des héros boutonneux exposent leurs problèmes existentiels, sentimentaux et sexuels dans un cadre scolaire où un érotisme soft voisine avec un humour bien dosé. Face à ces dérives, certains auteurs jeunesse dont je suis ont envie de hurler, parodiant le maître de philosophie du *Bourgeois gentilhomme* : et que sera donc la littérature, celle qui se préoccupe autant de raconter une histoire que d'évoquer des états d'âme ? Faut-il qu'elle abandonne au seul cinéma la tradition des récits d'aventure dont les modèles sont *Robinson Crusoé, L'Île au Trésor, Moby Dick, Histoires extraordinaires, L'étrange cas du Docteur Jekyll et Mister Hyde, Vingt mille Lieues sous les Mers, La Guerre du Feu, des Mondes* et… *des Boutons* ?

« *Les garçons ne lisent plus* »

Si ces littératures qui racontent une véritable histoire, qui suscitent d'autres vertiges, d'autres troubles et d'autres formes d'émotions ne sont pas réhabilitées au plus vite, le lectorat se féminisera de plus en plus. En un demi-siècle, les lecteurs adolescents masculins ont peu à peu déserté une fiction dans laquelle ils se reconnaissent mal. Au lieu de chercher les causes de cette désaffection, les prescripteurs préfèrent se lamenter et constater avec amertume :

– Les garçons lisent de moins en moins !

L'ébauche d'analyse que je livre mérite sûrement d'être nuancée, donc prolongée et approfondie.

Le « moteur jeunesse »

Un récit qui semble prioritairement accessible aux jeunes possède une certaine dynamique et éveille, chez ses lecteurs, une curiosité et un écho. Cette dynamique, il y a trois cents ans, *Les Aventures de Télémaque* la possédait sûrement. Et s'il faisait écho, c'est parce qu'il était à la portée des jeunes lecteurs de son temps – du moins à ceux, rares, qui avaient les moyens d'y accéder. À cette époque, on acceptait d'aller lentement ; on décodait facilement un paysage où les repères (dieux, héros, morale, vocabulaire) étaient familiers. Mais les temps changent, les paysages se modifient et les jeunes lecteurs exigent des véhicules plus appropriés.

Le problème est que, le plus souvent, c'est l'adulte qui le conduit et choisit un texte dont le fils, le client ou l'élève est le passager, un passager qui hésite à avouer : votre paysage ne m'intéresse pas beaucoup, j'aimerais aller ailleurs… ou avancer un peu plus vite. Eh oui, l'horizon d'attente se modifie rapidement et le moteur n'est pas toujours bien adapté. Dieu merci, cet horizon est avant tout une affaire intime et il n'existe pas de livre universel. Toutefois, certains véhicules résistent mieux que d'autres. Et l'on est étonné qu'ils entraînent aujourd'hui encore tant de passagers.

Quelle définition ?

Loin de moi l'intention d'esquisser une définition de la littérature jeunesse ou de livrer une liste de critères à remplir. Aucune littérature, y compris « pour la jeunesse », ne peut se résumer à des formules toutes faites. Il existe simplement des textes qui, à une époque donnée, semblent abordables par de jeunes lecteurs et suscitent plus que d'autres leur intérêt. Estimer leur qualité littéraire est autrement plus délicat. N'en déplaise aux esprits élitistes, la durée pourrait bien être un facteur important. Même reconnu par une certaine intelligentsia, un roman qui vit quelques années puis ne parvient plus à toucher son lectorat a perdu la partie. S'il faut le remanier, le tronquer ou l'adapter pour qu'il remplisse son office, on peut s'interroger sur la légitimité de l'opération.

Le souci de nombreux prescripteurs est moins de choisir des récits qui séduisent les jeunes que de leur proposer des textes attrayants susceptibles de les faire entrer en littérature – celle dont l'adulte a sa propre définition ! Après tout, pourquoi pas ? Dans le domaine de la musique classique existent certaines œuvres universelles qui touchent un large public et permettent d'entrer en musique : *Casse-Noisette, L'apprenti Sorcier,* la *Petite Musique de nuit.*

Dans l'absolu, le texte idéal serait aussitôt appréhendé, décodé et apprécié par les jeunes… et, grâce à une lecture à un tout autre niveau, salué par les lettrés et les intellectuels comme une œuvre originale, forte et novatrice. Mais il se trouverait sans doute des esprits chagrins pour affirmer qu'un tel ouvrage ne peut relever de la littérature authentique : ceux qui s'entêtent à mesurer la qualité d'une œuvre à sa complexité ou à son hermétisme.

IV

JE SUIS, NOUS SOMMES DES AUTEURS JEUNESSE

Chaque auteur possède une histoire, une écriture, un ton particuliers, des convictions intimes, des sujets privilégiés. Aussi, malgré son individualisme affiché, cet ouvrage n'aurait pas été complet s'il n'avait pas envisagé son sujet sous un angle plus collectif.

En trente ans, les auteurs jeunesse se sont peu à peu croisés, reconnus, rassemblés. À la suite d'un coup de tête ou d'un malentendu, ils ont fondé une association, la Charte, dont les objectifs hésitent entre ceux d'un syndicat et d'un club service. Même s'il n'a rien d'un mouvement littéraire, j'ai longtemps œuvré pour que ses membres se reconnaissent dans une littérature en recherche... en recherche de son écriture, de son public, de ses motivations, de son identité. Relayé par l'élan des plus enthousiastes, j'ai lancé quelques tentatives comme le projet Saga ou les marathons d'écriture.

Aujourd'hui, les auteurs jeunesse, écrivains et illustrateurs, se comptent par centaines. La plupart sont des créateurs sincères, humbles, critiques envers une production de plus en plus dépendante de l'économie de marché. Mais voilà, le statut de l'auteur jeunesse a changé. Nombreux sont les écrivains qui veulent aujourd'hui vivre au plus tôt de leur plume, et qui sacrifient parfois la réflexion et la qualité à la demande et la productivité. Dans ce contexte difficile et au sein de cette masse de créateurs, le plus étonnant est que l'immense majorité reste animée par un dynamisme, une naïveté, une générosité qui la rassemblent de façon plus étroite et fraternelle qu'un statut officiel.

J'ai sollicité soixante-trois d'entre eux pour qu'ils s'expriment sur leur parcours personnel et donnent leur propre définition de la littérature jeunesse. Leurs réponses se recoupaient souvent.

En guise de conclusion à cet ouvrage, on trouvera les courriers de vingt-trois d'entre eux. Les autres réponses, qui ne pouvaient figurer ici faute de place, sont consultables sur le site : www.noosfere.org/grenier

Je salue chaleureusement la contribution bénévole et spontanée de mes camarades ; elle permet de nuancer et d'enrichir mon propos dont les assurances, les dérives et les outrances ont pu faire sourire ou choquer.

1. LA CHARTE ? QUELLE HISTOIRE !

Premières interventions

En mai ou juin 1972, j'assurai ma première intervention face à des élèves. À l'époque, je n'avais publié qu'un petit roman et un essai. Mais dans le collège de cette ville de grande banlieue, quelques enseignants de lettres connaissaient mes deux ouvrages et ils avaient proposé le roman aux classes de sixième et cinquième.

Les élèves l'avaient-ils vraiment lu ? Je ne m'en souviens plus. En revanche, j'ai le souvenir précis de ce préau dans lequel m'attendaient, assis et serrés sur des tapis de sol, trois cents élèves. J'entends encore l'un des professeurs me dire en souriant :

– Voilà. Nous vous les laissons. Ils ont beaucoup de questions à vous poser !

Après quoi ses collègues et lui sont partis fumer dans la cour, m'abandonnant à mes lecteurs... Sans surveillant ? Eh oui. Et pourquoi dans un préau et non au CDI ? C'est simple, dans les collèges, il n'y avait alors ni surveillants ni CDI !

On peut s'en étonner aujourd'hui, mais cette rencontre de trois heures s'est fort bien passée. J'en garde un souvenir extraordinaire. Replaçons-nous dans le contexte : j'avais vingt-six ans et des enseignants avaient fait lire mon roman à leurs élèves. Mieux, ils m'avaient sollicité pour que je vienne en débattre avec eux. Quel hommage et quelle marque de confiance !

Bien entendu, cette intervention n'était pas rétribuée. On ne me remboursa pas mon transport, on ne songea pas à m'offrir un café ! Ces enseignants, je m'en souviens, c'est moi qui les ai remerciés. À l'époque, ils étaient si rares à proposer des textes pour la jeunesse ! Il est vrai que les collections et les auteurs étaient peu nombreux.

Par la suite, je me rendis plusieurs fois à Saint-Pierre-des-Corps où la municipalité multipliait déjà les efforts pour faire entrer la littérature jeunesse à l'école. Le maire adjoint, Michel Mesmin et son efficace complice, Odette Vieilleribière, déployaient dans ce domaine une activité rayonnante. Hébergé dans une chambre d'amis, j'étais réveillé avant l'aube par Michel qui me conduisait à cent à l'heure aux quatre coins du département. Les journées étaient passionnantes et interminables : après avoir rencontré des centaines d'élèves le matin et l'après-midi, j'assurais souvent une conférence et un débat devant des adultes et des parents. Après le dîner, Michel m'emmenait dans un lycée professionnel, une MJC ou un foyer. Là, je faisais face à de grands adolescents qui, parfois, n'avaient jamais été au bout d'un livre – ces jeunes avaient rarement approché mes textes, la plupart ignoraient qui j'étais. Mais après mon départ, j'avais l'espoir qu'ils liraient peut-être l'un de mes romans !

Loin de me plaindre de ces journées de douze ou treize heures, j'étais ravi et fier de les assumer. Michel militait, comme moi, pour la cause du livre de jeunesse. N'y avais-je pas la meilleure place puisque j'étais un créateur ? Dans l'ombre, d'autres bénévoles œuvraient avec passion pour faire connaître et populariser cette littérature : Jacqueline et Raoul Dubois, Bernard Epin, Germaine Finifter, Geneviève Patte, Janine Despinette, Marc Soriano, Denise et Robert Escarpit, Jacques Charpentreau, Simone Lamblin, Mathilde Leriche, Hélène Gratiot-Alphandéry – et des dizaines d'autres qui me pardonneront de ne pas les citer !

Durant les trois années qui suivirent, au détour d'une émission d'Isabelle Jan, ou de Monique Bermond et Roger Boquié, à l'occasion d'une rencontre, d'une conférence ou lors de la fondation du CRILJ à laquelle je participai, je croisai plusieurs auteurs jeunesse : René Antona, Jacqueline Cervon, Madeleine Gilard, Jacqueline Held, Bertrand Solet... Mais c'est avec les

Grimaud, Christian Léourier, Jean Coué, Pierre Pelot et William Camus que j'entretenais les rapports les plus étroits.

En 1975, une invitation allait réunir quelques-uns d'entre nous en Bretagne et jeter les fondations de cette Charte, dans des circonstances si baroques qu'elles méritent d'être relatées.

À l'auberge des Ajoncs d'or

Juin 1975...

Je me retrouve dans un train de nuit en compagnie de William Camus, Pierre Pelot et sa femme Irma. Nous avons été invités par un organisme, Lire en Bretagne, dont l'organisateur, Yvon Dupré, doit nous accueillir à Auray vers quatre heures et demie du matin. Pas question de dormir, d'autant que nous sommes ravis de nous retrouver et de papoter.

Dès notre arrivée à la gare, le ton est donné : il fait nuit, il fait froid et il pleut... La chaleur et la cordialité d'Yvon nous réchauffent. Très vite, nous faisons connaissance, sympathisons, nous tutoyons. Très organisé, Yvon nous annonce :

– J'ai loué deux voitures. Vous vous déplacerez seuls dans les collèges. Vous trouverez sur le siège du passager le programme de vos journées. Vous avez votre permis ?

– Ah non, fait Pelot. Je ne sais pas conduire. Irma non plus.

– Moi, je possède le permis, dit William qui a été pilote de course en Argentine. Mais je l'ai laissé à la maison.

Par chance, j'ai le mien dans ma poche. Dès que nous sortons de la gare, Yvon me désigne une Renault 5, m'en confie les clés et déclare :

– Allez d'abord à votre hôtel, l'auberge des Ajoncs d'or. Vous vous y reposerez une heure avant de commencer vos rencontres.

Déjà, il monte dans sa voiture avec les Pelot. Je proteste :

– Attends-moi, ne va pas si vite !

– Oh, rassure-toi, tu as un plan dans la voiture ! À tout de suite.

Le temps que William et moi rangions nos valises dans le coffre, que je m'installe au volant et trouve les commandes des phares et des essuie-glaces, Yvon a disparu dans la pluie et la nuit.

À côté de moi, penché sur la carte, William entreprend de me guider jusqu'à cette mystérieuse auberge des Ajoncs d'or.

– À la prochaine intersection, tu tournes à trois heures. Un kilomètre plus loin, à neuf heures.

William n'a jamais su reconnaître sa gauche de sa droite, cela lui a souvent posé problème sur le plan politique. Tandis qu'Auray s'éloigne, la pluie redouble de fureur. Vers cinq heures moins le quart, William me déclare enfin en relevant le nez :

– Et voilà, en principe nous sommes arrivés !

Hélas non, nous roulons sur un chemin de terre qui s'achève en impasse sur un champ d'artichauts. En faisant demi-tour, je m'embourbe – et subis les critiques et sarcasmes de mon copilote. Enfin, nous repartons mais nous sommes crottés, fourbus, trempés. Revenir à Auray et retrouver la bonne route est une opération qui se révèle plus longue et difficile qu'écrire un chapitre en commun.

À six heures du matin, ce jeudi 5 juin, la Charte n'existe pas encore. Sans que nous le sachions, elle est en train de naître au fur et à mesure que montent notre fatigue et notre exaspération. Car à l'aube, nous errons toujours sur les routes, à la recherche des mystérieux Ajoncs d'or. Quand nous rejoignons la fameuse auberge, il est près de sept heures. Nous avons à peine le temps de déposer nos bagages dans nos chambres et d'avaler un petit déjeuner. Il nous faut repartir sur les routes à la recherche des collèges et lycées où William et moi, moins d'une heure plus tard, devrons parler de *Cheyennes 6112* devant des centaines d'élèves.

Le soir, à bout de forces, nous retrouvons les Pelot à table. Là, nous faisons la connaissance de la discrète Claude Cénac, auteur aux éditions Magnard, de Laurent de Brunhoff (le fils du créateur de Babar, Jean de Brunhoff) ainsi que de la jeune Martine Lang, qui travaille depuis peu chez Flammarion. Nous connaissons la plupart des autres invités : Catherine Scob et son collaborateur Charles-Henri Fritscher, Raoul Dubois, Michel Mesmin et Germaine Finifter, critiques de littérature jeunesse ainsi que Jean Ollivier, René Moreu, sa femme, Madeleine Bellet – la créatrice de Riquiqui et Roudoudou –, bref, l'équipe des éditions Vaillant.

Deux jours durant, l'ambiance est conviviale et chaleureuse.

William joue tour à tour les pitres, les séducteurs, les provocateurs et les Peaux-Rouges-maltraités-par-les-Blancs-oppresseurs.

C'est le vendredi soir, je crois, que les choses se gâtent. Notamment au dessert, quand Yvon se lève et déclare :

– Chers amis, j'ai le plaisir de vous annoncer que nous prenons votre hébergement en charge. Mais pour les repas, il serait souhaitable que vous régliez la note tout de suite.

Un silence gêné s'installe. Docile, je sors mon porte-monnaie. William me jette alors à voix très haute :

– Christian, tu paies pour moi ? Tu sais qu'en animation je n'ai jamais un sou puisque...

Il ralentit le débit et achève en articulant avec soin :

– ... d'habitude, nous sommes toujours invités.

Plus direct, Pelot déclare à notre hôte :

– Eh, Yvon, tu aurais pu nous prévenir !

Encouragé, William se lève et pointe Yvon du pouce :

– J'ai même l'impression que tu nous prends pour des poires ! Je résume : ton organisation nous sollicite pour que nous venions travailler trois jours. Tu nous fais voyager de nuit et rencontrer des centaines de gamins. Et ce soir, tu nous apprends que nous devons financer nos repas ! Tu ne veux pas aussi qu'on paie le voyage ?

– Justement, avoue Yvon avec embarras. Pour vous le rembourser, ça va poser problème. Peut-être que vos éditeurs ?

Cette fois, c'est au tour de Catherine Scob de pâlir.

– Viens, Christian ! me dit William. On fait nos bagages et on repart.

Difficile : la SNCF vient d'entamer une grève-surprise, nous condamnant à rester (à nos frais !) aux Ajoncs d'or.

Nous privant volontairement de dessert – c'est dire combien la situation est grave – William et moi emboîtons le pas aux Pelot qui, solidaires, regagnent leur chambre. Nous les y suivons. Là, assis sur le lit, nous faisons le point. Déjà notre décision est prise, nous ne verserons pas un sou et ne quitterons pas les lieux avant que le trajet nous soit remboursé. Et pour éviter désormais de tels déboires, nous improvisons un code déontologique auquel devront se plier ceux qui nous solliciteront. Ils s'engageront par écrit à rembourser notre voyage, à assurer notre hébergement.

– Et à nous payer ! ajoute William, excédé. Bon sang, ces interventions méritent salaire ! Pelot et moi, nous ne vivons que de notre plume, c'est du temps que nous ne consacrons pas à l'écriture. Quant à toi, Christian, ce sont tes jours de repos que tu sacrifies car tu pourrais les passer en famille !

Revendicatif et financier, le débat dévie naturellement vers le problème des à-valoir et des droits d'auteur. Jusqu'ici, aucun de nous n'avait eu la curiosité de comparer nos contrats.

– Quoi ? répond Pelot à Camus, chez Rouge et Or, pour un « Grand Angle », on te donne huit mille francs et dix pour cent ? Moi, on m'a toujours proposé quatre mille francs d'à-valoir et six pour cent de droits ! Et toi, Christian ?

– Cinq mille francs et sept pour cent.

Incroyable, on nous a fait des conditions différentes pour un ouvrage publié dans la même collection ! Et on nous a glissé à l'oreille un discours identique :

– Vous êtes l'auteur le plus favorisé de la maison. Surtout, ne parlez de ces chiffres à personne.

Justement, j'ai très envie d'en parler à tout le monde !

– Nous devons nous communiquer nos contrats et nous aligner désormais sur le plus intéressant.

– C'est-à-dire sur le mien, dit William qui malicieusement ajoute : c'est normal que mes conditions soient exceptionnelles. De nous trois, je suis le meilleur ! Dans une collection pour adultes, j'ai même publié un best-seller.

– Et alors ? grogne Pelot. Tu penses qu'un auteur adulte est meilleur qu'un auteur jeunesse ? Moi, j'écris des romans de SF au Fleuve Noir et je vais en sortir un chez Robert Laffont. Que je m'adresse aux jeunes ou aux adultes, mon travail n'est pas différent !

Du coup, la conversation roule sur les différences existant entre la littérature adulte et la littérature jeunesse. Comme nous publions dans ces deux domaines, nous tentons d'en cerner les limites littéraires. Si c'est, à mes yeux, l'aspect le plus passionnant, c'est aussi le plus difficile et le moins urgent.

Mais ce soir-là, grâce à l'incident provoqué par Yvon Dupré, ce mouvement qui ne s'appelle pas encore la Charte est né. Nous prenons rendez-vous pour ameuter en septembre le plus grand nombre d'auteurs, afin de créer avec eux une association qui abordera les problèmes spécifiques aux auteurs jeunesse.

L'article 3

Cet été-là sera studieux. Je sollicite de nombreux écrivains, notamment les Grimaud qui rédigent un premier manifeste. Repris, modifié et cosigné par Pierre Pelot, William Camus, Jean Coué et moi, il précise que les auteurs signataires déclarent :

« • Écrire à l'intention du plus vaste éventail de lecteurs possible [...].

• Protester contre la ségrégation pratiquée par les journaux et magazines littéraires [...].

• S'insurger contre les organismes officiels qui rejettent leur demande de bourse [...].

• S'étonner de ne jamais voir étudiée sérieusement dans la presse une littérature contemporaine vivante [...] confinée dans les colonnes d'une critique spécialisée certes compétente mais confidentielle [...].

• S'insurger contre une situation qui permet aux éditeurs de les sous-payer [...].

Les soussignés prétendent soutenir en conclusion qu'il n'existe pas plusieurs littératures dont ils formeraient une branche mineure mais une seule, où ils ont leur place aux côtés des autres auteurs [...]. Ils appellent aussi tous les auteurs que ce problème concerne ou intéresse à joindre leur signature (au bas de ce manifeste)... »

À la suite de nombreux échanges de courrier, rendez-vous est pris pour le 22 septembre où doit avoir lieu, dans les locaux de la bibliothèque municipale de Montreuil (à l'initiative de Bertrand Solet et de Madeleine Bellet, maire-adjoint responsable de la Culture), la réunion au cours de laquelle est fondée cette fameuse association.

Malgré le rappel des troupes, seuls sept auteurs sont présents : William Camus, Jean Coué, le couple Michel Grimaud, Bertrand Solet, Béatrice Tanaka et moi. Rolande Causse et Germaine Finifter, critiques et chercheurs, se sont jointes à nous. Si Jean Coué et William Camus sont les plus actifs, c'est Robert Bigot qu'il faut remercier. Car malgré son absence (Jean Ollivier et lui, solidaires, se sont excusés), c'est lui qui, après ce 22 septembre, sera le greffier discret, efficace et permanent de nos réunions.

Béatrice Tanaka plaide la cause des illustrateurs : il faut qu'un mouvement regroupant des auteurs jeunesse les inclue. Elle veut convaincre les éditeurs qu'illustrateurs et écrivains doivent travailler main dans la main. L'aspect corporatiste de notre mouvement fait reculer Rolande Causse, Germaine Finifter et Bertrand Solet. Ce dernier souhaite, comme moi, privilégier la recherche d'une littérature de qualité. Tous trois nous rejoindront quelques années plus tard. Restent ceux qu'on appellera les membres fondateurs : William Camus, Jean Coué, Michel Grimaud, Béatrice Tanaka et moi.

Du débat passionné qui a lieu ce soir-là émergent plusieurs décisions :

– Cette association s'appellera la Charte.

– Elle tentera de faire circuler son manifeste.

– Quand ses membres seront sollicités pour des rencontres ou manifestations, elle précisera les conditions financières auxquelles ses membres se déplaceront. Chaque année, ces conditions seront éventuellement revues.

En réalité, c'est ce dernier point qui intéresse la plupart des auteurs présents. Jean Coué propose :

– Ce sera notre article 3 !

Je me souviens avoir tenté vainement de protester.

– Mais les autres articles concernant notre statut, nos aspirations, notre position vis-à-vis de la littérature jeunesse ?

– Plus tard ! Nous ferons d'ailleurs circuler une copie de cet « article 3 ». Personne ne nous réclamera les deux premiers.

Tant bien que mal, la Charte était née.

Une fois le fameux article 3 imprimé, photocopié et distribué aux participants, elle tomba en sommeil pendant de longs mois. Les seuls auteurs avec lesquels je gardais un lien permanent étaient William Camus (nous écrivions alors ensemble chez lui *Une Squaw dans les Étoiles*), Jean Coué (il habitait à deux pas de la maison de William) et Pierre Pelot, que j'appelais régulièrement au téléphone et à qui nous rendions visite en famille chaque été. Très vite, Pelot déclara forfait, il n'aimait guère se déplacer et habitait trop loin pour participer à des réunions.

Nos contacts nous permettaient surtout de garder un lien amical et de débattre de nos contrats respectifs.

Des débuts durs et contestés

Le 4 février 1978, je pris l'initiative de convoquer tous les membres à Épinay, où nous venions d'emménager dans un grand appartement. J'en profitai pour envoyer une lettre à d'autres auteurs qui ne s'étaient pas manifestés jusque-là. Peut-être accepteraient-ils cette fois de se joindre à nous ?

Annette et moi pensions accueillir entre dix et vingt personnes. Aussi, nous avions préparé pour ce dimanche un grand buffet. À dix heures du matin, Arnaud Laval et Béatrice Tanaka arrivèrent. À midi, il fallut se rendre à l'évidence, nous étions trois : deux illustrateurs et un écrivain, moi.

Aucune décision ne fut prise, aucun autre article ne fut rédigé. Arnaud et Béatrice tentèrent de me réconforter. Surtout, ils acceptèrent d'emporter des sandwiches car nous avions de quoi tenir un siège d'une semaine.

Pendant les deux années qui suivirent, des correspondances suivies parvinrent à maintenir le lien entre nous tous. Chacun de nous recrutait, au hasard de ses rencontres. Il n'y avait alors ni bulletin de liaison, ni carte d'adhésion, ni cotisation, ni parrainage. Si le travail d'un illustrateur ou d'un auteur nous séduisait, nous l'invitions à « rejoindre la Charte ». Sa seule obligation morale était de fournir un travail de qualité, de communiquer ses contrats et d'appliquer les tarifs de l'article 3 s'il était sollicité pour une intervention.

Les animations n'étaient d'ailleurs pas nombreuses. En 1975, j'en assurai une seule, d'une journée, à Saint-Pierre-des-Corps. En 1976, j'intervins cinq demi-journées : deux rencontres scolaires et trois conférences en bibliothèque.

Notre mouvement avait créé un petit scandale dans le milieu de la littérature jeunesse. Quoi, disaient en substance les critiques et les chercheurs qui étaient nos amis et nos alliés, voilà des années que nous, bénévoles, nous battons pour que vous, les auteurs, soyez lus par les jeunes, pour que vos livres entrent dans les écoles, les collèges, les bibliothèques ! Et maintenant que le mouvement s'amorce, vous exigez d'être payés ? Vous n'avez pas honte ?

Non. Pourtant, paradoxe suprême, c'étaient justement les municipalités dont les options politiques étaient plutôt les nôtres qui nous sollicitaient pour faire connaître nos ouvrages !

Demander à être rétribués (à un tarif banal, correspondant à celui d'un enseignant) nous paraissait légitime et prudent. Parmi les auteurs qui se déplaçaient bénévolement, il arrivait que certains déclarent forfait trois jours avant. D'autres, sans prévenir, oubliaient de venir comme promis. À nos yeux, être payé équivalait à un engagement : nous viendrions et nous ferions le maximum pour assurer une rencontre de qualité.

Les éditeurs, eux, furent mécontents. Les membres de la Charte, presque tous auteurs pour adolescents, furent soupçonnés de faire de l'agit-prop dans le milieu jeunesse.

Les rares candidats à notre association étaient réticents. En nous rejoignant, n'allaient-ils pas se mettre à dos leurs éditeurs et les critiques ? Nous leur affirmions qu'un éditeur ne refuse pas de discuter un contrat. S'il apprécie un texte, il fera le maximum pour le publier, jamais il ne se fâchera avec son auteur... Peine perdue. J'eus l'impression qu'on nous évitait, nous boudait.

À l'issue de cette réunion ratée à Épinay, je rédigeai un bulletin que j'envoyai à la dizaine de membres théoriques.

Le 1er décembre 1979, Béatrice Tanaka eut l'initiative d'une nouvelle réunion qui eut lieu dans le sous-sol du café-théâtre *La sou-Pape*, près de l'hôtel de ville. Présents : onze auteurs, dont les nouveaux venus Andrée Clair, Luce Fillol, Claude et Jacqueline Held. Quatre ans après sa création, la Charte comptait vingt et un membres, auxquels s'ajouteraient un mois plus tard Christian Léourier, Michel Jeury et Francis Valéry. Peut-être avaient-ils été convaincus par le bulletin rédigé et ronéotypé par mes soins, que j'adressais à tous les candidats potentiels, et dont Frédéric Clément, qui nous avait rejoints l'année précédente, avait dessiné la couverture ?

À cette époque, l'éternelle question à l'ordre du jour était : la Charte doit-elle s'orienter vers un mouvement syndical (à l'époque, plusieurs d'entre nous adhéraient au SELF) ou se contenter de rassembler, de faire réfléchir et d'encourager les auteurs soucieux de produire une littérature de qualité ? Les deux options ne me paraissaient pas incompatibles. Une majorité se prononça pour l'élargissement de notre association. Pour être plus forts, recrutons !

Le 7 mars 1981, une nouvelle réunion eut lieu chez William Camus. La Charte comptait alors vingt-cinq membres. Ces problèmes furent débattus. Dans le bulletin que je rédigeai et envoyai quelques semaines plus tard, je tentai d'infléchir le mouvement. Directif et prétentieux, j'écrivis notamment :

« Si la Charte ne devient pas au plus tôt un authentique mouvement littéraire (et graphique), elle s'éteindra et mourra [...]. L'article 3 est un ciment bien artificiel. Hier encore, nous niions être un mouvement syndical. Aujourd'hui, de nombreux auteurs se réclament de la Charte sans en faire partie, ils se servent de nos tarifs d'intervention. Si là réside le seul intérêt de notre mouvement, à quoi bon l'avoir transformé, rénové, redéfini ? Comment nous différencier d'un mouvement purement revendicatif ? En nous réclamant d'une éthique ! Laquelle ? Il suffit de regarder qui nous sommes : des auteurs qui refusent la médiocrité et le clivage jeunesse/adulte, des créateurs qui proposent une vision critique et dynamique de la société [...]. Aussi, je souhaite que les prochaines réunions soient consacrées à la recherche d'une ou plusieurs actions communes qui permettraient à ceux (et seulement à ceux) de la Charte de se retrouver [...]. Quelle victoire si, dans quinze ans, ceux-ci comme ceux-là (cf. bibliothèques et municipalités ; éditeurs et pouvoirs publics) pouvaient s'exclamer, au vu d'un ouvrage de l'un d'entre nous : Ah, on reconnaît bien là un auteur de la Charte ! »

L'avenir me donna tort, la Charte s'élargit, les projets littéraires n'eurent pas l'impact escompté... et, loin de mourir, le mouvement devint plus vivant et actif que jamais, alors que ses objectifs n'étaient toujours pas ceux que j'espérais.

En quatre ans, le nombre des membres doubla, passant de vingt-trois à quarante-six. Chaque année, je mettais un point d'honneur à inviter tous les auteurs et à organiser une réunion. Elle avait lieu le plus souvent chez nous, à Épinay, un dimanche, et rassemblait une vingtaine de personnes, un record quand on sait que les deux tiers des Chartistes habitaient la province !

1984 : la Charte devient adulte

Le 17 mars 1984, il fut décidé que nous deviendrions une association officielle loi de 1901. J'en fus soulagé, car jusque-là j'avais assuré à peu près toutes les fonctions. La gestion du bulletin devenait lourde. Outre le temps consacré à le rédiger et à l'imprimer, j'assurais seul et depuis près de dix ans son envoi gratuit... sans parler de celui des convocations.

Cette année-là, les statuts de la Charte furent enfin rédigés, débattus et votés. Ils précisaient notamment que ses membres :

« • se reconnaissent dans une littérature, des expressions et des graphismes de qualité, vivants, dynamiques et ouverts à tous les imaginaires contemporains ;

• s'engagent à communiquer à l'association leurs contrats, les avantages acquis dans la profession et toutes les informations touchant le livre et ses dérivés ;

• s'engagent à demander des indemnités auprès des organismes qui les emploient. »

Une cotisation et un bulletin officiel étaient enfin instaurés, et un bureau constitué, dans lequel les responsabilités seraient partagées : secrétaire, trésorier, etc.

Je fus élu président. Mais je conservai jusqu'en 1997 (ou plutôt on me demanda d'assurer !) la rédaction du bulletin, que Christian Léourier se chargeait de photocopier et d'envoyer.

Un système de parrainage permettait de sélectionner les nouveaux membres. Pour devenir chartiste, chaque candidat devrait obtenir l'appui écrit de trois d'entre nous qui reconnaîtraient avoir apprécié les qualités de ses œuvres ; il devrait aussi posséder « l'esprit de la Charte » (« fait de franchise et de complicité, de tolérance et de dynamisme », comme je le soulignais dans un article de l'époque).

Pendant les trois années qui suivirent, la Charte évolua peu. Puis les adhésions se multiplièrent, comme en témoignent les chiffres ci-dessous :

1984	46	Président : Christian Grenier
1985	48	
1986	51	
1987	54	Président : Jacques Cassabois
1988	69	
1989	82	Président : Christian Léourier
1990	93	
1991	115	
1992	133	

1993	125	
1994	147	Président : François Sautereau
1995	180	
1996	208	
1997	234	Président : Jean-Hugues Malineau
1998	250	
1999	320	
2000	389	
2001	415	
2002	525	Président : Jacques Delval
2003	600	
2004	650	

Ses écarts et ses écueils...

Peut-être élitiste ou trop exigeante à son origine, la Charte accueille aujourd'hui, dans le domaine jeunesse, à peu près tous les créateurs qui souhaitent y être associés. Certes, elle y a gagné en puissance.

Mais depuis longtemps, je dénonce une dérive : celle qui favorise les animations au détriment de l'écriture. Certains créateurs, en rejoignant les rangs de la Charte après avoir publié un roman ou un album, n'espèrent qu'une chose : obtenir des animations, des interventions, animer des ateliers et devenir ainsi une sorte d'intermittent de l'écriture... en sollicitant au besoin les instances de l'association pour qu'elle défende ce nouveau statut ! Cette tentation est d'autant plus grande que la demande (des enseignants et des responsables de CDI) augmente. Au moyen d'un article polémique (« Auteur ou anim-auteur ? ») publié dans le Bulletin de la Charte, je dénonçai cette pratique en relatant un incident survenu dans une école...

À peine entré dans la classe, j'ai la surprise de voir l'institutrice et les enfants, vingt-cinq élèves de CM2, me regarder sans chercher à entamer le dialogue. Je romps la glace et les interroge : ont-ils lu l'un de mes textes ? Non. Savent-ils qui je suis ? Pas vraiment. Qu'attendent-ils de moi ? Que je leur propose une activité – c'est du moins ce qui ressort de leurs réponses évasives. Comme je ne suis ni manchot ni muet, je dis comment et pourquoi j'écris, je montre mes manuscrits, j'explique la structure d'un récit, notamment celle des genres littéraires que j'apprécie : fantastique, SF, roman historique ou policier.

À la fin de ma prestation, je demande à l'institutrice visiblement déçue :

– Mais enfin, qu'attendiez-vous de moi exactement ?

– Une véritable animation. Une surprise. Voyez-vous, c'est la deuxième fois que je sollicite la venue d'un écrivain. L'année dernière, l'auteur avait préparé un petit spectacle. Elle a raconté une histoire inédite avec les personnages de sa série. Elle avait apporté un décor, des poupées, un lecteur de cassettes et une bande-son. Elle a fait participer les enfants. C'était très bien. Et puis elle nous a montré ses livres, nous en avons d'ailleurs acheté une série. Alors cette année, nous attendions un peu quelque chose d'identique.

Ce dérapage m'a paru d'autant plus grave que l'auteur en question était (est toujours) membre de la Charte. À mes yeux, les auteurs doivent rester des écrivains. Occasionnellement, ils peuvent se transformer en conteurs. Mais faut-il qu'ils fournissent un (ou se produisent en) spectacle ?

J'écris et à l'occasion, je parle de ce que j'écris. Néanmoins la littérature ne doit pas, même face à une demande insidieuse, devenir une antichambre du showbiz.

Heureusement, enseignants et responsables de CDI veillent au grain. Du moins il faut l'espérer. Ils évitent de se laisser impressionner par une prestation spectaculaire et savent qu'un auteur ne se juge pas par ce qu'il fait ou dit, mais par ce qu'il écrit.

Ses aspects positifs

Soyons honnête : trente ans plus tard, de nombreux acquis sont à mettre à l'actif de la Charte.

Elle a aidé les auteurs jeunesse à prendre conscience de leur rôle, elle a éclairé leur identité, elle leur a permis de réfléchir sur leur production et les a responsabilisés, elle a réuni et uni six cent cinquante auteurs qui œuvraient individuellement jusque-là, elle a tissé entre eux des liens affectifs et intellectuels puissants sans altérer leurs personnalités. La solidarité y est active. Quand la maison de l'une d'entre nous brûla (celle de

Nicole Vidal, notre doyenne, décédée en 2003), une chaîne s'organisa, qui permit l'achat d'un nouvel ordinateur et la reconstitution complète de ses ouvrages. L'auteur sinistrée ne possédait plus un seul de ses propres livres publiés ! Mais à l'entendre, ce qui lui réchauffa surtout le cœur, ce furent les innombrables appels et le courrier de soutien qu'elle reçut.

En haussant le niveau d'exigence des rencontres auteurs-lecteurs, la Charte a dopé le mouvement suscité par l'entrée des ouvrages jeunesse dans les milieux scolaires tout comme elle a, en répondant à l'appel des organisateurs de Salons, sans doute multiplié les ventes des ouvrages.

Les éditeurs, spectateurs souvent indépendants des auteurs intervenant dans les bibliothèques, les classes ou les Salons, commencent à comprendre que les écrivains qui se déplacent, dialoguent et, d'une certaine façon, militent pour l'accès attrayant à la lecture, ont largement contribué à la diffusion, la promotion et la vente de leurs ouvrages. Bien sûr, ce travail opiniâtre est en fait le fruit d'une longue collaboration où chacun, depuis des années, a sa part : auteurs, éditeurs, prescripteurs (parents, enseignants, bibliothécaires, libraires, responsables de CDI...) et organisateurs de ces rencontres.

Aujourd'hui relayés par les pouvoirs publics, les acteurs de ce vaste mouvement ne doivent pas tomber dans les multiples pièges que ces récents succès leur ont tendus. Si les éditeurs et les écrivains jeunesse sont plus sensibles à la demande qu'aux exigences de la création authentique ; si les livres d'une liste, aux yeux de l'institution scolaire, sont considérés comme d'incontournables nouveaux classiques ; si les interventions d'auteurs dans les classes deviennent systématiques, alors l'essor stupéfiant de la littérature jeunesse ébauché depuis plusieurs décennies risque d'être englué dans la routine et débauché par les lois du marché.

2. DES PARIS UN PEU FOUS

Saga pour le XXe siècle

Dès 1986, tandis que je travaillais aux *Mondes engloutis* se profila peu à peu dans mon esprit un projet ambitieux ; sans donner à la Charte une dimension de mouvement littéraire, il permettrait à ses auteurs d'écrire individuellement tout en s'insérant dans un vaste projet collectif.

Il s'agissait de brosser une sorte de portrait du XXe siècle au moyen de huit, dix, quinze romans (il y aurait autant de récits que d'auteurs volontaires) dont les personnages seraient d'une manière ou d'une autre intimement liés, par la parenté, l'amitié (ou l'inimitié), le métier, des lieux, des intérêts communs. Chaque auteur, qui choisirait une période particulière du siècle, serait entièrement responsable de son récit, mais il devrait tenir compte du projet général et s'y insérer au moyen de multiples « fils rouges » à définir ensemble. Héritée à la fois des *Rougon-Macquart* et de *La Comédie humaine*, l'entreprise n'était certes pas novatrice. Son originalité viendrait de la diversité de ses auteurs... Un puzzle, mais dont chaque pièce formerait une partie indépendante !

Sans doute cette idée me vint-elle à l'époque où, devenu familier des séries télévisées, j'avais envie que les membres de la Charte conçoivent eux-mêmes la bible d'une vasque fresque littéraire qu'ils rédigeraient en étant contraints de communiquer entre eux.

Le 19 avril 1986, lors de l'assemblée générale qui eut lieu dans mon collège, je lançai une première sonde. Mais c'est le 2 mars de l'année suivante qu'une dizaine d'auteurs acceptèrent de se rencontrer à notre domicile d'Épinay pour tenter de finaliser le projet. L'enthousiasme fut tel qu'on décida d'attendre la prochaine assemblée générale du 13 juin (elle rassemblerait une quarantaine de membres) pour expliquer en détail en quoi consistait le projet Saga. Ainsi, d'autres écrivains seraient peut-être séduits et s'ajouteraient aux neuf volontaires existants. Le jour dit, vingt-trois auteurs se déclaraient partants ! Ils acceptèrent de revenir à Épinay deux semaines plus tard. Ceux qui s'y trouvaient peuvent témoigner de la fièvre qui, de 10 heures à minuit, anima les participants. Chacun avait déjà plus ou moins élaboré le synopsis du roman qu'il écrirait (parfois c'était une vieille idée, qui s'intégrait parfaitement au projet). Et chacun résuma oralement son histoire. Bien sûr, tout le XXe siècle n'était pas couvert, certains récits se déroulaient en trois jours. Plus ambitieux, d'autres s'étalaient sur un, deux ou cinq ans !

Six familles principales furent créées, issues de diverses régions de France ; leur descendance, les mariages, alliances, divorces, naissances et décès durent être soigneusement notés. Pour la cohérence de l'ensemble, il fallut même remonter au début du XIXe siècle, baptiser certains personnages dont on connaissait le métier, le caractère, les dates de vie et de mort et qui pourtant ne seraient jamais mis en scène, puisqu'ils seraient les aïeux des premiers héros du XXe siècle.

Christian Léourier devint le « gardien du fichier ». Soixante-quatre personnages existaient déjà (il y en aurait bientôt trois cents). Désormais, l'auteur qui décidait de faire mourir ou naître un personnage devrait aussitôt répercuter l'information aux autres, la plus infime modification familiale risquait d'avoir des conséquences sur l'un ou l'autre des romans !

La mise au point la plus passionnante fut sans doute celle des quatre « fils rouges » que chaque écrivain, dans son récit, était invité à utiliser au maximum (ce seraient, outre les alliances familiales, les dénominateurs communs des futurs récits).

– Deux lieux :

• le *Bœuf limousin*, bistrot-restaurant au 36 rue Tiquetonne à Paris.

• L'*Églantine*, une imprimerie gérée par les Clarisses au 251 rue Saint-Denis (au fond de la cour à droite).

– Un personnage :

• Constant Faure, né le 01/01/1900 et qui mourrait le 31/12/1999.

– Un dessin (imaginaire mais vraisemblable) :

• *La femme à la colombe*, réalisé en 1903 par Picasso (sur l'une des tables du *Bœuf limousin*) et offert à Apollinaire. Retrouvé sur le front après l'évacuation du poète, ce dessin serait successivement vendu, dérobé, récupéré, déchiré... au gré des auteurs désireux de l'utiliser.

Le surlendemain 30 juin, François Sautereau et moi obtenions un rendez-vous chez Hachette qui, aux voix, avait été le premier éditeur pressenti. La directrice littéraire, Françoise Lanzmann, fut enthousiasmée. Une semaine plus tard, elle nous informa que le directeur de Hachette Jeunesse, Bertil Hessel, souhaitait rencontrer les représentants de la Charte pour négocier les contrats.

Le 20 septembre 1987 eut lieu une « réunion Saga » à Épinay. Durant les mois à venir, il y en aurait beaucoup d'autres ! Trois auteurs avaient déclaré forfait. Il en restait vingt qui, de fait, assurèrent la gageure de rédiger leur roman. Le 6 janvier 1988, sept auteurs rencontraient les responsables de chez Hachette. Un échéancier et vingt contrats furent établis. Le 12 juin, au cours d'une réunion, seize manuscrits sur vingt furent mis en circulation. La consigne était formelle : chaque participant devrait lire attentivement, annoter – voire critiquer – les dix-neuf autres romans de la Saga. Ainsi serait mis en pratique un axiome que je rabâchais souvent aux Chartistes : « Lisons-nous les uns les autres ».

Début septembre 1988, tous les manuscrits circulaient.

Comme certains d'entre nous le redoutaient, plusieurs furent refusés par l'éditeur. Le 22 septembre, la nouvelle tomba : Bertil Hessel quittait Hachette et était remplacé par Antoine Di Zazo. Ce remaniement interne entraînait l'éviction de Françoise Lanzmann. Était nommée une nouvelle directrice littéraire, Anne de Marnac... qui céderait sa place en février 1989 à Catherine Teyssandier !

Certes, chaque auteur avait déjà perçu la moitié d'un à-valoir. Mais avoir affaire de mois en mois à un interlocuteur différent était très décourageant. D'autant que Catherine Teyssandier, qui ne connaissait rien du projet, avait des consignes précises :

chez Hachette, priorité absolue était donnée aux collections Disney et à la nouvelle collection qu'animerait Claude Gutman. Il faudrait attendre. On attendit près d'un an... Enfin, en juillet 1989, Hachette fit savoir qu'il n'était intéressé que par sept récits. Que faire ?

Le 10 septembre eut lieu une réunion Saga chez celui qui, depuis deux ans, tenait désormais les rênes du projet : Christian Léourier. Fallait-il récupérer tous les manuscrits et proposer le projet à un autre éditeur ? Abandonner l'idée d'ensemble et accepter que chaque roman devienne indépendant ?

Le 26 novembre, au cours d'une réunion houleuse, le statu quo s'imposa. Du coup, entre mars 1990 et mars 1993, Hachette publia neuf « romans Saga » sans annonce particulière ni action promotionnelle. La parution disparate et éclatée des *Couleurs d'un Siècle* (titre générique retenu pour l'ensemble des vingt récits) n'eut aucun retentissement. La plupart des ouvrages rejetés sortirent dans d'autres maisons d'édition. Et en avril 1994, Hachette retira de son catalogue les neuf titres de la Saga ! Huit ans plus tard, Actes Sud Jeunesse entreprit de rééditer la plupart des textes de la Saga, du moins ceux dont les droits étaient libres.

De L'Almanach *aux* Cahiers

Il en aurait fallu davantage pour décourager les Chartistes.

Dès 1985, avant que je ne propose le projet Saga, Claire Nadaud avait lancé l'idée d'un ouvrage original et collectif : *L'Almanach*. À la fois auteur et illustratrice, pilier de la Charte (elle en fut vice-présidente pendant douze ans !), Claire souhaitait également « mettre en pratique les principes de notre manifeste dans un ouvrage dont le thème serait celui du temps, celui qui passe mais aussi celui qu'il fait, les saisons et les jours. »

Tous les membres furent invités à collaborer à cet « almanach » où la place consacrée à l'illustration serait égale à celle du texte, et qui serait constitué de récits courts, nouvelles, poèmes ou comptines en rapport avec un événement de l'année. Il fallut près de dix ans pour que l'ouvrage voie le jour, dans des conditions plus confidentielles que prévu, et selon une forme qui ne parvint pas à satisfaire tous les participants.

En 1995, peu après la sortie et la première mort prématurée des *Couleurs d'un Siècle*, Danielle Martinigol lança une initiative héritée du projet Saga, qui le fit en quelque sorte renaître de ses cendres : *La Sauterelle verte*... Une demi-douzaine de romans évoquant cette mystérieuse entité ont été publiés chez Magnard dans la collection Les Fantastiques qu'anime Jack Chaboud.

Comme l'a souligné Robert Bigot à la parution des premiers titres, « ce voyage en commun nous a permis de croiser nos expériences, de nous étonner de nos différences, d'évaluer notre audience au travers des critiques formulées, en un mot de bouillonner de ces multiples contacts qui créent l'amitié. »

À la suite des forums de Montbéliard et d'Eaubonne, de nombreux Chartistes se sont exprimés sur la création littéraire pour la jeunesse : son histoire, l'approche de la poésie, le souci d'interpeller le non-lecteur, la relation intime entre l'auteur et son lecteur, l'adolescence et la question de la littérature populaire, la lecture de l'image et son interactivité avec un texte, la question des textes traduits, etc. Il a été fait un compte rendu de toutes ces interventions dans *Les Cahiers de la Charte*.

Les lecteurs qui désireraient se procurer ces documents (*L'Almanach, Les Cahiers de la Charte* ou encore la liste actualisée des membres de l'association) peuvent entrer en contact avec la Charte par courrier postal, e-mail ou téléphone :

La Charte des auteurs et illustrateurs pour la jeunesse
39, rue de Châteaudun
75009 PARIS
Tél-fax : 01 42 81 19 93
Site Internet : http://perso.wanadoo.fr/cielj/charte
E-mail : lacharte@wanadoo.fr

Au Rageot's Club

Les Salons du Livre sont pour les écrivains l'occasion de se retrouver, de festoyer et de discuter ensemble. À Bordeaux, en 1997, dans l'immense restaurant où ils avaient été invités à dîner, les auteurs jeunesse, spontanément, s'installèrent dans un coin de la salle autour de plusieurs tables. C'est toujours dans le groupe des auteurs jeunesse que l'ambiance est la plus détendue, les conversations les plus échevelées et les rires les plus éclatants. Mais là encore, il arrive que quelques clans amicaux se forment, en fonction des spécialités (polar, SF, albums...), de l'âge des écrivains (ou... de leurs lecteurs) ou encore de leurs éditeurs.

Ce soir-là, les auteurs Rageot, une douzaine, s'étaient regroupés à une même table. Au cours du repas, Jean Alessandrini, dont les goûts *british* sont bien connus, reprit une formule qu'avait lancée Alain Surget au moment où nous étions montés dans le car :

– Tiens... le Rageot's Club est presque au complet !

Quelques remarques fusèrent :

– Exact. Nous écrivons tous chez Rageot. Un vrai club ! Nous devrions exiger une carte de membres.

– Et trouver un lieu de réunion.

– Il existe : rue Cassette, chez notre éditeur !

– En plus, nous sommes tous auteurs en Cascade Policier !

– Quel titre ! renchérit Jean. *Crimes en cascade au Rageot's Club*. Vous ne trouvez pas qu'il y a une idée ?

– Si. À toi de l'écrire, Jean, puisque tu en es l'inventeur !

– Bah, je vous cède à tous le copyright ! Mais oui, après tout, si nous écrivions chacun une histoire sur ce thème ? Il y aurait un crime par auteur ! Avec, comme point commun, ce lieu, le célèbre Rageot's Club !

– Excellent ! Il faudrait d'autres contraintes, si possible n'ayant aucun rapport avec une quête policière.

– Par exemple la présence d'un personnage insolite ? Le facteur ?

– Trop facile. Je propose une girafe.

Déjà, mille propositions fusaient. Chacun ébauchait tour à tour le scénario d'un récit vraisemblable ou abracadabrant. Le reste de la soirée passa à délirer sur ce projet que personne ne prit vraiment au sérieux. Mais l'attaché de presse de l'éditeur était présent. De retour à Paris, il en parla à la responsable éditoriale, Caroline Westberg. Elle m'invita aussitôt rue Cassette et me demanda :

– Les auteurs réunis autour de cette table, à Bordeaux, seraient-ils prêts à écrire sur leur lancée une nouvelle policière avec les contraintes qu'ils se sont fixées... ou d'autres ?

L'opération aboutit à la publication de huit mini-livres qui furent distribués en promotion pour l'achat d'un Cascade. Un peu plus tard, quatre nouvelles furent regroupées en un seul volume dans la collection Policier avec, en guise de jeu, la mission consistant à repérer quelles étaient les six contraintes apparaissant clairement dans chacun des récits. En fait, c'est là l'origine des volumes Magnum Policier[1] qui, depuis quelques années, proposent régulièrement aux lecteurs une dizaine de récits obéissant à plusieurs contraintes.

Les sept Vies de Fred Lechat

Nous sommes le 30 août 1993, à Toulon, sur la terrasse de la cafétéria de l'université. C'est le soir, il fait très doux. Autour de plusieurs auteurs sont rassemblés des enseignants, des inspecteurs de l'Éducation Nationale, des bibliothécaires. Depuis plusieurs jours, nous travaillons avec eux, à l'initiative de Christian Poslaniec. Il a demandé à six écrivains d'animer des ateliers d'écriture pour une cinquantaine d'adultes soucieux de se frotter à cette pratique.

Tandis que nous faisons le bilan de la journée en buvant un café, je lance soudain à la cantonade :

– C'est bien artificiel… Que ce soit ici ou dans le cadre scolaire, nous faisons écrire des histoires dans des conditions acrobatiques qui n'ont rien à voir avec la création littéraire ! Nous révélons aux enfants ou aux adultes qu'il nous faut des semaines, des mois de travail pour mûrir et rédiger un roman et nous leur imposons une méthode et un rythme infernal qui les dupent ! Et si, pour voir, nous placions un jour les maîtres dans la situation de leurs élèves ?

– Explique-toi, me demande François Sautereau qui a déjà compris où je veux en venir.

– Eh bien nous inversons les rôles. Nous nous réunissons à quatre ou cinq auteurs, dans un lieu clos. Le public nous propose des consignes. Avec elles, nous rédigeons un récit ensemble. Dans un temps bref et limité !

Trois auteurs présents semblent dubitatifs ou scandalisés. Mais Philippe Barbeau s'écrie aussitôt :

1. *Cadeau mortel pour Noël, Noël sans Frontières, Crimes glacés.*

– Excellente idée ! Je suis partant !

– Moi aussi, ajoute René Escudié. Quand nous proposes-tu cet atelier, Christian ?

– Oh, c'était une idée en l'air.

Cette idée, comme beaucoup d'autres, je m'empresse de l'oublier, mais elle n'est pas tombée dans l'oreille d'un sourd. Car Philippe l'a saisie au vol et conservée. Elle mettra plus d'un an à mûrir car pour qu'un tel projet aboutisse, il faut un lieu, un promoteur et un budget. Ce terrain, balisé par Monique Grall et la FOL du Loiret, ce sera celui du dixième Salon du Livre de Beaugency. Trois mois avant la manifestation, Philippe m'appelle :

– Tu te souviens de ta suggestion ? Eh bien tout est en place pour la mettre en application. Il reste à contacter des auteurs volontaires. C'est le public du Salon qui donnera les consignes. Les écrivains écriront en direct devant tout le monde.

Philippe et moi battons le rappel des troupes. Roger Judenne, Olivier Lécrivain et François Sautereau répondent à l'appel. Un illustrateur, Bruno Heitz, accepte de participer à l'opération : il suivra les progrès de l'écriture collective et illustrera le récit au fur et à mesure de sa rédaction !

Mes camarades m'ont désigné meneur de jeu : un rôle que je tente de récuser, car si je suis le chef d'orchestre, il va m'être difficile de participer au concert.

Le vendredi 7 avril 1995, à 18 heures, la foule imposante du Salon fait face à un podium où se tiennent Bruno Heitz et les cinq auteurs. Tous se demandent à quelle sauce ils vont devoir improviser cette histoire. Monique Grall nous rejoint. Elle sort d'une enveloppe cachetée une couverture de livre.

– Eh bien voilà, avec la complicité de Bruno Heitz, nous avons un peu triché ! avoue-t-elle aux auteurs et au public. Si nous ignorons quel récit vous allez écrire en vingt-quatre heures, nous en connaissons déjà le titre ! Ce roman s'appellera *Les sept Vies de Fred Lechat*.

Chacun examine la couverture, que Bruno Heitz a donc réalisée en secret un mois auparavant. Elle représente les rayonnages d'une bibliothèque où apparaissent, en guise de serre-livres, un encrier et le buste d'un diablotin malicieux. Une souris s'échappe d'un livre troué...

– Mille couvertures semblables ont été imprimées ! révèle

l'organisatrice. Si tout va bien, demain soir, une fois le roman achevé, nous filerons à l'imprimerie. Et dimanche matin, mille exemplaires seront mis en vente au Salon.

Étonné, le public murmure avant d'applaudir, séduit. C'est à lui maintenant que Monique s'adresse :

– Qui propose la première consigne ? Par exemple un nom ?

– Clara ! lance quelqu'un dans la foule.

Soit. Sur le tableau papier installé sur le podium, j'écris ce prénom en grosses lettres.

– Mais qui est Clara ? Que fait-elle ? demande Monique.

– Elle est... éditeur ! crie quelqu'un d'autre dans la foule.

– Elle a même soixante-dix ans, précise son voisin.

– Et s'il y avait le diable, dans votre histoire ? suggère une dame inspirée par le buste de la couverture.

À Beaugency, le diable est un héros local : la légende raconte qu'il a autrefois fait cadeau aux habitants du pont sur la Loire, en échange de l'âme de celui qui l'emprunterait le premier. Il n'avait pas imaginé que ce serait un chat... Ah, voilà comment s'explique en partie le titre !

– Alors il faudrait aussi qu'il y ait une souris ! ajoute un enfant.

D'autres participants imposent un lieu, une époque.

– J'ai une dernière suggestion, dit une enseignante dans le public. Avec mes élèves, nous venons de participer à un concours d'écriture lancé par la FOL et où la contrainte était de placer la phrase : « Après cinq jours de vaines tentatives, la situation est vraiment désespérée. Il ne reste à Fred et à ses amis qu'une corde, une crécelle, une boîte d'allumettes et la peur au ventre. » Que d'acrobaties pour introduire cette phrase dans notre histoire ! Et si nous demandions aux écrivains de l'introduire dans leur roman ?

Hélas, cette proposition perverse est adoptée à l'unanimité. François me glisse à l'oreille :

– Quel piège !

– Qu'est-ce qui te gêne le plus ? La crécelle ?

– Non : l'usage obligatoire du présent. Il va falloir tricher.

Il est 18 heures 30. Une partie du public se disperse. J'arrache du tableau la feuille où sont inscrites nos contraintes et notre petit groupe s'isole pour discuter. Pendant trois heures, nous brouillonnons la trame d'un récit. Ce sera un roman policier.

Un écrivain y sera en conflit avec Clara, son vieil éditeur. Il y a du crime dans l'air... Ce sujet nous inspire, n'y a-t-il pas là de quoi régler quelques comptes avec nos employeurs ? Vers 10 heures du soir, le synopsis est au point ; la personnalité des protagonistes est ébauchée. Le roman a été divisé en sept chapitres. Chacun de nous rédigera l'un des cinq premiers. Les deux derniers feront l'objet d'une rédaction collective. Il faut se mettre au travail. Très vite.

Nous rejoignons le podium sur lequel ont été installés cinq ordinateurs avec deux écrans chacun : l'un d'eux est tourné vers le public qui est en partie resté présent. Ainsi, il suivra en direct l'écriture des cinq chapitres avec nos hésitations, corrections, fautes, ajouts et remaniements. C'est d'ailleurs là que réside à mes yeux l'intérêt principal de cette gageure : montrer le travail d'écriture en temps réel. Une idée que Clouzot avait réalisée quand il avait filmé Picasso à l'œuvre, peignant une toile en direct face à la caméra.

Philippe Barbeau a été bien servi par le tirage au sort : c'est lui qui rédige le premier chapitre. Nous nous y référons souvent, car un tic de Clara, une expression, un fait peuvent être en contradiction avec ce que nous sommes en train d'écrire. Bruno, lui, va de l'un à l'autre de nos textes et commence à crayonner. Parfois, nous nous interrompons pour grignoter le contenu des assiettes froides qui nous ont été apportées. Vers 2 heures du matin, la salle est presque vide. La fatigue commence à se faire sentir. Je déclare forfait le premier.

– Je vais dormir trois ou quatre heures dans ma chambre.

Olivier m'imite. Philippe, Roger et François décident de rester un peu. À 6 heures du matin, le réveil sonne. Je déjeune rapidement et rejoins mon ordinateur. Bon sang, les autres ont bien avancé, Philippe a même presque fini.

– Te voilà ? me dit-il. Je vais aller dormir jusqu'à midi. Relis mon texte. Et n'hésite pas à le modifier !

Ce samedi, vers 10 heures du matin, la foule commence à arriver. Mais ce qu'elle lit sur les écrans est disparate : ce sont cinq pages en cours, issues de cinq chapitres différents !

Mes camarades m'ont rejoint. Vers midi, la panique et l'angoisse montent d'un cran : il ne nous reste que six heures pour boucler ! Deux ou trois en réalité si nous voulons relire l'ensemble et peigner le texte de cent pages, pour éviter les incohérences et de trop grandes distorsions de style ! Quand nous parvenons à conclure in extremis, chacun livrant des phrases à l'un de nous qui les tape au clavier, il est exactement 18 heures : le texte de la disquette sur laquelle nos chapitres ont été réunis est imprimé à cinq exemplaires, que relisent avec soin cinq enseignants volontaires, ils feront office de correcteurs. Trois heures plus tard, Annette et plusieurs membres de la FOL filent avec la disquette à l'imprimerie.

Pendant une partie de la nuit, ils assisteront à l'impression des mille exemplaires qui, « papier à plat », seront pliés et collés à l'aube aux fameuses couvertures.

Les auteurs, eux, épuisés, sont partis se coucher.

Le dimanche, très exactement à 7 heures 15, l'imprimeur a achevé sa tâche ! Et à 10 heures du matin, dès l'ouverture des portes du Salon, les ouvrages sont livrés au public qui a pu suivre pas à pas la rédaction des *Sept Vies de Fred Lechat*. Ce jour-là, quatre cents seront vendus… et dédicacés !

Cette performance, baptisée marathon d'écriture, fut renouvelée à deux reprises : l'année suivante, où Christian Léourier, Michel Cosem, René Escudié, Gérard Moncomble et Alain Grousset rédigèrent en une journée un récit de science-fiction, *Les Forgerons du Temps*, et en octobre 1996, au Salon du Livre d'Isle (près de Limoges) où Philippe Barbeau, Thierry Lenain et moi avons alors disposé de quarante-huit heures pour écrire *Un Billet pour nulle part*. Outre le titre, là aussi imposé, la seule consigne était… d'achever une histoire dont le premier chapitre avait été rédigé au cours d'un atelier d'écriture mené par une institutrice dans un CM2.

Bien sûr, un marathon d'écriture suppose de nombreux risques. Il faut accepter que des controverses voire des disputes apparaissent entre les participants, que le récit soit inachevé ou bâclé, que les chapitres soient inégaux ou disparates, les incohérences nombreuses, le style peu soigné. Le public peut croire qu'il ne faut que vingt-quatre heures pour écrire une histoire ! Aussi, le texte auquel on aboutit n'a pas l'ambition d'être un roman achevé. Sa publication, confidentielle et limitée, témoigne bien qu'il s'agit d'une performance, d'une expérience. Pourquoi un temps si limité ? D'abord parce qu'il est difficile de réunir pendant un mois en un même lieu plusieurs auteurs sur un tel projet, mais également parce qu'écrire en un temps si court crée une stimulation et une émulation particulières. Rédiger dans l'urgence n'est-il pas d'ailleurs ce qui est demandé aux candidats dans la plupart des examens ?

Certes, l'intérêt littéraire d'une telle opération est discutable. Il est pourtant multiple : les auteurs participants doivent partager leur imaginaire, leur écriture, leur savoir-faire. Il s'agit alors d'être humble, à l'écoute, prêt à se plier à d'autres façons de rédiger et de construire un récit – contraintes qui se révèlent souvent excitantes et pleines d'enrichissements. Mais c'est surtout le public qui en tire des enseignements. Il vit en direct et en accéléré les phases de l'élaboration d'un récit ; il visualise ce qui, pour le néophyte, tient du mystère de la création. Car c'est bien de démystification qu'il s'agit. À Beaugency, cet acte fut jugé sacrilège par un spectateur du marathon qui me prit à partie :

– Ce que vous faites est scandaleux ! Un livre, c'est magique, abouti, sacré. Vous nous montrez les coulisses, l'arrière-cuisine… Je suis écœuré.

Réaction moins naïve et rare qu'il y paraît. Nombreux sont les lecteurs à vouloir croire que l'écrivain, né avec un don, rédige avec facilité, fluidité, porté par une inspiration quasi sacrée. Mon protestataire indigné devait juger aussi scandaleux qu'on pût observer le ciel, le mettre en équations, expliquer l'univers au moyen du *big bang* et de la théorie de la relativité. Il craignait qu'étudier les mécanismes de la création ne conduise à chasser l'émotion ou la poésie d'un texte. Pourtant, voilà cinq siècles, Léonard de Vinci a consacré sa vie à ce genre d'étude sans que son art en souffre ! Aujourd'hui, Hubert Reeves continue de prouver que science et connaissance ne sont pas incompatibles avec ivresse et poésie.

Loin de l'exploit spectaculaire, les marathons d'écriture veulent simplement répondre de visu aux questions légitimes que l'on se pose sur les mécanismes de la création littéraire.

3. LES AUTEURS S'EXPRIMENT...

Conclure cet ouvrage sans élargir ma réflexion m'aurait semblé difficile et injuste. Après avoir répondu d'un strict point de vue personnel à deux grandes questions : comment suis-je devenu un auteur jeunesse et qu'est-ce qui semble caractériser cette littérature ?, il me semblait légitime d'interroger d'autres écrivains afin de connaître leur parcours et leur opinion sur les critères de cette littérature dont ils sont les créateurs.

Faire appel à tous les auteurs jeunesse était évidemment impossible. Solliciter tous ceux de la Charte restait colossal (fin 2004, elle comptait presque sept cents membres). Aussi, j'ai fait appel à soixante-dix d'entre eux. Soixante-trois m'ont répondu. Qu'ils en soient ici chaleureusement remerciés. Il n'était pour eux ni évident ni simple de prendre du temps pour réfléchir et répondre, de façon souvent détaillée et approfondie, à ces questions en apparence simples :

1. Comment es-tu devenu auteur jeunesse ? Est-ce une vocation ? Un hasard ?

2. À tes yeux, qu'est-ce qui caractérise un « texte jeunesse » ? Son écriture ? Ses thèmes ? Son vocabulaire ? Etc.

Sur la base de quels critères ai-je fait appel à ces auteurs plutôt qu'à d'autres ? D'abord, je les connais personnellement, parfois depuis trente ans ! Ensuite, et pour des raisons multiples, j'apprécie leur travail. Enfin, je sais que ces problèmes les touchent et qu'ils y ont réfléchi. Ces auteurs sont rarement des débutants. Beaucoup sont enseignants, universitaires, formateurs. La plupart ont déjà écrit à destination des adultes dans le domaine du roman ou de l'essai. Une dizaine d'entre eux travaillent ou ont travaillé dans l'édition jeunesse, dirigé une collection, touché à la réécriture, à la traduction. Pour des raisons techniques, on ne trouvera ici que les réponses (intégrales) de vingt-trois auteurs. Nous invitons vivement le lecteur à consulter celles qui n'ont pas pu figurer dans cet ouvrage sur le site Internet : www.noosfere.org/grenier. Chacun était libre de répondre comme il l'entendait. J'avais seulement suggéré : « en quelques lignes ou quelques phrases ». Certains auteurs, on le verra, regroupent les réponses aux deux questions ou dévient de leur propos.

Des constantes apparaissent. Par exemple, répondre à la deuxième question semble presque toujours aux auteurs délicat ou difficile. Les expressions « raconter une histoire » et « se mettre à la place du jeune lecteur » reviennent souvent. En même temps, des contradictions et des avis opposés se font jour. Aussi, l'objectif n'était pas d'effectuer un sondage d'opinion et encore moins de dégager une tendance, mais de recueillir une somme de réflexions qui se complètent grâce à leur diversité et… leurs divergences.

On pourra s'étonner ou me reprocher de ne pas trouver ici le propos de tel auteur apprécié ; il se peut d'ailleurs qu'il fasse partie des personnes qui n'ont pas répondu ou m'ont déclaré préférer s'abstenir ! Les réponses étant livrées par ordre alphabétique d'auteur, on pourra aisément se reporter à tel écrivain dont on est curieux de connaître l'avis. En répondant à la première question, chaque auteur livre souvent une mini-biographie. Ceux que la définition de la littérature jeunesse intéresse liront sans doute avec profit l'intégralité de ce qui suit.

Hubert BEN KEMOUN
Blues en noir (Flammarion, Tribal)
Le Jour est la Nuit (Nathan, Comète)

1. J'ai toujours pensé que j'étais un usurpateur et continue à m'étonner de ma place d'auteur. Écrire n'était pas une vocation, par contre, raconter des histoires était davantage un but, un vrai bonheur. J'ai commencé en écrivant des chansons, j'avais une formation musicale qui me permettait de composer autant au piano qu'à la guitare. Mais mes textes, très vite, ne m'ont pas suffi et j'ai écrit des dramatiques pour Radio-France pendant douze ans. L'écriture radiophonique a, selon moi, quelque chose à voir avec la littérature jeunesse. Je ne sais pas rédiger de longues et belles descriptions, je crois savoir par contre, comme la radio m'y obligeait, faire avancer une intrigue rapidement, grâce à un dialogue et une situation romanesque. Écrire des dialogues m'a amené naturellement à écrire pour le théâtre vivant, et là encore, ce qui me passionnait était davantage de raconter une histoire que montrer mon nombril (qui n'a d'intérêt que « pour mes femmes et mes docteurs » comme le dit Brassens).

C'est parce que j'ai lu des livres à mes enfants, parce qu'une éditrice a vu un jour une de mes comédies musicales et m'a dit « Envoyez-moi quelque chose » que je suis arrivé en littérature jeunesse. (Je précise que les textes envoyés à cette dame n'ont jamais été publiés.) Alors, est-ce du hasard ? Peut-être, mais je ne crois pas au hasard, je crois davantage à la vie qu'on tente de se fabriquer et au travail qui va avec.

2. Non, il n'y a pas de différence ! Au sens où, de *Oui-Oui et la voiture jaune* à *La Vie mode d'emploi* de Perec, toute la littérature ne parle que de trois choses : la vie, l'amour, la mort !

Ensuite, ce ne sont que des questions de dosage, de saupoudrage, bref, de cuisine, pas de taille, de longueur.

Pas de différence, mais...

Bien entendu, les métaphores, les allusions ne sont pas les mêmes lorsque j'écris pour les enfants que lorsque j'écris pour les adultes. Mais de la même façon que si je raconte une histoire drôle à un môme, elle ne peut avoir les mêmes accroches, le même scénario, les mêmes références que pour la blague que je raconte à un adulte. C'est donc davantage une question de bagages qu'une question de scénario. Et puis, je me rends compte, en vieillissant sans doute, que je souhaite que mes histoires « en jeunesse » se terminent par une note positive ou ouverte. Nos lecteurs ont l'avenir devant eux et nous sommes responsables de nos messages. Il est si facile de tout plomber simplement parce que notre propre avenir se rétrécit à vue de calendrier !

Je me donne personnellement des interdits éthiques lorsque j'écris pour les enfants. Ils sont les mêmes que ceux que j'ai quotidiennement dans mes rapports aux mômes mais cela ne m'empêche absolument pas d'adorer les faire rire, les faire pleurer ou frémir. Peut-être mes phrases sont-elles plus courtes en littérature jeunesse, moins allégoriques ; mon vocabulaire moins gras et moins ampoulé... mais au bout du compte, cela donne un rythme plus percutant à l'histoire, une efficacité je crois. Car ce qui m'attire au fond, c'est toujours de raconter une histoire. Une transformation entre le début et la fin, quelque chose qui fasse penser qu'entre la première et la dernière pages, on a assisté à un moment exceptionnel dont on pourrait dire : « Rien ne sera plus jamais comme avant » !

Et ça, je le trouve personnellement davantage dans mes lectures (et mes écritures) jeunesse qu'ailleurs.

Jean-Luc BIZIEN
La Trilogie des Empereurs-mages (Bayard)
Le Masque de la Bête (Éditions du Masque)

1. Je ne sais pas, parce que j'ignore toujours si je suis un auteur jeunesse... C'est toujours une question qui me laisse perplexe, et je me sens incapable de définir l'auteur jeunesse.

Je me contente d'écrire des histoires, et je ne m'interroge qu'a posteriori sur le public auquel elles s'adressent. Du reste, j'ai la chance d'être publié dans des collections très différentes, ce qui perturbe parfois les lecteurs. En France, hélas, il est encore mal vu de ne pas entrer dans une case précise, de ne pas être clairement identifié. J'ai pourtant grand plaisir à écrire des romans lus par des jeunes : enfants et adolescents sont exigeants, critiques. Contrairement aux adultes, ils ne trichent pas. Ils aiment, ou ils n'aiment pas. Et jamais pour les raisons que l'auteur pourrait imaginer ! De même, ils sont fidèles à l'auteur qui leur a apporté du plaisir, notion essentielle qui s'estompe chez le lecteur adulte, capable de se forcer à finir un ouvrage qui lui déplaît. C'est pour tout cela, et pour les sourires offerts lors des séances de signature, que j'aime écrire pour la jeunesse.

Disons, pour couper court à l'esquive, que j'ai découvert par hasard cette vocation.

2. En tant que directeur de collection, j'ai eu à cœur de rechercher des auteurs, des porteurs d'univers, des gens qui possédaient ce ton, cette « musique » susceptible d'emporter le lecteur, de l'entraîner dans les mondes imaginaires. Je me suis adressé aussi bien à des auteurs jeunesse confirmés qu'à des romanciers n'ayant jamais publié une ligne pour la jeunesse. Ces derniers, souvent terrifiés à l'idée d'écrire pour la jeunesse, me demandaient conseil... Et je ne savais pas quoi leur dire sinon qu'ils étaient libres. Je crois qu'on peut tout écrire pour les jeunes, qu'on peut aborder tous les thèmes. Qu'on peut aussi se montrer violent, tant physiquement que psychologiquement, dès lors que l'écriture demeure au service de l'histoire et que la démonstration n'est jamais ni gratuite ni complaisante. Les jeunes lecteurs ne sont pas dupes, ils font preuve d'une grande maturité, d'un sens développé de la critique et de la distance. Écrire « pour les enfants » c'est à mon sens faire fausse route parce qu'on n'est plus un enfant depuis longtemps quand on écrit (sauf cas exceptionnel, je n'exclus pas la pathologie !) et que la mémoire est mauvaise conseillère. On s'expose donc à trop vouloir calibrer, à proposer des textes niais ou sans grand intérêt. Je parle ici de romans pour les ados, pas d'albums pour les petits bien entendu.

Écrire une histoire sans se poser de questions.

Ensuite à la relecture s'interroger, s'assurer que le vocabulaire sera à la portée du lecteur, que le discours demeure intelligible. Voilà quelques-uns des conseils que je donne aux nouveaux auteurs jeunesse et que je suis le premier à appliquer.

Le « calibrage », les tranches d'âge sont des inventions françaises. Les Anglo-Saxons, pour ne citer qu'eux, n'ont pas ces états d'âme qui nuisent à la qualité d'un texte. Tolkien et son *Seigneur des Anneaux* n'est pas publié chez eux comme un livre pour enfants. Il ne se voit pas apposer en quatrième de couverture de mention « à partir de X ans » ou autre. Et chacun d'y trouver, à tous âges, ce qu'il y cherche. Idem pour ce qui reste pour moi le plus grand livre jeunesse : *Alice au Pays des Merveilles*.

Évelyne BRISOU-PELLEN
Deux Graines de Cacao (Le Livre de Poche Jeunesse)
Un si terrible Secret (Rageot-Éditeur, Métis)

1. Pas de vocation jeunesse. Je n'ai pas pensé une seconde à écrire avant mes trente ans. Un fameux jour, en lisant une histoire à mes enfants, je me suis posé la question toute bête : « Qui donc a écrit les textes dans les revues auxquelles ils sont abonnés ? »

C'est là que le ciel m'est tombé sur la tête (à moins que ce ne soit moi qui sois tombée sur la tête, mes souvenirs sont flous). Et je me suis dit : Pourquoi est-ce que je n'essaierais pas, moi qui ai toujours aimé m'inventer des histoires ?

2. Évidemment, la question est plus difficile. Lorsque je lis un roman jeunesse, j'ai très souvent hâte de reprendre le livre là où j'en étais restée la veille. « Pour voir ce qui va se passer »... Et cela m'arrive beaucoup plus rarement dans un roman adulte.

Cela voudrait-il dire qu'un roman jeunesse, c'est un roman dans lequel on ne s'ennuie pas ?

Une HISTOIRE, une intrigue bien maîtrisée, un cocktail d'action et de réflexion. Et puis une ÉCRITURE vivante, resserrée, efficace, où L'AMBIANCE doit rester reine. Le plus de signifiant possible, avec le plus de sobriété possible. Ce qu'on pourrait décrire en un long paragraphe doit tenir en deux lignes sans en être pour autant appauvri. Tout va passer par la précision du mot, la musique de la phrase.

« Ce qui se conçoit bien s'énonce clairement. » Et cela n'est pas valable qu'en littérature jeunesse... Vive Maupassant !

Un vocabulaire particulier ? Il sera celui du personnage par les yeux duquel on voit l'action. Il dépendra donc de son âge et de son milieu, de sa vision de la situation et de sa capacité à l'analyser (en retour, la capacité à analyser étant elle-même tributaire du vocabulaire à sa disposition).

Si le lecteur et le héros fonctionnent dans deux sphères trop différentes, il peut évidemment y avoir difficulté de lecture. Mais enfin... nous avons tous appris à parler en entendant des mots que nous ne connaissions pas.

Jack CHABOUD
La nuit du 8 décembre (Magnard)
Mystères à Morteau (Grasset Jeunesse)

1. Je ne sais pas exactement comment je suis devenu auteur jeunesse, toutefois j'ai des soupçons. Pendant dix-sept ans, j'ai travaillé dans l'industrie pétrolière, sans jamais avoir la moindre velléité d'écriture, mais je suppose qu'un petit filet d'envie littéraire avait été détourné par mon père vers le service de l'État et que sa mort, tôt venue, m'a « retourné » vers l'entreprise. Le petit filet a navigué souterrainement, charriant des lectures, des fuites, des rêves, des bribes de récits jetées sur des feuilles libres... Un jour, il a ressurgi à l'air libre. Le besoin d'écrire est alors devenu si fort qu'il m'a fait abandonner le très grand confort pour de réelles incertitudes.

Ça, c'est pour le besoin d'écrire ! Car j'ai commencé à publier – schéma classique – des nouvelles en revue adulte avant d'écrire un conte sage, puis un conte fou que Nicole Maymat et Ipomée eurent la sagesse et la folie de publier. Que serais-je devenu sans elles ? Sur cette première tentative-clé d'écriture, cette affaire d'enfance retrouvée, je ne peux pas, ou je ne veux pas m'expliquer. Toutefois, j'ai des soupçons.

Il n'y a donc pas eu pour moi vocation ou hasard dans ma détermination à écrire pour la jeunesse. De même que je ne peux complètement m'exprimer par l'écriture dans le seul domaine jeunesse. Mes publications à venir alterneront les domaines jeunesse et adulte.

2. En ce qui concerne la littérature jeunesse, elle existe et devrait, comme son homologue adulte, être considérée dans sa diversité : genres littéraires et écrivains. À l'instar du domaine adulte, elle aborde tous les genres, avec les mêmes gradations d'approche et de talent (le fantastique de Chair de poule à Philip Pullman).

Mais il y a, me semble-t-il, des limites au domaine jeunesse.

– Dans l'écriture : la grande complexité de structure du récit, les symboliques et abstractions complexes, l'obligation d'une culture générale et en particulier littéraire, rendent certains livres inaccessibles aux plus jeunes (on peut prendre *La Vie mode d'emploi* en exemple ou *Sous le Volcan*).

– Dans le vocabulaire : un récit de Julien Gracq n'est pas accessible à un grand public et a fortiori un jeune public.

– Dans les thèmes : il faut un « vécu » pour entrer dans certains ouvrages psychologiques, sociaux, sociétaux (la vie d'un couple, l'échec d'une vie, la réflexion sur une société...).

Une certaine confusion vient de ce que les observateurs lointains, partiaux ou stupides, entretiennent une confusion entre :

– Adultes = littérature = talent (Paulo Coelho « écrit » des résidus de fiction et de spiritualité, mais c'est un auteur pour grandes personnes).

– Jeunesse = livres pour petites personnes, contes, ouvrages didactiques ou parascolaires.

L'absence coupable de critique et d'attention des grands médias renforce cet état de choses, alors qu'ils devraient porter la plus grande attention aux livres, instruments d'éveil autant que de plaisir.

Bien entendu, on peut affirmer qu'il y a des enfants qui sont aptes très jeunes à lire Gracq ou Kafka, j'en ai été. Mais je les lisais dans des collections pour les adultes, à mes risques et périls. J'ai souvent réalisé par la suite que dans ma fierté de jeune lecteur, j'étais passé à côté de ces livres entrouverts. Je songe au livre de l'échec qu'est *Le grand Meaulnes*, dont les lecteurs précoces n'ont retenu que la partie éthérée. Et que ne pourrait-on ajouter sur *Alice au Pays des Merveilles, Le petit Prince* ou *Peter Pan*.

Il s'agit donc de bien centrer sur ce qui ressortit de la littérature destinée à la jeunesse. Celle que je lisais avec passion sous mes draps en parallèle à Faulkner ou Malraux, de *Bob Morane* au *Prince Éric*. Bien sûr, elle a évolué, cette littérature jeunesse. Bob Morane, c'est du « tout public ». Il y a aujourd'hui des livres exigeants, en jeunesse : sur le thème cruel de l'abandon d'enfants, *Oh, boy !* de Marie-Aude Murail est bien au-dessus d'*Isabelle Bruges* de Christian Bobin. Mais malgré tout, me souvenant de mon enfance, observant le grand bonheur de lecture offert par *Harry Potter* et *À la croisée des mondes*, je me demande si la littérature pour la jeunesse n'a pas un domaine privilégié, en phase avec le temps de l'enfance, celui du grand imaginaire.

Sarah COHEN-SCALI
Collapsus (Rageot-Éditeur, Métis)
Les Doigts blancs (Le Seuil, Policiers)

1. « On devient ce qu'on est », a dit quelqu'un de si célèbre que je tairai son nom. Et la vie est faite, parfois, d'une succession de hasards.

Au départ, il y eut en ce qui me concerne la lecture d'un texte de Pef : des mots fort drôles illustrés par des images tout aussi drôles. Un humour qui frôle la poésie et qui fait naître sur le visage d'un enfant – mon neveu à l'époque, qui maintenant est un jeune homme – un sourire. L'envie de coucher des mots sur le papier s'est aussitôt fait sentir. Ils étaient sans aucun rapport avec ceux de Pef, mais ont eu la chance de trouver une publication rapide.

Ce qui n'avait été au départ qu'une sorte de mimétisme inspiré est devenu très vite une nécessité, tout aussi inspirée – bien que je n'aime pas le terme d'inspiration. Je lui préfère celui de « passion ».

Le hasard s'est fait vocation : je ne peux plus, à l'heure actuelle, me passer d'écrire. Que ce soit pour la jeunesse ou, plus récemment, pour les adultes.

2. J'aurais envie de répondre : rien. Rien, dans le sens où un texte jeunesse se doit de séduire le public des parents autant que celui des enfants. Je pense à un album destiné à un enfant qui ne sait pas encore lire et qui aura besoin de la voix de ses parents pour entendre l'histoire. Quel pensum que de lire un texte que l'on trouve niais, même si l'on a dix fois quatre ans !

Cependant, s'il faut à tout prix trouver les caractéristiques spécifiques à un texte jeunesse, il faudrait auparavant préciser la signification du mot « jeunesse ». Un gouffre sépare un enfant de quatre ans d'un adolescent de quinze ans. Or, ils sont tous deux inclus dans le terme générique de « jeunesse ». Les livres qu'ils liront seront forcément différents, par leurs thèmes, leur vocabulaire, leur écriture.

On nous a longtemps fait croire – en France du moins – que le texte jeunesse devait être court. Mais le phénomène Harry Potter ne nous a-t-il pas prouvé que cette croyance n'était pas fondée ?

Je ne pourrais finalement définir ces différences avec précision que dans un genre particulier qui est le roman policier. J'ai commencé par écrire des policiers pour les enfants du primaire : pas une goutte de sang, juste du mystère. Puis pour les adolescents : le sang, oui, mais jusqu'au point limite toléré par les éditeurs, en mettant l'accent sur des intrigues plutôt complexes. Enfin, je me suis adressée aux adultes car mon écriture a exigé soudain le refus total d'une censure quelle qu'elle soit.

En tout cas, une chose est sûre, c'est que, à défaut de différences, il existe bien un trait commun entre littérature jeunesse et littérature tout court : c'est la qualité de l'écriture, qui ne doit jamais, jamais faire défaut.

Stéphane DANIEL
Mensonge mortel (Rageot-Éditeur, Cascade Policier)
Au Bonheur des Pères (Bayard)

1. J'ai d'abord écrit pour donner une forme à mon malheur, comme nombre d'adolescents. Et lorsque le rêve d'être publié s'est frayé un chemin, tardivement, j'avais plus de trente ans, je me suis convaincu de ne jamais y parvenir. Étant instituteur et utilisant des romans pour la jeunesse, je me suis dit qu'il n'était peut-être pas imbécile, pour diminuer les risques d'échec, de concilier ma pratique d'écriture et ma connaissance de l'univers de l'enfance. Ce raisonnement donna naissance à *Un Tag pour Lisa*, publié chez Casterman. Ce ne pouvait être qu'un coup de chance. J'ai récidivé avec *Les Visiteurs d'Outre-Tombe* publié chez Rageot. Et j'ai continué.

Avec le recul, ce choix participait seulement d'une stratégie intime pour me désangoisser, me forcer à tenter ma chance. Ni vocation, ni hasard ; un nœud qui s'est dénoué.

2. Ma définition : un texte jeunesse est un texte qui peut aussi être lu avec profit par des enfants ou des adolescents. Il y a dans ce secteur, c'est une évidence, autant de variété d'écritures que chez les adultes, les thèmes abordés sont aussi multiples (y a-t-il des thèmes qui n'intéressent pas les enfants ?). Quant au lexique, à la syntaxe, s'ils sont adaptés à l'âge des lecteurs, ce ne doit pas être au détriment du sens, et c'est bien là que réside la difficulté, et que naît parfois la richesse de cette littérature. Il est curieux que cette adaptation parvienne à fournir des arguments aux théoriciens d'une littérature « simpliste » quand la question, dans la langue orale, ne se pose pas. À un enfant de quatre, six, huit, dix, douze, quatorze ans, au cours d'une discussion, n'aborde-t-on pas tous les sujets ? Mais le fait-on de la même façon, avec les mêmes mots ? On doit écrire pour les enfants comme on parle aux enfants, avec le même souci de ne pas édulcorer les questions sous prétexte que le lexique que nous avons en commun est moins large. Je ne dis pas qu'un texte, le mien ou celui d'un autre d'ailleurs, parce qu'il est publié en jeunesse, parvient nécessairement à réunir ces qualités, mais un texte adulte vous tombe aussi parfois des mains, il me semble, sans qu'on questionne la littérature adulte tout entière sur la base de ses échecs.

Marie-Hélène DELVAL
Un petit Loup de plus (Bayard, Les belles Histoires)
Les Chats (Bayard éditions-Centurion)

1. Un hasard ? Une chance ? Comment définir le lent cheminement qui m'a conduite à devenir « auteur de jeunesse » ?

Avant même de savoir lire, j'ai aimé les mots des livres, qui me menaient non pas « ailleurs » mais – j'en avais déjà l'intuition – au plus intime de moi-même.

« Marguerite mit sa clé sous le paillasson... » Des petites phrases comme celle-là n'ont jamais cessé de résonner dans ma mémoire, jusqu'au jour où je les ai redites à voix haute, un livre ouvert sur les genoux, à mes propres enfants. Ce qui m'a frappée, alors, c'est que l'émotion retrouvée avec eux était provoquée par des textes d'une étonnante simplicité. Que ce soient les contes de Chantal de Marolles ou l'incontournable « Michka s'en allait dans la neige en tapant des talons », je me disais, envieuse autant qu'émerveillée : « Ah, que j'aimerais savoir faire ça ! »

Et puis – un hasard ? une chance ? – je suis entrée à Bayard-Presse comme animatrice (ces « dames » qui vont promouvoir dans les écoles les revues de la presse jeunesse). C'était en 1977, l'année de la naissance du célèbre petit livre rouge, autrement dit J'aime Lire. Une phrase saisie au vol, lors d'une journée de formation : « J'aime Lire cherche des auteurs » a décidé de la suite. J'ai écrit une histoire.

La pendule en porcelaine n'a jamais été publié. Mais la lettre de refus accompagnant le retour du manuscrit, après avoir pointé les innombrables défauts de mon « œuvre », se concluait par « Mais vous avez une jolie écriture et… »

Et voilà. J'ai continué.

2. Un texte de jeunesse, c'est d'abord un texte. C'est l'expression de quelqu'un qui a puisé au fond de sa mémoire, dans le foisonnement de ses émotions, de ses désirs, de ses peurs, de ses questions, et en a fait remonter des images que les mots transforment en personnages et en lieux inventés pour représenter toutes les facettes de la vie, de nos vies. Ça peut être drôle et léger, ça peut être grave ou même tragique. En tout cas ça n'existe que si ça touche le lecteur (jeune ou pas), les mêmes émotions, les mêmes désirs, les mêmes peurs, les mêmes questions.

Bien sûr, on n'écrit pas « techniquement » de la même façon quand on s'adresse à des 3-4 ans ou à des ados. On adapte le vocabulaire, la syntaxe, la longueur des phrases et du texte. Mais le travail sur la « musique de la langue » reste le même, car – quel que soit l'âge du lecteur – il s'agit de faire naître des images, des sensations, des émotions avec des mots mis les uns à côté des autres, comme un compositeur crée avec sept notes, des rythmes et un peu de silence une chanson populaire ou une symphonie.

Et si j'ai gardé le goût d'écrire encore bien souvent « pour les petits », c'est parce que l'exigence de simplicité force à aller à l'essentiel. J'ai une phrase modèle, pour ce genre d'exercice, une phrase tirée de cet immortel chef-d'œuvre qu'est *Max et les maximonstres* : « Ce soir-là, une forêt pousse dans la chambre de Max». Comme quoi il suffit parfois de trois mots pour ouvrir la porte à tous les possibles !

GUDULE (Anne Duguël)
J'irai dormir au fond du Puits (Grasset Jeunesse, Lampe de poche)
La Bibliothécaire (Le Livre de Poche Jeunesse)

1. Je crois que j'ai toujours été auteur jeunesse. Comme j'essaie d'écrire depuis ma plus tendre enfance, il y a, je pense, un effet de mimétisme là-dedans. À dix-douze ans, je dévorais des romans jeunesse et j'essayais d'en faire autant… Ça m'est resté. Mais je ne parlerais pas de vocation. L'idée de vocation est trop grave, trop morale pour moi. Je ne parlerai pas non plus de hasard pour les raisons que je viens d'énoncer. En fait, je préfère parler de plaisir. Écrire, c'est sans doute ma manière à moi de jouer avec le temps : lorsque j'écris, j'ai l'âge de mes lecteurs et ceci n'est pas une figure de style ! Si je ne fais pas rire, pleurer ou frémir la petite fille que j'ai été (cesse-t-on jamais d'être cet enfant-là ?), je considère que le bouquin est raté.

2. Ce qui caractérise le texte jeunesse est surtout, je pense, le biais sous lequel on aborde l'histoire. Je pense qu'on peut parler de tout ou presque, à condition… d'avoir l'âge des lecteurs auxquels on s'adresse. Le reste (vocabulaire, écriture, niveau de langage, etc.) suit tout naturellement.

Jean JOUBERT
Les Enfants de Noé (L'École des loisirs, Médium)
L'Homme de Sable (Le Seuil)

1. J'ai d'abord été un auteur pour adultes, dans le domaine de la poésie et celui du roman. Je suis entré dans la littérature pour la jeunesse vers la quarantaine, pour des raisons familiales. Mes jeunes enfants me réclamaient des histoires, dont certaines sont devenues des livres. Mon éloignement de Paris, ma méconnaissance de ce secteur de l'édition et de ses codes m'ont d'abord créé des difficultés de publication, qui se sont soudain dissipées lorsque j'ai obtenu, en 1975, le prix Renaudot pour *L'Homme de Sable*. Mes rencontres avec François Ruy-

Vidal puis avec Jean Fabre à l'École des loisirs, le succès de mes premiers ouvrages (*Hibou blanc et Souris bleue*), mes affinités de poète avec le monde de l'enfance m'ont incité à m'engager dans ce domaine sans pour cela négliger les autres genres. Peu à peu, d'une manière chronologique, je me suis également adressé aux jeunes adolescents, puis aux adolescents (*Les Enfants de Noé*). Je dois dire que des tirages très gratifiants et le fait que certains livres devenus des « classiques » s'inscrivent dans la durée furent une incitation à persévérer. Et je n'oublie pas mon bonheur d'écrire à ce niveau.

2. Refusant une certaine forme de ségrégation qui règne dans l'édition française, je considère qu'il n'existe pas de vraie frontière littéraire entre le secteur adulte et le secteur jeunesse. En ce qui me concerne, je leur attache autant d'importance et de soin. D'ailleurs, certains de mes livres pour adultes (*L'Homme de Sable, Une Embellie*, prix Méditerranée des lycéens) sont au programme de quelques lycées ; des romans pour la jeunesse (*Les Enfants de Noé*) ont beaucoup de lecteurs adultes.

Cela dit, il existe une spécificité évidente des contes destinés aux jeunes enfants : brièveté, concentration, recours au fantastique, techniques narratives particulières, relative simplicité du langage et de la syntaxe, qui n'excluent nullement le style. Ces contes, souvent créés verbalement pour mes enfants, et maintenant pour mes petits-enfants, je les écris ensuite avec rapidité, dans le souffle de l'imaginaire, un peu comme des poèmes. Au niveau des romans, ma réponse sera plus complexe. Fondamentalement, je n'écris pas pour un public, mais pour moi-même, puis un public. Si je m'engage dans un récit, c'est avec le désir d'exprimer un lieu, un thème, des personnages qui me tiennent à cœur. J'ai parfois l'intuition qu'ils pourraient mieux convenir à de jeunes lecteurs, et je vais alors dans cette direction. Là, les spécificités d'écriture sont moins évidentes : une relative rapidité dans le déroulement de l'intrigue, la création d'un suspense, le sens du concret, la brièveté des descriptions, une simplicité harmonieuse du langage et du style délivrés des lourdeurs de l'abstraction.

J'ai le sentiment d'écrire plus librement dans ce domaine, d'aller plus loin dans le sens de mon imaginaire et de la poésie. Cependant, je remarque que depuis une dizaine d'années, mes romans pour adultes vont dans le même sens. Osmose ? C'est probable et je m'en réjouis.

Danielle MARTINIGOL
Les Oubliés de Vulcain (Le Livre de Poche jeunesse)
Les Abîmes d'Autremer (Mango, Autres Mondes)

1. Dès l'enfance, j'aimais raconter des histoires.

Mon institutrice de maternelle m'a punie un jour car, à cause de moi, un groupe d'élèves n'avait pas entendu le signal pour rentrer en classe. Dans un coin reculé de la cour, j'étais en train de leur raconter une aventure de mon invention.

Création = punition ? J'aurais pu m'arrêter là.

Mais j'ai découvert les joies de la lecture. J'ai alors compris que raconter des histoires par écrit serait un vrai plaisir pour moi toute ma vie. De là à dire que dès l'enfance je savais que je deviendrais écrivain ? Non. Je me sentais seulement raconteuse, sur mes cahiers, des histoires que j'inventais pour les gens de mon âge : mon frère, mes amies, mes cousins.

À l'âge adulte, par pure imitation de ce que faisait une amie proche qui écrivait, je suis passée à la machine à écrire pour rédiger mes textes. Ce fut un acte fort dans ma démarche, un pas important sur mon chemin vers l'écriture professionnelle.

Comme j'écrivais toujours pour les gens de mon âge, j'écrivais donc des nouvelles pour adultes. Finies les histoires à clefs avec cousins et copines. Je créais des personnages. J'aimais ça. Je fis lire mes textes à un écrivain publié, qui m'encouragea. Étape essentielle de mon parcours.

Vint l'idée d'un roman. Pourquoi pas ? Un roman pour adultes, évidemment. J'étais adulte. Toujours cette idée d'écrire pour les gens de mon âge ! Je me lançai. Au milieu des biberons, varicelles et devoirs du soir de mes deux enfants. Très long le travail pour un roman. Trop long pour moi à cette époque-là. J'abandonnai. Je me remis à l'écriture de nouvelles.

Le temps passa. J'étais devenue jeune professeur de français et je m'étais découvert une nouvelle passion. Après l'écriture et la science-fiction, le contact avec les adolescents m'enchantait.

Je me suis dit : pourquoi ne pas écrire un roman pour jeunes ? Ce sera sûrement plus facile. Je pensais plus facile au niveau de la gestion du temps. Effectivement, ce fut plus facile. En tout cas, plus évident pour moi d'écrire pour les jeunes.

Alors parler de vocation pour la littérature jeunesse ? De hasard dans ma progression personnelle ?

Ni l'une, ni l'autre. Je n'ai eu de vocation que pour l'écriture en tant que telle et rien n'a jamais vraiment été le fruit du hasard dans ma démarche. Je dirais plutôt que je suis devenue écrivain pour la jeunesse par continuation d'évidence. La démarche m'a été naturelle, vu les circonstances de ma vie au moment où j'ai entrepris d'écrire mon premier roman. À trente-cinq ans, j'étais mûre pour écrire un roman jeunesse et oser envoyer le manuscrit à un éditeur. Je l'ai fait avec un plaisir fou, beaucoup de doutes, quelques certitudes, en particulier sur le rôle pédagogique de la science-fiction auprès du jeune public... C'était *L'Or bleu*. Le roman a eu du succès. La « raconteuse d'histoires » que j'étais avait trouvé sa voie en retrouvant sa voix pour parler aux enfants. J'ai continué avec un second roman. Jusqu'à trente aujourd'hui. Je n'ai jamais rien regretté. Je revendique et je suis fière d'être ce que je suis : une femme écrivant de la science-fiction pour jeunes.

2. J'ai toujours beaucoup de mal, même après trente romans, à définir la littérature jeunesse. Tout comme j'ai du mal à définir la science-fiction. Je dirais pour l'une comme pour l'autre que c'est un état d'esprit. On ne s'improvise pas écrivain pour jeunes en se disant un matin : « Voyons voir... qu'est-ce que je vais faire aujourd'hui ? Tiens, un roman pour jeunes. Ce genre de choses a le vent en poupe... Je pourrais peut-être avoir du succès avec ça ! » (Erreur fatale... d'autant plus fatale si en plus, la thématique est de science-fiction !)

Parler aux jeunes c'est avant tout les aimer. Tous. Les bons comme les mauvais lecteurs. Les « bien élevés » comme les rebelles, les banlieusards comme les provinciaux. Et pas question de se dire qu'il y a un lecteur-type. Il y a des centaines de paires d'yeux braqués sur vous l'auteur, votre histoire, vos mots, votre livre. Des petites personnalités qui attendent de vous une distraction, une réflexion, une prise de position, et qui attendent surtout de pouvoir asséner leur : « J'aime » ou « J'aime pas » !

Alors quid de l'écriture, des thèmes, du vocabulaire ?

Je réponds en ce qui me concerne : l'instinct ! Guère avancés me direz-vous ?

Il y a sans conteste une part d'autocensure. Je n'évite pas la sensualité, j'évite la sexualité. Je n'évite pas la guerre, j'évite la violence. Je n'évite pas la familiarité, j'évite la vulgarité. Je n'évite pas les problèmes du monde, je les déguise. Je me sers de la science-fiction comme d'une loupe pour projeter dans le futur, en les grossissant, des problèmes d'aujourd'hui, essentiellement traitant d'écologie. Je ne cherche pas à entraîner mes lecteurs vers la facilité mais vers la simplicité en ce qui concerne syntaxe et lexique. J'aime jouer avec mots et notions. Je m'efforce de faire partager ce plaisir. J'aime m'appesantir sur notre monde, son présent, son futur et qu'un jeune regard se penche sur mon épaule pour lire ce que j'écris, me ravit. Si le lecteur est plus âgé et me dit comme on me l'a déjà dit : « Pourquoi avoir publié ça pour jeunes ? Votre texte aurait tout à fait pu être un roman pour adultes ! » Je m'écrie : « Et alors ? Les jeunes ne le méritaient pas peut-être ? » Et devant l'air penaud de mon interlocuteur, j'ajoute qu'il n'y a pas d'écriture, pas de thèmes ni de vocabulaire propres à la littérature jeunesse. Il n'y a que des textes qu'il faut souhaiter les meilleurs possible.

Catherine MISSONNIER
Superman contre CE2 (Rageot-Éditeur, Cascade)
Folle à tuer ? (Rageot-Éditeur, Heure noire)

1. Je suis devenue auteur en devenant auteur jeunesse, tard (à quarante-sept ans) pour répondre à une envie d'écriture maintenue longtemps sous le boisseau et relever un défi : serais-je capable de retenir autant l'attention des enfants avec des histoires écrites qu'avec celles que je leur racontais ? Je ne suis pas entrée dans l'écriture pour avoir une image d'écrivain mais pour être lue, avec passion si possible, par les enfants. Une conteuse par écrit, en quelque sorte. On peut peut-être appeler cela une pulsion (plutôt qu'une vocation) tardive.

C'est petit à petit, en écrivant, que je me suis sentie devenir écrivain. L'attention que je portais à l'écriture est devenue de plus en plus importante. Et le type de récits que j'abordais a évolué, faisant une plus grande part au personnel, à l'intime. Même dans le roman policier, dont j'adore tricoter l'intrigue, la part de l'affectif, du « ressenti » et le soin que je prends à l'exprimer, sont devenus des préoccupations majeures.

2. Dans la foule des choix qu'implique la mise en œuvre de tout roman, il y en a deux, à mon sens, qui demandent une attention particulière si l'on pense écrire un roman pour les enfants : le point de vue et l'expression. Celui du thème ne me paraît pas essentiel. À mon sens, en effet, tout sujet doit pouvoir être traité (guerre, viol, meurtre, abandon...) à condition d'être abordé du point de vue d'un enfant, qu'il soit observateur, victime, ou même bourreau. Certains récits, présentés à travers des yeux d'adulte, l'expérience de l'adulte et ses catégories mentales seraient non seulement insupportables mais incompréhensibles pour l'enfant. La même histoire vue à travers des yeux d'enfant, avec ce que cela implique de réducteur peut-être, mais aussi de capacité d'espoir, de révolte, de potentialité de vie en somme, est racontable aux jeunes. C'est peut-être une attitude de pédagogue optimiste mais pour moi, c'est incontournable.

En cela, me semble-t-il, *Vipère au Poing* est lisible par des jeunes, pas *La Classe de Neige* d'Emmanuel Carrère qui adopte un faux point de vue d'enfant. En fait, celui d'un adulte qui sait déjà l'enfant condamné.

La deuxième question à se poser, mais celle-là me semble bien plus évidente, c'est celle du vocabulaire, du niveau d'expression. Ni trop compliqué, ni simpliste, en essayant de viser juste, de trouver le ton qui porte le roman et d'être lisible avec plaisir à partir de sept, huit ou dix ans jusqu'à soixante-dix-sept ans. C'est toute la difficulté de l'écriture pour la jeunesse.

Hélène MONTARDRE
La Nuit du Sortilège (Rageot-Éditeur, Cascade Pluriel)
Un Chien contre les Loups (Rageot-Éditeur, Cascade)

1. Oui, c'est sûrement une vocation. Quand j'ai commencé à écrire, je ne me suis même pas posé la question. Pour moi, il était évident que les histoires que j'avais dans la tête s'adressaient à des enfants, ou plutôt à des adolescents en ce qui concerne les premiers titres. Il ne m'est pas venu à l'idée que je pourrais écrire pour les adultes. Je crois que j'avais le sentiment d'avoir une plus grande liberté à tous les niveaux : les personnages, l'univers à développer, l'écriture... et aussi l'impression que je ne m'ennuierais jamais.

2. Question difficile !

Pour moi, la première caractéristique d'un texte jeunesse est qu'il peut être lu par tous, ce qui n'est pas le cas de la plupart des textes publiés en littérature générale. Il est donc, par définition, beaucoup plus universel, plus riche, plus fort. Il offre un espace de liberté beaucoup plus grand. D'ailleurs, Isabelle Jan définissait la « littérature enfantine » comme « discours susceptible de trouver des formes originales » (*La critique de la littérature enfantine* in La Revue des Livres pour enfants, n° 115/116, automne 1987, page 90).

C'est peut-être son universalité qui rend la littérature de jeunesse si difficile à définir. Son intitulé déjà pose un problème : c'est la seule littérature qui soit définie par son public et non pas par son contenu ni son écriture... alors qu'elle couvre tous les genres littéraires et toutes les formes d'écriture de la littérature générale, et qu'elle possède, en plus, des genres et des formes d'écriture qui lui sont propres, l'album n'étant qu'un exemple parmi d'autres !

D'ailleurs, ceux qui ont travaillé sur la littérature de jeunesse le savent : il est difficile d'appliquer à son étude un schéma construit pour l'analyse de la littérature générale. La littérature de jeunesse est complexe, diversifiée et, comme l'a souligné Marc Soriano (*Guide de littérature pour la jeunesse*), « elle exige la mise en place d'une méthode interdisciplinaire couvrant des domaines aussi divers que : histoire littéraire, histoire des mentalités et de l'éducation, histoire, démographie, sociologie, folklore, psychologie, psychanalyse, science du langage, sciences de l'information, communication, linguistique, philologie, sémiologie, sémiotique... »

Alors comment définir de façon synthétique quelque chose d'aussi riche ?

Susie MORGENSTERN
Lettres d'amour de 0 à 10 (L'École des loisirs, Neuf)
Les treize tares de Théodore (L'École des loisirs, Médium)

1. C'est certainement un hasard que je sois devenue un auteur français, le hasard d'être tombée amoureuse d'un Français et de me trouver parachutée à Nice sans savoir un mot de français, puis le hasard d'être devenue MAMAN et d'avoir une deuxième chance de découvrir l'évolution de l'homme (en l'occurrence de la femme) à travers mes filles, puis le hasard d'en avoir marre de la recherche universitaire et d'avoir écrit un premier livre pour mes enfants et d'avoir eu la chance de rencontrer un éditeur bizarre qui voulait le publier. J'ai toujours écrit, ce n'est pas un hasard que je me sois tournée vers l'écriture. Mais j'ai toujours dessiné aussi, et les livres pour enfants étaient écrits ET dessinés, donc une parfaite niche pour moi. Oui, c'est une vocation, presque sacrée.

2. J'ai écrit une fois un texte sur un vieux célibataire qui cherchait une femme qui serait aussi délicieuse, abondante et épicée qu'un bon couscous et mon éditeur m'a dit : « Pourquoi un enfant s'intéresserait-il à un vieux célibataire ? » Je ne sais pas s'il a eu raison. Le livre, *Tonton Couscous*, n'a pas eu beaucoup de succès. C'est sûr qu'on essaie de se mettre dans la peau de l'enfant qu'on a été ou des enfants autour de nous pour retrouver le monde et les sensations d'un enfant. Je déteste les livres pour enfants qui sont tout à fait adultes (et j'en ai écrit !). J'ai appris avec les années à éviter ça. On sait qu'on ne peut pas se donner à trop de descriptions et de bla-bla-bla car on perdra nos lecteurs. On sait qu'on ne peut pas trop charger le texte de vocabulaire trop difficile car on ne ferait que frustrer le lecteur.

Un texte jeunesse, c'est pour faire PLAISIR.

Jean-Claude MOURLEVAT
L'Enfant Océan (Pocket Junior)
Hannah (Pocket Junior)

1. Je viens du théâtre. Un jour, un ami comédien m'a demandé de lui écrire des contes afin qu'il les dise en spectacle jeune public. J'en ai inventé cinq. Nous les avons mis en scène et le spectacle a été donné une centaine de fois dans notre région

Rhône-Alpes. Je les avais écrits pour qu'ils soient dits et non lus. Pourtant, suivant le conseil d'amis, je les ai adressés par la poste à quelques éditeurs. C'était l'hiver 1996. Trois contes ont été acceptés par trois éditeurs différents.

Tiens, tiens, tiens... Je me suis mis aussitôt à un premier roman. Pour voir... Je l'ai écrit très vite, en trois semaines environ. C'était *La Balafre*. Trois éditeurs acceptaient le manuscrit. J'étais auteur... jeunesse !

2. Ce qui caractérise un texte jeunesse, un roman par exemple ? À mon avis, c'est qu'un jeune lecteur (ou une jeune lectrice) le lira volontiers, qu'il sera touché par lui. La définition pourrait s'arrêter là. Mais pourquoi sera-t-il (peut-être) touché ?

• Parce que le vocabulaire employé n'est pas trop alambiqué.

• Parce que la syntaxe n'est pas trop entortillée.

• Parce que l'auteur respecte son impatience et ne lui impose pas l'ennui.

• Parce que l'auteur le considère comme son égal, parie sur son intelligence et lui donne le meilleur de lui-même.

• Parce que l'auteur lui confie ses secrets, lui parle comme à un frère, une sœur.

Lorris MURAIL
Le petit Cirque des Horreurs (Flammarion, Castor Poche)
Dan Martin détective (Gallimard, Folio Junior)

1. Je ne sais pas si je crois beaucoup à cette idée de vocation. En tout cas, il y a toujours un hasard quelque part. Je pense avoir fait une ou deux tentatives en jeunesse dès mes débuts, mais sans lendemain. Longtemps après, l'occasion s'est présentée. Je l'ai saisie... à tout hasard. Sortant d'une longue période d'insuccès pour adultes, j'ai découvert qu'on pouvait trouver là un public et surtout qu'on pouvait avoir à ce public un accès direct. J'entends par là que soudain mes livres ne dépendaient plus du travail de l'attachée de presse, de l'accueil de la critique, etc. Ils vivaient leur vie de façon quasi magique. Or, si je ne suis pas sûr d'avoir, moi, une vocation, je pense que les livres, eux, en ont une. Ils ont vocation à être lus. Les adultes ne lisaient pas mes livres, les enfants si. Alors...

2. La plupart des auteurs jeunesse que j'ai entendu s'exprimer à ce propos semblent estimer que la différence entre littérature adulte et jeunesse est au fond ténue. Leur conviction se fonde sur le fait qu'il paraît aujourd'hui possible d'aborder n'importe quel sujet quand on s'adresse aux enfants. Et de citer la mort, le viol, l'inceste, le racisme, la guerre, etc. Je suis persuadé quant à moi que cette différence existe et qu'elle est profonde. Ce n'est pas simplement une question de thème ni même de vocabulaire. Quand on s'adresse aux jeunes lecteurs, il y a tout un champ dont on se prive, consciemment ou pas, volontairement ou par obligation. Certains n'en souffrent pas, parce qu'ils pensent comme ils écrivent. Je trouve pour ma part difficile, parfois pénible, de ne pouvoir disposer de ces paramètres-là. Je ne pense pas aux choses les plus évidentes, comme ce qui a trait au sexe ou à la violence, mais à des choses qu'on pourrait nommer par exemple (dans le désordre et parmi d'autres) : non-dit, sarcasme, approximation, ambiguïté, mauvaise foi, allusion, insinuation, manque, longueur, digression, flash-back.

Quand j'écris pour les adultes, je veux être parfois impénétrable ou confus, je veux parfois dire une chose pour en faire comprendre une autre, je veux parfois tromper le lecteur sur ce que je suis ou pense vraiment, je veux l'attaquer où ça fait mal, le prendre par surprise, le décevoir, le laisser dans le doute et l'incertitude, etc. Chez les enfants, la perception du temps comme celle des sentiments n'est pas celle que nous acquérons en vieillissant. Il est donc tout un arsenal dont on ne peut faire usage. Et je crois vain de ruser en opérant sur les marges. Mon instinct me pousse à essayer. En général, mon instinct m'a égaré.

Marie-Aude MURAIL
Oh, boy ! (L'École des loisirs, Médium)
Le hollandais sans Peine (L'École des loisirs, Mouche)

1. J'ai écrit mes premières histoires à douze ans pour ma sœur Elvire qui en avait huit. J'étais donc déjà auteur jeunesse sans le savoir. Mon rare argent de poche me servait à acheter les *Contes et légendes* Fernand-Nathan, j'ai tant lu les albums de Tintin que je les sais par cœur, j'étais amoureuse d'Arsène Lupin, j'apprenais les comptines que ma petite sœur me rapportait de l'école maternelle, je recopiais sur un cahier les paroles de *Colchiques dans les prés*... Art enfantin, art populaire, tout au long de l'enfance, je me suis fait un véritable trésor de guerre. J'avais peur de l'adulte que je serais, qui ne jouerait plus, qui ne rêverait plus, qui ne chanterait plus. Le combat que je redoutais n'a pas eu lieu.

2. Quand on écrit pour le lecteur débutant, on dispose d'un matériau linguistique réduit. J'ai appris en travaillant pour lui la force du dénouement. C'est une expérience à la fois enrichissante et éprouvante. J'ai découvert, au fil de mes rencontres avec lui, que ce lecteur inexpérimenté a une autre appréhension du récit que le lecteur adulte. Il ne cherche pas nécessairement à tout comprendre. Il fait des impasses sur le texte, il l'invente en partie. Ce qui est important, ce n'est pas de tout mettre à sa portée, mais de ne pas l'arrêter dans sa lecture. Je travaille donc beaucoup sur la lisibilité. En revanche, je concède peu de choses sur le sens parce que je travaille sur deux niveaux. Le premier niveau offre une histoire simple, linéaire, entraînante. Le second niveau permet une lecture plus ironique ou métaphorique. Le lecteur plus futé aura la jouissance de décoder.

Mon autre public est celui des adolescents. C'est probablement la part la plus jubilatoire de mon écriture car avec eux, on peut tout expérimenter. Avec ça, ils sont de plus en plus précoces. Des romans que je destinais au collège il y a quelques années sont maintenant lus par les CM1. Au début, j'étais un peu interloquée. Maintenant, je suis ravie, ça me redonne une marge de manœuvre. On peut écrire plus gros, plus dense, plus construit, plus engagé. Plus... plus...

Au fond, j'aurais pu remplacer toutes ces considérations par une anecdote. Ma fille de huit ans me demande sans cesse « quelque chose à lire ». L'autre jour, j'attrape dans mes rayons *Je mens, je respire* de Chris Donner et je le lui tends. Constance s'allonge sur le canapé, ouvre le livre et prononce cette phrase merveilleuse : « Chris Donner, donne le meilleur de toi. »

Yves PINGUILLY
Verdun 1916 : un Tirailleur en enfer (Nathan, Les romans de la mémoire)
La Couleur des Yeux (Autrement Jeunesse)

1. Ce n'est pas du tout une vocation et pas tout à fait un hasard. Avant que ne paraissent, à partir de 1975, mes premiers textes pour la jeunesse, j'avais publié une dizaine de recueils de poèmes et de nombreux textes en revue.

J'avais toujours eu envie de raconter des histoires. Je pensais que l'expérience poétique avait fait de moi un « bon ouvrier de l'écriture » et l'édition jeunesse venait de s'ouvrir aux textes pour adolescents, où la littérature ne se regardait pas elle-même mais osait de nouvelles histoires d'aventures, d'amour, de mystère. Je suis entré en littérature jeunesse, oserais-je le dire, sans beaucoup penser aux enfants, mais parce que mon imaginaire voulait aller en mer avec Stevenson et Mac Orlan, sur la route avec Jack London, tout cela en jouant à la marelle sur les lettres de l'alphabet avec Lewis Carroll.

2. Je ne pense pas qu'un bon texte jeunesse se caractérise par une écriture particulière, où le vocabulaire serait spécialement choisi pour traiter un thème poli et honnête.

La littérature pour la jeunesse doit avoir une écriture et l'auteur un style donc. Pour la jeunesse comme pour la vieillesse, un texte qui manque d'écriture manque de tout. Des mots peuvent échapper à la compréhension d'un enfant comme des mots échappent à la compréhension des adultes lecteurs... La littérature n'est jamais réductible à du vocabulaire, sinon Baudelaire ne serait pas dans la même cour que Victor Hugo !

On peut tout dire à la jeunesse à très peu de choses près. Moi, la seule chose que je m'interdise est d'écrire pour les jeunes lecteurs la perversité sexuelle. C'est tout.

Alors ?

Alors je peux peut-être dire qu'un bon texte de littérature pour la jeunesse ne doit être ni moralisateur ni pédagogique. La littérature n'est pas faite pour compléter l'école et ses enseignements.

Un bon texte doit ouvrir l'imaginaire.

Un bon texte doit, même pour la jeunesse, garder une part d'ombre où l'enfant, l'adolescent ira se perdre, rencontrer ses fantômes peut-être et pourquoi pas quitter le droit chemin d'une vie prévue où rien ne serait à réinventer.

La littérature, pour la jeunesse ou pas, est toujours une subversion.

François PLACE
Les derniers Géants (Casterman)
La trilogie *Atlas des géographes d'Orbae* (Casterman/Gallimard)

1. Je crois bien que l'envie d'illustrer les livres remonte assez loin dans l'enfance. Je passais mon temps à dessiner en revenant de l'école, le plus souvent des scènes de bataille avec quantité de personnages. J'allais en bibliothèque régulièrement, me servant largement dans les rayons documentaires pour alimenter mes besoins en costumes et en cavalerie.

Lectures de Bibliothèque rose puis verte puis Mille Soleils, le tout panaché du délice des bandes dessinées : un effet de collection présidait aux premières rencontres de textes. Toute la fratrie était abonnée à Pilote, ce qui donnait lieu à des disputes de préséance pour être le premier lecteur du magazine à sa sortie de la boîte aux lettres. Comme je suis l'avant-dernier en âge, je devais au moins attendre la fin de la semaine.

Restent de ces moments de lecture des souvenirs hétéroclites : Apoutsiak, Tintin, Bob Morane, *Moby Dick* (mais dans quelle version ?).

Poursuivant mon projet d'illustrer des livres, j'avise peu avant le bac parmi les orientations possibles une mystérieuse « école du Livre » : l'école Estienne. On y enseigne la gravure, la typo, la reliure, que sais-je encore... le rêve ! Je tente le concours, je l'obtiens et je me retrouve en BTS d'expression visuelle, c'est-à-dire communication et publicité. Les autres métiers, c'était avant le bac, pas après.

J'ai donc commencé ma vie professionnelle comme illustrateur publicitaire, travaillant pour des petits studios et des boîtes d'audiovisuel bien avant l'explosion de l'informatique et du numérique. Premier boulot dans l'édition : la Bibliothèque rose. Grande découverte : l'édition ne paie pas son homme. Mais je m'accrochais. Lorsque je me suis senti un peu plus assuré sur mes fémurs, j'ai présenté mon dossier à Pierre Marchand. Je voulais illustrer dans la toute jeune édition de documentaires « Découverte cadets » un livre sur les voyages. Le texte n'existait pas, j'avais proposé un plan, un chemin de fer assez détaillé. Aussitôt présenté, aussitôt commandé. On me propose un auteur, et me voilà en février avec tout un livre à rendre pour fin juillet. Je n'avais pas prévu les difficultés, ni le temps à passer, ni le peu à gagner : j'emprunte à la banque. Deux livres plus tard, Pierre m'a demandé de passer à l'écriture et c'est ainsi que j'ai fait mes premières armes.

Ensuite je suis passé de l'écriture documentaire à l'écriture de fiction.

2. Les livres que j'écris sont parfois « sur le fil du rasoir », mon écriture n'est pas d'un accès immédiat pour un jeune lecteur. Il lui faut déjà une bonne pratique de la lecture. Mais j'ai envie de participer à ce mouvement qui fait sortir les albums illustrés d'une catégorie trop précise. Aujourd'hui, je continue à croire que l'édition d'un livre est une succession de petits miracles. Entre l'écriture, l'illustration, la mise en forme, l'impression, la distribution, il y a mille et une occasions de « planter » un livre. Il faut beaucoup d'enthousiasme et d'énergie pour entamer ce parcours, mais personne ne peut jamais en connaître l'issue.

Christian POSLANIEC
Activités de lecture à partir de la littérature de jeunesse (avec Christine Houyel, Hachette Éducation, Pédagogie pratique à l'école)
Vous avez dit « littérature ? » (Hachette Éducation, Questions d'éducation)

1. Pas une vocation ! Un triple hasard !

Premier hasard : prof dans une école Normale, au temps jadis, je cherchais des poèmes à proposer aux marmots. Fort déçu par les textes dits pour les enfants, j'ai exploré mon important fonds de poésie adulte, ai sélectionné une quarantaine de poèmes et en ai fait une petite anthologie ronéotypée pour les élèves-maîtres, comme on disait alors. Sur ma lancée – j'écrivais des poèmes depuis mon enfance, mais pas pour les enfants ! – j'ai écrit quelques dizaines de poèmes un peu provocateurs pour les marmots, et quelque temps après je les publiais chez un tout petit éditeur qui continue à les diffuser, je crois, en deux petites plaquettes, à son compte, mais c'est bien ainsi : Utovie.

À la même période tout juste soixante-huitarde, deuxième hasard, je me suis lancé, avec des étudiants des Beaux-Arts, dans la réalisation du livre pour la jeunesse qui devait révolutionner l'édition. Je me souviens que ça s'intitulait *La fée qui ne croyait pas aux fées*, et qu'on avait été jusqu'à la maquette. Maquette que j'ai essayé de proposer aux seuls éditeurs dont je connaissais le nom : les éditeurs scolaires. Qui l'ont refusée. Avec le recul, je ne peux leur donner tort ; j'ai moi-même détruit ce document, il y a déjà longtemps.

Mais à l'époque, j'avais la haine ! Or, troisième hasard, passant par une ville normande où il pleuvait, naturellement, j'ai aperçu une banderole annonçant un Salon du Livre jeunesse (j'ignorais moi-même que ça existait !). Par curiosité, je me suis arrêté. Un débat se tenait sous une grande tente, avec fort peu de participants. Après avoir écouté quelque temps parler des bonnes chances d'éditer un texte pour la jeunesse, je suis sorti de mes gonds pour balancer mon dépit d'avoir vu mon superbe livre refusé par tous les éditeurs. Sur quoi je suis parti. Quelqu'un m'a rattrapé sous la pluie. Il m'a demandé si j'avais la maquette chez moi et s'est présenté : Jean Delas, de l'École des loisirs. Naturellement, je n'avais jamais entendu parler de cette jeune maison d'édition, ignare que j'étais. J'ai pris rendez-vous avec Jean Fabre et nous avons parlé pendant des heures. Il a alors refusé la maquette de *La fée*... mais m'a commandé une anthologie de poèmes d'auteurs pour la jeunesse. Ce qui a donné *Le Coffret d'Aladin*.

Ensuite j'ai proposé mes propres textes : des nouvelles de SF pour commencer. Et voilà !

2. La définition de la littérature de jeunesse, je planche dessus depuis plusieurs années. Première tentative dans ma thèse sur *L'évolution de la littérature de jeunesse de 1850 à nos jours au travers de l'instance narrative* (Septentrion, Thèse à la carte). Et je suis revenu maintes et maintes fois là-dessus, et ce n'est pas terminé. La dernière fois, dans mon cours de maîtrise de littérature de jeunesse enseignée à distance (Malije, université du Maine), mais j'y reviendrai encore.

Ce que je cherche, c'est une définition qui ne se réfère pas aux éditeurs mais au contenu. En gros, trois traits solidaires paraissent caractériser les livres pour enfants :

- Ils racontent une histoire.
- Le récit est focalisé sur un enfant ou plusieurs.
- Les instances littéraires sont traitées simplement.

Le premier trait est évident même si, parfois, l'histoire est implicite. Pour le deuxième trait, j'insiste sur la focalisation ; il ne suffit pas que des enfants soient personnages pour qu'il s'agisse d'un récit pour les enfants. Pour le troisième trait, toutes les instances littéraires (personnages, temps, narration, intertextualité, écriture, etc.) sont traitées avec le minimum de difficultés, ce qui n'empêche que leur interaction dans le récit produise une cohérence complexe.

On peut se référer directement au cours, le seul qui soit proposé en exemple, sur le site : http://lije.univ-lemans.fr

François SAUTEREAU
Classe de lune (Rageot-Éditeur, Cascade)
Les Kilos en trop (Bayard, Les romans de Je Bouquine)

1. Mes premiers textes n'étaient pas spécifiquement destinés à la jeunesse. C'était plutôt un regard naïf porté sur la société, naïf au sens de la peinture naïve. Mais cela n'existait pas trop en littérature et les éditeurs m'ont conduit vers l'édition jeunesse. (Le seul lieu « naïf » à l'époque, apparemment.)

Parallèlement à cette activité, je faisais carrière d'animateur auprès de l'enfance et j'étais conteur. J'ai aussi créé mes propres textes de contes. Un curieux amalgame de ces deux activités m'a conduit à la littérature dite de jeunesse.

2. Ce qui caractérise un texte jeunesse est son accessibilité au jeune public, culturellement et en fonction de son âge.

Cela recouvre en partie la texture de l'écrit, le vocabulaire, la gestion de la phrase, la gestion du scénario : à notre corps défendant, l'édition bien-pensante (pédagogiquement parlant) tente de nous enfermer dans un discours écrit proche des canons de l'expression écrite du cadre scolaire. Les tabous d'aujourd'hui ne sont plus sexuels mais grammaticaux. Accessibilité aussi par les thèmes fondamentaux (le petit contre le grand, le complexe d'abandon) dans le cas où l'enfant est le héros.

Tout cela ne générerait pas une littérature spécifique mais plutôt, si l'on n'y prend pas garde, une sous-littérature.

Bon, tout cela est peut-être rempli de contradictions, mais je n'ai pas trop eu le temps d'y penser, ou plutôt si, j'y pense depuis toujours et j'avoue que je n'ai pas de vraie réponse… dans la mesure où aujourd'hui, on trouve peu de littérature dans les livres d'enfants. Mais il y a des textes jeunesse. Quand ils sont trop hardis, sont-ils encore des livres d'enfants ?

Alain SERRES
Du Commerce de la Souris (Gallimard, Folio Cadet)
La famille Totem (Rue du Monde)

1. Écrivain pour la jeunesse, je crois le devenir livre après livre, ligne après ligne. Ce n'est pour moi ni un métier ni un loisir. Une activité humaine très étrange en fait qui consiste à parler à l'enfant que l'on ne sera jamais de l'enfant que l'on croit avoir été tout en étant bien lucidement installé dans son statut d'adulte-écrivain. Sûr et clair de ces choix et surtout de ses doutes ! Et il faut se débrouiller avec ce limpide flou artistique puisqu'il s'agit d'art. Avec ce chantier bien concret puisqu'il s'agit aussi de contribuer sans en avoir l'air à ce que des enfants se construisent, et nous avec.

Je ne crois pas que faire un choix d'une telle complexité puisse relever du hasard ou d'une vocation révélée. Dans mon cas, il s'agit plutôt d'une revanche ! Celle d'un enfant du fin fond du Pays basque, né dans une famille de cheminots, qui a grandi avec très peu de livres à la maison, à l'école et dans la ville et qui, à l'adolescence, a découvert la parole des poètes au CDI de son lycée de Bayonne. Au diable les règles, la rhétorique et la syntaxe, je découvrais que Neruda, Saint-John Perse, Guillevic, Éluard, Tardieu, Ponge se servaient de leurs mots pour coller au mieux à leur vie et leurs rêves, je touchais enfin du doigt le souffle créatif de la littérature… La revanche était inéluctable : écrire tous les livres que j'aurais aimé lire plus petit pour apprendre à aimer les livres ! Rattraper le temps perdu dans cette histoire d'amour avec les mots ! Et en plus, dans ma petite cour de création, jouer à chambouler le monde dans le sens de la tendresse, de l'audace, de la liberté, de la fraternité, de la solidarité… Des rêves d'adolescent qui ne me quitteront sûrement jamais…

En fondant Rue du Monde, j'ai sûrement voulu donner plus de volume (de volumes !) à ce chemin créatif, contribuer à faire naître des livres différents, des talents nouveaux, donner peut-être plus de cohérence et d'efficacité à cette revanche...

2. Un texte jeunesse doit d'abord être un texte. Et en plus, une jeunesse !

Un texte, oui. Trop de textes pour les enfants ne relèvent pas de la littérature aujourd'hui, il faut le dire.

Pour cela, pas besoin de soigner le vocabulaire ou les effets de style. Il faut une construction solide et pleine de fragilité en même temps, une écriture qui étonne, dérange, laisse du champ au lecteur et lui donne à penser tout autant qu'à ressentir, de l'inédit et de l'inouï. Si la barre n'est pas mise à ce niveau-là d'exigence, il vaut mieux épargner quelques arbres, les enfants nous en remercieront davantage !

Et en plus une jeunesse, disais-je. Oui, une de ces millions de petites graines qui font pousser le libre jardin de l'esprit d'enfance. Parler à l'enfance, c'est d'abord ne pas se renier en tant qu'adulte. Ne pas singer les enfants. Les mimer, les momifier, les enfermer dans une représentation finie d'eux-mêmes. Concrètement, cela signifie sûrement d'accepter la spécificité de la littérature jeunesse mais en avoir une vision libre et haute. J'ai pour ma part le sentiment d'écrire aux enfants sans écrire pour les enfants, c'est-à-dire que c'est en toute conscience que je sais que des enfants poseront leurs yeux, leur expérience mince mais réelle sur mes lignes. Ce n'est pas pour autant que je dois les prendre pour cible, prédéterminer ce qu'ils attendent de moi ou les appréhender comme des objets d'observation avec leurs différents stades d'évolution, psychologique, biologique ou « scolairologique » ou même parfois illogique... Tout le bonheur d'être écrivain pour la jeunesse se résume peut-être dans ce défi : comment donner plus et mieux à celui dont l'assiette nous semble plus petite.

Avec un vocabulaire adapté ? Je ne le crois pas. N'est-ce pas en rencontrant une haie que l'on apprend à la sauter et à passer dans le jardin d'à côté puis le suivant et celui d'après ? Ce n'est sûrement pas en restant dans sa douillette maison du savoir acquis que l'on devient un lecteur adulte.

Avec des thèmes sur mesure ? Non, tous les thèmes touchent les enfants dès qu'ils évoquent la vie, la leur et celle des autres.

Les drames humains, les délires les plus surréalistes, les enjeux sociaux sur la planète, les fragilités intimes devant le miroir, tout les concerne. Même une souris verte. Même l'ordre noir. Même le rouge du temps des cerises ou des lèvres d'Alice. Même le blanc qui demeure entre les lignes et leur permet, comme dans tout texte littéraire, d'écrire à l'encre invisible leurs propres rêves et leur propre vie. Si nous laissions les enfants décider des thèmes sur lesquels ils aimeraient que l'on écrive, nous serions probablement déroutés.

Alain SURGET
L'œil d'Horus (Flammarion, Castor Poche)
Le Fils des loups (Rageot-Éditeur, Cascade)

1. Je suis devenu auteur jeunesse par accident. J'avais envoyé un texte pour adultes aux éditions de l'Amitié – le nom de la maison me paraissait sympathique, et l'adresse (rue Cassette) bien prometteuse. Le texte a été refusé, bien entendu, mais Catherine Scob m'a demandé de le réécrire à destination de la jeunesse. Ce que j'ai fait. L'ouvrage a été édité sous le titre : *Prisonnier de la Rivière noire*.

En même temps, je publiais un ouvrage pour adultes aux éditions Messinger. Je ne savais pas encore à ce moment-là si je devais me diriger vers la littérature jeunesse ou non. Pour avoir une idée de ce que je valais en jeunesse, j'ai écrit *Les Flèches de Silence* qui a obtenu le prix Jeunesse et Sports en 1988 puis *Le Fils des Loups*. La même année, les éditions Messinger faisaient faillite. Ma voie se traçait donc toute seule... et écrire pour les jeunes est devenu très vite un réel plaisir.

2. Il me semble qu'un texte jeunesse par rapport à un texte vieillesse se caractérise par son écriture, ses thèmes et son vocabulaire, le tout bien remué dans un chaudron de sorcière. Je m'explique. L'important est de cibler l'âge de son lectorat afin de ne pas user d'un style ni d'un vocabulaire trop difficiles à comprendre. Les thèmes abordés doivent correspondre en gros aux préoccupations du jeune lecteur, afin qu'il s'y retrouve, s'identifie au héros, l'accompagne dans ses aventures, dans ses rêves, dans ses problèmes. Le héros devient alors un exemple, un confident, quelqu'un qui peut apporter des réponses à celui qui partage ses doutes, ses appréhensions, ses peurs ou simplement qui navigue sur les mots à la recherche d'un ailleurs.

Paul THIÈS
La série *Petit Féroce* (Rageot-Éditeur, Cascade)
La trilogie *Le Complot des brumes* (Bayard, Les mondes imaginaires)

1. Je ne suis pas devenu écrivain par hasard. Les mots, les textes, la « matière mots », le monde des livres constituaient et constituent toujours le centre de mon univers. Jeune, je ne souhaitais que deux choses : devenir le roi d'une île déserte (pour être sûr d'être tranquille !) et écrivain. Ce n'est que plus tard que j'ai compris que j'avais vraiment et doublement réussi mon coup. Le temps de l'écriture, surtout la nuit, quand sa lumière l'isole du reste du monde, l'auteur est vraiment le roi d'une île déserte. Il contrôle un monde qu'il crée. Mieux encore, il construit cet univers à l'époque qu'il choisit, et en tous lieux.

C'est d'ailleurs ce désir de liberté qui m'a fait choisir les livres pour enfants. Pirates, esclaves, tapis volants, sorciers, clones et dragons appartiennent à mon univers ; à l'époque, il y a vingt ans, en France, seuls les livres pour enfants acceptaient cet univers et maintenant l'habitude est prise…

2. La caractéristique d'un texte jeunesse ? Il accepte, volontairement, deux limitations essentielles. Il ne va pas au bout du mal ni au bout de la sexualité, ce que je trouve tout à fait normal.

Conséquence : un livre pour enfants peut être supérieur à un livre « pour adultes ». Mais la littérature pour enfants dans son ensemble, privée du mal et de la sexualité extrêmes, si importants dans le monde de l'art, ne peut pas se déployer autant que la littérature classique. C'est une donnée qu'il faut accepter.

CONCLUSION

Comme le confirment les réponses qu'on vient de lire et sur lesquelles je souhaite apporter peu de commentaires, les auteurs jeunesse aiment écrire. Ce qui les anime est sincère et relève du plaisir.

Chez eux, les rivalités et les ambitions sont rares ou en sommeil. De fait, un écrivain qui publie dans ces collections sait qu'il ne décrochera pas le Goncourt, qu'il ne passera pas à la télévision, qu'il ne bénéficiera pas d'une page de critique dans les grands magazines littéraires. Cette lucidité entretient chez eux une décontraction et une bonne humeur qui étonnent parfois une certaine intelligentsia.

La plupart d'entre eux se connaissent, se respectent, s'apprécient, se fréquentent, se tutoient, se téléphonent, s'écrivent... Ils s'invitent les uns chez les autres et cultivent une joie de vivre, une vitalité, une euphorie permanentes.

La légende voudrait que l'écrivain soit malheureux. On ne créerait que dans la douleur, pour exorciser ou combler ses désirs cachés ou inassouvis. La vérité semble plus complexe et moins noire. Quand la vraie dépression est là, l'envie d'écrire a disparu. Je connais des dizaines d'écrivains heureux ; et j'en suis.

« Le sage n'écrit pas, dit le philosophe Luc Ferry[1]. C'est Platon qui a rédigé, pas Socrate. À l'écriture, le vrai sage préfère la vie. »

1. In *La pensée 68, essai sur l'anti-humanisme contemporain* de Luc Ferry et Alain Renaut (Gallimard, Folio essais 1988).

C'est exact : à l'image de tous les créateurs, les écrivains ne sont pas des sages, Dieu merci ! Le déséquilibre dont ils souffrent est assez grand pour qu'ils aient besoin de le matérialiser, mais pas assez dévastateur pour qu'ils jugent utile de consulter. Statistiquement, les auteurs jeunesse fréquentent moins les psy que ceux qui décortiquent leur ego à grand renfort de style, et noient dans la fiction leurs doutes existentiels. À cet égard, nous sommes plutôt joyeux, épanouis, ouverts et dynamiques. Nos récits entraînent le lecteur dans un tourbillon où l'angoisse, le doute, la peur existent – mais où toujours l'espoir l'emporte.

Alexandre Dumas, dont les cendres ont été récemment transférées au Panthéon, me semble être le symbole de la littérature que nous produisons. Fils bâtard d'une esclave noire et d'un général ayant répudié l'Empire, il fut un auteur truculent, fécond et populaire, aux héros sans cesse en action. Deux cents ans après sa naissance, il rejoint Zola et Hugo. Mais c'est à son corps défendant ! Et si l'on rend hommage à ses cendres, le Lagarde et Michard ignore toujours ses textes. Comme son contemporain Jules Verne, son nom est, littérairement, inexistant. Qu'importe, puisque leurs récits, eux, existent !

À l'image de ces oubliés de l'histoire officielle, les auteurs jeunesse, aujourd'hui, produisent une littérature d'élan ; ils sont portés sans cesse vers l'avant. Je forme des vœux pour que cette situation perdure. Pour que vive et fleurisse cette littérature jusqu'à ce que tous les lecteurs s'y reconnaissent, quels que soient leur âge et leur condition.

Oui, je suis un auteur jeunesse, et fier de cette appellation.

Merci à vous toutes et à vous tous, auteurs trop souvent oubliés, vous qui avez façonné mon imaginaire, vous qui m'avez aidé à grandir, appris à réfléchir, vous qui m'avez fait rêver, pleurer, frémir et sourire ; vous qui, de Jules Verne à Julien Gracq, formez – quoi qu'on croie, quoi qu'on dise – une seule et grande famille. Soyez ici remerciés, écrivains qui restez dans une injuste obscurité, vous, Charles Vildrac, Colette Vivier, Pierre Gamarra, Madeleine Gilard et Alki Zei, vous qui avez aussi apporté d'autres pierres à cet édifice, les Paul-Jacques Bonzon et Georges Bayard, Henri Vernes et Paul Berna, Saint-Marcoux, Suzanne Pairault et Caroline Quine.

Merci aussi à celles et ceux qui, opiniâtrement, ont si longtemps œuvré pour évoquer, faire connaître ou reconnaître ceux qui précèdent : Jacqueline et Raoul Dubois, Marc Soriano, Geneviève Patte et Jeanine Despinette, Germaine Finifter et Aline Roméas, Isabelle Jan, Monique Bermond et Roger Boquié, Paulette Delfaux, Bernard Epin, Raymond Perrin, Denise et Robert Escarpit.

Merci enfin à celles et ceux qui découvrirent et firent éclore les talents des auteurs, et qui, d'Hetzel à Pierre Marchand, de Tatiana Rageot à André Massepain, loin d'être concurrents, se sont donné la main. Vous toutes et vous tous avez tissé les liens sans lesquels n'aurait jamais pu être abordée, appréciée – ou même seulement lue – cette littérature qu'on croit majeure et différente parce qu'on lui attribue une majuscule.

SOLUTIONS

Vingt incipits d'ouvrages de littérature générale (pp. 257-258) :

1. *Salammbô* de Gustave Flaubert.
2. *Le Rouge et le Noir* de Stendhal.
3. *Le Comte de Monte-Cristo* d'Alexandre Dumas.
4. *Les Misérables* de Victor Hugo.
5. *La Guerre du Feu* de J.H. Rosny Aîné.
6. *La Condition humaine* d'André Malraux.
7. *Vol de nuit* d'Antoine de Saint-Exupéry.
8. *La Vie mode d'emploi* de Georges Perec.
9. *Mémoires d'une jeune fille rangée* de Simone de Beauvoir.
10. *L'Île* de Robert Merle.
11. *L'Œuvre au Noir* de Marguerite Yourcenar.
12. *Thaïs* d'Anatole France.
13. *Le Mur* de Jean-Paul Sartre.
14. *Bonjour Tristesse* de Françoise Sagan.
15. *Les petits enfants du Siècle* de Christiane Rochefort.
16. *Pélagie-la-Charrette* d'Antonine Maillet.
17. *Le petit bleu de la Côte ouest* de Jean-Patrick Manchette.
18. *Le Chercheur d'or* de Jean-Marie Gustave Le Clézio.
19. *Le Retournement* de Vladimir Volkoff.
20. *L'Imprécateur* de René-Victor Pilhes.

Vingt incipits d'ouvrages pour la jeunesse (pp. 259-260) :

1. *Un Été 58* de Jean-Paul Nozière.
2. *La Fille au Chien noir* de Gudule.

3. *La Sixième* de Susie Morgenstern.
4. *Qui c'est celui-là ?* de Lorris Murail.
5. *Les Pilleurs de Sarcophages* d'Odile Weulersse.
6. *Les Brigades vertes* d'Alain Grousset et Paco Porter.
7. *Le Stylo magique* de Philippe Barbeau.
8. *Opération caleçon au CE2* de Catherine Missonnier.
9. *Devenez populaire en cinq leçons* de Marie-Aude Murail.
10. *Gandahar et l'oiseau-monde* de Jean-Pierre Andrevon.
11. *Les Oiseaux du Mont perdu* de Michel Cosem.
12. *Le Miniaturiste* de Virginie Lou.
13. *Mystère et Hamburger* de Jean Alessandrini.
14. *La Cité des Brumes* de François Sautereau.
15. *La Protestation* de Guy Jimenes.
16. *L'Inconnu dans le frigo* de Michel Grimaud.
17. *Un Barrage dans la Vallée* de Jacques Delval.
18. *L'Œil du Loup* de Daniel Pennac.
19. *L'Heure du Rat* de Gérard Moncomble.
20. *Ping-pong au Camping* de Stéphane Daniel.

Vingt extraits de romans (pp. 266-271) :

1. Jeunesse (*Le Bruit du Vent*, Hubert Mingarelli, Gallimard, Page blanche).

2. Jeunesse (*Date limite*, Jean Alessandrini, Rageot, Cascade Policier).

3. Jeunesse (*Les Canards boiteux*, Pierre Pelot, Rouge et Or, Grand Angle).

4. Adulte (*Désert*, J.M.G. Le Clézio, Gallimard, NRF).

5. Adulte (*La Vie de ma Mère*, Thierry Jonquet, Gallimard, Série noire).

6. Adulte (*Solal*, Albert Cohen, Gallimard, NRF).

7. Jeunesse (*L'Été des Confidences et des Confitures*, Yves Pinguilly, Rageot, Cascade).

8. Adulte (*E = MC² mon Amour*, Patrick Cauvin, Jean-Claude Lattès).

9. Adulte (*Cherokee*, Jean Echenoz, éditions de Minuit).

10. Jeunesse (*Pierre est vivant*, Jean Coué, Rageot, Les Chemins de l'Amitié).

11. Adulte (*Les Flammes de l'Été*, Jules Roy, Albin Michel).

12. Jeunesse (*Règlement de comptes en morte-saison*, Michel Grimaud, Rageot, Cascade Policier).

13. Adulte (*Globalia*, Jean-Christophe Rufin, Gallimard, NRF).

14. Adulte (*Au Cabaret des Oiseaux*, Michel Jeury, Presses de la Cité).

15. Jeunesse (*La Vallée des Esprits*, François Sautereau, Rageot, Les Maîtres de l'aventure).

16. Adulte (*Piège pour Cendrillon*, Sébastien Japrisot, Denoël).

17. Adulte (*Les Noces barbares*, Yann Quéffelec, Gallimard, NRF).

18. Adulte (*Le Cahier*, Henri Troyat, Flammarion).

19. Jeunesse (*Filles et garçons du Donadio*, Jeanne Loisy, Bourrelier, L'Alouette).

20. Adulte (*Amarok*, Bernard Clavel, Albin Michel).

BIBLIOGRAPHIE DE L'AUTEUR

ROMANS

1972

Sabotage sur la Planète rouge, Rageot, Jeunesse poche anticipation.

1973

Aïo Terre invisible, Rageot, Jeunesse poche anticipation.
La Machination, Rouge et Or, Olympic (Grand prix de l'O.R.T.F. 1972, réédition en 1981, Hachette, Le Livre de Poche jeunesse).

1974

Cheyennes 6112, Rouge et Or, Grand Angle (en collaboration avec William Camus, réédition en 1984, Gallimard, Folio Junior).
Le Satellite venu d'ailleurs, Rouge et Or, Grand Angle (réédition en 1990, Milan, Zanzibar, réédition en 1999, Milan, Milan Poche Junior).

1975

Face au grand Jeu, La Farandole, Prélude (réédition en 1986, Messidor, LF romans).
Messier 51 ou l'impossible Retour, Rageot, Bibliothèque de l'Amitié.
Une Squaw dans les Étoiles, Rouge et Or, Grand Angle (en collaboration avec William Camus, réédition en 1984, Gallimard, Folio Junior).

1976
Les Fleurs de l'espace, Rouge et Or, Spirale (réédition sous le titre *Fleur de monstre* en 1990, Rouge et Or, La bibliothèque Rouge et Or).

1977
Les Cascadeurs du Temps, Magnard, Fantasia (Grand prix du Salon de l'enfance 1977, réédition en 1996, Flammarion, Castor Poche).
Le Soleil va mourir, Rouge et Or, Grand Angle (réédition en 2002, Pocket Junior, SF).

1978
La Guerre des Poireaux, Rageot, Bibliothèque de l'Amitié (réédition en 1990, Rageot, Cascade).
Le Montreur d'étincelles, Robert Laffont, L'âge des étoiles (réédition sous le titre *Le Seigneur des neuf Soleils* en 2000, Milan, Milan Poche Junior).

1979
Le Moulin de la Colère, Rageot, Les Chemins de l'Amitié (réédition sous le titre *Un Printemps sans Cerises* en 1995, Syros, Les uns et les autres).

1980
Le Complot ordrien, Duculot, Travelling sur le futur.

1981
Éditeur, en tant que responsable de Folio Junior SF, chez Gallimard, des romans :
Le Bréviaire des robots de Stanislas Lem.
L'invention du professeur Costigan de Jerry Sohl.
Niourk de Stefan Wul.

1982
Éditeur, en tant que responsable de Folio Junior SF, chez Gallimard, des romans :
Les Robinson d'un autre monde de Jerry Sohl.
Le Tyran d'Axilane de Michel Grimaud (Grand prix de la science-fiction française 1982).

1988
Le Cœur en Abîme, Rageot, Les Maîtres de l'aventure (Grand prix de la science-fiction française 1988, réédition en 1995, Hachette, Le Livre de Poche Jeunesse).

1990
Auteur auteur imposteur, Denoël.

1994
Coups de théâtre, Rageot, Cascade Policier (Prix Bobigneries 1995, réédition en 2004, Rageot, Heure noire).

1995
Aïna. Fille des étoiles, Nathan, Pleine Lune (volume 1 de la saga d'*Aïna*).
La Fille de 3e B, Rageot, Cascade Pluriel (Tam-Tam 1996 des 10/14 ans, réédition en 1999, France Loisirs, réédition en 2003, Rageot, Métis).
Le Pianiste sans Visage, Rageot, Cascade Pluriel (Tam-Tam 1996 des 10/14 ans, réédition en 1999, France Loisirs, réédition en 2003, Rageot, Métis).
Réédition de *La Fille de 3e B* et du *Pianiste sans Visage* sous le titre *Pierre et Jeanne, un roman à deux voix* en 2003, Rageot, Magnum.

1996
Aïna. Le secret des oglonis, Nathan, Pleine Lune (volume 2 de la saga d'*Aïna*).
La musicienne de l'aube, Hachette, Verte aventure, réédition en 1997, Hachette, Vertige SF (volume 1 de la saga *Le Multimonde*).

1997
Aïna. Le pirate de la comète, Nathan, Pleine Lune (volume 3 de la saga d'*Aïna*).
Aïna. Kaha, supermaki, Nathan, Pleine Lune (volume 4 de la saga d'*Aïna*).
Les lagunes du temps, Hachette, Vertige SF (volume 2 de la saga *Le Multimonde*).
Cyberpark, Hachette, Vertige SF (volume 3 de la saga *Le Multimonde*).

Mission en mémoire morte, Hachette, Vertige SF (volume 4 de la saga *Le Multimonde*).
L'Ordinatueur, Rageot, Cascade Policier (Grand prix européen, Tam-Tam des 10/14 ans, Prix Tatoulu, Prix des villes de Brest, Grenoble, Metz, Montélimar, réédition en 2004, Rageot, Heure noire).

1998
L'ensemble du *Multimonde* obtient le Grand prix de l'Imaginaire.
Aïna. L'Arbre-Monde, Nathan, Pleine Lune (volume 5 de la saga d'*Aïna*).
Virus L.I.V. 3 ou la Mort des livres, Hachette, Le Livre de poche jeunesse.

1999
Aïna. Faut-il brûler Jeanne ?, Nathan, Pleine Lune (volume 6 de la saga d'*Aïna*).
Arrêtez la Musique !, Rageot, Cascade Policier (réédition en 2004, Rageot, Heure noire).

2000
Les Surfeurs de l'inconnu, Nathan, Lune noire (réédition en 2002, Nathan, Comète).

2001
@ssassins.net, Rageot, Cascade Policier (Prix de la ville de Brive 2001, réédition en 2004, Rageot, Heure noire).
Je l'aime, un peu, beaucoup, Bayard, Les romans de Je Bouquine (réédition du Je Bouquine *Le Jardin maudit*, nov. 1998).

2002
Août 44, Paris sur scène, Nathan, Les romans de la mémoire.
L'impossible Mlle Muche, Milan, Milan Poche.
Le visiteur de l'an 2000, Bayard, Les romans de Je Bouquine (réédition du Je Bouquine, même titre, déc. 1999).

2003
Un Amour d'éternité, Hachette, Le Livre de Poche jeunesse.
Un billet pour l'éternité, Le Laquet.

Écoland, Rageot, Métis.
La Fille de pleine Lune, Nathan, Comète.
Urgence, Bayard Jeunesse, Les romans de Je Bouquine (réédition du Je Bouquine, même titre, oct. 2000).

2004
Mercredi mensonge, Bayard Jeunesse, Millézime.
Simulator, Rageot, Heure noire.

ESSAIS

1972
Jeunesse et science-fiction, Magnard, Lecture en liberté.

1978
Écrire des romans à l'école, Magnard/L'École, Lecture en liberté (en collaboration avec C. Bessou et R. Portay).

1981
La science-fiction ? J'aime !, Messidor, LF Documents (en collaboration avec J. Soulier).

1994
La science-fiction, lectures d'avenir ?, Presses Universitaires de Nancy (préface de Ray Bradbury).

2003
La SF à l'usage de ceux qui ne l'aiment pas, La Martinière Jeunesse, Le Sorbier.

2004
Je suis un auteur jeunesse, Rageot, hors collection.

ALBUMS ET PREMIÈRES LECTURES

1977
Il y a deux Soleils chez les Tortupatons, Magnard, Grand carré.

1978
Le Secret des Mangeurs d'étoiles, Rageot, Ma première Amitié.

1989
La Bête est dans l'escalier, Rouge et Or, Première Lecture.

1996
Le Château des enfants gris, Nathan, Demi-Lune.

1997
Parfaite petite Poupée, Nathan, Demi-Lune.

2000
Tonton la Bricole, Rageot, Cascade Arc-en-Ciel.

2001
Gare au robot-prof !, Magnard, Les p'tits Intrépides.
Mieux qu'Internet, MDI, Les bouquineurs.

2002
La boîte à Malix, Nathan, Demi-Lune.
Les Exilés du Fleuve, Magnard, Les p'tits Fantastiques.
La mission du Mistermi, MDI, Les bouquineurs.

2003
Un Amour de violoncelle, Magnard, Les p'tits Fantastiques.
Le Métronome magique, Nathan, Les petits romans des 7-8 ans.
Le Tyran, le Luthier et le Temps, L'atelier du poisson soluble.

RECUEILS DE NOUVELLES ET DE CONTES

1981-1985
En tant qu'anthologiste et responsable de Folio Junior SF, chez Gallimard, les recueils de nouvelles :
Le brouillard du 26 octobre et autres récits sur la préhistoire (1981).
Un coup de tonnerre et autres récits sur le Temps (1981).
Un homme contre la ville et autres récits sur la ville (1981).
Journal d'un monstre et autres récits sur les monstres (1981).
La montagne sans nom et autres récits sur la nature (1981).

Dans la comète et autres récits sur le cosmos (1982).
L'homme qui n'oubliait jamais et autres récits sur l'homme (1982).
L'horreur tropicale et autres récits sur l'océan (1983).
La lune était verte et autres récits de la fin du monde (1983).
Faiseurs d'univers et autres récits sur le jeu (1984).
Les autos sauvages et autres récits automobiles (1985).
L'habitant des étoiles et autres récits sur les extraterrestres (1985).

1989
Futurs antérieurs, Milan, Zanzibar.

1994
Virtuel : attention, danger !, Milan, Zanzibar.

1996
Contes et récits de la Conquête du ciel et de l'espace, Nathan, Contes et légendes (réédition sous le titre *Icare et les conquérants du ciel* en 2003, Nathan, Contes et légendes).

1997
Les douze travaux d'Hercule, Nathan, Contes et légendes (réédition en 2001, Pocket Junior, Mythologies).

1998
Contes et légendes des Héros de la mythologie, Nathan, Contes et légendes.

2001
Contes et récits des Héros de la Grèce antique, Nathan, Contes et légendes.

2002
Allers simples pour le futur, Mango, Autres mondes.

THÉÂTRE

1980
L'Odyssée du stratolabus, non publié (pièce de théâtre « jeune public ». Commande de la Maison de la Culture du Havre. Cent dix-sept représentations).

1988
La Cité hors le monde, non publié (pièce de théâtre « jeune public ». Commande de la F.O.L des Hautes-Pyrénées).

1993
Rêve de Terre, non publié (pièce de théâtre de mime masqué. Commande de la compagnie Mania-Mime).

BANDES DESSINÉES

1984-1985
Argyr, baladin de l'espace, Vaillant, Pif.

DESSINS ANIMÉS

1986-1987
Les Mondes engloutis, dessin animé pour Antenne 2 (vingt scénarios originaux, non publiés, d'après les personnages de Nina Wolmark).
Rahan, dessin animé pour Canal Plus (quinze scénarios, non publiés, d'après les BD de Lécureux et Chéret).

TABLE DES MATIÈRES

Achevé d'imprimer en France en septembre 2004
sur les presses de l'imprimerie Hérissey
Dépôt légal : octobre 2004
N° d'édition : 4068
N° d'impression : 97631